THÉATRE

I

PARIS. — IMP. SIMON RAÇON ET C$^\text{ie}$, 1, RUE D'ERFURTH.

VICTOR HUGO

THÉATRE

LUCRÈCE BORGIA
MARION DELORME — MARIE TUDOR — LA ESMERALDA
RUY BLAS

I

PARIS
VICTOR LECOU | J. HETZEL ET Cⁱᵉ
10, RUE DU BOULOI | RUE RICHELIEU, 87
1853

LUCRECE BORGIA

Ainsi qu'il s'y était engagé dans la préface de son dernier drame, l'auteur est revenu à l'occupation de toute sa vie, à l'art. Il a repris ses travaux de prédilection avant même d'en avoir tout à fait fini avec les petits adversaires politiques qui sont venus le distraire il y a deux mois. Et puis, mettre au jour un nouveau drame six semaines après le drame proscrit, c'était encore une manière de dire son fait au présent gouvernement : c'était lui montrer qu'il perdait sa peine ; c'était lui prouver que l'art et la liberté peuvent repousser en une nuit sous le pied maladroit qui les écrase. Aussi compte-t-il bien mener de front désormais la lutte politique, tant que besoin sera, et l'œuvre littéraire. On peut faire en même temps son devoir et sa tâche ; l'un ne nuit pas à l'autre. L'homme a deux mains.

Le Roi s'amuse et *Lucrèce Borgia* ne se ressemblent ni par le fond ni par la forme, et ces deux ouvrages ont eu, chacun de leur côté, une destinée si diverse, que l'un sera peut-être un jour la principale date politique, et l'autre la principale date littéraire de la vie de l'auteur. Il croit devoir le dire cependant, ces deux pièces, si différentes par le fond, par la forme et par la destinée, sont étroitement accouplées dans sa pensée. L'idée qui a produit *le Roi s'a-*

muse et l'idée qui a produit *Lucrèce Borgia* sont nées au même moment, sur le même point du cœur. Quelle est, en effet, la pensée intime cachée sous trois ou quatre écorces concentriques dans *le Roi s'amuse?* La voici. Prenez la difformité *physique* la plus hideuse, la plus repoussante, la plus complète; placez-la où elle ressort le mieux, à l'étage le plus infime, le plus souterrain et le plus méprisé de l'édifice social; éclairez de tous côtés, par le jour sinistre des contrastes, cette misérable créature; et puis jetez-lui une âme, et mettez dans cette âme le sentiment le plus pur qui soit donné à l'homme, le sentiment paternel. Qu'arrivera-t-il? C'est que ce sentiment sublime, chauffé selon certaines conditions, transformera sous vos yeux la créature dégradée; c'est que l'être petit deviendra grand; c'est que l'être difforme deviendra beau. Au fond, voilà ce que c'est que *le Roi s'amuse*. Eh bien! qu'est-ce que c'est que *Lucrèce Borgia?* Prenez la difformité *morale* la plus hideuse, la plus repoussante, la plus complète; placez-la là où elle ressort le mieux, dans le cœur d'une femme, avec toutes les conditions de beauté physique et de grandeur royale, qui donnent de la saillie au crime; et maintenant, mêlez à toute cette difformité morale un sentiment pur, le plus pur que la femme puisse éprouver, le sentiment maternel; dans votre monstre, mettez une mère, et le monstre intéressera, et le monstre fera pleurer, et cette créature qui faisait peur fera pitié, et cette âme difforme deviendra presque belle à vos yeux. Ainsi, la paternité sanctifiant la difformité physique, voilà *le Roi s'amuse;* la maternité purifiant la difformité morale, voilà *Lucrèce Borgia.*

Dans la pensée de l'auteur, si le mot *bilogie* n'était pas un mot barbare, ces deux pièces ne feraient qu'une bilogie *sui generis*, qui pourrait avoir pour titre *le Père et la Mère.* Le sort les a séparées; qu'importe? l'une a prospéré, l'autre a été frappée d'une lettre de cachet; l'idée qui fait le fond de la première restera, longtemps encore peut-être, voilée par mille préventions à bien des regards; l'idée qui a engendré la seconde semble être chaque soir, si aucune illusion ne nous aveugle, comprise et acceptée par une foule intelligente et sympathique : *habent sua fata*. Mais, quoi qu'il en soit de ces deux pièces, qui n'ont d'autre mérite d'ailleurs que l'attention dont le public a bien voulu les entourer, elles sont sœurs jumelles, elles se sont touchées en germe, la couronnée et la proscrite, comme Louis XIV et le Masque de Fer.

Corneille et Molière avaient pour habitude de répondre en détail aux critiques que leurs ouvrages suscitaient, et ce n'est pas une chose peu curieuse aujourd'hui de voir ces géants du théâtre se débattre dans des *avant-propos* et des *avis au lecteur* sous l'inextricable réseau d'objections que la critique contemporaine ourdissait sans relâche autour d'eux. L'auteur de ce drame ne se croit pas digne de suivre d'aussi grands exemples : il se taira, lui, devant la critique. Ce qui sied à des hommes pleins d'autorité, comme Molière et Corneille, ne sied pas à d'autres. D'ailleurs, il n'y a peut-être que Corneille au monde qui puisse rester grand et sublime, au moment même où il fait mettre une préface à genoux devant Scudéri ou Chapelain. L'auteur est loin d'être Corneille ; l'auteur est loin d'avoir affaire à Chapelain ou à Scudéri. La critique, à quelques rares exceptions près, a été en général loyale et bienveillante pour lui. Sans doute, il pourrait répondre à plus d'une objection. A ceux qui trouvent, par exemple, que Gennaro se laisse trop candidement empoisonner par le duc au second acte, il pourrait demander si Gennaro, personnage construit par la fantaisie du poëte, est tenu d'être plus *vraisemblable* et plus défiant que l'historique Drusus de Tacite, *ignarus et juveniliter hauriens*. A ceux qui lui reprochent d'avoir exagéré les crimes de Lucrèce Borgia, il dirait : Lisez Tomasi, lisez Guicciardini, lisez surtout le *Diarium*. A ceux qui le blâment d'avoir accepté sur la mort des maris de Lucrèce certaines rumeurs populaires à demi fabuleuses, il répondrait que souvent les fables du peuple font la vérité du poëte ; et puis il citerait encore Tacite, historien plus obligé de se critiquer sur la réalité des faits que le poëte dramatique : *Quamvis fabulosa et immania credebantur, atrociore semper fama erga dominantium exitus.* Il pourrait pousser le détail de ces explications beaucoup plus loin, et examiner une à une, avec la critique, toutes les pièces de la charpente de son ouvrage ; mais il a plus de plaisir à remercier la critique qu'à la contredire, et, après tout, les réponses qu'il pourrait faire aux objections de la critique, il aime mieux que le lecteur les trouve dans le drame, si elles y sont, que dans la préface.

On lui pardonnera de ne point insister davantage sur le côté purement esthétique de son ouvrage. Il est tout un autre ordre d'idées, non moins hautes selon lui, qu'il voudrait avoir le loisir de remuer et d'approfondir à l'occasion de cette pièce de *Lucrèce Borgia.* A ses yeux, il y a beaucoup de questions sociales dans les questions littéraires, et toute œuvre est une action. Voilà le sujet sur lequel il s'étendrait volontiers, si l'espace et le temps ne lui manquaient. Le théâtre, on ne saurait trop le répéter, a de nos jours une importance immense, et qui tend à s'accroître sans cesse avec la civilisation même. Le théâtre est une tribune. Le théâtre est une chaire. Le théâtre parle fort et parle haut. Lorsque Corneille dit : *Pour être plus qu'un roi, tu te crois quelque chose*, Corneille c'est Mirabeau. Quand Shakspeare dit : *To die, to sleep*, Shakspeare c'est Bossuet.

L'auteur de ce drame sait combien c'est une grande et sérieuse chose que le théâtre. Il sait que le drame, sans sortir des limites impartiales de l'art, a une mission nationale, une mission sociale, une mission humaine. Quand il voit chaque soir ce peuple si intelligent et si avancé, qui a fait de Paris la cité centrale du progrès, s'entasser en foule devant un rideau que sa pensée à lui, chétif poëte, va soulever le moment d'après, il sent combien il est peu de chose, lui, devant tant d'attente et de curiosité ; il sent que, si son talent n'est rien, il faut que sa probité soit tout ; il s'interroge avec sévérité et recueillement sur la portée philosophique de son œuvre, car il se sait responsable, et il ne veut pas que cette foule puisse lui demander compte un jour de ce qu'il lui aura enseigné. Le poëte aussi a charge d'âmes. Il ne faut pas que la multitude sorte du théâtre sans emporter avec elle quelque moralité austère et profonde. Aussi espère-t-il bien, Dieu aidant, ne développer jamais sur la scène (du moins tant que dureront les temps sérieux où nous sommes) que des choses pleines de leçons et de conseils. Il fera toujours apparaître volontiers le cercueil dans la salle du banquet, la prière des morts à travers les refrains de l'orgie, la cagoule à côté du masque. Il laissera quelquefois le carnaval débraillé chanter à tue-tête sur l'avant-scène; mais il lui criera du fond du théâtre : *Memento quia pulvis es.* Il sait bien que l'art seul, l'art pur, l'art proprement dit, n'exige pas tout cela du poëte ; mais il pense qu'au théâtre surtout il ne suffit pas de remplir seulement les conditions de l'art. Et, quant aux plaies et aux misères de l'humanité, toutes les fois qu'il les étalera dans le drame, il tâchera de jeter sur ce que ces nudités-là auraient de trop odieux le voile d'une idée consolante et grave. Il ne mettra pas Marion de Lorme sur la scène sans purifier la courtisane avec un peu d'amour; il donnera à Triboulet le difforme un cœur de père; il donnera à Lucrèce la monstrueuse des entrailles de mère. Et, de cette façon, sa conscience se reposera du moins tranquille et sereine sur son œuvre. Le drame qu'il rêve et qu'il tente de réaliser pourra toucher à tout sans se souiller à rien. Faites circuler dans tout une pensée morale et compatissante, et il n'y a plus rien de difforme ni de repoussant. A la chose la plus hideuse mêlez une idée religieuse, elle deviendra sainte et pure. Attachez Dieu au gibet, vous avez la croix.

12 février 1833.

PERSONNAGES.

DONA LUCREZIA BORGIA.
DON ALPHONSE D'ESTE.
GENNARO.
GUBETTA.
MAFFIO ORSINI.
JEPPO LIVERETTO.
DON APOSTOLO GAZELLA.
ASCANIO PETRUCCI.
OLOFERNO VITELLOZZO.
RUSTIGHELLO.
ASTOLFO.
LA PRINCESSE NEGRONI.
Un huissier.
Des moines.
Seigneurs.
Pages. Gardes.

Venise. — Ferrare.

15...

ACTE PREMIER

AFFRONT SUR AFFRONT

PREMIÈRE PARTIE

Une terrasse du palais Barbarigo, à Venise. C'est une fête de nuit. Des masques traversent par instant le théâtre. Des deux côtés de la terrasse, le palais splendidement illuminé et résonnant de fanfares. La terrasse couverte d'ombre et de verdure. Au fond, au bas de la terrasse, est censé couler le canal de la Zucca, sur lequel on voit passer par moments, dans les ténèbres, des gondoles, chargées de masques et de musiciens, à demi éclairées. Chacune de ces gondoles traverse le fond du théâtre avec une symphonie tantôt gracieuse, tantôt lugubre, qui s'éteint par degrés dans l'éloignement. Au fond, Venise au clair de lune.

SCÈNE PREMIÈRE.

De jeunes seigneurs, magnifiquement vêtus, leurs masques à la main, causent sur la terrasse.

GUBETTA, GENNARO, vêtu en capitaine, DON APOSTOLO GAZELLA, MAFFIO ORSINI, ASCANIO PETRUCCI, OLOFERNO VITELLOZZO, JEPPO LIVERETTO.

OLOFERNO. — Nous vivons dans une époque où les gens accomplissent tant d'actions horribles, qu'on ne parle plus de celle-là ; mais certes il n'y eut jamais événement plus sinistre et plus mystérieux.

ASCANIO. — Une chose ténébreuse faite par des hommes ténébreux.

JEPPO. — Moi, je sais les faits, messeigneurs. Je les tiens

de mon cousin éminentissime le cardinal Carriale, qui a été mieux informé que personne. — Vous savez, le cardinal Carriale, qui eut cette fière dispute avec le cardinal Riario au sujet de la guerre contre Charles VIII de France.

GENNARO, *bâillant*. — Ah! voilà Jeppo qui va nous conter des histoires! — Pour ma part, je n'écoute pas. Je suis déjà bien assez fatigué sans cela.

MAFFIO. — Ces choses-là ne t'intéressent pas, Gennaro, et c'est tout simple. Tu es un brave capitaine d'aventure. Tu portes un nom de fantaisie. Tu ne connais ni ton père ni ta mère. On ne doute pas que tu ne sois gentilhomme, à la façon dont tu tiens une épée, mais tout ce qu'on sait de ta noblesse, c'est que tu te bats comme un lion. Sur mon âme, nous sommes compagnons d'armes, et ce que je dis n'est pas pour t'offenser. Tu m'as sauvé la vie à Rimini, je t'ai sauvé la vie au pont de Vicence. Nous nous sommes juré de nous aider en périls comme en amour, de nous venger l'un l'autre quand besoin serait, de n'avoir pour ennemis, moi, que les tiens, toi, que les miens. Un astrologue nous a prédit que nous mourrions le même jour, et nous lui avons donné dix sequins d'or pour la prédiction. Nous ne sommes pas amis, nous sommes frères. Mais enfin, tu as le bonheur de t'appeler simplement Gennaro, de ne tenir à personne, de ne traîner après toi aucune de ces fatalités souvent héréditaires, qui s'attachent aux noms historiques. Tu es heureux! Que t'importe ce qui se passe et ce qui s'est passé, pourvu qu'il y ait toujours des hommes pour la guerre et des femmes pour le plaisir? Que te fait l'histoire des familles et des villes, à toi, enfant du drapeau, qui n'a ni ville ni famille? Nous, vois-tu, Gennaro, c'est différent. Nous avons droit de prendre intérêt aux catastrophes de notre temps. Nos pères et nos mères ont été mêlés à ces tragédies, et presque toutes nos familles saignent encore. — Dis-nous ce que tu sais, Jeppo.

GENNARO. (*Il se jette dans un fauteuil, dans l'attitude de quelqu'un qui va dormir.*) — Vous me réveillerez quand Jeppo aura fini.

JEPPO. — Voici. C'est en quatorze cent quatre-vingt...

GUBETTA, *dans un coin du théâtre.* — Quatre-vingt-dix-sept.

JEPPO. — C'est juste. Quatre-vingt-dix-sept. Dans une certaine nuit d'un mercredi à un jeudi...

GUBETTA. — Non. D'un mardi à un mercredi.

JEPPO. — Vous avez raison. — Cette nuit donc, un batelier du Tibre, qui s'était couché dans son bateau, le long du bord, pour garder ses marchandises, vit quelque chose d'effrayant. C'était un peu au-dessous de l'église Santo-Hieronimo. Il pouvait être cinq heures après minuit. Le batelier vit venir dans l'obscurité, par le chemin qui est à gauche de l'église, deux hommes qui allaient à pied de çà, de là, comme inquiets; après quoi, il en parut deux autres; et enfin trois : en tout sept. Un seul était à cheval. Il faisait nuit assez noire. Dans toutes les maisons qui regardent le Tibre, il n'y avait plus qu'une seule fenêtre éclairée. Les sept hommes s'approchèrent du bord de l'eau. Celui qui était monté tourna la croupe de son cheval du côté du Tibre, et alors le batelier vit distinctement sur cette croupe des jambes qui pendaient d'un côté, une tête et des bras de l'autre, — le cadavre d'un homme. Pendant que leurs camarades guettaient les angles des rues, deux de ceux qui étaient à pied prirent le corps mort, le balancèrent deux ou trois fois avec force, et le lancèrent au milieu du Tibre. Au moment où le cadavre frappa l'eau, celui qui était à cheval fit une question à laquelle les deux autres répondirent : Oui, monseigneur. Alors le cavalier se retourna vers le Tibre, et vit quelque chose de noir qui flottait sur l'eau. Il demanda ce que c'était. On lui répondit : Monseigneur, c'est le manteau de monseigneur qui est mort. Et quelqu'un de la troupe jeta des pierres à ce manteau, ce qui le fit enfoncer. Ceci fait, ils s'en allèrent tous de compagnie et prirent le chemin qui mène à Saint-Jacques. Voilà ce que vit le batelier.

MAFFIO. — Une lugubre aventure! Etait-ce quelqu'un de considérable que ces hommes jetaient ainsi à l'eau? Ce cheval me fait un effet étrange : l'assassin en selle, et le mort en croupe !

GUBETTA. — Sur ce cheval, il y avait les deux frères.

JEPPO. — Vous l'avez dit, monsieur de Belverana. Le cadavre, c'était Jean Borgia ; le cavalier, c'était César Borgia.

MAFFIO. — Famille de démons que ces Borgia! Et, dites, Jeppo, pourquoi le frère tuait-il ainsi le frère?

JEPPO. — Je ne vous le dirai pas. La cause du meurtre est tellement abominable, que ce doit être un péché mortel d'en parler seulement.

GUBETTA. — Je vous le dirai, moi. César, cardinal de Valence, a tué Jean, duc de Gandia, parce que les deux frères aimaient la même femme.

MAFFIO. — Et qui était cette femme-là ?

GUBETTA, *toujours au fond du théâtre.* — Leur sœur.

JEPPO. — Assez, monsieur de Belverana. Ne prononcez pas devant nous le nom de cette femme monstrueuse. Il n'est pas une de nos familles à laquelle elle n'ait fait quelque plaie profonde.

MAFFIO. — N'y avait-il pas aussi un enfant mêlé à tout cela?

JEPPO. — Oui, un enfant dont je ne veux nommer que le père, qui était Jean Borgia.

MAFFIO. — Cet enfant serait un homme maintenant.

OLOFERNO. — Il a disparu.

JEPPO. — Est-ce César Borgia qui a réussi à le soustraire

à la mère? Est-ce la mère qui a réussi à le soustraire à César Borgia? On ne sait.

DON APOSTOLO. — Si c'est la mère qui cache son fils, elle fait bien. Depuis que César Borgia, cardinal de Valence, est devenu duc de Valentinois, il a fait mourir, comme vous savez, sans compter son frère Jean, ses deux neveux, les fils de Guifry Borgia, prince de Squillacci, et son cousin, le cardinal François Borgia. Cet homme a la rage de tuer ses parents.

JEPPO. — Pardieu! il veut être le seul Borgia, et avoir tous les biens du pape.

ASCANIO. — La sœur que vous ne voulez pas nommer, Jeppo, ne fit-elle pas à la même époque une cavalcade secrète au monastère de Saint-Sixte pour s'y renfermer sans qu'on sût pourquoi?

JEPPO. — Je crois que oui. C'était pour se séparer du seigneur Jean Sforza, son deuxième mari.

MAFFIO. — Et comment se nommait ce batelier qui a tout vu?

JEPPO. — Je ne sais pas.

GUBETTA. — Il se nommait Georgio Schiavone, et avait pour industrie de mener du bois par le Tibre à Ripetta.

MAFFIO, *bas à Ascanio*. — Voilà un Espagnol qui en sait plus long sur nos affaires que nous autres Romains.

ASCANIO, *bas*. — Je me défie comme toi de ce monsieur de Belverana. Mais n'approfondissons pas ceci; il y a peut-être une chose dangereuse là-dessous.

JEPPO. — Ah! messieurs, messieurs! dans quel temps sommes-nous! et connaissez-vous une créature humaine qui soit sûre de vivre quelques lendemains dans cette pauvre Italie, avec les guerres, les pestes et les Borgia qu'il y a?

DON APOSTOLO. — Ah çà! messeigneurs, je crois que tous, tant que nous sommes, nous devons faire partie de l'ambassade que la république de Venise envoie au duc de Ferrare, pour le féliciter d'avoir repris Rimini sur les Malatesta. Quand partons-nous pour Ferrare?

OLOFERNO. — Décidément, après-demain. Vous savez que les deux ambassadeurs sont nommés : c'est le sénateur Tiopolo et le général des galères Grimani.

DON APOSTOLO. — Le capitaine Gennaro sera-t-il des nôtres?

MAFFIO. — Sans doute! Gennaro et moi ne nous séparons jamais.

ASCANIO. — J'ai une observation importante à vous soumettre, messieurs : c'est qu'on boit du vin d'Espagne sans nous.

MAFFIO. — Rentrons au palais. — Ilé, Gennaro! (*A Jeppo.*) — Mais c'est qu'il s'est réellement endormi pendant votre histoire, Jeppo.

JEPPO. — Qu'il dorme.

Tous sortent, excepté Gubetta.

SCÈNE II.

GUBETTA, GENNARO, endormi.

GUBETTA, *seul*. — Oui, j'en sais plus long qu'eux; ils se disaient cela tout bas. J'en sais plus qu'eux; mais dona Lucrezia en sait plus que moi, monsieur de Valentinois en sait plus que dona Lucrezia, le diable en sait plus que monsieur de Valentinois, et le pape Alexandre VI en sait plus que le diable. (*Regardant Gennaro.*) — Comme cela dort, ces jeunes gens!

Entre dona Lucrezia, masquée. Elle aperçoit Gennaro endormi, et va le contempler avec une sorte de ravissement et de respect.

SCÈNE III.

GUBETTA, DONA LUCREZIA, GENNARO, endormi.

DONA LUCREZIA, *à part.* — Il dort! — Cette fête l'aura sans doute fatigué! — Qu'il est beau! (*Se retournant.*) — Gubetta!

GUBETTA. — Parlez moins haut, madame. — Je ne m'appelle pas ici Gubetta, mais le comte de Belverana, gentilhomme castillan ; vous, vous êtes madame la marquise de Pontequadrato, dame napolitaine. Nous ne devons pas avoir l'air de nous connaître. Ne sont-ce pas là les ordres de Votre Altesse? Vous n'êtes point ici chez vous, vous êtes à Venise.

DONA LUCREZIA. — C'est juste, Gubetta. Mais il n'y a personne sur cette terrasse, que ce jeune homme qui dort; nous pouvons causer un instant.

GUBETTA. — Comme il plaira à Votre Altesse. J'ai encore un conseil à vous donner; c'est de ne point vous démasquer. On pourrait vous reconnaître.

DONA LUCREZIA. — Eh! que m'importe? S'ils ne savent pas qui je suis, je n'ai rien à craindre; s'ils savent qui je suis, c'est à eux d'avoir peur.

GUBETTA. — Nous sommes à Venise, madame; vous avez bien des ennemis ici, et des ennemis libres. Sans doute, la république de Venise ne souffrirait pas qu'on osât attenter à la personne de Votre Altesse, mais on pourrait vous insulter.

DONA LUCREZIA. — Ah! tu as raison; mon nom fait horreur, en effet.

GUBETTA. — Il n'y a pas ici que des Vénitiens ; il y a des Romains, des Napolitains, des Romagnols, des Lombards, des Italiens de toute l'Italie.

DONA LUCREZIA. — Et toute l'Italie me hait! Tu as raison. Il faut pourtant que tout cela change. Je n'étais pas née pour faire le mal, je le sens à présent plus que jamais. C'est l'exemple de ma famille qui m'a entraînée. — Gubetta!

GUBETTA. — Madame.

DONA LUCREZIA. — Fais porter sur-le-champ les ordres que nous allons te donner dans notre gouvernement de Spolette.

GUBETTA.—Ordonnez, madame ; j'ai toujours quatre mules sellées et quatre coureurs tout prêts à partir.

DONA LUCREZIA. — Qu'a-t-on fait de Galeas Accaioli?

GUBETTA. — Il est toujours en prison, en attendant que Votre Altesse le fasse pendre.

DONA LUCREZIA. — Et Guifry Buondelmonte?

GUBETTA. — Au cachot. Vous n'avez pas encore dit de le faire étrangler.

DONA LUCREZIA. — Et Manfredi de Curzola?

GUBETTA. — Pas encore étranglé non plus.

DONA LUCREZIA. — Et Spadacappa?

GUBETTA. — D'après vos ordres, on ne doit lui donner le poison que le jour de Pâques, dans l'hostie. Cela viendra dans six semaines, nous sommes au carnaval.

DONA LUCREZIA. — Et Pierre Capra?

GUBETTA. — A l'heure qu'il est, il est encore évêque de Pesaro et régent de la chancellerie ; mais, avant un mois, il ne sera plus qu'un peu de poussière, car notre saint-père le pape l'a fait arrêter sur votre plainte, et le tient sous bonne garde dans les chambres basses du Vatican.

DONA LUCREZIA. — Gubetta, écris en hâte au saint-père que je lui demande la grâce de Pierre Capra! Gubetta, qu'on mette en liberté Accaioli! En liberté Manfredi de Curzola! En liberté Buondelmonte! En liberté Spadacappa!

GUBETTA. — Attendez! attendez, madame! laissez-moi respirer! Quels ordres me donnez-vous là! Ah! mon Dieu! il pleut des pardons! il grêle de la miséricorde! je suis submergé dans la clémence! je ne me tirerai jamais de ce déluge effroyable de bonnes actions!

DONA LUCREZIA. — Bonnes ou mauvaises, que t'importe, pourvu que je te les paye?

GUBETTA. — Ah! c'est qu'une bonne action est bien plus difficile à faire qu'une mauvaise. — Hélas! pauvre Gubetta que je suis! A présent que vous vous imaginez de devenir miséricordieuse, qu'est-ce que je vais devenir, moi?

DONA LUCREZIA. — Ecoute, Gubetta, tu es mon plus ancien et mon plus fidèle confident...

GUBETTA. — Voilà quinze ans, en effet, que j'ai l'honneur d'être votre collaborateur.

DONA LUCREZIA. — Eh bien! dis, Gubetta, mon vieil ami, mon vieux complice, est-ce que tu ne commences pas à sentir le besoin de changer de genre de vie? est-ce que tu n'as pas soif d'être béni, toi et moi, autant que nous avons été maudits? est-ce que tu n'en as pas assez du crime?

GUBETTA. — Je vois que vous êtes en train de devenir la plus vertueuse Altesse qui soit.

DONA LUCREZIA. — Est ce que notre commune renommée à tous deux, notre renommée infâme, notre renommée de meurtre et d'empoisonnement, ne commence pas à te peser, Gubetta?

GUBETTA. — Pas du tout. Quand je passe dans les rues de Spolette, j'entends bien quelquefois des manants qui fredonnent autour de moi : Hum! ceci est Gubetta, Gubetta-poison, Gubetta-poignard, Gubetta-gibet! car ils ont mis à mon nom une flamboyante aigrette de sobriquets. On dit tout cela; et, quand les voix ne le disent pas, ce sont les yeux qui le disent. Mais qu'est-ce que cela fait? je suis

2.

habitué à ma mauvaise réputation comme un soldat du pape à servir la messe.

DONA LUCREZIA. — Mais ne sens-tu pas que tous les noms odieux dont on t'accable, et dont on m'accable aussi, peuvent aller éveiller le mépris et la haine dans un cœur où tu voudrais être aimé? Tu n'aimes donc personne au monde, Gubetta?

GUBETTA. — Je voudrais bien savoir qui vous aimez, madame.

DONA LUCREZIA. — Qu'en sais-tu? Je suis franche avec toi; je ne te parlerai ni de mon père, ni de mon frère, ni de mon mari, ni de mes amants.

GUBETTA. — Mais c'est que je ne vois guère que cela qu'on puisse aimer.

DONA LUCREZIA. — Il y a encore autre chose, Gubetta.

GUBETTA. — Ah çà! est-ce que vous vous faites vertueuse pour l'amour de Dieu?

DONA LUCREZIA. — Gubetta! Gubetta! s'il y avait aujourd'hui en Italie, dans cette fatale et criminelle Italie, un cœur noble et pur, un cœur plein de hautes et de mâles vertus, un cœur d'ange sous une cuirasse de soldat; s'il ne me restait, à moi, pauvre femme, haïe, méprisée, abhorrée, maudite des hommes, damnée du ciel, misérable toute-puissante que je suis; s'il ne me restait, dans l'état de détresse où mon âme agonise douloureusement, qu'une idée, qu'une espérance, qu'une ressource, celle de mériter et d'obtenir avant ma mort une petite place, Gubetta, un peu de tendresse, un peu d'estime dans ce cœur si fier et si pur; si je n'avais d'autre pensée que l'ambition de le sentir battre un jour joyeusement et librement sur le mien; comprendrais-tu alors, dis, Gubetta, pourquoi j'ai hâte de racheter mon passé, de laver ma renommée, d'effacer les taches de toutes sortes que j'ai partout sur moi, et de changer en une idée de gloire, de pénitence et de vertu, l'idée infâme et sanglante que l'Italie attache à mon nom?

GUBETTA. — Mon Dieu, madame! sur quel ermite avez-vous marché aujourd'hui?

DONA LUCREZIA. — Ne ris pas. Il y a longtemps déjà que j'ai ces pensées sans te les dire. Lorsqu'on est entraîné par un courant de crimes, on ne s'arrête pas quand on veut. Les deux anges luttaient en moi, le bon et le mauvais; mais je crois que le bon va enfin l'emporter.

GUBETTA. — Alors, *te Deum laudamus, magnificat anima mea Dominum!* — Savez-vous, madame, que je ne vous comprends plus, et que depuis quelque temps vous êtes devenue indéchiffrable pour moi? Il y a un mois, Votre Altesse annonce qu'elle part pour Spolette, prend congé de monseigneur don Alphonse d'Este, votre mari, qui a, du reste, la bonhomie d'être amoureux de vous comme un tourtereau et jaloux comme un tigre; Votre Altesse donc quitte Ferrare, et s'en vient secrètement à Venise, presque sans suite, affublée d'un faux nom napolitain, et moi d'un faux nom espagnol. Arrivée à Venise, Votre Altesse se sépare de moi et m'ordonne de ne pas la connaître; et puis, vous vous mettez à courir les fêtes, les musiques, les tertullias à l'espagnole, profitant du carnaval pour aller partout masquée, cachée à tous, déguisée, me parlant à peine entre deux portes chaque soir; et voilà que toute cette mascarade se termine par un sermon que vous me faites! Un sermon de vous à moi, madame! cela n'est-il pas véhément et prodigieux? Vous avez métamorphosé votre nom, vous avez métamorphosé votre habit, à présent vous métamorphosez votre âme! En honneur, c'est pousser furieusement loin le carnaval. Je m'y perds. Où est la cause de cette conduite de la part de Votre Altesse?

DONA LUCREZIA, *lui saisissant vivement le bras, et l'attirant près de Gennaro endormi.* — Vois-tu ce jeune homme?

GUBETTA. — Ce jeune homme n'est pas nouveau pour

moi, et je sais bien que c'est après lui que vous courez sous votre masque, depuis que vous êtes à Venise.

DONA LUCREZIA. — Qu'est-ce que tu en dis?

GUBETTA. — Je dis que c'est un jeune homme qui dort couché sur un banc, et qui dormirait debout s'il avait été en tiers dans la conversation morale et édifiante que je viens d'avoir avec Votre Altesse.

DONA LUCREZIA. — Est-ce que tu ne le trouves pas bien beau?

GUBETTA. — Il serait plus beau s'il n'avait pas les yeux fermés. Un visage sans yeux, c'est un palais sans fenêtres.

DONA LUCREZIA. — Si tu savais comme je l'aime!

GUBETTA. — C'est l'affaire de don Alphonse, votre royal mari. Je dois cependant avertir Votre Altesse qu'elle perd ses peines. Ce jeune homme, à ce qu'on m'a dit, aime d'amour une belle jeune fille nommée Fiametta.

DONA LUCREZIA. — Et la jeune fille, l'aime-t-elle?

GUBETTA. — On dit que oui.

DONA LUCREZIA. — Tant mieux! je voudrais tant le savoir heureux!

GUBETTA. — Voilà qui est singulier et n'est guère dans vos façons. Je vous croyais plus jalouse.

DONA LUCREZIA, *contemplant Gennaro*. — Quelle noble figure!

GUBETTA. — Je trouve qu'il ressemble à quelqu'un...

DONA LUCREZIA. — Ne me dis pas à qui tu trouves qu'il ressemble! — Laisse-moi.

Gubetta sort. Dona Lucrezia reste quelques instants comme en extase devant Gennaro : elle ne voit pas deux hommes masqués qui viennent d'entrer au fond du théâtre et qui l'observent.

DONA LUCREZIA, *se croyant seule*. — C'est donc lui! il m'est donc enfin donné de le voir un instant sans périls! Non, je ne l'avais pas rêvé plus beau. Oh! Dieu! épargnez-moi l'angoisse d'être jamais haïe et méprisée de lui; vous savez qu'il est tout ce que j'aime sous le ciel! — Je n'ose ôter mon masque, il faut pourtant que j'essuie mes larmes. Elle ôte son masque pour s'essuyer les yeux. Les deux hommes masqués causent à voix basse pendant qu'elle baise la main de Gennaro endormi.

PREMIER HOMME MASQUÉ. — Cela suffit, je puis retourner à Ferrare. Je n'étais venu à Venise que pour m'assurer de son infidélité; j'en ai assez vu. Mon absence de Ferrare ne peut se prolonger plus longtemps. Ce jeune homme est son amant. Comment le nomme-t-on, Rustighello?

DEUXIÈME HOMME MASQUÉ. — Il s'appelle Gennaro. C'est un capitaine aventurier, un brave, sans père ni mère, un homme dont on ne connaît pas les bouts. Il est en ce moment au service de la république de Venise.

PREMIER HOMME. — Fais en sorte qu'il vienne à Ferrare.

DEUXIÈME HOMME. — Cela se fera de soi-même, monseigneur; il part après-demain pour Ferrare avec plusieurs de ses amis, qui font partie de l'ambassade des sénateurs Tiopolo et Grimani.

PREMIER HOMME. — C'est bien. Les rapports qu'on m'a faits étaient exacts. J'en ai assez vu, te dis-je; nous pouvons repartir.

Ils sortent.

DONA LUCREZIA, *joignant les mains et presque agenouillée devant Gennaro.* — Oh! mon Dieu! qu'il y ait autant de bonheur pour lui qu'il y a eu de malheur pour moi!
Elle dépose un baiser sur le front de Gennaro, qui s'éveille en sursaut.

GENNARO, *saisissant par les deux bras Lucrezia interdite.* — Un baiser! une femme! — Sur mon honneur, madame, si vous étiez reine et si j'étais poëte, ce serait véritablement l'aventure de messire Alain Chartier, le rimeur français! — Mais j'ignore qui vous êtes, et moi, je ne suis qu'un soldat.

DONA LUCREZIA. — Laissez-moi, seigneur Gennaro !
GENNARO. — Non pas, madame.
DONA LUCREZIA. — Voici quelqu'un.

Elle s'enfuit ; Gennaro la suit.

SCÈNE IV.

JEPPO, puis MAFFIO.

JEPPO, *entrant par le côté opposé*. — Quel est ce visage ? c'est bien elle ! Cette femme à Venise ! — Hé, Maffio !
MAFFIO, *entrant*. — Qu'est-ce ?
JEPPO. — Que je te dise une rencontre inouïe.

Il parle bas à l'oreille de Maffio.

MAFFIO. — En es-tu sûr ?
JEPPO. — Comme je suis sûr que nous sommes ici dans le palais Barbarigo, et non dans le palais Labbia.
MAFFIO. — Elle était en causerie galante avec Gennaro !
JEPPO. — Avec Gennaro !
MAFFIO. — Il faut tirer mon frère Gennaro de cette toile d'araignée.
JEPPO. — Viens avertir nos amis.

Ils sortent. — Pendant quelques instants la scène reste vide ; on voit seulement passer de temps en temps, au fond du théâtre, quelques gondoles avec des symphonies. — Rentrent Gennaro et dona Lucrezia masquée.

SCÈNE V.

GENNARO, DONA LUCREZIA.

DONA LUCREZIA. — Cette terrasse est obscure et déserte, je puis me démasquer ici. Je veux que vous voyiez mon visage, Gennaro.

Elle se démasque.

GENNARO. — Vous êtes bien belle!

DONA LUCREZIA. — Regarde-moi bien, Gennaro, et dis-moi que je ne te fais pas horreur!

GENNARO. — Vous me faire horreur, madame, et pourquoi? Bien au contraire, je me sens au fond du cœur quelque chose qui m'attire vers vous.

DONA LUCREZIA. — Donc tu crois que tu pourrais m'aimer, Gennaro?

GENNARO. — Pourquoi non? Pourtant, madame, je suis sincère, il y aura toujours une femme que j'aimerai plus que vous.

DONA LUCREZIA, *souriant*. — Je sais, la petite Fiametta.

GENNARO. — Non.

DONA LUCREZIA. — Qui donc?

GENNARO. — Ma mère.

DONA LUCREZIA. — Ta mère! ta mère, ô mon Gennaro! tu aimes bien ta mère, n'est-ce pas?

GENNARO. — Et pourtant je ne l'ai jamais vue. Voilà qui vous paraît bien singulier, n'est-il pas vrai? Tenez, je ne sais pas pourquoi j'ai une pente à me confier à vous; je vais vous dire un secret que je n'ai encore dit à personne, pas même à mon frère d'armes, pas même à Maffio Orsini. Cela est étrange de se livrer ainsi au premier venu; mais il me semble que vous n'êtes pas pour moi la première venue. — Je suis un capitaine qui ne connaît pas sa famille; j'ai été élevé en Calabre par un pêcheur dont je me croyais le fils. Le jour où j'eus seize ans, ce pêcheur m'apprit qu'il n'était pas mon père. Quelque temps après, un seigneur vint qui m'arma chevalier et qui repartit sans avoir levé la visière de son morion. Quelque temps après encore, un homme vêtu de noir vint m'apporter une lettre. Je l'ouvris : c'était ma mère qui m'écrivait, ma mère que je ne connaissais pas, ma mère que je rêvais bonne, douce, tendre, belle comme vous! ma mère, que j'adorais

de toutes les forces de mon âme! Cette lettre m'apprit, sa[ns]
me dire aucun nom, que j'étais noble et de grande race,
que ma mère était bien malheureuse. Pauvre femme!

DONA LUCREZIA. — Bon Gennaro!

GENNARO. — Depuis ce jour-là, je me suis fait aven[tu]-
rier, parce qu'étant quelque chose par ma naissance, j[e]
voulu être aussi quelque chose par mon épée. J'ai cou[ru]
toute l'Italie. Mais le premier jour de chaque mois, [en]
quelque lieu que je sois, je vois toujours venir le mê[me]
messager. Il me remet une lettre de ma mère, prend [ma]
réponse et s'en va : et il ne me dit rien, et je ne lui d[is]
rien, parce qu'il est sourd et muet.

DONA LUCREZIA. — Ainsi tu ne sais rien de ta famille?

GENNARO. — Je sais que j'ai une mère, qu'elle est mal[-]
heureuse et que je donnerais ma vie dans ce monde pou[r]
la voir pleurer, et ma vie dans l'autre pour la voir sourir[e.]
Voilà tout.

DONA LUCREZIA. — Que fais-tu de ses lettres?

GENNARO. — Je les ai toutes là, sur mon cœur. Nous a[u]-
tres gens de guerre, nous risquons souvent notre poitri[ne]
à l'encontre des épées. Les lettres d'une mère, c'est un[e]
bonne cuirasse.

DONA LUCREZIA. — Noble nature!

GENNARO. — Tenez, voulez-vous voir son écriture? voi[ci]
une de ses lettres. (*Il tire de sa poitrine un papier qu'il*
baise et qu'il remet à dona Lucrezia.) — Lisez cela.

DONA LUCREZIA, *lisant.* — « .... Ne cherche pas à me
« connaître, mon Gennaro, avant le jour que je te marque[-]
« rai. Je suis bien à plaindre, va. Je suis entourée de pa[-]
« rents sans pitié, qui te tueraient comme ils ont tué ton
« père. Le secret de ta naissance, mon enfant, je veu[x]
« être la seule à le savoir. Si tu le savais, toi, cela est à l[a]
« fois si triste et si illustre, que tu ne pourrais pas l'e[n]
« taire; la jeunesse est confiante, tu ne connais pas les p[e]

« rils qui t'environnent comme je les connais; qui sait? tu
« voudrais les affronter par bravade de jeune homme, tu
« parlerais ou tu te laisserais deviner, et tu ne vivrais pas
« deux jours. Oh! non, contente-toi de savoir que tu as une
« mère qui t'adore et qui veille nuit et jour sur ta vie. Mon
« Gennaro, mon fils, tu es tout ce que j'aime sur la terre :
« mon cœur se fond quand je songe à toi. »

Elle s'interrompt pour dévorer une larme.

GENNARO. — Comme vous lisez cela tendrement! On ne dirait pas que vous lisez, mais que vous parlez. — Ah! vous pleurez! — Vous êtes bonne, madame, et je vous aime de pleurer de ce qu'écrit ma mère. (*Il reprend la lettre, la baise de nouveau et la remet dans sa poitrine.*) — Oui, vous voyez, il y a eu bien des crimes autour de mon berceau. — Ma pauvre mère! — n'est-ce pas que vous comprenez maintenant que je m'arrête peu aux galanteries et aux amourettes, parce que je n'ai qu'une pensée au cœur, ma mère! Oh! délivrer ma mère! la servir, la venger, la consoler! quel bonheur! Je penserai à l'amour après! Tout ce que je fais, je le fais pour être digne de ma mère. Il y a bien des aventuriers qui ne sont pas scrupuleux, et qui se battraient pour Satan après s'être battus pour saint Michel; moi, je ne sers que des causes justes; je veux pouvoir déposer un jour aux pieds de ma mère une épée nette et loyale comme celle d'un empereur. — Tenez, madame, on m'a offert un gros enrôlement au service de cette infâme madame Lucrèce Borgia. J'ai refusé.

DONA LUCREZIA. — Gennaro! — Gennaro! ayez pitié des méchants! Vous ne savez pas ce qui se passe dans leur cœur.

GENNARO. — Je n'ai pas pitié de qui est sans pitié. — Mais laissons cela, madame; et maintenant que je vous ai dit qui je suis, faites de même, et dites-moi à votre tour qui vous êtes.

DONA LUCREZIA. — Une femme qui vous aime, Gennaro.

GENNARO. — Mais votre nom?...

DONA LUCREZIA. — Ne m'en demandez pas plus.

Des flambeaux. Entrent avec bruit Jeppo et Maffio. Dona Lucrezia remet son masque précipitamment.

SCÈNE VI.

LES MÊMES, MAFFIO ORSINI, JEPPO LIVERETTO, ASCANIO PETRUCCI, OLOFERNO VITELLOZZO, DON APOSTOLO GAZELLA. — SEIGNEURS, DAMES, PAGES portant des flambeaux.

MAFFIO, *un flambeau à la main.* — Gennaro! veux-tu savoir quelle est la femme à qui tu parles d'amour?

DONA LUCREZIA, *à part, sous son masque.* — Juste ciel!

GENNARO. — Vous êtes tous mes amis; mais je jure Dieu que celui qui touchera au masque de cette femme sera un enfant hardi. Le masque d'une femme est sacré comme la face d'un homme.

MAFFIO. — Il faut d'abord que la femme soit une femme, Gennaro! Mais nous ne voulons point insulter celle-là; nous voulons seulement lui dire nos noms. (*Faisant un pas vers dona Lucrezia.*) — Madame, je suis Maffio Orsini, frère du duc de Gravina, que vos sbires ont étranglé la nuit pendant qu'il dormait.

JEPPO. — Madame, je suis Jeppo Liveretto, neveu de Liveretto Vitelli, que vous avez fait poignarder dans les caves du Vatican.

ASCANIO. — Madame, je suis Ascanio Petrucci, cousin de Pandolfo Petrucci, seigneur de Sienne, que vous avez assassiné pour lui voler plus aisément sa ville.

OLOFERNO. — Madame, je m'appelle Oloferno Vitellozzo, neveu d'Iago d'Appiani, que vous avez empoisonné dans une fête, après lui avoir traitreusement dérobé sa bonne citadelle seigneuriale de Piombino.

DON APOSTOLO. — Madame, vous avez mis à mort sur l'échafaud don Francisco Gazella, oncle maternel de don Alphonse d'Aragon, votre troisième mari, que vous avez fait tuer à coups de hallebarde sur le palier de l'escalier de Saint-Pierre. Je suis don Apostolo Gazella, cousin de l'un et fils de l'autre.

DONA LUCREZIA. — Oh! Dieu!

GENNARO. — Quelle est cette femme?

MAFFIO. — Et maintenant que nous vous avons dit nos noms, madame, voulez-vous que nous vous disions le vôtre?

DONA LUCREZIA. — Non! non! ayez pitié, messeigneurs! pas devant lui!

MAFFIO, *la démasquant*. — Otez votre masque, madame, qu'on voie si vous pouvez encore rougir.

DON APOSTOLO. — Gennaro, cette femme, à qui tu parlais d'amour, est empoisonneuse et adultère.

JEPPO. — Inceste à tous les degrés : inceste avec ses deux frères, qui se sont entre-tués pour l'amour d'elle!

DONA LUCREZIA. — Grâce!

ASCANIO. — Inceste avec son père, qui est pape!

DONA LUCREZIA. — Pitié!

OLOFERNO. — Inceste avec ses enfants, si elle en avait; mais le ciel en refuse aux monstres!

DONA LUCREZIA. — Assez! assez!

MAFFIO. — Veux-tu savoir son nom, Gennaro?

DONA LUCREZIA. — Grâce! grâce! messeigneurs!

MAFFIO. — Gennaro, veux-tu savoir son nom?

DONA LUCREZIA, *elle se traîne aux genoux de Gennaro*. — N'écoute pas, mon Gennaro!

MAFFIO, *étendant le bras*. — C'est Lucrèce Borgia!

GENNARO, *la repoussant*. — Oh!

TOUS. — Lucrèce Borgia!

Elle tombe évanouie aux pieds de Gennaro.

DEUXIÈME PARTIE.

Une place de Ferrare. A droite, un palais avec un balcon garni de jalousies, et une porte basse. Sous le balcon, un grand écusson de pierre chargé d'armoiries avec ce mot en grosses lettres saillantes de cuivre doré au-dessous : BONGIA. A gauche, une petite maison avec porte sur la place. Au fond, des maisons et des clochers.

SCÈNE PREMIÈRE.

DONA LUCREZIA, GUBETTA.

DONA LUCREZIA. — Tout est-il prêt pour ce soir, Gubetta?

GUBETTA. — Oui, madame.

DONA LUCREZIA. — Y seront-ils tous les cinq?

GUBETTA. — Tous les cinq.

DONA LUCREZIA. — Ils m'ont bien cruellement outragée, Gubetta!

GUBETTA. — Je n'étais pas là, moi!

DONA LUCREZIA. — Ils ont été sans pitié!

GUBETTA. — Ils vous ont dit votre nom tout haut comme cela?

DONA LUCREZIA. — Ils ne m'ont pas dit mon nom, Gubetta, ils me l'ont craché au visage!

GUBETTA. — En plein bal?

DONA LUCREZIA. — Devant Gennaro!

GUBETTA. — Ce sont de fiers étourdis d'avoir quitté Venise et d'être venus à Ferrare! Il est vrai qu'ils ne pouvaient guère faire autrement, étant désignés par le sénat pour faire partie de l'ambassade qui est arrivée l'autre semaine.

DONA LUCREZIA. — Oh! il me hait et me méprise maintenant, et c'est leur faute. — Ah! Gubetta, je me vengerai d'eux.

GUBETTA. — A la bonne heure, voilà parler! Vos fantaisies de miséricorde vous ont quittée, Dieu soit loué! Je suis bien plus à mon aise avec Votre Altesse quand elle est naturelle comme la voilà. Je m'y retrouve au moins. Voyez-vous, madame, un lac, c'est le contraire d'une île; une tour, c'est le contraire d'un puits; un aqueduc, c'est le contraire d'un pont; et moi, j'ai l'honneur d'être le contraire d'un personnage vertueux.

DONA LUCREZIA. — Gennaro est avec eux. Prends garde qu'il ne lui arrive rien.

GUBETTA. — Si nous devenions, vous une bonne femme, et moi un bon homme, ce serait monstrueux.

DONA LUCREZIA. — Prends garde qu'il n'arrive rien à Gennaro, te dis-je!

GUBETTA. — Soyez tranquille.

DONA LUCREZIA. — Je voudrais pourtant bien le voir encore une fois!

GUBETTA. — Vive-Dieu! madame, Votre Altesse le voit tous les jours. Vous avez gagné son valet pour qu'il déterminât son maître à prendre logis là, dans cette bicoque, vis-à-vis votre balcon, et de votre fenêtre grillée vous avez tous les jours l'ineffable bonheur de voir entrer et sortir le susdit gentilhomme.

DONA LUCREZIA. — Je dis que je voudrais lui parler, Gubetta.

GUBETTA. — Rien de plus simple. Envoyez-lui dire par votre porte-chape Astolfo que Votre Altesse l'attend aujourd'hui à telle heure au palais.

DONA LUCREZIA. — Je le ferai, Gubetta. Mais voudra-t-il venir?

GUBETTA. — Rentrez, madame, je crois qu'il va passer ici tout à l'heure avec les étourneaux en question.

DONA LUCREZIA. — Te prennent-ils toujours pour le comte de Belverana !

GUBETTA. — Ils me croient Espagnol depuis le talon jusqu'aux sourcils. Je suis un de leurs meilleurs amis. Je leur emprunte de l'argent.

DONA LUCREZIA. — De l'argent ! et pourquoi faire ?

GUBETTA. — Pardieu ! pour en avoir. D'ailleurs, il n'y a rien qui soit plus espagnol que d'avoir l'air gueux et de tirer le diable par la queue.

DONA LUCREZIA, *à part*. — Oh ! mon Dieu ! faites qu'il n'arrive pas malheur à mon Gennaro !

GUBETTA. — Et, à ce propos, madame, il me vient une réflexion.

DONA LUCREZIA. — Laquelle ?

GUBETTA. — C'est qu'il faut que la queue du diable lui soit soudée, chevillée et vissée à l'échine d'une façon bien triomphante pour qu'elle résiste à l'innombrable multitude de gens qui la tirent perpétuellement.

DONA LUCREZIA. — Tu ris à travers tout, Gubetta.

GUBETTA. — C'est une manière comme une autre.

DONA LUCREZIA. — Je crois que les voici. — Songe à tout.

Elle rentre dans le palais par la petite porte sous le balcon.

SCÈNE II.

GUBETTA, seul.

Qu'est-ce que c'est que ce Gennaro ? et que diable en veut-elle faire ? Je ne sais pas tous les secrets de la dame, il s'en faut ; mais celui-ci pique ma curiosité. Ma foi, elle n'a pas eu de confiance en moi cette fois, il ne faut pas qu'elle s'imagine que je vais la servir dans cette occasion ; elle se tirera de l'intrigue avec le Gennaro comme elle pourra. Mais quelle étrange manière d'aimer un homme quand on est fille de Roderigo Borgia et de la Vanozza, quand on est une femme qui a dans les veines du sang de courtisane et du sang de pape! Madame Lucrèce devient platonique. Je ne m'étonnerai plus de rien maintenant, quand même on viendrait me dire que le pape Alexandre VI croit en Dieu! — (*Il regarde dans la rue voisine.*) Allons! voici nos jeunes fous du carnaval de Venise. Ils ont eu une belle idée de quitter une terre neutre et libre pour venir à Ferrare après avoir mortellement offensé la duchesse de Ferrare! A leur place je me serais, certes, abstenu de faire partie de la cavalcade des ambassadeurs vénitiens. Mais les jeunes gens sont ainsi faits. La gueule du loup est de toutes les choses sublunaires celle où ils se precipitent le plus volontiers.

Entrent les jeunes seigneurs sans voir d'abord Gubetta, qui s'est placé en observation sous l'un des piliers qui soutiennent le balcon. Ils causent à voix basse et d'un air d'inquiétude.

SCÈNE III.

GUBETTA, GENNARO, MAFFIO, JEPPO, ASCANIO, DON APOSTOLO, OLOFERNO.

MAFFIO, *bas*. — Vous direz ce que vous voudrez, messieurs, on peut se dispenser de venir à Ferrare quand on a blessé au cœur madame Lucrèce Borgia.

DON APOSTOLO. — Que pouvions-nous faire? Le sénat nous envoie ici. Est-ce qu'il y a moyen d'éluder les ordres du sérénissime sénat de Venise? Une fois désignés, il fallait partir. Je ne me dissimule pourtant pas, Maffio, que la Lucrezia Borgia est en effet une redoutable ennemie. Elle est la maîtresse ici.

JEPPO. — Que veux-tu qu'elle nous fasse, Apostolo? Ne sommes-nous pas au service de la république de Venise?

Ne faisons-nous pas partie de son ambassade? Toucher un cheveu de notre tête, ce serait déclarer la guerre au doge, et Ferrare ne se frotte pas volontiers à Venise.

GENNARO, *rêveur dans un coin du théâtre, sans se mêler à la conversation.* — Oh! ma mère! ma mère! Qui me dira ce que je puis faire pour ma pauvre mère?

MAFFIO. — On peut te coucher de tout ton long dans le sépulcre, Jeppo, sans toucher à un cheveu de ta tête. Il y a des poisons qui font les affaires des Borgia sans éclat et sans bruit, et beaucoup mieux que la hache ou le poignard. Rappelle toi la manière dont Alexandre VI a fait disparaître du monde le sultan Zizimi, frère de Bajazet.

OLOFERNO. — Et tant d'autres.

DON APOSTOLO. — Quant au frère de Bajazet, son histoire est curieuse, et n'est pas des moins sinistres. Le pape lui persuada que Charles de France l'avait empoisonné le jour où ils firent collation ensemble; Zizimi crut tout, et reçut des belles mains de Lucrèce Borgia un soi-disant contre-poison qui, en deux heures, délivra de lui son frère Bajazet.

JEPPO. — Il paraît que ce brave Turc n'entendait rien à la politique.

MAFFIO. — Oui, les Borgia ont des poisons qui tuent en un jour, en un mois, en un an, à leur gré. Ce sont d'infâmes poisons qui rendent le vin meilleur, et font vider le flacon avec plus de plaisir. Vous vous croyez ivre, vous êtes mort. Ou bien un homme tombe tout à coup en langueur, sa peau se ride, ses yeux se cavent, ses cheveux blanchissent, ses dents se brisent comme verre sur le pain; il ne marche plus, il se traîne; il ne respire plus, il râle; il ne rit plus, il ne dort plus, il grelotte au soleil en plein midi; jeune homme il a l'air d'un vieillard; il agonise ainsi quelque temps, enfin il meurt. Il meurt; et alors on se souvient qu'il y a six mois ou un an il a bu un verre de

ACTE I, PARTIE II.

vin de Chypre chez un Borgia. *(Se retournant.)* — Tenez, messeigneurs, voilà justement Montefeltro, que vous connaissez peut-être, qui est de cette ville, et à qui la chose arrive en ce moment. — Il passe là au fond de la place. — Regardez-le.

On voit passer au fond du théâtre un homme à cheveux blancs, maigre, chancelant, boitant, appuyé sur un bâton, et enveloppé d'un manteau.

ASCANIO. — Pauvre Montefeltro !

DON APOSTOLO. — Quel âge a-t-il ?

MAFFIO. — Mon âge. Vingt-neuf ans.

OLOFERNO. — Je l'ai vu l'an passé rose et frais comme vous.

MAFFIO. — Il y a trois mois, il a soupé chez notre saint-père le pape, dans sa vigne du Belvédère !

ASCANIO. — C'est horrible !

MAFFIO. — Oh ! l'on conte des choses bien étranges de ces soupers des Borgia !

ASCANIO. — Ce sont des débauches effrénées, assaisonnées d'empoisonnements.

MAFFIO. — Voyez, messeigneurs, comme cette place est déserte autour de nous. Le peuple ne s'aventure pas si près que nous du palais ducal ; il a peur que les poisons qui s'y élaborent jour et nuit ne transpirent à travers les murs.

ASCANIO. — Messieurs, à tout prendre, les ambassadeurs ont eu hier leur audience du duc. Notre office est à peu près fini. La suite de l'ambassade se compose de cinquante cavaliers. Notre disparition ne s'apercevrait guère dans le nombre, et je crois que nous ferions sagement de quitter Ferrare.

MAFFIO. — Aujourd'hui même !

JEPPO. — Messieurs, il sera temps demain. Je suis invité à souper ce soir chez la princesse Negroni, dont je suis fort éperdument amoureux, et je ne voudrais pas avoir l'air de fuir devant la plus jolie femme de Ferrare.

OLOFERNO. — Tu es invité à souper ce soir chez la princesse Negroni?

JEPPO. — Oui.

OLOFERNO. — Et moi aussi.

ASCANIO. — Et moi aussi.

DON APOSTOLO. — Et moi aussi.

MAFFIO. — Et moi aussi.

GUBETTA, *sortant de l'ombre du pilier.* — Et moi aussi, messieurs.

JEPPO. — Tiens, voilà monsieur de Belverana. Eh bien! nous irons tous ensemble; ce sera une joyeuse soirée. Bonjour, monsieur de Belverana.

GUBETTA. — Que Dieu vous garde longues années, seigneur Jeppo.

MAFFIO, *bas à Jeppo.* — Vous allez encore me trouver bien timide, Jeppo. Eh bien! si vous m'en croyiez, nous n'irions pas à ce souper. Le palais Negroni touche au palais ducal, et je n'ai pas grande croyance aux airs aimables de ce seigneur Belverana.

JEPPO, *bas.* — Vous êtes fou, Maffio. La Negroni est une femme charmante, je vous dis que j'en suis amoureux, et le Belverana est un brave homme. Je me suis enquis de lui et des siens. Mon père était avec son père au siége de Grenade, en quatorze cent quatre-vingt et tant.

MAFFIO. — Cela ne prouve pas que celui-ci soit le fils du père avec qui était votre père.

JEPPO. — Vous êtes libre de ne pas venir souper, Maffio.

MAFFIO. — J'irai si vous y allez, Jeppo.

JEPPO. — Vive Jupiter, alors! — Et toi, Gennaro, est-ce que tu n'es pas des nôtres, ce soir?

ASCANIO. — Est-ce que la Negroni ne t'a pas invité?

GENNARO. — Non. La princesse m'aura trouvé trop médiocre gentilhomme.

MAFFIO, *souriant*. — Alors, mon frère, tu iras de ton côté à quelque rendez-vous d'amour, n'est-ce pas ?

JEPPO. — A propos, conte-nous donc un peu ce que te disait madame Lucrèce l'autre soir. Il paraît qu'elle est folle de toi. Elle a dû t'en dire long. La liberté du bal était une bonne fortune pour elle. Les femmes ne déguisent leur personne que pour déshabiller plus hardiment leur âme. Visage masqué, cœur à nu.

Depuis quelques instants dona Lucrezia est sur le balcon, dont elle a entr'ouvert la jalousie. Elle écoute.

MAFFIO. — Ah! tu es venu te loger précisément en face de son balcon. Gennaro! Gennaro!

DON APOSTOLO. — Ce qui n'est pas sans danger, mon camarade ; car on dit ce digne duc de Ferrare fort jaloux de madame sa femme.

OLOFERNO. — Allons, Gennaro, dis-nous où tu en es de ton amourette avec la Lucrèce Borgia.

GENNARO. — Messeigneurs, si vous me parlez encore de cette horrible femme, il y aura des épées qui reluiront au soleil.

DONA LUCREZIA, *sur le balcon, à part*. — Hélas !

MAFFIO. — C'est pure plaisanterie, Gennaro. Mais il me semble qu'on peut bien te parler de cette dame, puisque tu portes ses couleurs.

GENNARO. — Que veux-tu dire ?

MAFFIO, *lui montrant l'écharpe qu'il porte*. — Cette écharpe !

JEPPO. — Ce sont, en effet, les couleurs de Lucrèce Borgia.

GENNARO. — C'est Fiametta qui me l'a envoyée.

MAFFIO. — Tu le crois. Lucrèce te l'a fait dire. Mais c'est

Lucrèce qui a brodé l'écharpe de ses propres mains pour toi.

GENNARO. — En es-tu sûr, Maffio? Par qui le sais-tu?

MAFFIO. — Par ton valet qui t'a remis l'écharpe, et qu'elle a gagné.

GENNARO. — Damnation!

Il arrache l'écharpe, la déchire, et la foule aux pieds.

DONA LUCREZIA, *à part.* — Hélas!

Elle referme la jalousie et se retire.

MAFFIO. — Cette femme est belle pourtant!

JEPPO. — Oui, mais il y a quelque chose de sinistre empreint sur sa beauté.

MAFFIO. — C'est un ducat d'or à l'effigie de Satan.

GENNARO. — Oh! maudite soit cette Lucrèce Borgia! Vous dites qu'elle m'aime, cette femme! Eh bien! tant mieux, que ce soit son châtiment! Elle me fait horreur! oui! elle me fait horreur! Tu sais, Maffio, cela est toujours ainsi, il n'y a pas moyen d'être indifférent pour une femme qui nous aime. Il faut l'aimer ou la haïr. Et comment aimer celle-là? Il arrive aussi que, plus on est persécuté par l'amour de ces sortes de femmes, plus on les hait. Celle-ci m'obsède, m'investit, m'assiége. Par où ai-je pu mériter l'amour d'une Lucrèce Borgia? Cela n'est-il pas une honte et une calamité? Depuis cette nuit où vous m'avez dit son nom d'une façon si éclatante, vous ne sauriez croire à quel point la pensée de cette femme scélérate m'est odieuse. Autrefois, je ne voyais Lucrèce Borgia que de loin, à travers mille intervalles, comme un fantôme terrible debout sur toute l'Italie, comme le spectre de tout le monde. Maintenant ce spectre est mon spectre à moi; il vient s'asseoir à mon chevet; il m'aime, ce spectre, et veut se coucher dans mon lit! Par ma mère, c'est épouvantable! Ah! Maffio, elle a tué monsieur de Gravina, elle a tué ton frère! Eh bien! ton frère, je le remplacerai près de toi, et je le vengerai près d'elle. — Voilà donc son exécrable palais! palais de la luxure, palais de la trahison, palais de l'assassinat, palais de l'adultère, palais de l'inceste, palais de tous les crimes, palais de Lucrèce Borgia! Oh! la marque d'infamie que je ne puis lui mettre au front, à cette femme, je veux la mettre au moins au front de son palais!

Il monte sur le banc de pierre qui est au-dessous du balcon, et, avec son poignard, il fait sauter la première lettre du nom de Borgia, gravé sur le mur, de façon qu'il ne reste plus que ce mot : — **ORGIA**.

MAFF.O. — Que diable fait-il?

JEPPO. — Gennaro, cette lettre de moins au nom de madame Lucrèce, c'est ta tête de moins sur tes épaules.

GUBETTA. — Monsieur Gennaro, voilà un calembour qui fera mettre demain la moitié de la ville à la question.

GENNARO. — Si l'on cherche le coupable, je me présenterai.

GUBETTA, *à part*. — Je le voudrais, pardieu! Cela embarrasserait madame Lucrèce.

Depuis quelques instants, deux hommes vêtus de noir se promènent sur la place et observent.

MAFFIO. — Messieurs, voilà des gens de mauvaise mine qui nous regardent un peu curieusement. Je crois qu'il serait prudent de nous séparer. — Ne fais pas de nouvelles folies, frère Gennaro.

GENNARO. — Sois tranquille, Maffio. Ta main? — Messieurs, bien de la joie cette nuit!

Il rentre chez lui; les autres se dispersent.

SCÈNE IV.

LES DEUX HOMMES, vêtus de noir.

PREMIER HOMME. — Que diable fais-tu là, Rustighello?

DEUXIÈME HOMME. — J'attends que tu t'en ailles, Astolfo.

PREMIER HOMME. — En vérité?

DEUXIÈME HOMME. — Et toi, que fais-tu là, Astolfo?

PREMIER HOMME. — J'attends que tu t'en ailles, Rustighello.

DEUXIÈME HOMME. — A qui donc as-tu affaire, Astolfo?

PREMIER HOMME. — A l'homme qui vient d'entrer là. Et toi, à qui en veux-tu?

DEUXIÈME HOMME. — Au même.

PREMIER HOMME. — Diable!

DEUXIÈME HOMME. — Qu'est-ce que tu veux en faire?

PREMIER HOMME. — Le mener chez la duchesse. — Et toi?

DEUXIÈME HOMME. — Je veux le mener chez le duc.

PREMIER HOMME. — Diable!

DEUXIÈME HOMME. — Qu'est-ce qui l'attend chez la duchesse?

PREMIER HOMME. — L'amour sans doute. — Et chez le duc?

DEUXIÈME HOMME. — Probablement la potence.

PREMIER HOMME. — Comment faire? Il ne peut pas être à la fois chez le duc et chez la duchesse, amant heureux et pendu.

DEUXIÈME HOMME. — Voici un ducat. Jouons à croix ou pile à qui de nous deux aura l'homme.

PREMIER HOMME. — C'est dit.

DEUXIÈME HOMME. — Ma foi, si je perds, je dirai tout bonnement au duc que j'ai trouvé l'oiseau déniché. Cela m'est bien égal, les affaires du duc.

Il jette un ducat en l'air.

premier homme. — Pile.

deuxième homme, *regardant à terre.* — C'est face.

premier homme. — L'homme sera pendu. Prends-le. Adieu.

deuxième homme. — Bonsoir.

L'autre une fois disparu, il ouvre la porte basse sous le balcon, y entre, et revient un moment après accompagné de quatre sbires, avec lesquels il va frapper à la porte de la maison où est entré Gennaro. La toile tombe.

ACTE DEUXIÈME

LE COUPLE

PREMIÈRE PARTIE

Une salle du palais ducal de Ferrare. Tentures de cuir de Hongrie frappées d'arabesques d'or. Ameublement magnifique dans le goût de la fin du quinzième siècle en Italie. — Le fauteuil ducal en velours rouge, brodé aux armes de la maison d'Este. A côté, une table couverte de velours rouge. — Au fond, une grande porte. A droite une petite porte. A gauche, une autre petite porte masquée. Derrière la petite porte masquée, on voit, dans un compartiment ménagé sur le théâtre, la naissance d'un escalier en spirale qui s'enfonce sous le plancher et qui est éclairé par une longue et étroite fenêtre grillée.

SCÈNE PREMIÈRE.

DON ALPHONSE D'ESTE, en magnifique costume à ses couleurs, RUSTIGHELLO, vêtu des mêmes couleurs, mais d'étoffes plus simples.

RUSTIGHELLO. — Monseigneur le duc, voilà vos premiers ordres exécutés. J'en attends d'autres.

DON ALPHONSE. — Prends cette clef. Va à la galerie de Numa. Compte tous les panneaux de la boiserie, à partir de la grande figure peinte qui est près de la porte, et qui représente Hercule, fils de Jupiter, un de mes ancêtres. Arrivé au vingt-troisième panneau, tu verras une petite ouverture cachée dans la gueule d'une guivre dorée, qui est une guivre de Milan. C'est Ludovic le Maure qui a fait faire ce panneau. Introduis la clef dans cette ouverture. Le panneau tournera sur ses gonds comme une porte. Dans l'armoire secrète qu'il recouvre, tu verras sur un plateau de cristal un flacon d'or et un flacon d'argent avec deux coupes en émail. Dans le flacon d'argent il y a de l'eau pure. Dans le flacon d'or il y a du vin préparé. Tu apporteras le plateau, sans y rien déranger, dans le cabinet voisin de cette chambre, Rustighello, et, si tu as jamais entendu des gens, dont les dents claquaient de terreur, parler de ce fameux poison des Borgia qui, en poudre, est blanc et scintillant comme de la poussière de marbre de Carrare, et qui, mêlé au vin, change du vin de Romorantin en vin de Syracuse, tu te garderas de toucher au flacon d'or.

RUSTIGHELLO. — Est-ce là tout, monseigneur?

DON ALPHONSE. — Non. Tu prendras ta meilleure épée, et tu te tiendras dans le cabinet, debout, derrière la porte, de manière à entendre tout ce qui se passera ici et à pouvoir entrer au premier signal que je te donnerai avec cette clochette d'argent, dont tu connais le son. (*Il montre une clochette sur la table.*) — Si j'appelle simplement : — Rustighello ! — tu entreras avec le plateau. Si je secoue la clochette, tu entreras avec l'épée.

RUSTIGHELLO. — Il suffit, monseigneur.

DON ALPHONSE. — Tu tiendras ton épée nue à la main, afin de n'avoir pas la peine de la tirer.

RUSTIGHELLO. — Bien.

DON ALPHONSE. — Rustighello! prends deux épées. Une peut se briser. — Va.

Rustighello sort par la petite porte.

UN HUISSIER, *entrant par la porte du fond.* — Notre dame la duchesse demande à parler à notre seigneur le duc.

DON ALPHONSE. — Faites entrer ma dame.

SCÈNE II.

DON ALPHONSE, DONA LUCREZIA.

DONA LUCREZIA, *entrant avec impétuosité.* — Monsieur, monsieur, ceci est indigne, ceci est odieux, ceci est infâme. Quelqu'un de votre peuple, — savez-vous cela, don Alphonse? — vient de mutiler le nom de votre femme gravé au-dessous de mes armoiries de famille sur la façade de votre propre palais. La chose s'est faite en plein jour publiquement, par qui? je l'ignore; mais c'est bien injurieux et bien téméraire. On a fait de mon nom un écriteau d'ignominie, et votre populace de Ferrare, qui est bien la plus infâme populace de l'Italie, monseigneur, est là qui ricane autour de mon blason comme autour d'un pilori. Est-ce que vous vous imaginez, don Alphonse, que je m'accommode de cela, et que je n'aimerais pas mieux mourir en une fois d'un coup de poignard qu'en mille fois de la piqûre envenimée du sarcasme et du quolibet? Pardieu, monsieur, on me traite étrangement dans votre seigneurie de Ferrare! Ceci commence à me lasser, et je vous trouve l'air trop gracieux et trop tranquille pendant qu'on traîne dans les ruisseaux de votre ville la renommée de votre femme, déchiquetée à belles dents par l'injure et la calomnie. Il me faut une réparation éclatante de ceci, je vous en préviens, monsieur le duc. Préparez-vous à faire justice! C'est un événement sérieux qui arrive là, voyez-vous? Est-ce que vous croyez par hasard que je ne tiens à l'estime de personne au monde et que mon mari peut se dispenser d'être mon chevalier? Non, non, monseigneur; qui épouse protége, qui donne la main donne le bras. J'y compte. Tous les jours ce sont de nouvelles injures, et jamais je ne vous en vois ému. Est-ce que cette boue dont on me couvre ne vous éclabousse pas, don Alphonse? Allons, sur mon âme, courroucez-vous donc un peu, que je vous voie, une fois dans votre vie, vous fâcher à mon sujet, monsieur! Vous êtes amoureux de moi, dites-vous quelquefois; soyez-le donc de ma gloire. Vous êtes jaloux, soyez-le de ma renommée. Si j'ai doublé par ma dot vos domaines héréditaires; si je vous ai apporté en mariage non-seulement la rose d'or et la bénédiction du saint-père, mais, ce qui tient plus de place sur la surface du monde, Sienne, Rimini, Cesena, Spolette et Piombino, et plus de villes que vous n'aviez de châteaux, et plus de duchés que vous n'aviez de baronnies; si j'ai fait de vous le plus puissant gentilhomme de l'Italie, ce n'est pas une raison, monsieur, pour que vous laissiez votre peuple me railler, me publier et m'insulter; pour que vous laissiez votre Ferrare montrer du doigt à toute l'Europe votre femme plus méprisée et plus bas placée que la servante des valets de vos palefreniers; ce n'est pas une raison, dis-je, pour que vos sujets ne puissent me voir passer au milieu d'eux sans dire : — Ah! cette femme!... — Or, je vous le déclare, monsieur, je veux que le crime d'aujourd'hui soit recherché et notablement puni, ou je m'en plaindrai au pape, je m'en plaindrai au Valentinois, qui est à Forli avec quinze mille hommes de guerre; et, voyez maintenant si cela vaut la peine de vous lever de votre fauteuil.

DON ALPHONSE. — Madame, le crime dont vous vous plaignez m'est connu.

DONA LUCREZIA. — Comment, monsieur! le crime vous est connu, et le criminel n'est pas encore découvert!

DON ALPHONSE. — Le criminel est découvert.

DONA LUCREZIA. — Vive Dieu! s'il est découvert, comment se fait-il qu'il ne soit pas arrêté?

DON ALPHONSE. — Il est arrêté, madame.

DONA LUCREZIA. — Sur mon âme, s'il est arrêté, d'où vient qu'il n'est pas encore puni.

DON ALPHONSE. — Il va l'être. J'ai voulu avoir votre avis sur le châtiment.

DONA LUCREZIA. — Et vous avez bien fait, monseigneur. Où est-il?

DON ALPHONSE. — Ici.

DONA LUCREZIA. — Ah! ici! — Il me faut un exemple, entendez-vous, monsieur? C'est un crime de lèse majesté. Ces crimes-là font toujours tomber la tête qui les conçoit et la main qui les exécute! — Ah! il est ici! je veux le voir.

DON ALPHONSE. — C'est facile. (*Appelant.*) — Bautista!

L'huissier reparaît.

DONA LUCREZIA. — Encore un mot, monsieur, avant que le coupable soit introduit. — Quel que soit cet homme, fût-il de votre ville, fût-il de votre maison, don Alphonse, donnez-moi votre parole de duc couronné qu'il ne sortira pas d'ici vivant.

DON ALPHONSE. — Je vous la donne. — Je vous la donne, entendez-vous bien, madame?

DONA LUCREZIA. — C'est bien. Eh! sans doute j'entends. Amenez-le maintenant, que je l'interroge moi-même. — Mon Dieu, qu'est-ce que je leur ai donc fait, à ces gens de Ferrare, pour me persécuter ainsi?

DON ALPHONSE, *à l'huissier.* — Faites entrer le prisonnier.

La porte du fond s'ouvre. On voit paraître Gennaro, désarmé, entre deux pertuisaniers. Dans le même moment, on voit Rustighello monter l'escalier dans le petit compartiment à gauche derrière la porte masquée; il tient à la main un plateau sur lequel il y a un flacon doré, un flacon argenté et deux coupes. Il pose le plateau sur l'appui de la fenêtre, tire son épée et se place derrière la porte.

SCÈNE III.

Les Mêmes, GENNARO.

DONA LUCREZIA, *à part.* — Gennaro !

DON ALPHONSE, *s'approchant d'elle, bas et avec un sourire.* — Est-ce que vous connaissez cet homme ?

DONA LUCREZIA, *à part.* — C'est Gennaro ! — Quelle fatalité, mon Dieu !

Elle le regarde avec angoisse ; il détourne les yeux.

GENNARO. — Monseigneur le duc, je suis un simple capitaine, et je vous parle avec le respect qu'il convient. Votre Altesse m'a fait saisir dans mon logis ce matin ; que me veut-elle ?

DON ALPHONSE. — Seigneur capitaine, un crime de lèse-majesté humaine a été commis ce matin vis-à-vis la maison que vous habitez. Le nom de notre bien-aimée épouse et cousine dona Lucrezia Borgia a été insolemment balafré sur la face de notre palais ducal. Nous cherchons le coupable.

DONA LUCREZIA. — Ce n'est pas lui ! il y a méprise, don Alphonse. Ce n'est pas ce jeune homme !

DON ALPHONSE. — D'où le savez-vous ?

DONA LUCREZIA. — J'en suis sûre. Ce jeune homme est de Venise et non de Ferrare. Ainsi...

DON ALPHONSE. — Qu'est-ce que cela prouve ?

DONA LUCREZIA. — Le fait a eu lieu ce matin, et je sais qu'il a passé la matinée chez une nommée Fiammetta.

GENNARO. — Non, madame.

DON ALPHONSE. — Vous voyez bien que Votre Altesse est mal instruite. Laissez-moi l'interroger. — Capitaine Gennaro, êtes-vous celui qui a commis le crime ?

DONA LUCREZIA, *éperdue.* — On étouffe ici ! de l'air ! de

l'air! J'ai besoin de respirer un peu! (*Elle va à une fenêtre, et, en passant à côté de Gennaro, elle lui dit rapidement.*) — Dis que ce n'est pas toi!

DON ALPHONSE, *à part.* — Elle lui a parlé bas.

GENNARO. — Duc Alphonse, les pêcheurs de Calabre qui
m'ont élevé et qui m'ont trempé tout jeune dans la mer
pour me rendre fort et hardi, m'ont enseigné cette maxime
avec laquelle on peut risquer souvent sa vie, jamais son
honneur : — Fais ce que tu dis, dis ce que tu fais. — Duc
Alphonse, je suis l'homme que vous cherchez.

DON ALPHONSE, *se tournant vers dona Lucrezia.* — Vous
avez ma parole de duc couronné, madame.

DONA LUCREZIA. — J'ai deux mots à vous dire en particulier, monseigneur.

Le duc fait signe à l'huissier et aux gardes de se retirer avec le
prisonnier dans la salle voisine.

SCÈNE IV.

DONA LUCREZIA, DON ALPHONSE.

DON ALPHONSE. — Que me voulez-vous, madame?

DONA LUCREZIA. — Ce que je vous veux, don Alphonse,
c'est que je ne veux pas que ce jeune homme meure.

DON ALPHONSE. — Il n'y a qu'un instant, vous êtes entrée
chez moi comme la tempête, irritée et pleurante, vous vous
êtes plainte à moi d'un outrage fait à vous, vous avez ré-
clamé avec injure et cris la tête du coupable, vous m'avez
demandé ma parole ducale qu'il ne sortirait pas d'ici vivant, je vous l'ai loyalement octroyée, et, maintenant, vous
ne voulez pas qu'il meure! — Par Jésus, madame, ceci est
nouveau!

DONA LUCREZIA. — Je ne veux pas que ce jeune homme
meure, monsieur le duc!

DON ALPHONSE. — Madame, les gentilshommes aussi éprouvés que moi n'ont pas coutume de laisser leur foi en gage. Vous avez ma parole, il faut que je la retire. J'ai juré que le coupable mourrait, il mourra. Sur mon âme, vous pouvez choisir le genre de mort.

DONA LUCREZIA, *d'un air riant et plein de douceur.* — Don Alphonse, don Alphonse, en vérité, nous disons là des folies vous et moi. Tenez, c'est vrai, je suis une femme pleine de déraison. Mon père m'a gâtée ; que voulez-vous ? on a depuis mon enfance obéi à tous mes caprices. Ce que je voulais il y a un quart d'heure, je ne le veux plus à présent. Vous savez bien, don Alphonse, que j'ai toujours été ainsi. Tenez, asseyez-vous là, près de moi, et causons un peu, tendrement, cordialement, comme mari et femme, comme deux bons amis.

DON ALPHONSE, *prenant de son côté un air de galanterie.* — Dona Lucrezia, vous êtes ma dame, et je suis trop heureux qu'il vous plaise de m'avoir un instant à vos pieds.

Il s'assied près d'elle.

DONA LUCREZIA. — Comme cela est bon de s'entendre ! Savez-vous bien, Alphonse, que je vous aime encore comme le premier jour de mon mariage, ce jour où vous fîtes une si éblouissante entrée à Rome, entre monsieur de Valentinois, mon frère, et monsieur le cardinal Hippolyte d'Este, le vôtre ? J'étais sur le balcon des degrés de Saint-Pierre. Je me rappelle encore votre beau cheval blanc chargé d'orfévrerie d'or, et l'illustre mine de roi que vous aviez dessus !

DON ALPHONSE. — Vous étiez vous-même bien belle, madame, et bien rayonnante sous votre dais de brocart d'argent.

DONA LUCREZIA. — Oh ! ne me parlez pas de moi, monseigneur, quand je vous parle de vous. Il est certain que toutes les princesses de l'Europe m'envient d'avoir épousé le meilleur chevalier de la chrétienté. Et moi je vous aime vraiment comme si j'avais dix-huit ans. Vous savez que je vous aime, n'est-ce pas, Alphonse? Vous n'en doutez jamais, au moins. Je suis froide quelquefois, et distraite; cela vient de mon caractère, non de mon cœur. Ecoutez, Alphonse, si Votre Altesse m'en grondait doucement, je me corrigerais bien vite. La bonne chose de s'aimer comme nous faisons! Donnez-moi votre main, — embrassez-moi, don Alphonse! — En vérité, j'y songe maintenant, il est bien ridicule qu'un prince et une princesse comme vous et moi, qui sont assis côte à côte sur le plus beau trône ducal qui soit au monde, et qui s'aiment, aient été sur le point de se quereller pour un misérable petit capitaine aventurier vénitien. Il faut chasser cet homme et n'en plus parler. Qu'il aille où il voudra, ce drôle, n'est-ce pas, Alphonse? le lion et la lionne ne se courroucent pas d'un moucheron. — Savez-vous, monseigneur, que si la couronne ducale était à donner en concours au plus beau cavalier de votre duché de Ferrare, c'est encore vous qui l'auriez? — Attendez, que j'aille dire à Bautista de votre part qu'il ait à chasser au plus vite de Ferrare ce Gennaro!

DON ALPHONSE. — Rien ne presse.

DONA LUCREZIA, *d'un air enjoué.* — Je voudrais n'avoir plus à y songer. — Allons, monsieur, laissez-moi terminer cette affaire à ma guise!

DON ALPHONSE. — Il faut que celle-ci se termine à la mienne.

DONA LUCREZIA. — Mais enfin, mon Alphonse, vous n'avez pas de raison pour vouloir la mort de cet homme.

DON ALPHONSE. — Et la parole que je vous ai donnée? Le serment d'un roi est sacré.

DONA LUCREZIA. — Cela est bon à dire au peuple. Mais de vous à moi, Alphonse, nous savons ce que c'est. Le saint-père avait promis à Charles VIII de France la vie de Zizimi, Sa Sainteté n'en a pas moins fait mourir Zizimi. Monsieur de Valentinois s'était constitué sur parole otage du même enfant Charles VIII, monsieur de Valentinois s'est évadé du camp français dès qu'il a pu. Vous-même, vous aviez promis aux Petrucci de leur rendre Sienne. Vous ne l'avez pas fait, ni dû faire. Eh! l'histoire des pays est pleine de cela. Ni rois ni nations ne pourraient vivre un jour avec la rigidité des serments qu'on tiendrait. Entre nous, Alphonse, une parole jurée n'est une nécessité que quand il n'y en a pas d'autre.

DON ALPHONSE. —Pourtant, dona Lucrezia, un serment...

DONA LUCREZIA. — Ne me donnez pas de ces mauvaises raisons-là. Je ne suis pas une sotte. Dites-moi plutôt, mon cher Alphonse, si vous avez quelques motifs d'en vouloir à ce Gennaro. Non. Eh bien! accordez-moi sa vie. Vous m'aviez bien accordé sa mort. Qu'est-ce que cela vous fait? S'il me plaît de lui pardonner? C'est moi qui suis l'offensée.

DON ALPHONSE. — C'est justement parce qu'il vous a offensée, mon amour, que je ne veux pas lui faire grâce.

DONA LUCREZIA. — Si vous m'aimez, Alphonse, vous ne me refuserez pas plus longtemps. Et s'il me plaît d'essayer de la clémence, à moi? C'est un moyen de me faire aimer de votre peuple. Je veux que votre peuple m'aime. La miséricorde, Alphonse, cela fait ressembler un roi à Jésus-Christ. Soyons des souverains miséricordieux. Cette pauvre Italie a assez de tyrans sans nous depuis le baron vicaire du pape jusqu'au pape vicaire de Dieu. Finissons-en, cher Alphonse. Mettez ce Gennaro en liberté. C'est un caprice, si vous voulez; mais c'est quelque chose de sacré et d'auguste que le caprice d'une femme quand il sauve la tête d'un homme.

DON ALPHONSE. — Je ne puis, chère Lucrèce.

DONA LUCREZIA. — Vous ne pouvez? mais enfin pourquoi

ne pouvez-vous pas m'accorder quelque chose d'aussi insignifiant que la vie de ce capitaine?

DON ALPHONSE. — Vous me demandez pourquoi, mon amour?

DONA LUCREZIA. — Oui, pourquoi?

DON ALPHONSE. — Parce que ce capitaine est votre amant, madame!

DONA LUCREZIA. — Ciel!

DON ALPHONSE. — Parce que vous l'avez été chercher à Venise! Parce que vous l'iriez chercher en enfer! Parce que je vous ai suivie pendant que vous le suiviez! Parce que je vous ai vue, masquée et haletante, courir après lui comme la louve après sa proie! Parce que tout à l'heure encore vous le couviez d'un regard plein de pleurs et plein de flamme! Parce que vous vous êtes prostituée à lui, sans aucun doute, madame! Parce que c'est assez de honte et d'infamie et d'adultère comme cela! Parce qu'il est temps que je venge mon honneur, et que je fasse couler autour de mon lit un fossé de sang, entendez-vous, madame?

DONA LUCREZIA. — Don Alphonse...

DON ALPHONSE. — Taisez-vous. — Veillez sur vos amants désormais, Lucrèce! La porte par laquelle on entre dans votre chambre de nuit, mettez-y tel huissier qu'il vous plaira; mais à la porte par où l'on sort, il y aura maintenant un portier de mon choix, — le bourreau!

DONA LUCREZIA. — Monseigneur, je vous jure...

DON ALPHONSE. — Ne jurez pas. Les serments, cela est bon pour le peuple. Ne me donnez pas de ces mauvaises raisons-là.

DONA LUCREZIA. — Si vous saviez...

DON ALPHONSE. — Tenez, madame, je hais toute votre abominable famille de Borgia, et vous toute la première que j'ai si follement aimée! Il faut que je vous dise un peu cela à la fin, c'est une chose honteuse, inouïe et merveil-

leuse de voir alliées en nos deux personnes la mais[on]
d'Este, qui vaut mieux que la maison de Valois et que [la]
maison de Tudor, la maison d'Este, dis-je, et la famil[le]
Borgia, qui ne s'appelle pas même Borgia, qui s'appelle Le[n]-
zuoli, ou Lenzolio, on ne sait quoi ! J'ai horreur de vo[tre]
frère César, qui a des taches de sang naturelles au visage !
votre frère César, qui a tué votre frère Jean ! J'ai horreur [de]
votre mère la Rosa Vanozza, la vieille fille de joie espagn[ole]
qui scandalise Rome après avoir scandalisé Valence !
quant à vos neveux prétendus, les ducs de Sermoneto et [de]
Nepi, de beaux ducs, ma foi ! des ducs d'hier, des ducs fa[its]
avec des duchés volés ! Laissez-moi finir. J'ai horreur [de]
votre père, qui est pape, et qui a un sérail de femm[es]
comme le sultan des Turcs Bajazet ; de votre père, qui [est]
l'Antechrist ; de votre père, qui peuple le bagne de p[er]-
sonnes illustres et le sacré collége de bandits, si bien qu'[en]
les voyant tous vêtus de rouge, galériens et cardinaux, on [se]
demande si ce sont les galériens qui sont les cardinaux [ou]
les cardinaux qui sont les galériens ! — Allez maintena[nt]

DONA LUCREZIA. — Monseigneur ! monseigneur ! je vo[us]
demande à genoux et à mains jointes, au nom de Jésus [et]
de Marie, au nom de votre père et de votre mère, mons[ei]-
gneur, je vous demande la vie de ce capitaine.

DON ALPHONSE. — Voilà aimer ! — Vous pourrez faire [de]
son cadavre ce qu'il vous plaira, madame, et je préter[ai]
que ce soit avant une heure.

DONA LUCREZIA. — Grâce pour Gennaro !

DON ALPHONSE. — Si vous pouviez lire la ferme résoluti[on]
qui est dans mon âme, vous n'en parleriez pas plus que [s'il]
était déjà mort.

DONA LUCREZIA, *se relevant*. — Ah ! prenez garde à vo[us,]
don Alphonse de Ferrare, mon quatrième mari !

DON ALPHONSE. — Oh ! ne faites pas la terrible, madam[e,]
sur mon âme, je ne vous crains pas ! Je sais vos allures.

ne me laisserai pas empoisonner comme votre premier mari, ce pauvre gentilhomme d'Espagne dont je ne sais plus le nom, ni vous non plus! Je ne me laisserai pas chasser comme votre second mari, Jean Sforza, seigneur de Pésaro, cet imbécile! Je ne me laisserai pas tuer à coups de pique, sur n'importe quel escalier, comme le troisième, don Alphonse d'Aragon, faible enfant dont le sang n'a guère plus taché les dalles que de l'eau pure! Tout beau! Moi, je suis un homme, madame! Le nom d'Hercule est souvent porté dans ma famille. Par le ciel! j'ai des soldats plein ma ville et plein ma seigneurie, et j'en suis un moi-même, et je n'ai point encore vendu, comme ce pauvre roi de Naples, mes bons canons d'artillerie au pape, votre saint père.

DONA LUCREZIA. — Vous vous repentirez de ces paroles, monsieur. Vous oubliez qui je suis...

DON ALPHONSE. — Je sais fort bien qui vous êtes, mais je sais aussi où vous êtes. Vous êtes la fille du pape, mais vous n'êtes pas à Rome; vous êtes la gouvernante de Spolette, mais vous n'êtes pas à Spolette; vous êtes la femme, la sujette et la servante d'Alphonse, duc de Ferrare, et vous êtes à Ferrare! (*Dona Lucrezia toute pâle de terreur et de colère, regarde fixement le duc et recule lentement devant lui, jusqu'à un fauteuil où elle vient tomber comme brisée.*) — Ah! cela vous étonne! vous avez peur de moi, madame; jusqu'ici, c'était moi qui avais peur de vous. J'entends qu'il en soit ainsi désormais, et, pour commencer, voici le premier de vos amants sur lequel je mets la main, il mourra.

DONA LUCREZIA, *d'une voix faible.* — Raisonnons un peu, don Alphonse. Si cet homme est celui qui a commis envers moi le crime de lèse-majesté, il ne peut être en même temps mon amant.

DON ALPHONSE. — Pourquoi non? Dans un accès de dépit, de colère, de jalousie! car il est peut-être jaloux aussi, lui. D'ailleurs, est-ce que je sais, moi! Je veux que cet homme meure. C'est ma fantaisie. Ce palais est plein de soldats qui me sont dévoués et qui ne connaissent que moi. Il ne peut échapper. Vous n'empêcherez rien, madame. J'ai laissé à Votre Altesse le choix du genre de mort : décidez-vous.

DONA LUCREZIA, *se tordant les mains.* — O mon Dieu! ô mon Dieu! ô mon Dieu!

DON ALPHONSE. — Vous ne répondez pas? Je vais le faire tuer dans l'antichambre à coups d'épée.

Il va pour sortir, elle lui saisit le bras.

DONA LUCREZIA. — Arrêtez!

DON ALPHONSE. — Aimez-vous mieux lui verser vous-même un verre de vin de Syracuse?

DONA LUCREZIA. — Gennaro!

DON ALPHONSE. — Il faut qu'il meure.

DONA LUCREZIA. — Pas à coups d'épée!

DON ALPHONSE. — La manière m'importe peu. — Que choisissez-vous?

DONA LUCREZIA. — L'autre chose.

DON ALPHONSE. — Vous aurez soin de ne pas vous tromper, et de lui verser vous-même du flacon d'or que vous savez. Je serai là d'ailleurs. Ne vous figurez pas que je vais vous quitter.

DONA LUCREZIA. — Je ferai ce que vous voulez.

DON ALPHONSE. — Bautista! (*L'huissier reparaît.*) — Ramenez le prisonnier!

DONA LUCREZIA. — Vous êtes un homme affreux, monseigneur!

SCÈNE V.

Les Mêmes, GENNARO, les Gardes.

DON ALPHONSE. — Qu'est-ce que j'entends dire, seigneur Gennaro ? Que ce que vous avez fait ce matin, vous l'avez fait par étourderie et bravade et sans intention méchante ? que madame la duchesse vous pardonne, et que d'ailleurs vous êtes un vaillant. Par ma mère, s'il en est ainsi, vous pouvez retourner sain et sauf à Venise. A Dieu ne plaise que je prive la magnifique république de Venise d'un bon domestique et la chrétienté d'un bras fidèle qui porte une fidèle épée quand il y a devers les eaux de Chypre et de Candie des idolâtres et des Sarrasins !

GENNARO. — A la bonne heure, monseigneur ! Je ne m'attendais pas, je l'avoue, à ce dénoûment. Mais je remercie Votre Altesse. La clémence est une vertu de race royale, et Dieu fera grâce là-haut à qui aura fait grâce ici bas.

DON ALPHONSE. — Capitaine, est-ce un bon service que celui de la république, et combien y gagnez-vous, bon an, mal an ?

GENNARO. — J'ai une compagnie de cinquante lances, monseigneur, que je défraye et que j'habille. La sérénissime république, sans compter les aubaines et les épaves, me donne deux mille sequins d'or par an.

DON ALPHONSE. — Et si je vous en offrais quatre mille, prendriez-vous service chez moi ?

GENNARO. — Je ne pourrais. Je suis encore pour cinq ans au service de la république. Je suis lié.

DON ALPHONSE. — Comment, lié ?

GENNARO. — Par serment.

DON ALPHONSE, *bas à dona Lucrezia.* — Il paraît que ces

gens-là tiennent les leurs, madame. (*Haut.*) — N'en parlons plus, seigneur Gennaro.

GENNARO. — Je n'ai fait aucune lâcheté pour obtenir la vie sauve ; mais, puisque Votre Altesse me la laisse, voici ce que je puis lui dire maintenant : Votre Altesse se souvient de l'assaut de Faenza, il y a deux ans. Monseigneur le duc Hercule d'Este, votre père, y courut grand péril de la part de deux cranequiniers du Valentinois qui l'allaient tuer. Un soldat aventurier lui sauva la vie.

DON ALPHONSE. — Oui, et l'on n'a jamais pu retrouver ce soldat.

GENNARO. — C'était moi.

DON ALPHONSE. — Pardieu, mon capitaine, ceci mérite récompense. — Est-ce que vous n'accepteriez pas cette bourse de sequins d'or ?

GENNARO. — Nous faisons le serment, en prenant le service de la république, de ne recevoir aucun argent des souverains étrangers. Cependant, si Votre Altesse le permet, je prendrai cette bourse et je la distribuerai en mon nom aux braves soldats que voici.

Il montre les gardes.

DON ALPHONSE. — Faites. (*Gennaro prend la bourse.*) — Mais alors vous boirez avec moi, suivant le vieil usage de nos ancêtres, comme bons amis que nous sommes, un verre de mon vin de Syracuse.

GENNARO. — Volontiers, monseigneur.

DON ALPHONSE. — Et, pour vous faire honneur comme à quelqu'un qui a sauvé mon père, je veux que ce soit madame la duchesse elle-même qui vous le verse. (*Gennaro s'incline et se retourne pour aller distribuer l'argent aux soldats au fond du théâtre. Le duc appelle.*) — Rustighello ! (*Rustighello paraît avec le plateau.*) — Pose le plateau là, sur cette table. — Bien. (*Prenant dona Lucrezia par la main.*) — Madame, écoutez ce que je vais dire à cet homme. — Rustighello, retourne te placer derrière cette porte avec ton épée nue à la main. Si tu entends le bruit de cette clochette, tu entreras. Va. (*Rustighello sort, et on le voit se replacer derrière la porte.*) — Madame, vous verserez vous-même à boire au jeune homme, et vous aurez soin de verser du flacon d'or que voici.

DONA LUCREZIA, *pâle et d'une voix faible.* — Oui. — Si vous saviez ce que vous faites en ce moment, et combien c'est une chose horrible, vous frémiriez vous-même, tout dénaturé que vous êtes, monseigneur !

DON ALPHONSE. — Ayez soin de ne pas vous tromper de flacon. — Eh bien ! capitaine !

Gennaro, qui a fait sa distribution d'argent, revient sur le devant du théâtre. Le duc se verse à boire dans une des deux coupes d'émail avec le flacon d'argent, et prend la coupe, qu'il porte à ses lèvres.

GENNARO. — Je suis confus de tant de bonté, monseigneur.

DON ALPHONSE. — Madame, versez à boire au seigneur Gennaro. — Quel âge avez-vous, capitaine ?

GENNARO, *saisissant l'autre coupe et la présentant à la duchesse.* — Vingt ans.

DON ALPHONSE, *bas à la duchesse, qui essaye de prendre le flacon d'argent.* — Le flacon d'or, madame ! (*Elle prend en tremblant le flacon d'or.*) — Ah çà ! vous devez être amoureux ?

GENNARO. — Qui est-ce qui ne l'est pas un peu, monseigneur ?

DON ALPHONSE. — Savez-vous, madame, que c'eût été une cruauté que d'enlever ce capitaine à la vie, à l'amour, au soleil d'Italie, à la beauté de son âge de vingt ans, à son glorieux métier de guerre et d'aventure par où toutes les maisons royales ont commencé, aux fêtes, aux bals masqués, aux gais carnavals de Venise, où il se trompe tant de maris ; et aux belles femmes que ce jeune homme peut ainier et qui doivent aimer ce jeune homme, n'est-ce pas, madame? Versez donc à boire au capitaine. (*Bas.*) — Si vous hésitez, je fais entrer Rustighello.

Elle verse à boire à Gennaro sans dire une parole.

GENNARO. — Je vous remercie, monseigneur, de me laisser vivre pour ma pauvre mère.

DONA LUCREZIA, *à part*. — Oh! horreur!

DON ALPHONSE, *buvant*. — A votre santé, capitaine Gennaro, et vivez beaucoup d'années!

GENNARO. — Monseigneur, Dieu vous le rende!

Il boit.

DONA LUCREZIA, *à part*. — Ciel!

DON ALPHONSE, *à part*. — C'est fait. (*Haut.*) — Sur ce, je vous quitte, mon capitaine. Vous partirez pour Venise quand vous voudrez. (*Bas à dona Lucrezia.*) — Remerciez-moi, madame, je vous laisse tête à tête avec lui. Vous devez avoir des adieux à lui faire. Vivez avec lui, si bon vous semble, son dernier quart d'heure.

Il sort. Les gardes le suivent.

SCÈNE VI.

DONA LUCREZIA, GENNARO.

On voit toujours dans le compartiment Rustighello immobile derrière la porte masquée.

DONA LUCREZIA. — Gennaro! — Vous êtes empoisonné!

GENNARO. — Empoisonné, madame?

DONA LUCREZIA. — Empoisonné!

GENNARO. — J'aurais dû m'en douter, le vin étant versé par vous.

DONA LUCREZIA. — Oh! ne m'accablez pas, Gennaro. Ne m'ôtez pas le peu de force qui me reste, et dont j'ai besoin encore pour quelques instants. — Écoutez-moi, le duc est jaloux de vous, le duc vous croit mon amant, le duc ne m'a laissé d'autre alternative que de vous voir poignarder devant moi par Rustighello, ou de vous verser moi-même le poison : un poison redoutable, Gennaro, un poison dont la seule idée fait pâlir tout Italien qui sait l'histoire de ces vingt dernières années.....

GENNARO. — Oui, le poison des Borgia !

DONA LUCREZIA. — Vous en avez bu. Personne au monde ne connaît de contre-poison à cette composition terrible, personne, excepté le pape, monsieur de Valentinois et moi. Tenez, voyez cette fiole que je porte toujours cachée dans ma ceinture. Cette fiole, Gennaro, c'est la vie, c'est la santé, c'est le salut. Une seule goutte sur vos lèvres, et vous êtes sauvé !

Elle veut approcher la fiole des lèvres de Gennaro ; il recule.

GENNARO, *la regardant fixement.* — Madame, qui est-ce qui me dit que ce n'est pas cela qui est du poison ?

DONA LUCREZIA, *tombant anéantie sur le fauteuil.* — Oh ! mon Dieu ! mon Dieu !

GENNARO. — Ne vous appelez-vous pas Lucrèce Borgia ? — Est-ce que vous croyez que je ne me souviens pas du frère de Bajazet ? Oui, je sais un peu d'histoire ! On lui fit accroire, à lui aussi, qu'il était empoisonné par Charles VIII, et on lui donna un contre-poison dont il mourut. Et la main qui lui présenta le contre-poison, la voilà, elle tient cette fiole ; et la bouche qui lui dit de le boire, la voici, elle me parle !

DONA LUCREZIA. — Misérable femme que je suis !

GENNARO. — Écoutez, madame : je ne me méprends pas à vos semblants d'amour. Vous avez quelque sinistre dessein sur moi. Cela est visible. Vous devez savoir qui je suis. Tenez, dans ce moment-ci, cela se lit sur votre visage, que vous le savez, et il est aisé de voir que vous avez quelque insurmontable raison pour ne me le dire jamais. Votre famille doit connaître la mienne, et peut-être à cette heure ce n'est pas de moi que vous vous vengeriez en m'empoisonnant; mais, qui sait? de ma mère!

DONA LUCREZIA. — Votre mère, Gennaro! vous la voyez peut-être autrement qu'elle n'est. Que diriez-vous si ce n'était qu'une femme criminelle comme moi?

GENNARO. — Ne la calomniez pas. Oh! non, ma mère n'est pas une femme comme vous, madame Lucrèce! Oh! je la sens dans mon cœur et je la rêve dans mon âme telle qu'elle est, j'ai son image là, née avec moi; je ne l'aimerais pas comme je l'aime si elle n'était pas digne de moi; le cœur d'un fils ne se trompe pas sur sa mère. Je la haïrais si elle pouvait vous ressembler. Mais non, non, il y a quelque chose en moi qui me dit bien haut que ma mère n'est pas un de ces démons d'inceste, de luxure et d'empoisonnement comme vous autres les belles femmes d'à présent. Oh! Dieu! j'en suis bien sûr, s'il y a sous le ciel une femme innocente, une femme vertueuse, une femme sainte, c'est ma mère! Oh! elle est ainsi, et pas autrement! Vous la connaissez sans doute, madame Lucrèce, et vous ne me démentirez point!

DONA LUCREZIA. — Non, cette femme-là, Gennaro, cette mère-là, je ne la connais pas!

GENNARO. — Mais devant qui est-ce que je parle ainsi? Qu'est-ce que cela vous fait à vous, Lucrèce Borgia, les joies ou les douleurs d'une mère? Vous n'avez jamais eu d'enfants, à ce qu'on dit, et vous êtes bien heureuse; car vos enfants, si vous en aviez, savez-vous bien qu'ils vous renieraient, madame? Quel malheureux assez abandonné du ciel voudrait d'une pareille mère? Etre le fils de Lucrèce Borgia! dire ma mère à Lucrèce Borgia! Oh!...

DONA LUCREZIA. — Gennaro! vous êtes empoisonné; le duc, qui vous croit mort, peut revenir à tout moment. Je ne de=

vrais songer qu'à votre salut et à votre évasion ; mais vous me dites des choses si terribles que je ne puis faire autrement que de rester là, pétrifiée, à les entendre.

GENNARO. — Madame...

DONA LUCREZIA. — Voyons ! il faut en finir. Accablez-moi, écrasez-moi sous votre mépris, mais vous êtes empoisonné, buvez ceci sur-le-champ !

GENNARO. — Que dois-je croire, madame ? Le duc est loyal, et j'ai sauvé la vie à son père. Vous, je vous ai offensée, vous avez à vous venger.

DONA LUCREZIA. — Me venger de toi, Gennaro ! — Il faudrait donner toute ma vie pour ajouter une heure à la tienne, il faudrait répandre tout mon sang pour t'empêcher de verser une larme, il faudrait m'asseoir au pilori pour te mettre sur un trône, il faudrait payer d'une torture de l'enfer chacun de tes moindres plaisirs, que je n'hésiterais pas, que je ne murmurerais pas, que je serais heureuse, que je baiserais tes pieds, mon Gennaro ! Oh ! tu ne sauras jamais rien de mon pauvre misérable cœur, sinon qu'il est plein de toi ! — Gennaro, le temps presse, le poison marche, tout à l'heure tu le sentiras, vois-tu ! encore un peu, il ne sera plus temps. La vie ouvre en ce moment deux espaces obscurs devant toi, mais l'un a moins de minutes que l'autre n'a d'années. Il faut te déterminer pour l'un des deux. Le choix est terrible. Laisse-toi guider par moi. Aie pitié de toi et de moi, Gennaro. Bois vite, au nom du ciel !

GENNARO. — Allons, c'est bien. S'il y a un crime en ceci, qu'il retombe sur votre tête. Après tout, que vous disiez vrai ou non, ma vie ne vaut pas la peine d'être tant discutée. Donnez.

Il prend la fiole et boit.

DONA LUCREZIA. — Sauvé ! — Maintenant il faut repartir pour Venise de toute la vitesse de ton cheval. Tu as de l'argent ?

GENNARO. — J'en ai.

DONA LUCREZIA. — Le duc te croit mort. Il sera aisé de lui cacher ta fuite. Attends! Garde cette fiole et porte-la toujours sur toi. Dans des temps comme ceux où nous vivons, le poison est de tous les repas. Toi surtout, tu es exposé. Maintenant pars vite. (*Lui montrant la porte masquée qu'elle entr'ouve.*) — Descends par cet escalier. Il donne dans une des cours du palais Negroni. Il te sera aisé de t'évader par là. N'attends pas jusqu'à demain matin, n'attends pas jusqu'au coucher du soleil, n'attends pas une heure, n'attends pas une demi-heure! Quitte Ferrare sur-le-champ, quitte Ferrare comme si c'était Sodome qui brûle, et ne regarde pas derrière toi! — Adieu! — Attends encore un instant. J'ai un dernier mot à te dire, mon Gennaro!

GENNARO. — Parlez, madame.

DONA LUCREZIA. — Je te dis adieu en ce moment, Gennaro, pour ne plus te revoir jamais. Il ne faut plus songer maintenant à te rencontrer quelquefois sur mon chemin. C'était le seul bonheur que j'eusse au monde. Mais ce serait risquer ta tête. Nous voilà donc pour toujours séparés dans cette vie; hélas! je ne suis que trop sûre que nous serons séparés aussi dans l'autre. Gennaro! est-ce que tu ne me diras pas quelque douce parole avant de me quitter ainsi pour l'éternité?

GENNARO, *baissant les yeux*. — Madame...

DONA LUCREZIA. — Je viens de te sauver la vie, enfin!

GENNARO. — Vous me le dites. Tout ceci est plein de ténèbres. Je ne sais que penser. Tenez, madame, je puis tout vous pardonner, une chose exceptée.

DONA LUCREZIA. — Laquelle?

GENNARO. — Jurez-moi par tout ce qui vous est cher, par ma propre tête, puisque vous m'aimez, par le salut

éternel de mon âme, jurez-moi que vos crimes ne so[nt]
pour rien dans les malheurs de ma mère.

DONA LUCREZIA. — Toutes les paroles sont sérieuses av[ec]
vous, Gennaro. Je ne puis pas vous jurer cela.

GENNARO. — Oh! ma mère! ma mère! la voilà donc l['é]
pouvantable femme qui a fait ton malheur.

DONA LUCREZIA. — Gennaro!...

GENNARO. — Vous l'avez avoué, madame! Adieu! So[is]
maudite!

DONA LUCREZIA. — Et toi, Gennaro! sois béni!

Il sort. — Elle tombe évanouie sur le fauteuil[.]

DEUXIÈME PARTIE

La deuxième décoration. — La place de Ferrare avec le balcon ducal d'un côté et la maison de Gennaro de l'autre. — Il est nuit.

SCÈNE PREMIÈRE.

DON ALPHONSE, RUSTIGHELLO, enveloppés de manteaux.

RUSTIGHELLO. — Oui, monseigneur, cela s'est passé ainsi. Avec je ne sais quel philtre elle l'a rendu à la vie, et l'a fait évader par la cour du palais Negroni.

DON ALPHONSE. — Et tu as souffert cela?

RUSTIGHELLO. — Comment l'empêcher? elle avait verrouillé la porte. J'étais enfermé.

DON ALPHONSE. — Il fallait briser la porte.

RUSTIGHELLO. — Une porte de chêne, un verrou de fer. Chose facile!

DON ALPHONSE. — N'importe! il fallait briser le verrou, te dis-je; il fallait entrer et le tuer.

RUSTIGHELLO. — D'abord, en supposant que j'eusse pu enfoncer la porte, madame Lucrèce l'aurait couvert de son corps. Il aurait fallu tuer aussi madame Lucrèce.

DON ALPHONSE. — Eh bien! Après?

RUSTIGHELLO. — Je n'avais pas d'ordre pour elle.

DON ALPHONSE. — Rustighello! les bons serviteurs sont ceux qui comprennent les princes sans leur donner la peine de tout dire.

RUSTIGHELLO. — Et puis j'aurais craint de brouiller Votre Altesse avec le pape.

DON ALPHONSE. — Imbécile!

RUSTIGHELLO. — C'était bien embarrassant, monseigneur. Tuer la fille du saint-père!

DON ALPHONSE. — Eh bien! sans la tuer, ne pouvais-[tu] pas crier, appeler, m'avertir, empêcher l'amant de s'é[vader?

RUSTIGHELLO. — Oui, et puis le lendemain Votre Altes[se] se serait réconciliée avec madame Lucrèce, et le surlende[main madame Lucrèce m'aurait fait pendre.

DON ALPHONSE. — Assez. Tu m'as dit que rien n'était en[core perdu.

RUSTIGHELLO. — Non. Vous voyez une lumière à cette [fe]nêtre. Le Gennaro n'est pas encore parti. Son valet, que [la] duchesse avait gagné, est à présent gagné par moi, et m'a tout dit. En ce moment il attend son maître derrière la ci[tadelle avec deux chevaux sellés. Le Gennaro va sortir pour l'aller rejoindre dans un instant.

DON ALPHONSE. — En ce cas, embusquons-nous derrière l'angle de sa maison. Il est nuit noire. Nous le tuerons quand il passera.

RUSTIGHELLO. — Comme il vous plaira.

DON ALPHONSE. — Ton épée est bonne?

RUSTIGHELLO. — Oui.

DON ALPHONSE. — Tu as un poignard?

RUSTIGHELLO. — Il y a deux choses qu'il n'est pas ais[é] de trouver sous le ciel : c'est un Italien sans poignard, e[t] une Italienne sans amant.

DON ALPHONSE. — Bien. — Tu frapperas des deux mains.

RUSTIGHELLO. — Monseigneur le duc, pourquoi ne le fai[tes-vous pas arrêter tout simplement et pendre par juge]ment du fiscal?

DON ALPHONSE. — Il est sujet de Venise, et ce serait dé[clarer la guerre à la république. Non. Un coup de poignard vient on ne sait d'où, et ne compromet personne. L'em[

poisonnement vaudrait mieux encore, mais l'empoisonnement est manqué.

RUSTIGHELLO. — Alors, voulez-vous, monseigneur, que j'aille chercher quatre sbires pour le dépêcher sans que vous ayez la peine de vous en mêler?

DON ALPHONSE. — Mon cher, le seigneur Machiavel me dit souvent que, dans ces cas-là, le mieux était que les princes fissent leurs affaires eux-mêmes.

RUSTIGHELLO. — Monseigneur, j'entends venir quelqu'un.

DON ALPHONSE. — Rangeons-nous le long de ce mur.

Ils se cachent dans l'ombre, sous le balcon. — Paraît Maffio en habit de fête, qui arrive en fredonnant, et va frapper à la porte de Gennaro.

SCÈNE II.

DON ALPHONSE ET RUSTIGHELLO, cachés, MAFFIO, GENNARO.

MAFFIO. — Gennaro!

La porte s'ouvre, Gennaro paraît.

GENNARO. — C'est toi, Maffio? Veux-tu entrer?

MAFFIO. — Non. Je n'ai que deux mots à te dire. Est-ce que décidément tu ne viens pas ce soir souper avec nous chez la princesse Negroni?

GENNARO. — Je ne suis pas convié.

MAFFIO. — Je te présenterai.

GENNARO. — Il y a une autre raison. Je tois te dire cela à toi. Je pars.

MAFFIO. — Comment, tu pars?

GENNARO. — Dans un quart d'heure.

MAFFIO. — Pourquoi?

GENNARO. — Je te dirai cela à Venise.

MAFFIO. — Affaire d'amour?

GENNARO. — Oui, affaire d'amour.

MAFFIO. — Tu agis mal avec moi, Gennaro. Nous a[vons] fait serment de ne jamais nous quitter, d'être inséparab[les], d'être frères ; et voilà que tu pars sans moi !

GENNARO. — Viens avec moi !

MAFFIO. — Viens plutôt avec moi, toi ! — Il vaut [bien] mieux passer la nuit à table avec de jolies femmes e[t de] gais convives que sur la grande route, entre les band[its et] les ravins.

GENNARO. — Tu n'étais pas très-sûr ce matin de la p[rin]cesse Negroni.

MAFFIO. — Je me suis informé. Jeppo avait raison. C['est] une femme charmante et de belle humeur, et qui aim[e les] vers et la musique, voilà tout. Allons, viens avec moi.

GENNARO. — Je ne puis.

MAFFIO. — Partir à la nuit close ! Tu vas te faire as[sas]siner.

GENNARO. — Sois tranquille. Adieu. Bien du plaisir.

MAFFIO. — Frère Gennaro, j'ai mauvaise idée de [ton] voyage.

GENNARO. — Frère Maffio, j'ai mauvaise idée de ton [sou]per.

MAFFIO. — S'il allait t'arriver malheur sans que je [fusse] là !

GENNARO. — Qui sait si je ne me reprocherai pas dem[ain] de t'avoir quitté ce soir ?

MAFFIO. — Tiens, décidément, ne nous séparons p[as.] Cédons quelque chose chacun de notre côté. Viens ce [soir] avec moi chez la Negroni, et demain, au point du jo[ur,] nous partirons ensemble. Est-ce dit ?

GENNARO. — Allons, il faut que je te conte, à toi, M[af]fio, les motifs de mon départ subit. Tu vas juger si [j'ai] raison.

Il prend Maffio à part et lui parle à l'oreille.

RUSTIGHELLO, *sous le balcon, bas à don Alphonse.* — Attaquons-nous, monseigneur ?

DON ALPHONSE, *bas*. — Voyons la fin de ceci.

MAFFIO, *éclatant de rire après le récit de Gennaro.* — Veux-tu que je te dise, Gennaro ? Tu es dupe. Il n'y a dans toute cette affaire ni poison, ni contre-poison. Pure comédie. La Lucrèce est amoureuse éperdue de toi, et elle a voulu te faire accroire qu'elle te sauvait la vie, espérant te faire doucement glisser de la reconnaissance à l'amour. Le duc est un bon homme, incapable d'empoisonner ou d'assassiner qui que ce soit. Tu as sauvé la vie à son père d'ailleurs, et il le sait. La duchesse veut que tu partes, c'est fort bien. Son amourette se déroulerait en effet plus commodément à Venise qu'à Ferrare. Le mari la gêne toujours un peu. Quant au souper de la princesse Negroni, il sera délicieux. Tu y viendras. Que diable ! il faut cependant raisonner un peu et ne rien s'exagérer. Tu sais que je suis prudent, moi, et de bon conseil. Parce qu'il y a eu deux ou trois soupers fameux où les Borgia ont empoisonné, avec de fort bon vin, quelques-uns de leurs meilleurs amis, ce n'est pas une raison pour ne plus souper du tout. Ce n'est pas une raison pour voir toujours du poison dans l'admirable vin de Syracuse, et derrière toutes les belles princesses de l'Italie Lucrèce Borgia. Spectres et balivernes que tout cela ! A ce compte il n'y aurait que les enfants à la mamelle qui seraient sûrs de ce qu'ils boivent, et qui pourraient souper sans inquiétude. Par Hercule, Gennaro ! sois enfant ou sois homme. Retourne te mettre en nourrice ou viens souper.

GENNARO. — Au fait, cela a quelque chose d'étrange de se sauver ainsi la nuit. J'ai l'air d'un homme qui a peur. D'ailleurs, s'il y a du danger à rester, je ne dois pas y laisser Maffio tout seul. Il en sera ce qui pourra. C'est une

chance comme une autre. C'est dit. Tu me présenteras
la princesse Negroni. Je vais avec toi.

MAFFIO, *lui prenant la main.* — Vrai Dieu ! voilà
ami !

Ils sortent. On les voit s'éloigner vers le fond de la place. D
      Alphonse et Rustighello sortent de leur cachette.

RUSTIGHELLO, *l'épée nue.* — Eh bien ! qu'attendez-vou
monseigneur ? Ils ne sont que deux. Chargez-vous de vou
homme. Je me charge de l'autre.

DON ALPHONSE. — Non, Rustighello. Ils vont souper che
la princesse Negroni. Si je suis bien informé... (*Il s'inte
rompt et paraît rêver un instant. Eclatant de rire.*)
Pardieu ! cela ferait encore mieux mon affaire, et ce sera
une plaisante aventure. Attendons à demain.

             Ils rentrent au palais.

ACTE TROISIÈME

IVRES-MORTS

Une salle magnifique du palais Negroni. A droite, une porte bâtarde. Au fond, une grande et très-large porte à deux battants. Au milieu, une table superbement servie à la mode du quinzième siècle. De petits pages noirs, vêtus de brocart d'or, circulent à l'entour. — Au moment où la toile se lève, il y a quatorze convives à table : Jeppo, Maffio, Ascanio, Oloferno, Apostolo, Gennaro et Gubetta, et sept jeunes femmes jolies et très-galamment parées. Tous boivent ou mangent, ou rient à gorge déployée avec leurs voisines, excepté Gennaro, qui paraît pensif et silencieux.

SCÈNE PREMIÈRE.

JEPPO, MAFFIO, ASCANIO, OLOFERNO, DON APOSTOLO, GUBETTA, GENNARO, DES FEMMES, DES PAGES.

OLOFERNO, *son verre à la main.* — Vive le vin de Xérès ! Xérès de la Frontera est une ville du paradis.

MAFFIO, *son verre à la main.* — Le vin que nous buvons vaut mieux que les histoires que vous nous contez, Jeppo.

ASCANIO. — Jeppo a la maladie de conter des histoires quand il a bu.

DON APOSTOLO. — L'autre jour c'était à Venise, chez le sérénissime doge Barbarigo ; aujourd'hui c'est à Ferrare, chez la divine princesse Negroni.

JEPPO. — L'autre jour c'était une histoire lugubre, aujourd'hui c'est une histoire gaie.

MAFFIO. — Une histoire gaie, Jeppo ! Comment il advint

que don Siliceo, beau cavalier de trente ans, qui a
perdu son patrimoine au jeu, épousa la très-riche m
quise Calpurnia, qui comptait quarante-huit printem
Par le corps de Bacchus! vous trouvez cela gai!

GUBETTA. — C'est triste et commun. Un homme ruiné
épouse une femme en ruine. Chose qui se voit tous
jours.

Il se met à manger. De temps en temps quelques-uns se le
de table et viennent causer sur le devant de la scène pen
que l'orgie continue.

LA PRINCESSE NEGRONI, *à Maffio, montrant Gennaro*.
Monsieur le comte Orsini, vous avez là un ami qui me
raît bien triste.

MAFFIO. — Il est toujours ainsi, madame. Il faut q
vous me pardonniez de l'avoir amené sans que vous
eussiez fait la grâce de l'inviter. C'est mon frère d'arm
Il m'a sauvé la vie à l'assaut de Rimini. J'ai reçu à l'at
que du pont de Vicence un coup d'épée qui lui était des
tiné. Nous ne nous séparons jamais. Nous vivons ensemb
Un bohémien nous a prédit que nous mourrions le mêm
jour.

LA NEGRONI, *riant*. — Vous a-t-il dit si ce serait le s
ou le matin?

MAFFIO. — Il nous a dit que ce serait le matin.

LA NEGRONI, *riant plus fort*. — Votre bohémien ne s
vait ce qu'il disait. — Et vous aimez bien ce jeune homme

MAFFIO. — Autant qu'un homme peut en aimer un autr

LA NEGRONI. — Eh bien! vous vous suffisez l'un à l'autr
Vous êtes heureux.

MAFFIO. — L'amitié ne remplit pas tout le cœur, ma
dame.

LA NEGRONI. — Mon Dieu! qu'est-ce qui remplit tout l
cœur?

MAFFIO. — L'amour.

LA NEGRONI. — Vous avez toujours l'amour à la bouche.
MAFFIO. — Et vous dans les yeux.
LA NEGRONI. — Etes-vous singulier !
MAFFIO. — Etes-vous belle !

Il lui prend la taille.

LA NEGRONI. — Monsieur le comte Orsini, laissez-moi.
MAFFIO. — Un baiser sur votre main?
LA NEGRONI. — Non !

Elle lui échappe.

GUBETTA, *abordant Maffio*. — Vos affaires sont en bonne main près de la princesse.
MAFFIO. — Elle me dit toujours non.
GUBETTA. — Dans la bouche d'une femme, non n'est que le frère aîné de oui.
JEPPO, *survenant, à Maffio*. — Comment trouves-tu madame la princesse Negroni?
MAFFIO. — Adorable. Entre nous, elle commence à m'égratigner furieusement le cœur !
JEPPO. — Et son souper ?
MAFFIO. — Une orgie parfaite.
JEPPO. — La princesse est veuve.
MAFFIO. — On le voit bien à sa gaieté !
JEPPO. — J'espère que tu ne te défies plus de son souper ?
MAFFIO. — Moi ! Comment donc ! J'étais fou.
JEPPO, *à Gubetta*. — Monsieur de Belverana, vous ne croiriez pas que Maffio avait peur de venir souper chez la princesse?
GUBETTA. — Peur ! — Pourquoi ?
JEPPO. — Parce que le palais Negroni touche au palais Borgia.
GUBETTA. — Au diable les Borgia ! — et buvons !
JEPPO, *bas à Maffio*. — Ce que j'aime dans ce Belverana, c'est qu'il n'aime pas les Borgia.

MAFFIO, *bas*. — En effet, il ne manque jamais une occasion de les envoyer au diable avec une grâce toute particulière. Cependant, mon cher Jeppo...

JEPPO. — Eh bien?

MAFFIO. — Je l'observe depuis le commencement du souper, ce prétendu Espagnol. Il n'a encore bu que de l'eau.

JEPPO. — Voilà tes soupçons qui te reprennent, mon bon ami Maffio. Tu as le vin étrangement monotone.

MAFFIO. — Peut-être as tu raison. Je suis fou.

GUBETTA, *revenant et regardant Maffio de la tête aux pieds*. — Savez-vous, monsieur Maffio, que vous êtes taillé pour vivre quatre-vingt-dix ans, et que vous ressemblez à un mien grand-père, qui a vécu cet âge, et qui s'appelait, comme moi, Gil-Basilio-Fernand-Ireneo-Felipe-Frasco-Frasquito, comte de Belverana!

JEPPO, *bas à Maffio*. — J'espère que tu ne doutes plus de sa qualité d'Espagnol. Il a au moins vingt noms de baptême. — Quelle litanie, monsieur de Belverana!

GUBETTA. — Hélas! nos parents ont coutume de nous donner plus de noms à notre baptême que d'écus à notre mariage. Mais qu'ont-ils donc à rire là-bas? (*A part.*) — Il faut pourtant que les femmes aient un prétexte pour s'en aller. Comment faire?

Il retourne s'asseoir à la table.

OLOFERNO, *buvant*. — Par Hercule! messieurs! je n'ai jamais passé soirée plus délicieuse. Mesdames, goûtez de ce vin. Il est plus doux que le vin de Lacryma-Christi, et plus ardent que le vin de Chypre. C'est du vin de Syracuse, messeigneurs!

GUBETTA, *mangeant*. — Oloferno est ivre, à ce qu'il paraît.

OLOFERNO. — Mesdames, il faut que je vous dise quelques vers que je viens de faire. Je voudrais être plus poète que je ne le suis pour célébrer d'aussi admirables festins.

GUBETTA. — Et moi je voudrais être plus riche que je n'ai l'honneur de l'être pour en donner de pareils à mes amis.

OLOFERNO. — Rien n'est si doux que de chanter une belle femme et un bon repas.

GUBETTA. — Si ce n'est d'embrasser l'une et de manger l'autre.

OLOFERNO. — Oui, je voudrais être poëte. Je voudrais pouvoir m'élever au ciel. Je voudrais avoir deux ailes...

GUBETTA. — De faisan dans mon assiette.

OLOFERNO. — Je vais pourtant vous dire mon sonnet.

GUBETTA. — Par le diable! monsieur le marquis Oloferno Vitellozzo, je vous dispense de nous dire votre sonnet. Laissez-nous boire!

OLOFERNO. — Vous me dispensez de vous dire mon sonnet?

GUBETTA. — Comme je dispense les chiens de me mordre, le pape de me bénir, et les passants de me jeter des pierres.

OLOFERNO. — Tête-dieu! vous m'insultez, je crois, monsieur le petit Espagnol.

GUBETTA. — Je ne vous insulte pas, grand colosse d'Italien que vous êtes. Je refuse mon attention à votre sonnet. Rien de plus. Mon gosier a plus soif de vin de Chypre que mes oreilles de poésie.

OLOFERNO. — Vos oreilles, monsieur le Castillan râpé, je vous les clouerai sur les talons!

GUBETTA. — Vous êtes un absurde bélitre! Fi! A-t-on jamais vu lourdeau pareil? s'enivrer de vin de Syracuse, et avoir l'air de s'être soûlé avec de la bière!

OLOFERNO. — Savez-vous bien que je vous couperai en quatre, par la mort-dieu!

GUBETTA, *tout en découpant un faisan.* — Je ne vous en dirai pas autant. Je ne découpe pas d'aussi grosses volailles que vous. — Mesdames, vous offrirai-je de ce faisan?

OLOFERNO, *se jetant sur un couteau.* — Pardieu! j'éventrerai ce faquin, fût-il plus gentilhomme que l'empereur.

LES FEMMES, *se levant de table.* — Ciel! ils vont se battre.

LES HOMMES. — Tout beau, Oloferno!

Ils désarment Oloferno, qui veut se jeter sur Gubetta. Pendant ce temps-là, les femmes disparaissent par la porte latérale.

OLOFERNO, *se débattant.* — Corps-Dieu!

GUBETTA. — Vous rimez si richement en Dieu, mon cher poëte, que vous avez mis ces dames en fuite. Vous êtes un fier maladroit.

JEPPO. — C'est vrai, cela. Que diable sont-elles devenues?

MAFFIO. — Elles ont eu peur. Couteau qui luit, femme qui fuit.

ASCANIO. — Bah! elles vont revenir.

OLOFERNO, *menaçant Gubetta.* — Je te retrouverai demain, mon petit Belverana du démon!

GUBETTA. — Demain, tant qu'il vous plaira! (*Oloferno va se rasseoir en chancelant avec dépit. Gubetta éclate de rire.*) — Cet imbécile! Mettre en déroute les plus jolies femmes de Ferrare avec un couteau emmanché dans un sonnet! Se fâcher à propos de vers! Je le crois bien qu'il a des ailes. Ce n'est pas un homme, c'est un oison. Cela perche, cela doit dormir sur une patte, cet Oloferno-là!

JEPPO. — Là, là, faites la paix, messieurs. Vous vous couperez galamment la gorge demain matin. Par Jupiter! vous vous battrez du moins en gentilshommes, avec des épées, et non avec des couteaux.

ASCANIO. — A propos, au fait, qu'avons-nous donc fait de nos épées?

DON APOSTOLO. — Vous oubliez qu'on nous les a fait quitter dans l'antichambre.

GUBETTA. — Et la précaution était bonne, car autrement

nous nous serions battus devant les dames ; ce dont rougiraient des Flamands de Flandre, ivres de tabac !

GENNARO. — Bonne précaution, en effet !

MAFFIO. — Pardieu, mon frère Gennaro ! voilà la première parole que tu dis depuis le commencement du souper, et tu ne bois pas ! Est-ce que tu songes à Lucrèce Borgia ? Gennaro ! tu as décidément quelque amourette avec elle ! Ne dis pas non.

GENNARO. — Verse-moi à boire, Maffio ! Je n'abandonne pas plus mes amis à table qu'au feu.

UN PAGE NOIR, *deux flacons à la main.* — Messeigneurs, du vin de Chypre ou du vin de Syracuse ?

MAFFIO. — Du vin de Syracuse. C'est le meilleur.

Le page noir remplit tous les verres.

JEPPO. — La peste soit d'Oloferno ! Est-ce que ces dames ne vont pas revenir ? (*Il va successivement aux deux portes.*) — Les portes sont fermées en dehors, messieurs !

MAFFIO. — N'allez-vous pas avoir peur à votre tour, Jeppo ! Elles ne veulent pas que nous les poursuivions. C'est tout simple.

GENNARO. — Buvons, messeigneurs.

Ils choquent leurs verres.

MAFFIO. — A ta santé, Gennaro ! et puisses-tu bientôt retrouver ta mère !

GENNARO. — Que Dieu t'entende !

Tous boivent, excepté Gubetta, qui jette son vin par-dessus son épaule.

MAFFIO, *bas à Jeppo.* — Pour le coup, Jeppo, je l'ai bien vu.

JEPPO, *bas.* — Quoi ?

MAFFIO. — L'Espagnol n'a pas bu.

JEPPO. — Eh bien ?

MAFFIO. — Il a jeté son vin par-dessus son épaule.

JEPPO. — Il est ivre, et toi aussi.

MAFFIO. — C'est possible.

GUBETTA. — Une chanson à boire, messieurs ! je vais vous chanter une chanson à boire qui vaudra mieux que le sonnet du marquis Oloferno. Je jure par le bon vieux crâne de mon père que ce n'est pas moi qui ai fait cette chanson, attendu que je ne suis pas poëte, et que je n'ai point l'esprit assez galant pour faire se becqueter deux rimes au bout d'une idée. Voici ma chanson. Elle est adressée à monsieur saint Pierre, célèbre portier du paradis, et elle a pour sujet cette pensée délicate, que le ciel du bon Dieu appartient aux buveurs.

JEPPO, *bas à Maffio*. — Il est plus qu'ivre, il est ivrogne.

TOUS, *excepté Gennaro*. — La chanson ! la chanson !

GUBETTA, *chantant*.

Saint Pierre, ouvre ta porte
Au buveur qui t'apporte
Une voix pleine et forte
Pour chanter : *Domino !*

TOUS, *en chœur, excepté Gennaro*.

Gloria Domino !

Ils choquent leurs verres en riant aux éclats. Tout à coup on entend des voix éloignées qui chantent sur un ton lugubre.

VOIX *au dehors*. — « Sanctum et terribile nomen ejus. Initium sapientiæ timor Domini. »

JEPPO, *riant de plus belle*. — Ecoutez, messieurs ! Corbacque ! pendant que nous chantons à boire, l'écho chante vêpres.

TOUS. — Ecoutons.

VOIX *au dehors, un peu plus rapprochées*. — « Nisi Dominus custodierit civitatem, frustra vigilat qui custodit eam. »

Tous éclatent de rire.

ACTE III.

JEPPO. — Du plain-chant tout pur.

MAFFIO. — Quelque procession qui passe.

GENNARO. — A minuit! C'est un peu tard.

JEPPO. — Bah! continuez, monsieur de Belverana.

VOIX *au dehors, qui se rapprochent de plus en plus.* — « Oculos habent, et non videbunt. Nares habent, et non odorabunt. Aures habent, et non audient. »

Tous rient de plus en plus fort.

JEPPO. — Sont-ils braillards, ces moines!

MAFFIO. — Regarde donc, Gennaro. Les lampes s'éteignent ici. Nous voici tout à l'heure dans l'obscurité.

Les lampes pâlissent en effet, comme n'ayant plus d'huile.

VOIX *au dehors, plus près.* — « Manus habent, et non palpabunt. Pedes habent, et non ambulabunt. Non clamabunt in gutture suo. »

GENNARO. — Il me semble que les voix se rapprochent.

JEPPO. — La procession me fait l'effet d'être en ce moment sous nos fenêtres.

MAFFIO. — Ce sont les prières des morts.

ASCANIO. — C'est quelque enterrement.

JEPPO. — Buvons à la santé de celui qu'on va enterrer.

GUBETTA. — Savez-vous s'il n'y en a pas plusieurs?

JEPPO. — Eh bien! à la santé de tous.

APOSTOLO, *à Gubetta.* — Bravo! — Et continuons de notre côté notre invocation à saint Pierre.

GUBETTA. — Parlez donc plus poliment. On dit : A monsieur saint Pierre, honorable huissier et guichetier patenté du paradis. (*Il chante.*)

Saint Pierre, ouvre ta porte
Au buveur qui t'apporte
Une voix pleine et forte
Pour chanter : <i>Domino!</i>

TOUS.

Gloria Domino!

GUBETTA.

Au buveur, joyeux chantre,
Qui porte un si gros ventre
Qu'on doute, lorsqu'il entre,
S'il est homme ou tonneau.

TOUS, *en choquant leurs verres avec des éclats de rire.*
Gloria Domino!

La grande porte du fond s'ouvre silencieusement dans toute sa largeur. On voit au dehors une vaste salle tapissée en noir, éclairée de quelques flambeaux, avec une grande croix d'argent au fond. Une longue file de pénitents blancs et noirs, dont on ne voit que les yeux par les trous de leurs cagoules, croix en tête et torche en main, entre par la grande porte en chantant d'un accent sinistre et d'une voix haute :

« De profundis clamavi ad te, Domine! »

Puis ils viennent se ranger en silence des deux côtés de la salle, et y restent immobiles comme des statues, pendant que les jeunes gentilshommes les regardent avec stupeur.

MAFFIO. — Qu'est-ce que cela veut dire?

JEPPO, *s'efforçant de rire.* — C'est une plaisanterie. Je gage mon cheval contre un pourceau et mon nom de Liveretto contre le nom de Borgia que ce sont nos charmantes comtesses qui se sont déguisées de cette façon pour nous éprouver, et que, si nous levons une de ces cagoules au hasard, nous trouverons dessous la figure fraîche et malicieuse d'une jolie femme. — Voyez plutôt.

Il va soulever en riant un des capuchons, et il reste pétrifié en voyant dessous le visage livide d'un moine, qui demeure immobile, la torche à la main et les yeux baissés. Il laisse tomber le capuchon et recule.

Ceci commence à devenir étrange!

MAFFIO. — Je ne sais pourquoi mon sang se fige dans mes veines.

LES PÉNITENTS, *chantant d'une voix éclatante.* — « Conquassabit capita in terra multorum. »

ACTE III.

JEPPO. — Quel piége affreux! Nos épées! nos épées! Ah çà! messieurs, nous sommes chez le démon, ici?

SCÈNE II.

Les Mêmes, DONA LUCREZIA.

DONA LUCREZIA, *paraissant tout à coup, vêtue de noir, au seuil de la porte.* — Vous êtes chez moi!

TOUS, *excepté Gennaro, qui observe tout dans un coin du théâtre où dona Lucrezia ne le voit pas.*—Lucrèce Borgia!

DONA LUCREZIA. — Il y a quelques jours, tous, les mêmes qui êtes ici, vous disiez ce nom avec triomphe. Vous le dites aujourd'hui avec épouvante. Oui, vous pouvez me regarder avec vos yeux fixes de terreur. C'est bien moi, messieurs. Je viens vous annoncer une nouvelle, c'est que vous êtes tous empoisonnés, messeigneurs, et qu'il n'y en a pas un de vous qui ait une heure à vivre. Ne bougez pas. La salle d'à côté est pleine de piques. A mon tour maintenant, à moi de parler haut et de vous écraser la tête du talon! Jeppo Liveretto, va rejoindre ton oncle Vitelli, que j'ai fait poignarder dans les caves du Vatican! Ascanio Petrucci, va retrouver ton cousin Pandolfo, que j'ai assassiné pour lui voler sa ville! Oloferno Vitellozzo, ton oncle t'attend, tu sais bien, Iago d'Appiani, que j'ai empoisonné dans une fête! Maffio Orsini, va parler de moi dans l'autre monde à ton frère de Gravina, que j'ai fait étrangler dans son sommeil! Apostolo Gazella, j'ai fait décapiter ton père Francisco Gazella, j'ai fait égorger ton cousin Alphonse d'Aragon, dis-tu; va les rejoindre! — Sur mon âme! vous m'avez donné un bal à Venise, je vous rends un souper à Ferrare. Fête pour fête, messeigneurs!

JEPPO. — Voilà un rude réveil, Maffio!

MAFFIO. — Songeons à Dieu!

DONA LUCREZIA. — Ah! mes jeunes amis du carnaval dernier! vous ne vous attendiez pas à cela! Pardieu, il me semble que je me venge. Qu'en dites-vous, messieurs? Qui est-ce qui se connaît en vengeance ici? ceci n'est point mal, je crois! — Hein? qu'en pensez-vous pour une femme! (*Aux moines.*) — Mes pères, emmenez ces gentilshommes dans la salle voisine qui est préparée, confessez-les, et profitez du peu d'instants qui leur restent pour sauver ce qui peut être encore sauvé de chacun d'eux. — Messieurs, que ceux d'entre vous qui ont des âmes y avisent. Soyez tranquilles. Elles sont en bonnes mains. Ces dignes pères sont des moines réguliers de Saint-Sixte, auxquels notre saint-père le pape a permis de m'assister dans des occasions comme celle-ci. — Et, si j'ai eu soin de vos âmes, j'ai eu soin aussi de vos corps. Tenez! (*Aux moines qui sont devant la porte du fond.*) — Rangez-vous un peu, mes pères, que ces messieurs voient. (*Les moines s'écartent et laissent voir cinq cercueils, couverts chacun d'un drap noir, rangés devant la porte.*) — Le nombre y est. Il y en a bien cinq. — Ah! jeunes gens! vous arrachez les entrailles à une malheureuse femme, et vous croyez qu'elle ne se vengera pas! Voici le tien, Jeppo; Maffio, voici le tien; Oloferno, Apostolo, Ascanio, voici les vôtres!

GENNARO, *qu'elle n'a pas vu jusqu'alors, faisant un pas.* — Il en faut un sixième, madame!

DONA LUCREZIA. — Ciel! Gennaro!

GENNARO. — Lui-même.

DONA LUCREZIA. — Que tout le monde sorte d'ici! — Qu'on nous laisse seuls. — Gubetta, quoi qu'il arrive, quoi qu'on puisse entendre du dehors de ce qui va se passer ici, que personne n'y entre!

GUBETTA. — Il suffit.

Les moines ressortent processionnellement, emmenant avec eux dans leurs files les cinq seigneurs chancelants et éperdus.

ACTE III.

SCÈNE III.

GENNARO, DONA LUCREZIA.

Il y a à peine quelques lampes mourantes dans l'appartement. Les portes sont refermées. Dona Lucrezia et Gennaro, restés seuls, s'entre-regardent quelques instants en silence, comme ne sachant par où commencer.

DONA LUCREZIA, *se parlant à elle-même.* — C'est Gennaro !

CHANT DES MOINES, *au dehors.* — « Nisi Dominus ædificaverit domum, in vanum laborant qui ædificant eam. »

DONA LUCREZIA. — Encore vous, Gennaro ! Toujours vous sous tous les coups que je frappe ! Dieu du ciel ! comment vous êtes-vous mêlé à ceci ?

GENNARO. — Je me doutais de tout.

DONA LUCREZIA. — Vous êtes empoisonné encore une fois. Vous allez mourir !

GENNARO. — Si je veux. — J'ai le contre-poison.

DONA LUCREZIA. — Ah ! oui ! Dieu soit loué !

GENNARO. — Un mot, madame. Vous êtes experte en ces matières. Y a-t-il assez d'élixir dans cette fiole pour sauver les gentilshommes que vos moines viennent d'entraîner dans ce tombeau ?

DONA LUCREZIA, *examinant la fiole.* — Il y en a à peine assez pour vous, Gennaro !

GENNARO. — Vous ne pouvez pas en avoir d'autre sur-le-champ ?

DONA LUCREZIA. — Je vous ai donné tout ce que j'avais.

GENNARO. — C'est bien.

DONA LUCREZIA. — Que faites-vous, Gennaro ? Dépêchez-vous donc. Ne jouez pas avec des choses si terribles. On n'a jamais assez tôt bu un contre-poison. Buvez, au nom du ciel ! Mon Dieu ! quelle imprudence vous avez faite là !

Mettez votre vie en sûreté. Je vous ferai sortir du palais par une porte dérobée que je connais. Tout peut se réparer encore. Il est nuit. Des chevaux seront bientôt sellés. Demain matin vous serez loin de Ferrare. N'est-ce pas qu'il s'y fait des choses qui vous épouvantent? Buvez, et partons. Il faut vivre! Il faut vous sauver !

GENNARO, *prenant un couteau sur la table.* — C'est-à-dire que vous allez mourir, madame !

DONA LUCREZIA. — Comment! que dites-vous ?

GENNARO. — Je dis que vous venez d'empoisonner traîtreusement cinq gentilshommes, mes amis, mes meilleurs amis, par le ciel! et parmi eux Maffio Orsini, mon frère d'armes, qui m'avait sauvé la vie à Vicence, et avec qui toute injure et toute vengeance m'est commune. Je dis que c'est une action infâme que vous avez faite là, qu'il faut que je venge Maffio et les autres, et que vous allez mourir!

DONA LUCREZIA. — Terre et cieux!

GENNARO. — Faites votre prière, et faites-la courte, madame. Je suis empoisonné. Je n'ai pas le temps d'attendre.

DONA LUCREZIA. — Bah ! cela ne se peut. Ah! bien oui! Gennaro me tuer! Est-ce que cela est possible !

GENNARO. — C'est la réalité pure, madame, et je jure Dieu qu'à votre place je me mettrais à prier en silence, à mains jointes et à deux genoux. — Tenez, voici un fauteuil qui est bon pour cela.

DONA LUCREZIA. — Non. Je vous dis que c'est impossible. Non, parmi les plus terribles idées qui me traversent l'esprit, jamais celle-ci ne me serait venue. — Eh bien! eh bien! vous levez le couteau! Attendez! Gennaro! J'ai quelque chose à vous dire !

GENNARO. — Vite.

DONA LUCREZIA. — Jette ton couteau, malheureux! jette-le, te dis-je. Si tu savais... — Gennaro! Sais-tu qui tu es?

ACTE III.

Sais-tu qui je suis ? tu ignores combien je te tiens de près ! Faut-il tout lui dire ? Le même sang coule dans nos veines, Gennaro ! Tu as eu pour père Jean Borgia, duc de Gandia !

GENNARO. — Votre frère ! Ah ! vous êtes ma tante ! Ah ! madame !

DONA LUCREZIA, *à part.* — Sa tante !

GENNARO. — Ah ! je suis votre neveu ! Ah ! c'est ma mère, cette infortunée duchesse de Gandia, que tous les Borgia ont rendue si malheureuse ! Madame Lucrèce, ma mère me parle de vous dans ses lettres. Vous êtes du nombre de ces parents dénaturés dont elle m'entretient avec horreur, et qui ont tué mon père, et qui ont noyé sa destinée, à elle, de larmes et de sang. Ah ! j'ai de plus mon père à venger, ma mère à sauver de vous maintenant ! Ah ! vous êtes ma tante ! je suis un Borgia ! Oh ! cela me rend fou ! — Ecoutez-moi, dona Lucrezia Borgia, vous avez vécu longtemps, et vous êtes si couverte d'attentats, que vous devez en être devenue odieuse et abominable à vous-même. Vous êtes fatiguée de vivre, sans nul doute, n'est-ce pas ? Eh bien ! il faut en finir. Dans les familles comme les nôtres, où le crime est héréditaire et se transmet de père en fils comme le nom, il arrive toujours que cette fatalité se clôt par un meurtre, qui est d'ordinaire un meurtre de famille, dernier crime qui lave tous les autres. Un gentilhomme n'a jamais été blâmé pour avoir coupé une mauvaise branche à l'arbre de sa maison. L'Espagnol Mudarra a tué son oncle Rodrigue de Lara pour moins que vous n'avez fait. Cet Espagnol a été loué de tous pour avoir tué son oncle, entendez-vous, ma tante ? — Allons ! en voilà assez de dit là-dessus ! Recommandez votre âme à Dieu, si vous croyez à Dieu et à votre âme.

DONA LUCREZIA. — Gennaro ! par pitié pour toi ! Tu es innocent encore ! Ne commets pas ce crime !

GENNARO. — Un crime! Oh! ma tête s'égare et se bouleverse! Sera-ce un crime? Eh bien! quand je commettrai un crime! Pardieu! je suis un Borgia, moi! A genoux vous dis-je! ma tante! A genoux!

DONA LUCREZIA. — Dis-tu en effet ce que tu penses, mon Gennaro? Est-ce ainsi que tu payes mon amour pour toi?

GENNARO. — Amour!...

DONA LUCREZIA. — C'est impossible. Je veux te sauver de toi-même. Je vais appeler. Je vais crier.

GENNARO. — Vous n'ouvrirez point cette porte. Vous ne ferez point un pas. Et quant à vos cris, ils ne peuvent vous sauver. Ne venez-vous pas d'ordonner vous-même tout à l'heure que personne n'entrât, quoi qu'on pût entendre au dehors de ce qui va se passer ici?

DONA LUCREZIA. — Mais c'est lâche ce que vous faites là, Gennaro! Tuer une femme, une femme sans défense! Oh! vous avez de plus nobles sentiments que cela dans l'âme! Ecoute-moi, tu me tueras après si tu veux; je ne tiens pas à la vie, mais il faut bien que ma poitrine déborde, elle est pleine d'angoisses de la manière dont tu m'as traitée jusqu'à présent. Tu es jeune, enfant, et la jeunesse est toujours trop sévère. Oh! si je dois mourir, je ne veux pas mourir de ta main. Cela n'est pas possible, vois-tu, que je meure de ta main! Tu ne sais pas toi-même à quel point cela serait horrible. D'ailleurs, Gennaro, mon heure n'est pas encore venue. C'est vrai, j'ai commis bien des actions mauvaises, je suis une grande criminelle; et c'est parce que je suis une grande criminelle qu'il faut me laisser le temps de me reconnaître et de me repentir. Il le faut absolument, entends-tu, Gennaro?

GENNARO. — Vous êtes ma tante. Vous êtes la sœur de mon père. Qu'avez-vous fait de ma mère, madame Lucrèce Borgia?

DONA LUCREZIA. — Attends, attends! Mon Dieu, je ne puis

tout dire. Et puis, si je te disais tout, je ne ferais peut-être que redoubler ton horreur et ton mépris pour moi! Ecoute-moi encore un instant. Oh! que je voudrais bien que tu me reçusses repentante à tes pieds! Tu me feras grâce de la vie, n'est-ce pas? Eh bien! veux-tu que je prenne le voile? veux-tu que je m'enferme dans un cloître, dis! Voyons, si l'on te disait: Cette malheureuse femme s'est fait raser la tête, elle couche dans la cendre, elle creuse sa fosse de ses mains, elle prie Dieu nuit et jour, non pour elle, qui en aurait besoin cependant, mais pour toi, qui peux t'en passer ; elle fait tout cela, cette femme, pour que tu abaisses un jour sur sa tête un regard de miséricorde, pour que tu laisses tomber une larme sur toutes les plaies vives de son cœur et de son âme, pour que tu ne lui dises plus, comme tu viens de le faire, avec cette voix plus sévère que celle du jugement dernier : Vous êtes Lucrèce Borgia ! si l'on te disait cela, Gennaro, est-ce que tu aurais le cœur de la repousser? Oh! grâce! ne me tue pas, mon Gennaro! Vivons tous les deux, toi pour me pardonner, moi pour me repentir! Aie quelque compassion de moi! Enfin cela ne sert à rien de traiter sans miséricorde une misérable femme qui ne demande qu'un peu de pitié! — Un peu de pitié! Grâce de la vie! — Et puis, vois-tu bien, mon Gennaro, je te le dis pour toi, ce serait vraiment lâche ce que tu ferais là, ce serait un crime affreux, un assassinat! Un homme tuer une femme! Un homme qui est le plus fort! Oh! tu ne voudras pas! tu ne voudras pas!

GENNARO, *ébranlé*. — Madame...

DONA LUCREZIA. — Oh! je le vois bien, j'ai ma grâce. Cela se lit dans tes yeux. Oh! laisse-moi pleurer à tes pieds.

UNE VOIX, *au dehors*. — Gennaro!

GENNARO. — Qui m'appelle?

LA VOIX. — Mon frère Gennaro!

GENNARO. — C'est Maffio.

LA VOIX. — Gennaro! je meurs! venge-moi!

GENNARO, *relevant le couteau*. — C'est dit. Je n'écoute plus rien. Vous l'entendez, madame, il faut mourir!

DONA LUCREZIA, *se débattant et lui retenant le bras*. — Grâce! grâce! encore un mot!

GENNARO. — Non!

DONA LUCREZIA. — Pardon! Ecoute-moi!

GENNARO. — Non!

DONA LUCREZIA. — Au nom du ciel!

GENNARO. — Non!

Il la frappe.

DONA LUCREZIA. — Ah!... tu m'as tuée! — Gennaro! je suis ta mère!

FIN DE LUCRÈCE BORGIA.

NOTE

Le texte de la pièce, telle qu'elle est imprimée ici, est conforme à la représentation, à deux variantes près, que l'auteur croit devoir donner ici pour ceux de messieurs les directeurs des théâtres de province qui voudraient monter *Lucrèce Borgia*.

Voici de quelle façon se termine, à la représentation, la deuxième partie du premier acte.

A peine les gentilshommes ont-ils disparu, qu'on voit la tête de Rustighello passer derrière l'angle de la maison de Gennaro. Il regarde si tous sont bien éloignés, puis avance avec précaution et fait un signe derrière lui. Plusieurs hommes armés paraissent; Rustighello, sans dire une parole, les place, en leur recommandant le silence par gestes, l'un en embuscade à droite de la porte de Gennaro, l'autre à gauche, l'autre dans l'angle du mur, les deux derniers derrière les piliers du balcon ducal. Au moment où il a fini ces dispositions, Astolfo paraît dans la place et aperçoit Rustighello sans voir les soldats embusqués.

SCÈNE III.

RUSTIGHELLO, ASTOLFO.

ASTOLFO. — Que diable fais-tu là, Rustighello?
RUSTIGHELLO. — J'attends que tu t'en ailles, Astolfo.

ASTOLFO. — En vérité !

RUSTIGHELLO. — Et toi, que fais tu là, Astolfo?

ASTOLFO. — J'attends que tu t'en ailles, Rustighello.

RUSTIGHELLO. — A qui donc as-tu affaire, Astolfo?

ASTOLFO. — A l'homme qui demeure dans cette maison. — Et toi, à qui en veux-tu?

RUSTIGHELLO. — Au même.

ASTOLFO. — Diable !

RUSTIGHELLO. — Qu'est-ce que tu en veux faire?

ASTOLFO. — Je veux le mener chez la duchesse. — Et toi?

RUSTIGHELLO. — Je veux le mener chez le duc.

ASTOLFO. — Diable !

RUSTIGHELLO. — Qu'est-ce qui l'attend chez la duchesse?

ASTOLFO. — L'amour sans doute. — Et chez le duc?

RUSTIGHELLO. — Probablement la potence.

ASTOLFO. — Comment faire? il ne peut pas être à la fois chez le duc et chez la duchesse, amant heureux et pendu.

RUSTIGHELLO. — A-t-il de l'esprit, cet Astolfo!

Il fait un signe, les deux sbires cachés sous le balcon ducal s'avancent et saisissent au collet Astolfo.

RUSTIGHELLO. — Saisissez cet homme. — Vous avez entendu ce qu'il a dit. Vous en témoignerez. — Silence, Astolfo! (*Aux autres sbires.*) — Enfants, à l'œuvre à présent! Enfoncez-moi cette porte.

Dans le troisième acte, la scène de l'orgie, à partir de la page 76 jusqu'à la page 78, doit être jouée comme il suit :

GUBETTA. — Une chanson à boire, messieurs! il nous faut une chanson à boire qui vaille mieux que le sonnet du marquis Oloferno. Ce n'est pas moi qui vous en chanterai une, je jure par le bon vieux crâne de mon père que je ne sais pas de chansons, attendu que je ne suis pas poëte et que je n'ai point l'esprit assez galant pour faire se becqueter deux rimes au bout d'une idée. Mais vous, seigneur Maffio, qui êtes de belle humeur, vous devez savoir quelque chanson de table. Que diable! chantez-nous-la, amusons-nous.

MAFFIO. — Je veux bien, emplissez les verres.

(Il chante.)

> Amis, vive l'orgie!
> J'aime la folle nuit,
> Et la nappe rougie,
> Et les chants et les bruits,
> Les dames peu sévères,
> Les cavaliers joyeux,
> Le vin dans tous les verres,
> L'amour dans tous les yeux.

> La tombe est noire,
> Les ans sont courts.
> Il faut, sans croire
> Aux sots discours,
> Très-souvent boire,
> Aimer toujours!

TOUS EN CHOEUR.

La tombe est noire, etc.

Ils choquent leurs verres en riant aux éclats. Tout à coup on entend des voix éloignées qui chantent au dehors sur un ton lugubre.

VOIX AU DEHORS. — « Sanctum et terribile nomen ejus. Initium sapientiæ timor Domini. »

JEPPO. — Ecoutez, messieurs! — Corbacque! Pendant que nous chantons à boire, l'écho chante vêpres.

TOUS. — Ecoutons!

VOIX AU DEHORS, *un peu plus rapprochées.* — « Nisi

Dominus custodierit civitatem, frustra vigilat qui custodit eam. »

JEPPO, *riant*. — Du plain-chant tout pur.

MAFFIO. — Quelque procession qui passe.

GENNARO. — A minuit! C'est un peu tard.

JEPPO. — Bah! continuons.

VOIX AU DEHORS, *qui se rapprochent de plus en plus*. — « Oculos habent et non videbunt, nares habent et non odorabunt, aures habent et non audient. »

JEPPO. — Sont-ils braillards, ces moines!

MAFFIO. — Regarde donc, Gennaro. Les lampes s'éteignent ici. Nous voici tout à l'heure dans l'obscurité.

VOIX AU DEHORS, *très-près*. — « Manus habent et non palpabunt. Pedes habent et non ambulabunt. Non clamabunt in gutture suo. »

GENNARO. — Il me semble que les voix se rapprochent.

JEPPO. — La procession me fait l'effet d'être en ce moment sous nos fenêtres.

MAFFIO. — Ce sont les prières des morts.

ASCANIO. — C'est quelque enterrement.

JEPPO. — Buvons à la santé de celui qu'on va enterrer.

GUBETTA. — Savez-vous s'il n'y en a pas plusieurs?

JEPPO. — Eh bien! à la santé de tous!

Ils choquent leurs verres.

APOSTOLO. — Bravo! Et continuons de notre côté notre chanson à boire.

TOUS EN CHOEUR.

> La tombe est noire,
> Les ans sont courts.
> Il faut, sans croire
> Aux sots discours,
> Très-souvent boire,
> Aimer toujours!

VOIX AU DEHORS. — « Non mortui laudabunt te, Domine, neque omnes qui descendunt in infernum. »

MAFFIO.

Dans la douce Italie,
Qu'éclaire un si doux ciel,
Tout est joie et folie,
Tout est nectar et miel.
Ayons donc à nos fêtes
Les fleurs et les beautés,
La rose sur nos têtes,
La femme à nos côtés!

TOUS.

La tombe est noire, etc.

La grande porte du fond s'ouvre.

L'auteur ne terminera pas cette note sans engager ceux des acteurs de province qui pourraient être chargés des rôles de sa pièce, à étudier, s'ils en ont l'occasion, la manière dont *Lucrèce Borgia* est représentée à la Porte Saint-Martin. L'auteur est heureux de le dire, il n'est pas un rôle dans son ouvrage qui ne soit joué avec une intelligence singulière. Chaque acteur a la physionomie de son rôle. Chaque personnage se pose à son plan. De là un ensemble parfait, quoique mêlé à tout moment de verve et de fantaisie. Le jeu général de la pièce est tout à la fois plein d'harmonie et plein de relief, deux qualités qui s'excluent d'ordinaire. Aucun de ces effets criards qui détonnent dans les troupes jeunes, aucune de ces monotonies qui alanguissent les troupes faites. Il n'est pas de troupe, à Paris, qui comprenne mieux que celle de la Porte Saint-Martin la mystérieuse loi de perspective suivant laquelle doit se mouvoir et s'étager au théâtre ce groupe de personnages passionnés ou ironiques qui noue et dénoue un drame.

Et cet ensemble est d'autant plus frappant dans le cas présent, qu'il y a dans *Lucrèce Borgia* certains personnages du second ordre représentés à la Porte-Saint-Martin par des acteurs qui sont du premier ordre et qui se tiennent avec une grâce, une loyauté et un goût parfaits dans le demi-jour de leurs rôles. L'auteur les en remercie ici.

Parmi ceux-ci, le public a vivement distingué mademoiselle Juliette. On ne peut guère dire que la princesse Negroni soit un rôle ; c'est, en quelque sorte, une apparition. C'est une figure belle, jeune et fatale, qui passe, soulevant aussi son coin du voile sombre qui couvre l'Italie au seizième siècle. Mademoiselle Juliette a jeté sur cette figure un éclat extraordinaire. Elle n'avait que peu de mots à dire, elle y a mis beaucoup de pensée. Il ne faut à cette jeune actrice qu'une occasion pour révéler puissamment au public un talent plein d'âme, de passion et de vérité.

Quant aux deux grands acteurs dont la lutte commence aux premières scènes du drame et ne s'achève qu'à la dernière, l'auteur n'a rien à leur dire qui ne leur soit dit chaque soir d'une manière bien autrement éclatante et sonore par les acclamations dont la foule les salue. M. Frédérick a réalisé avec génie le Gennaro que l'auteur avait rêvé. M. Frédérick est élégant et familier, il est plein de grandeur et plein de grâce, il est redoutable et doux ; il est enfant et il est homme ; il charme et il épouvante ; il est modeste, sévère et terrible. Mademoiselle Georges réunit également au degré le plus rare les qualités diverses et quelquefois même opposées que son rôle exige. Elle prend superbement et en reine toutes les attitudes du personnage qu'elle représente. Mère au premier acte, femme au second, grande comédienne dans cette scène de ménage avec le duc de Ferrare où elle est si bien secondée par M. Loc-

NOTE.

kroy, grande tragédienne pendant l'insulte, grande tragédienne pendant la vengeance, grande tragédienne pendant le châtiment, elle passe comme elle veut, et sans effort, du pathétique tendre au pathétique terrible. Elle fait applaudir et elle fait pleurer. Elle est sublime comme Hécube et touchante comme Desdémona.

FIN DE LA NOTE DE LUCRÈCE BORGIA.

MARION DELORME

Cette pièce, représentée dix-huit mois après *Hernani*, fut faite trois mois auparavant. Les deux drames ont été composés en 1829 : *Marion Delorme* en juin, *Hernani* en septembre. A cela près de quelques changements de détail qui ne modifient en rien ni la donnée fondamentale de l'ouvrage, ni la nature des caractères, ni la valeur respective des passions, ni la marche des événements, ni même la distribution des scènes ou l'invention des épisodes, l'auteur donne au public, au mois d'août 1831, sa pièce telle qu'elle fut écrite au mois de juin 1829. Aucun remaniement profond, aucune mutilation, aucune soudure faite après coup dans l'intérieur du drame, aucune main-d'œuvre nouvelle, si ce n'est ce travail d'ajustement qu'exige toujours la représentation. L'auteur s'est borné à cela, c'est-à-dire à faire sur les bords extrêmes de son œuvre ces quelques rognures sans lesquelles le drame ne pourrait s'encadrer solidement dans le théâtre.

Cette pièce est donc restée éloignée deux ans du théâtre. Quant aux motifs de cette suspension, de juillet 1829 à juillet 1830, le public les connaît : elle a été forcée; l'auteur a été empêché. Il y a eu, et l'auteur écrira peut-être un jour cette petite histoire demi-politique, demi-littéraire, il y a eu *veto* de la censure, prohibition successive des deux ministères Martignac et Polignac, volonté formelle du roi Charles X. (Et si l'auteur vient de prononcer ici ce mot de *censure* sans y joindre d'épithète, c'est qu'il l'a combattue assez publiquement et assez longtemps pendant qu'elle régnait, pour être en droit de ne pas l'insulter maintenant qu'elle est au rang des puissances tombées. Si jamais on osait la relever, nous verrions.)

Pour la deuxième année, de 1830 à 1831, la suspension de *Marion Delorme* a été volontaire. L'auteur s'est abstenu. Et, depuis cette époque, plusieurs personnes qu'il n'a pas l'honneur de connaître lui ayant écrit pour lui demander s'il existait encore quelques nouveaux obstacles à la représentation de cet ouvrage, l'auteur, en les remerciant d'avoir bien voulu s'intéresser à une chose si peu importante, leur doit une explication, la voici :

Après l'admirable révolution de 1830, le théâtre ayant conquis sa liberté dans la liberté générale, les pièces que la censure de la Restauration avait inhumées toutes vives *brisèrent du crâne*, comme dit Job, *la pierre de leur tombeau*, et s'éparpillèrent en foule et à grand bruit sur les théâtres de Paris, où le public vint les applaudir, encore toutes haletantes de joie et de colère. C'était justice. Ce dégorgement des cartons de la censure dura plusieurs semaines, à la grande satisfaction de tous. La Comédie-Française songea à *Marion Delorme*. Quelques personnes influentes de ce théâtre vinrent trouver l'auteur; elles le pressèrent de laisser jouer son ouvrage, relevé comme les autres de l'interdit.

Dans ce moment de malédiction contre Charles X, le quatrième acte, défendu par Charles X, leur semblait promis à un succès de réaction politique. L'auteur doit le dire ici franchement, comme il le déclara alors dans l'intimité aux personnes qui faisaient cette démarche près de lui, et notamment à la grande actrice qui avait jeté tant d'éclat sur le rôle de dona Sol; ce fut précisément cette raison, *la probabilité d'un succès de réaction politique*, qui le détermina à garder, pour quelque temps encore, son ouvrage en portefeuille. Il sentit qu'il était, lui, dans un cas particulier. Quoique placé depuis plusieurs années dans les rangs, sinon les plus illustres, du moins les plus laborieux, de l'opposition; quoique dévoué et acquis, depuis qu'il avait âge d'homme, à toutes les idées de progrès, d'amélioration, de liberté; quoique leur ayant donné peut-être quelques gages, et entre autres, précisément une année auparavant, à propos de cette même *Marion Delorme;* il se souvint que, jeté à seize ans dans le monde littéraire par des passions politiques, ses premières opinions, c'est-à-dire ses premières illusions, avaient été royalistes et vendéennes; il se souvint qu'il avait écrit une *Ode du Sacre* à une époque, il est vrai, où Charles X, roi populaire, disait aux acclamations de tous : *Plus de censure! plus de hallebardes!* Il ne voulut pas qu'un jour on pût lui reprocher ce passé, passé d'erreur sans doute, mais aussi de conviction, de conscience, de désintéressement, comme sera, il l'espère, toute sa vie. Il comprit qu'un succès politique à propos de Charles X tombé, permis à tout autre, lui était défendu à lui; qu'il ne lui convenait pas d'être un des soupiraux par où s'échapperait la colère publique; qu'en présence de cette enivrante Révolution de Juillet, sa voix pouvait se mêler à celles qui applaudissaient le peuple, non à celles qui maudissaient le roi. Il fit son devoir. Il fit ce que tout homme de cœur eût fait à sa place, il refusa d'autoriser la représentation de sa pièce. D'ailleurs les succès de scandale cherché et d'allusions politiques ne lui sourient guère, il l'avoue. Ces succès valent peu et durent peu. C'est Louis XIII qu'il avait voulu peindre, dans sa bonne foi d'artiste, et non tel de ses descendants. Et puis, c'est précisément quand il n'y a plus de censure qu'il faut que les auteurs se censurent eux-mêmes, honnêtement, consciencieusement, sévèrement. C'est ainsi qu'ils placeront haut la dignité de l'art. Quand on a toute liberté, il sied de garder toute mesure.

Aujourd'hui que trois cent soixante-cinq jours, c'est-à-dire, par le temps où nous vivons, trois cent soixante-cinq événements, nous séparent du roi tombé; aujourd'hui que le flot des indignations populaires a cessé de battre les dernières années croulantes de la Restauration, comme la mer qui se retire d'une grève déserte; aujourd'hui que Charles X est plus oublié que Louis XIII, l'auteur a donné sa pièce au public, et le public l'a prise comme l'auteur la lui a donnée, naïvement, sans arrière-pensée, comme chose d'art, bonne ou mauvaise, mais voilà tout.

L'auteur s'en félicite et en félicite le public. C'est quelque chose, c'est beaucoup, c'est tout pour les hommes d'art, dans ce moment de préoccupations politiques, qu'une affaire littéraire soit prise littérairement.

Pour en finir sur cette pièce, l'auteur fera remarquer ici que sous la branche aînée des Bourbons elle eût été absolument et éternellement exclue du théâtre. Sans la Révolution de Juillet, elle n'eût jamais été jouée. Si cet ouvrage avait une plus haute valeur, on pourrait soumettre cette observation aux personnes qui affirment que la Révolution de Juillet a été nuisible à l'art. Il serait facile de démontrer que cette grande secousse d'affranchissement et d'émancipation n'a pas été nuisible à l'art, mais qu'elle lui a été utile; qu'elle ne lui a pas été utile, mais qu'elle lui a été nécessaire. Et, en effet, dans les dernières années de la Restauration, l'esprit nouveau du dix-neuvième siècle avait pénétré tout, réformé tout, recommencé tout, histoire, poésie, philosophie, tout, excepté le théâtre. Et, à ce phénomène, il y avait une raison bien simple : la censure murait le théâtre. Aucun moyen de traduire naïvement, grandement, loyalement sur la scène, avec l'impartialité, mais aussi avec la sévérité de l'artiste, un roi, un prêtre, un seigneur, le moyen-âge, l'histoire, le passé. La censure était là, indulgente pour les ouvrages d'école et de convention, qui fardent tout et par conséquent déguisent tout ; impitoyable pour l'art vrai, consciencieux, sincère. A peine y a-t-il eu quelques exceptions ; à peine trois ou quatre œuvres vraiment historiques et dramatiques ont-elles pu se glisser sur la scène dans les rares moments où la police, occupée ailleurs, en laissait la porte entre-bâillée. Ainsi la censure tenait l'art en échec devant le théâtre. Vidocq bloquait Corneille. Or, la censure faisait partie intégrante de la Restauration ; l'une ne pouvait disparaître sans l'autre. Il fallait donc que la révolution sociale se complétât, pour que la révolution de l'art pût s'achever. Un jour, juillet 1830 ne sera pas moins une date littéraire qu'une date politique.

Maintenant l'art est libre : c'est à lui de rester digne.

Ajoutons-le en terminant. Le public, cela devait être et cela est, n'a jamais été meilleur, n'a jamais été plus éclairé et plus grave qu'en ce moment. Les révolutions ont cela de bon qu'elles mûrissent vite, et à la fois, et de tous les côtés, tous les esprits.

Dans un temps comme le nôtre, en deux ans, l'instinct des masses devient goût. Les misérables mots à querelle, *classique* et *romantique*, sont tombés dans l'abîme de 1830, comme *gluckiste* et *picciniste* dans le gouffre de 1789. L'art seul est resté. Pour l'artiste qui étudie le public, et il faut l'étudier sans cesse, c'est un grand encouragement de sentir se développer chaque jour au fond des masses une intelligence de plus en plus sérieuse et profonde de ce qui convient à ce siècle, en littérature non moins qu'en politique. C'est un beau spectacle de voir ce public, harcelé par tant d'intérêts matériels qui le pressent et le tiraillent sans relâche, accourir en foule aux premières transformations de l'art qui se renouvelle, lors même qu'elles sont aussi incomplètes et aussi défectueuses que celle-ci. On le sent attentif, sympathique, plein de bon vouloir, soit qu'on lui fasse, dans une scène d'histoire, la leçon du passé; soit qu'on lui fasse, dans un drame de passion, la leçon de tous les temps. Certes, selon nous, jamais moment n'a été plus propice au drame. Ce serait l'heure, pour celui à qui Dieu en aurait donné le génie, de créer tout un théâtre, un théâtre vaste et simple, un et varié, national par l'histoire, populaire par la vérité, humain, naturel, universel par la passion. Poëtes dramatiques, à l'œuvre! elle est belle, elle est haute. Vous avez affaire à un grand peuple habitué aux grandes choses. Il en a vu et il en a fait.

Des siècles passés au siècle présent le pas est immense. Le théâtre, maintenant, peut ébranler les multitudes et les remuer dans leurs dernières profondeurs. Autrefois, le peuple, c'était une épaisse muraille sur laquelle l'art ne peignait qu'une fresque.

Il y a des esprits, et dans le nombre de fort élevés, qui disent que la poésie est morte, que l'art est impossible. Pourquoi? Tout est toujours possible à tous les moments donnés, et jamais plus de choses ne furent possibles qu'au temps où nous vivons. Certes, on peut tout attendre de ces générations nouvelles qu'appelle un si magnifique avenir, que vivifie une pensée si haute, que soutient une foi si légitime en elles-mêmes. L'auteur de ce drame, qui est bien fier de leur appartenir, qui est bien glorieux d'avoir vu quelquefois son nom dans leur bouche, quoiqu'il soit le moindre d'entre eux, l'auteur de ce drame espère tout de ses jeunes contemporains, même un grand poëte. Que ce génie, caché encore, s'il existe, ne se laisse pas décourager par ceux qui crient à l'aridité, à la sécheresse, au prosaïsme des temps. Une époque trop avancée? pas de génie primitif possible?... — Laissez-les parler, jeune homme! Si quelqu'un eût dit à la fin du dix-huitième siècle, après le régent, après Voltaire, après Beaumarchais, après Louis XV, après Cagliostro, après Marat, que les Charlemagnes, les Charlemagnes grandioses, poétiques et presque fabuleux, étaient encore possibles, tous les sceptiques d'alors, c'est-à-dire la société tout entière, eussent haussé les épaules et ri. Hé bien ! au commencement du dix-neuvième siècle on a eu l'empire et l'empereur. Pourquoi maintenant ne viendrait-il pas un poëte qui serait à Shakspeare ce que Napoléon est à Charlemagne ?

Août 1831.

PERSONNAGES.

MARION DELORME.
DIDIER.
LOUIS XIII.
LE MARQUIS DE SAVERNY.
LE MARQUIS DE NANGIS.
L'ANGELY.
M. DE LAFFEMAS.
LE DUC DE BELLEGARDE.
LE MARQUIS DE BRICHANTEAU.
LE COMTE DE GASSÉ.   } Officiers
LE VICOMTE DE BOUCHAVANNES.   } du
LE CHEVALIER DE ROCHEBARON.   } régiment
LE COMTE DE VILLAC.   } d'Anjou.
LE CHEVALIER DE MONTPESAT.   }
LE SCARAMOUCHE.   }
LE GRACIEUX.   } Comédiens de province.
LE TAILLEBRAS.   }
LE CRIEUR PUBLIC.
LE CAPITAINE QUARTENIER de la ville de Blois.
UN GEOLIER.
UN GREFFIER.
UN CONSEILLER PRÈS LA GRAND'CHAMBRE.
DAME ROSE.
Des Seigneurs du lever du roi.
Des Ouvriers.
Des Comédiens de province.
Gardes, Peuple.
Gentilshommes, Pages.

France, 1638.

I

LE RENDEZ-VOUS

BLOIS.

ACTE PREMIER

Une chambre à coucher. — Au fond, une fenêtre ouverte sur un balcon. A droite, une table avec une lampe et un fauteuil. A gauche, une porte sur laquelle retombe une portière en tapisserie. Dans l'ombre, un lit.

SCÈNE PREMIÈRE.

MARION DELORME, négligé très-paré, assise près de la table, et brodant une tapisserie ; le MARQUIS DE SAVERNY, tout jeune homme blond sans moustaches, vêtu à la dernière mode de 1638.

SAVERNY, *s'approchant de Marion et cherchant à l'embrasser.*

Réconcilions-nous, ma petite Marie !

MARION, *le repoussant.*

Réconcilions-nous de moins près, je vous prie.

SAVERNY, *insistant.*

Un seul baiser !

MARION, *avec colère.*

Monsieur le marquis !

SAVERNY.

Quel courroux !
Votre bouche eut parfois des caprices plus doux.

MARION.

Vous oubliez...

SAVERNY.

Non pas! je me souviens, ma belle.

MARION, *à part*.

L'importun! le fâcheux!

SAVERNY.

Parlez, mademoiselle.
Que devons-nous penser de la brusque façon
Dont vous quittez Paris? et pour quelle raison,
Tandis que l'on vous cherche à la place Royale,
Vous retrouvé-je à Blois cachée?... Ah! déloyale!
Qu'est-on venue ici faire depuis deux mois?

MARION.

Je fais ce que je veux, et veux ce que je dois,
Je suis libre, monsieur.

SAVERNY.

Libre! et dites, madame,
Sont-ils libres aussi ceux dont vous avez l'âme?
Moi, — Gondi, qui passa, l'autre jour, devant nous,
La moitié de sa messe, ayant un duel pour vous; —
Nesmond, — le Pressigni, d'Arquien, les deux Caussades,
Tous de votre départ si fâchés, si maussades,
Que leurs femmes comme eux te voudraient à Paris,
Pour leur faire après tout de moins tristes maris

MARION, *souriant*.

Et Beauvillain?...

SAVERNY.

Toujours il vous aime.

MARION.

Et Céreste?

SAVERNY.

Il vous adore.

MARION.

Et Pons?

SAVERNY.
Celui-là vous déteste.
MARION.
C'est le seul amoureux. — Et le vieux président?... —
Riant.
Son nom déjà?...
Riant plus fort.
Leloup!
SAVERNY.
Mais en vous attendant,
Il a votre portrait, et fait mainte élégie.
MARION.
Oui, voilà bien deux ans qu'il m'aime en effigie.
SAVERNY.
Ah! qu'il aimerait mieux vous brûler! — Çà, vraiment,
Peut-on fuir tant d'amis!
MARION, *sérieuse et baissant les yeux.*
Marquis, précisément.
Ce sont, à parler franc, les causes de ma fuite;
Tous ces brillants péchés qui, jeune, m'ont séduite,
N'ont laissé dans mon cœur que regrets trop souvent.
Je viens dans la retraite, et peut-être au couvent,
Expier une vie impure et débauchée.
SAVERNY.
Gageons qu'une amourette est là-dessous cachée!
MARION.
Vous croiriez...
SAVERNY.
Que jamais ensemble on ne dut voir
Un voile et tant d'éclairs sous les cils d'un œil noir.
C'est impossible. — Allons! vous aimez en province!
Clore un si beau roman d'un dénoûment si mince!
MARION.
Il n'en est rien.

SAVERNY.

Gageons !

MARION.

Rose, quelle heure est-il?

DAME ROSE, *du dehors.*

Minuit bientôt !

MARION, *à part.*

Minuit !

SAVERNY.

Le détour est subtil
Pour dire : Allez-vous-en.

MARION.

Je vis fort retirée...
Ne recevant personne et de tous ignorée...
Puis il vous peut si tard arriver des malheurs...
Cette rue est déserte et pleine de voleurs.

SAVERNY.

Soit : je serai volé.

MARION.

Parfois on assassine.

SAVERNY.

On m'assassinera.

MARION.

Mais...

SAVERNY.

Vous êtes divine !
Mais avant de partir je veux savoir de vous
Quel est l'heureux berger qui nous succède à tous.

MARION.

Personne.

SAVERNY.

Je tiendrai secrètes vos paroles.
Nous autres gens de cour, on nous croit têtes folles,
Médisants, curieux, indiscrets, brouillons, mais

ACTE I, SCÈNE I.

Nous bavardons toujours et ne parlons jamais. —
Vous vous taisez?...

Il s'assied.
Je reste.

MARION

Eh bien! oui! que m'importe?
J'aime et j'attends quelqu'un!

SAVERNY.

Parlez donc de la sorte!
A la bonne heure! Où donc l'attendez-vous?

MARION.

Ici.

SAVERNY.

Et quand?

MARION.

Dans un instant.
Elle va au balcon et écoute.
Peut-être le voici.

Revenant.
Non.

A Saverny.
Vous voilà content.

SAVERNY.
Pas trop.

MARION.

Partez, de grâce.

SAVERNY.
Oui, mais nommez-le-moi, ce galant qui me chasse
Et pour qui je me vois ainsi congédier.

MARION.
Je ne connais de lui que le nom de Didier.
Il ne connaît de moi que le nom de Marie.

SAVERNY, *éclatant de rire.*
Vrai?

MARION DELORME.

MARION.

Vrai.

SAVERNY, *riant*.

Mais, pasquedieu, c'est de la bergerie
Que ces amitiés-là, c'est du Segrais tout pur.
Il y a donc pour entrer escalader ce mur?

MARION.

Peut-être. — Maintenant, partez vite.

A part.

Il m'assomme!

SAVERNY, *reprenant son sérieux*.

Savez-vous seulement s'il est bon gentilhomme?

MARION.

Je n'en sais rien.

SAVERNY.

Comment!

A Marion, qui le pousse doucement vers la porte.

Je pars...

Il revient.

Encore un mot.
J'oubliais : un auteur qui n'est pas un grimaud

Il tire un livre de sa poche et le remet à Marion.

A fait pour vous ce livre. Il cause un bruit énorme.

MARION, *lisant le titre*.

La *Guirlande d'amour, à Marion Delorme*.

SAVERNY.

On ne parle à Paris que *Guirlande d'amour*,
Et c'est, avec le *Cid*, le grand succès du jour.

MARION, *prenant le livre*.

C'est fort galant. Bonsoir.

SAVERNY.

A quoi bon être illustre?
Venir à Blois filer l'amour avec un rustre!

MARION, *appelant dame Rose*.

Prenez soin du marquis, Rose, et le dirigez.

ACTE I, SCÈNE III.

SAVERNY, *saluant.*

Marion ! Marion ! hélas ! vous dérogez !

Il sort.

SCÈNE II.

MARION, seule.

Elle referme la porte par laquelle Saverny est sorti.

Va, va donc !... Je tremblais que Didier.....

On entend sonner minuit.

Minuit sonne.

Après avoir compté les coups.

Minuit ! — Mais il devrait être arrivé...

Elle va au balcon et regarde dans la rue.

Personne !

Elle revient s'asseoir avec humeur.

Être en retard ! — Déjà !

Un jeune homme paraît derrière la balustrade du balcon, la franchit lestement, entre, et dépose sur un fauteuil son manteau et une épée de main. Le costume du temps, tout noir. Bottines. — Il fait un pas, s'arrête, et regarde quelques instants Marion assise et les yeux baissés.

SCÈNE III.

MARION, DIDIER.

MARION.

Ha !

Avec reproche.

Me laisser compter
L'heure en vous attendant.

DIDIER, *gravement.*

J'hésitais à monter.

MARION, *piquée*.

Ah! monsieur!

DIDIER, *sans y prendre garde*.

Tout à l'heure, au pied de ces murailles,
J'ai senti de pitié s'émouvoir mes entrailles,
Oui, de pitié pour vous. — Moi, funeste et maudit,
Avant que d'achever ce pas, je me suis dit :
« Là-haut, dans sa vertu, dans sa beauté première,
« Veille, sans tache encore, un ange de lumière,
« Un être chaste et doux, à qui sur les chemins,
« Les passants, à genoux, devraient joindre les mains.
« Et moi, qui suis-je, hélas! qui rampe avec la foule?
« Pourquoi troubler cette eau si belle qui s'écoule?
« Pourquoi cueillir ce lis? Pourquoi d'un souffle impur
« De cette âme sereine aller ternir l'azur?
« Puisqu'à ma loyauté, candide, elle se fie,
« Elle que l'innocence à mes yeux sanctifie,
« Ai-je droit d'accepter ce don de son amour,
« Et de mêler ma brume et ma nuit à son jour? »

MARION, *à part*.

Ça, je crois qu'il me fait de la théologie.
Serait-ce un huguenot?

DIDIER.

Mais la douce magie
De votre voix, venant jusqu'à moi dans la nuit,
M'a tiré de mon doute et près de vous conduit.

MARION.

Quoi! vous m'avez ouï parler? l'étrange chose!

DIDIER.

Avec une autre voix...

MARION, *vivement*.

Celle de dame Rose.
N'est-ce pas qu'on dirait une voix d'homme? Elle a
Le parler rude et fort. — Mais, puisque vous voilà,

Je ne vous en veux plus. — Séyez-vous, je vous prie,
Lui montrant une place près d'elle.
Ici.

DIDIER.

Non, à vos pieds.
Il s'assied sur un tabouret aux pieds de Marion, et la regarde quelques instants dans une contemplation muette.
— Ecoutez-moi, Marie.
J'ai pour tout nom Didier. Je n'ai jamais connu
Mon père ni ma mère. On me déposa nu,
Tout enfant, sur le seuil d'une église. Une femme,
Vieille et du peuple, ayant quelque pitié dans l'âme,
Me prit, fut ma nourrice et ma mère, en chrétien
M'éleva, puis mourut, me laissant tout son bien.
Neuf cents livres de rente, à peu près, dont j'existe.
Seul à vingt ans, la vie était amère et triste,
Je voyageai. Je vis les hommes; et j'en pris
En haine quelques-uns, et le reste en mépris;
Car je ne vis qu'orgueil, que misère et que peine
Sur ce miroir terni qu'on nomme face humaine,
Si bien que me voici, jeune encore, et pourtant
Vieux, et du monde las comme on l'est en sortant
Ne me heurtant à rien où je ne me déchire;
Trouvant le monde mal, mais trouvant l'homme pire.
Or je vivais ainsi, pauvre, sombre, isolé,
Quand vous êtes venue, et m'avez consolé.
Je ne vous connais pas. Au détour d'une rue,
C'est à Paris qu'un soir vous m'êtes apparue.
Puis, je vous ai parfois rencontrée, et toujours
J'ai trouvé doux vos yeux et tendres vos discours.
J'ai craint de vous aimer, j'ai fui... — Hasard étrange!
Je vous retrouve ici, partout, comme mon ange!
Enfin, troublé d'amour, flottant, irrésolu,
J'ai voulu vous parler, vous avez bien voulu.

10.

Maintenant, disposez de mon cœur, de ma vie.
A quoi puis-je être bon dont vous ayez envie ?
Quel est l'homme ou l'objet qui vous est importun ?
Voulez-vous quelque chose, et vous faut-il quelqu'un
Qui meure pour cela ? qui meure sans rien dire
Et trouve tout son sang trop payé d'un sourire ?
Vous le faut-il ? parlez, ordonnez, me voici.

MARION, *souriant*.

Vous êtes singulier, mais je vous aime ainsi.

DIDIER.

Vous m'aimez ! prenez garde, une telle parole,
Hélas ! ne se dit pas d'une façon frivole.
Vous m'aimez ! Savez-vous ce que c'est que l'amour !
Qu'un amour qui devient notre sang, notre jour,
Qui, longtemps étouffé, s'allume, et dont la flamme
S'accroît incessamment en purifiant l'âme !
Qui seul au fond du cœur, où nous les entassions,
Brûle les vains débris des autres passions !
Qu'un amour, à la fois sans espoir et sans borne,
Et qui, même au bonheur, survit, profond et morne !
— Dites, est-ce l'amour dont vous parliez ?

MARION, *émue*.

Vraiment...

DIDIER.

Oh ! vous ne savez pas, je vous aime ardemment !
Du jour où je vous vis, ma vie encor bien sombre
Se dora, vos regards m'éclairèrent dans l'ombre.
Dès lors, tout a changé. Vous brillez à mes yeux
Comme un être inconnu, de l'espèce des cieux.
Cette vie, où longtemps gémit mon cœur rebelle,
Je la vois sous un jour qui la rend presque belle ;
Car, jusqu'à vous, hélas ! seul, errant, opprimé,
J'ai lutté, j'ai souffert... Je n'avais point aimé !

MARION.

Pauvre Didier!

DIDIER.

Marie!...

MARION.

Eh bien! oui, je vous aime.
Oui, je vous aime!... autant que vous m'aimez vous-même.
Plus peut-être!... C'est moi qui suivis tous vos pas,
Et je suis toute à vous.

DIDIER, *tombant à genoux.*

Oh! ne me trompez pas!
A mon amour si pur que votre amour réponde,
Et mon bonheur pourra faire la dot d'un monde,
Et mes jours ne seront, prosternés à vos pieds,
Qu'amour, délice et joie... — Oh! si vous me trompiez!

MARION.

Pour croire à mon amour que vous faut-il? J'écoute.

DIDIER.

Une preuve.

MARION.

Parlez. Quoi?

DIDIER.

Vous êtes sans doute
Libre?

MARION, *avec embarras.*

Oui...

DIDIER.

Prenez-moi pour frère, pour appui;
Épousez-moi!

MARION, *à part.*

Pourquoi suis-je indigne de lui?

DIDIER.

Eh bien!

MARION.

Mais...

DIDIER.

Je comprends. Orphelin, sans fortune,
L'audace est inouïe, étrange, et j'importune.
Laissez-moi donc mon deuil, mes maux, mon abandon.
Adieu.

Il fait un pas pour sortir. Marion le retient.

MARION.

Didier! Didier! que dites-vous?

Elle fond en larmes.

DIDIER, *revenant*.

Pardon!
Mais pourquoi balancer?

S'approchant d'elle.

— Comprends-tu bien, Marie?
Nous être l'un à l'autre un monde, une patrie,
Un ciel!... Vivre ignorés dans un lieu de ton choix,
Y cacher un bonheur à faire envie aux rois!...

MARION.

Ah! ce serait le ciel!

DIDIER.

En veux-tu?

MARION, *à part*.

Malheureuse!

Haut.

Je ne puis. Jamais!

Elle s'arrache des bras de Didier et tombe sur son fauteuil.

DIDIER, *glacial*.

L'offre était peu généreuse
De ma part. Il suffit. Je n'en parlerai plus,
Allons!

MARION, *à part*.

Ah! maudit soit le jour où je lui plus!

Haut.

Didier! je vous dirai... vous me déchirez l'âme...

ACTE I, SCÈNE III.

Je vous expliquerai...

DIDIER, *froidement.*

Que lisiez-vous, madame,
Quand je suis arrivé?

Il prend le livre sur la table et lit.

« La Guirlande d'amour,
A Marion Delorme. »

Amèrement.

Oui, la beauté du jour!

Jetant le livre à terre avec violence.

Ah! vile créature, impure entre les femmes!

MARION, *tremblante.*

Monsieur...

DIDIER.

Que faites-vous de ces livres infâmes?
Comment sont-ils ici?

MARION, *faiblement et baissant les yeux.*

Le hasard...

DIDIER.

Savez-vous,
Vous dont l'œil est si pur, dont le front est si doux,
Savez-vous ce que c'est que Marion Delorme?
Une femme, de corps belle, et de cœur difforme!
Une Phryné qui vend à tout homme, en tout lieu,
Son amour qui fait honte et fait horreur!

MARION, *la tête dans ses mains.*

Grand Dieu!

Un bruit de pas, un cliquetis d'épées au dehors et des cris:
Au meurtre!

DIDIER, *étonné.*

Mais quel bruit dans la place voisine?

Les cris continuent.

A l'aide! au meurtre!

Regardant au balcon.
C'est quelqu'un qu'on assassine...

Il prend son épée et enjambe la balustrade du balcon. Marion se lève, court à lui, et cherche à le retenir par son manteau.

MARION.

Didier! si vous m'aimez... — Ils vous tûront! — restez!

DIDIER, *sautant dans la rue.*

Mais c'est lui qu'ils tûront, le pauvre homme!

Dehors, aux combattants.

Arrêtez!
— Tenez ferme, monsieur!

Cliquetis d'épées.

Poussez! — tiens, misérable!

Bruit d'épées, de voix et de pas.

MARION, *au balcon, avec terreur.*

O ciel! Six contre deux!

VOIX DANS LA RUE.

Mais cet homme est le diable!

Le cliquetis d'armes décroît peu à peu, puis cesse tout à fait. Bruit de pas qui s'éloignent. On voit reparaître Didier, qui escalade le balcon.

DIDIER, *encore en dehors du balcon, et tourné vers la rue.*

Vous voici hors d'affaire. Allez votre chemin.

SAVERNY, *du dehors.*

Je ne m'en irai pas sans vous serrer la main,
Sans vous remercier, s'il vous plaît.

DIDIER, *avec humeur.*

Passez vite!
De vos remerciments, monsieur, je vous tiens quitte.

SAVERNY.

Je vous remercirai!

Il escalade le balcon.

DIDIER.

Hé! sans monter ici
Ne pouviez-vous d'en bas me dire : Grand merci?

SCÈNE IV.

MARION, DIDIER, SAVERNY.

SAVERNY, *sautant dans la chambre l'épée à la main.*
Pardieu! la tyrannie est étrange, et trop forte,
De me sauver la vie et me mettre à la porte!
— La porte, c'est-à-dire à la fenêtre! — Non,
Il ne sera pas dit qu'un homme de mon nom
Soit bravement sauvé par un bon gentilhomme
Sans lui dire : Marquis...—Le nom dont on vous nomme,
Monsieur?

DIDIER.
Didier.

SAVERNY.
Didier de quoi?

DIDIER.
Didier de rien.
Çà, l'on vous tue, et moi je vous secours. C'est bien;
Allez-vous-en.

SAVERNY.
Voilà vos façons! — Par ces traîtres
Que ne me laissiez-vous tuer sous vos fenêtres!
J'eusse aimé mieux cela; car sans vous, sur ma foi,
J'étais mort. Six larrons, six voleurs contre moi!
Mort! Six larges poignards contre une mince épée!

Apercevant Marion, qui jusque-là a cherché à l'éviter.
Mais vous aviez ici l'âme bien occupée.
Je comprends; je dérange un entretien fort doux,
Pardon.

A part.
Voyons pourtant la dame.

Il s'approche de Marion tremblante et la reconnaît. — *Bas.*

Quoi! c'est vous!

Montrant Didier.

C'est donc lui!

MARION, *bas.*

Ha! monsieur, vous me perdez!

SAVERNY, *saluant.*

Madame...

MARION, *bas.*

C'est la première fois que j'aime!

DIDIER, *à part.*

Sur mon âme!
Cet homme la regarde avec des yeux hardis!

Il renverse la lampe d'un coup de poing.

SAVERNY.

Quoi donc, vous éteignez cette lampe?

DIDIER.

Je dis
Qu'il convient, s'il vous plait, que nous partions ensemble.

SAVERNY.

Soit; je vous suis.

A Marion, qu'il salue profondément.

Adieu, madame.

DIDIER, *à part.*

A quoi ressemble
Ce muguet?

A Saverny.

Venez donc!

SAVERNY.

Vous êtes brusque, mais
Je vous dois d'être en vie, et s'il vous faut jamais
Dévouement, zèle, ardeur, amitié fraternelle... —
Marquis de Saverny, Paris, hôtel de Nesle.

DIDIER.

Bon!

A part.

La voir par un fat examinée ainsi !

Ils sortent par le balcon. — On entend la voix de Didier dehors.

Votre route est par là. — La mienne est par ici.

SCÈNE V.

MARION, DAME ROSE.

Marion reste un moment rêveuse, puis appelle.

MARION.

Dame Rose !

Dame Rose paraît. — Lui montrant la fenêtre.

Fermez.

DAME ROSE.

La fenêtre fermée, elle se retourne et voit Marion essuyant une larme. — A part.

On dirait qu'elle pleure.

Haut.

Il est temps de dormir, madame.

MARION.

Oui, c'est votre heure,

A vous autres.

Défaisant ses cheveux.

Venez m'accommoder.

DAME ROSE, *la déshabillant.*

Eh bien !

Madame, le monsieur de ce soir est-il bien ?
— Riche ?

MARION.

Non.

DAME ROSE.

Galant?

MARION.

Non.

Se tournant vers Rose.

Rose, il ne m'a pas même
Baisé la main.

DAME ROSE.

Alors, qu'en faites-vous?

MARION, *pensive*.

Je l'aime.

II

LA RENCONTRE

BLOIS.

ACTE DEUXIÈME

La porte d'un cabaret. — Une place. — On voit dans le fond la ville de Blois en amphithéâtre, et les tours de Saint-Nicolas sur la colline couverte de maisons.

SCÈNE PREMIÈRE.

LE COMTE DE GASSÉ, LE MARQUIS DE BRICHANTEAU, LE VICOMTE DE BOUCHAVANNES, LE CHEVALIER DE ROCHEBARON. Ils sont assis à des tables devant la porte, les uns fument, les autres jouent aux dés et boivent. — Ensuite LE CHEVALIER DE MONTPESAT, LE COMTE DE VILLAC, — Puis L'ANGELY. — Puis LE CRIEUR PUBLIC et LA FOULE

BRICHANTEAU, *se levant, à Gassé qui entre.*
Gassé ! —
    Ils se serrent la main.
  Tu viens à Blois joindre le régiment ?
 La saluant.
Nous te complimentons de ton enterrement.
  Examinant sa toilette.
Ah !

GASSÉ.

C'est la mode. Orange avec des faveurs bleues.

Croisant les bras et retroussant ses moustaches.

Savez-vous bien que Blois est à quarante lieues
De Paris?

BRICHANTEAU.

C'est la Chine!

GASSÉ.

Et cela fait crier
Les femmes. Pour nous suivre, il faut s'expatrier!

BOUCHAVANNES, *se détournant du jeu.*

Monsieur vient de Paris?

ROCHEBARON, *quittant sa pipe.*

Dit-on quelques nouvelles?

GASSÉ, *saluant.*

Point. — Corneille toujours met en l'air les cervelles.
Guiche a l'ordre. Ast est duc. Puis des riens à foison :
De trente huguenots on a fait pendaison.
Toujours nombre de duels. Le trois, c'était d'Angennes
Contre Arquien, pour avoir porté du point de Gênes;
Lavardin avec Pons s'est rencontré le dix,
Pour avoir pris à Pons la femme de Sourdis;
Sourdis avec d'Ailly, pour une du théâtre
De Mondori. Le neuf, Nogent avec Lachâtre,
Pour avoir mal écrit trois vers de Colletet;
Gorde avec Margaillan, pour l'heure qu'il était;
D'Humière avec Gondi, pour le pas à l'église;
Et puis tous les Brissac contre tous les Soubise,
A propos du pari d'un cheval contre un chien.
Enfin, Caussade avec Latournelle, pour rien,
Pour le plaisir. Caussade a tué Latournelle.

BRICHANTEAU.

Heureux Paris! les duels ont repris de plus belle!

ACTE II, SCÈNE I.

GASSÉ.

C'est la mode.

BRICHANTEAU.

Toujours festins, amours, combats.
On ne peut s'amuser et vivre que là-bas.
Bâillant.
Mais on s'ennuie ici de façon paternelle !
A Gassé.
Tu dis donc que Caussade a tué Latournelle ?

GASSÉ.

Oui, d'un bon coup d'estoc.
Examinant les manches de Rochebaron.
Qu'avez-vous là, mon cher ?
Songez que ce n'est plus la mode du bel air.
Aiguillettes ! boutons ! d'honneur, rien n'est plus triste,
Des nœuds et des rubans !

BRICHANTEAU.

Refais-nous donc la liste
De tous ces duels. Qu'en dit le roi ?

GASSÉ.

Le cardinal
Est furieux, et veut un prompt remède au mal.

BOUCHAVANNES.

Point de courrier du camp ?

GASSÉ.

Je crois que par surprise
Nous avons pris Figuière, ou bien qu'on nous l'a prise.
Réfléchissant.
C'est à nous qu'on l'a prise.

ROCHEBARON.

Et que dit de ce coup
Le roi ?

GASSÉ.

Le cardinal n'est pas content du tout.

11.

BRICHANTEAU.

Que fait la cour? Le roi se porte bien sans doute?
GASSÉ.

Non pas. Le cardinal a la fièvre et la goutte,
Et ne va qu'en litière.
BRICHANTEAU.

     E range original!
Quand nous te parlons roi, tu réponds cardinal.
GASSÉ.

Ah! — c'est la mode.
BOUCHAVANNES.

     Ainsi rien de nouveau?
GASSÉ.

          Que dis-je?
Pas de nouvelles? — Mais, un miracle, un prodige
Qui tient depuis deux mois Paris en passion!
La fuite, le départ, la disparition...
BRICHANTEAU.

De qui?
GASSÉ.

  De Marion Delorme, de la belle
Des belles.
BRICHANTEAU, *d'un air mystérieux.*

   A ton tour, écoute une nouvelle.
Elle est ici.
GASSÉ.

  Vraiment! à Blois!
BRICHANTEAU.

        Incognito.
GASSÉ, *haussant les épaules.*

Marion! — Vous raillez, monsieur de Brichanteau!
Elle ici! Marion! elle qui fait la mode!
Mais c'est que de Paris ce Blois est l'antipode!
Regardez. — Tout est laid, tout est vieux, tout est mal.

ACTE II, SCÈNE I.

Montrant les tours de Saint-Nicolas.
Ces clochers même ont l'air gauche et provincial !

ROCHEBARON.

C'est vrai.

BRICHANTEAU.

Douterez-vous que Saverny l'ait vue ?
Cachée ici ? déjà d'un grand amant pourvue ?
Lequel même a sauvé Saverny, s'il vous plaît,
De voleurs qui la nuit l'avaient pris au collet :
Bons larrons, qui voulaient faire en cette rencontre
L'aumône avec sa bourse et voir l'heure à sa montre.

GASSÉ.

Mais c'est toute une histoire !

ROCHEBARON, *à Brichanteau.*

En êtes-vous bien sûr ?

BRICHANTEAU.

Comme j'ai six besants d'argent sur champ d'azur !
Si bien que Saverny depuis n'a d'autre envie
Que de trouver cet homme auquel il doit la vie.

BOUCHAVANNES.

Mais il peut bien l'aller trouver chez elle.

BRICHANTEAU.

Non.
Elle a changé depuis de logis et de nom.
On a perdu sa trace.

Marion et Didier traversent lentement le fond du théâtre sans être vus des interlocuteurs, et rentrent par une petite porte dans une des maisons latérales.

GASSÉ.

Il fallait que je vinsse
A Blois pour retrouver Marion en province !

Entrent messieurs de Villac et de Montpesat, parlant haut et disputant.

VILLAC.

Moi, je te dis que non !

MONTPESAT.
Moi, je te dis que si !
VILLAC.
Le Corneille est mauvais !
MONTPESAT.
Traiter Corneille ainsi !
Corneille enfin, l'auteur du *Cid* et de *Mélite !*
VILLAC.
Mélite, soit ! j'en dois avouer le mérite ;
Mais Corneille n'a fait que descendre depuis,
Comme ils font tous ! Pour toi je fais ce que je puis.
Parle-moi de *Mélite* et de la *Galerie*
Du Palais ! Mais le *Cid*, qu'est cela, je te prie ?
GASSÉ, *à Montpesat.*
Monsieur est modéré.
MONTPESAT.
Le *Cid* est bon !
VILLAC.
Méchant !
Ton *Cid*, mais Scudéri l'écrase en le touchant !
Quel style ! ce ne sont que choses singulières,
Que façons de parler basses et familières.
Il nomme à tout propos les choses par leurs noms,
Puis le *Cid* est obscène et blesse les canons.
Le Cid n'a pas le droit d'épouser son amante.
Tiens, mon cher, as-tu lu *Pyrame* et *Bradamante ?*
Quand Corneille en fera de pareils, donne-m'en.
ROCHEBARON, *à Montpesat.*
Lisez aussi le *Grand et dernier Soliman*
De monsieur Mairet. C'est la grande tragédie ;
Mais le *Cid !*
VILLAC.
Puis il a l'âme vaine et hardie.
Croit-il pas égaler messieurs de Boisrobert,

ACTE II, SCÈNE I.

Chapelain, Serisay, Mairet, Gombault, Habert,
Bautru, Giry, Faret, Desmarets, Malleville,
Duryer, Cherisy, Colletet, Gomberville,
Toute l'Académie enfin!

BRICHANTEAU, *riant de pitié et haussant les épaules.*
C'est excellent!

VILLAC.
Puis monsieur veut créer! inventer! Insolent!
Créer après Garnier! après le Théophile!
Après Hardy! Le fat! créer, chose facile!
Comme si ces esprits fameux avaient laissé
Quelque chose après eux qui ne fût pas usé!
Chapelain là-dessus le raille d'une grâce!

ROCHEBARON.
Corneille est un croquant!

BOUCHAVANNES.
Mais l'évêque de Grasse,
Monsieur Godeau, m'a dit qu'il a beaucoup d'esprit.

MONTPESAT.
Beaucoup!

VILLAC.
S'il écrivait autrement qu'il n'écrit,
S'il suivait Aristote et la bonne méthode...

GASSÉ.
Messieurs, faites la paix. Corneille est à la mode :
Il succède à Garnier, comme font de nos jours
Les grands chapeaux de feutre aux mortiers de velours.

MONTPESAT.
Moi, je suis pour Corneille et les chapeaux de feutre.

GASSÉ, *à Montpesat.*
Tu vas trop loin! —

A Villac.
Garnier est très-beau. — Je suis neutre.
Mais Corneille a du bon parfois.

VILLAC.
D'accord.
ROCHEBARON.
D'accord.
C'est un garçon d'esprit et que j'estime fort.
BRICHANTEAU.
Mais ce Corneille-là, c'est de courte noblesse !
ROCHEBARON.
Ce nom sent le bourgeois d'une façon qui blesse.
BOUCHAVANNES.
Famille de robins, de petits avocats,
Qui se sont fait des sous en rognant des ducats.

*Entre l'Angely, qui va s'asseoir à une table seul et en silence.
En noir velours et passequilles d'or.*

VILLAC.
Messieurs, si le public goûte ses rapsodies,
C'en est fait du bel art des tragi-comédies !
Le théâtre est perdu, ma parole d'honneur !
C'est ce que Richelieu...

GASSÉ, *regardant l'Angely de travers*.
Dites donc monseigneur,
Ou parlez plus bas...

BRICHANTEAU.
Baste ! au diable l'Éminence !
N'est-ce donc pas assez que, soldats et finance,
Il ait tout, et de tout il puisse disposer,
Sans que sur notre langue il vienne encor peser ?

BOUCHAVANNES.
Meure le Richelieu qui déchire et qui flatte !
L'homme à la main sanglante, à la robe écarlate !

ROCHEBARON.
A quoi donc sert le roi ?

BRICHANTEAU.
Les peuples dans la nuit

Vont marchant, l'œil fixé sur un flambeau qui luit.
Il est le flambeau, lui ; le roi, c'est la lanterne,
Qui le sauve du vent sous sa vitre un peu terne.

BOUCHAVANNES.

Oh ! puissions-nous un jour, et ce jour sera beau,
Du vent de notre épée éteindre ce flambeau !

ROCHEBARON.

Ah ! si chacun pensait comme moi sur son compte !...

BRICHANTEAU.

Nous nous réunirions...

    A Bouchavannes.

        Qu'en penses-tu, vicomte ?

BOUCHAVANNES.

Et nous lui donnerions un bon coup de Jarnac !

    L'ANGELY, *se levant, d'une voix lugubre.*

Un complot ! Jeunes gens, songez à Marillac !

Tous tressaillent, se retournent et se taisent consternés, l'œil fixé sur l'Angely, qui se rassied en silence.

    VILLAC, *prenant Montpesat à l'écart.*

Chevalier, tout à l'heure, à propos de Corneille,
Tu m'as parlé d'un ton qui m'a choqué l'oreille ;
Je voudrais, à mon tour, te dire, s'il te plaît,
Deux mots.

MONTPESAT.

  A l'épée ?

VILLAC.

  Oui.

MONTPESAT.

    Veux-tu le pistolet ?

VILLAC.

L'un et l'autre.

    MONTPESAT, *lui prenant le bras.*

    Cherchons quelque coin par la ville.

L'ANGELY, *se levant.*

Un duel! Souvenez-vous du sieur de Bouteville!

Nouvelle consternation dans l'assistance, Villac et Montpesat se quittent, l'œil attaché sur l'Angely.

ROCHEBARON.

Quel est cet homme noir qui me fait peur, ma foi?

L'ANGELY.

Mon nom est l'Angely. Je suis bouffon du roi.

BRICHANTEAU, *riant.*

Je ne m'étonne plus que le roi soit si triste.

BOUCHAVANNES, *riant.*

C'est un plaisant bouffon qu'un fou cardinaliste!

L'ANGELY, *debout.*

Prenez garde, messieurs! le ministre est puissant :
C'est un large faucheur qui verse à flots le sang;
Et puis il couvre tout de sa soutane rouge,
Et tout est dit.

Un silence.

GASSÉ.

Mordieu!

ROCHEBARON.

Du diable si je bouge!

BRICHANTEAU.

Çà, près de ce bouffon Pluton est un rieur.

Entre une foule de peuple qui sort des rues et des maisons et couvre la place; au milieu, le crieur public à cheval avec quatre valets de ville en livrée, dont un sonne la trompe, tandis qu'un autre bat du tambour.

GASSÉ.

Que vient donc faire ici ce peuple? — Ah! le crieur!
Que vient-il nous chanter, en fait de patenôtre?

BRICHANTEAU, *à un bateleur qui est mêlé à la foule et qui porte un singe sur son dos.*

Mon bon ami, lequel de vous deux fait voir l'autre?

ACTE II, SCÈNE I

MONTPESAT, *à Rochebaron.*

Voyez donc si nos jeux de cartes sont complets.

Montrant les quatre valets de ville en livrée.

Je gage qu'en l'un d'eux on a pris ces valets.

LE CRIEUR PUBLIC, *d'une voix nasillarde.*

Bourgeois, silence!

BRICHANTEAU, **bas à Gassé.**

Il est d'une mine farouche
Et sa voix doit user son nez plus que sa bouche.

LE CRIEUR.

« Ordonnance. — Louis, par la grâce de Dieu... »

BOUCHAVANNES, *bas à Brichanteau.*

Manteau fleurdelisé qui cache Richelieu!

L'ANGELY.

Écoutez, messieurs!

LE CRIEUR, *poursuivant.*

« ... Roi de France et de Navarre... »

BRICHANTEAU, *bas à Bouchavannes.*

Un beau nom dont jamais ministre n'est avare.

LE CRIEUR, *poursuivant.*

« ... A tous ceux qui verront ces présentes, salut! »

Il salue.

« Ayant considéré que chaque roi voulut
« Exterminer le duel par des peines sévères;
« Que, malgré les édits signés des rois nos pères,
« Les duels sont aujourd'hui plus nombreux que jamais;
« Ordonnons et mandons, voulons que désormais
« Les duellistes, félons qui de sujets nous privent,
« Qu'il ne survive un seul ou que tous deux survivent,
« Soient, pour être amendés, traduits en notre cour,
« Et, nobles ou vilains, soient pendus haut et court;
« Et, pour rendre en tout point l'édit plus efficace,
« Renonçons pour ce crime à notre droit de grâce.

« C'est notre bon plaisir. — Signé Louis. — Plus bas :
« RICHELIEU. »

Indignation parmi les gentilshommes.

BRICHANTEAU.
Nous, pendus comme des Barabbas !

BOUCHAVANNES.
Nous pendre ! Dites-moi comment l'endroit se nomme
Où l'on trouve une corde à pendre un gentilhomme ?

LE CRIEUR, *poursuivant.*
« Nous, prévôt, pour que tous se le tiennent pour dit,
« Enjoignons qu'en la place on attache l'édit. »

Deux valets de ville attachent un grand écriteau à une potence en fer qui sort d'un mur à droite

GASSÉ.
A la bonne heure, au moins ! c'est l'édit qu'il faut pendre !

BOUCHAVANNES, *secouant la tête.*
Oui, comte !... — En attendant celui qui l'a fait rendre.

Le crieur sort. Le peuple se retire — Entre Saverny. — Le jour commence à baisser.

SCÈNE II.

Les Précédents, LE MARQUIS DE SAVERNY.

BRICHANTEAU, *allant à Saverny.*
Mon cousin Saverny ! — Eh bien ! as-tu trouvé
L'homme qui des larrons l'autre nuit t'a sauvé ?

SAVERNY.
Non. Par la ville en vain je cherche, je m'informe ;
Les voleurs, le jeune homme et Marion Delorme,
Tout s'est évanoui comme un rêve qu'on a.

BRICHANTEAU.
Mais tu dois l'avoir vu quand il te ramena
Comme un chrétien tiré des mains de l'infidèle ?

ACTE II, SCÈNE II.

SAVERNY.

Il a d'abord du poing renversé la chandelle!

GASSÉ.

C'est étrange!

BRICHANTEAU.

Pourtant tu le reconnaîtrais
En le rencontrant?

SAVERNY.

Non, je n'ai point vu ses traits.

BRICHANTEAU.

Sais-tu son nom?

SAVERNY.

Didier.

ROCHEBARON.

Ce n'est pas un nom d'homme,
C'est un nom de bourgeois!

SAVERNY.

C'est Didier qu'il se nomme.
Beaucoup, qui sont de race et qui font les vainqueurs
Ont bien de plus grands noms, mais non de plus grands cœurs.
Moi, j'avais six voleurs; lui, Marion Delorme;
Il la quitte, et me sauve. Ah! ma dette est énorme,
Et je la lui pairai, je vous le jure à tous,
De tout mon sang!

VILLAC.

Marquis, depuis quand payez-vous
Vos dettes?

SAVERNY, *fièrement*.

J'ai toujours payé celles qu'on paie
Avec du sang. Mon sang, c'est ma seule monnaie.

La nuit est tout à fait tombée. On voit les fenêtres de la ville s'éclairer l'une après l'autre. — Entre un allumeur, qui allume un réverbère au-dessus de l'écriteau et s'en va. — La petite porte par laquelle sont entrés Marion et Didier se rouvre;

Didier en sort rêveur, marchant lentement, les bras croisés dans son manteau.

SCÈNE III.

Les Précédents, DIDIER.

DIDIER, *s'avançant lentement du fond du théâtre sans être vu ni entendu des autres.*
Marquis de Saverny!... — Je voudrais bien revoir
Ce fat qui fut près d'elle effronté l'autre soir;
J'ai son air sur le cœur.

BOUCHAVANNES, *à Saverny qui cause avec Brichanteau.*
Saverny!

DIDIER, *à part.*
C'est mon homme!

Il s'avance à pas lents, l'œil fixé sur les gentilshommes, et vient s'asseoir à une table placée sous le réverbère qui éclaire l'écriteau, à quelques pas de l'Angely, qui demeure aussi immobile et silencieux.

BOUCHAVANNES, *à Saverny qui se retourne.*
Connaissez-vous l'édit?

SAVERNY.
Quel édit?

BOUCHAVANNES.
Qui nous somme
De renoncer au duel?

SAVERNY.
Mais c'est très-sage.

BRICHANTEAU.
Oui, mais
Sous peine de la corde!

SAVERNY.
Ah! tu railles! — Jamais.
Qu'on pende les vilains, c'est très-bien.

ACTE II, SCÈNE III.

BRICHANTEAU, *lui montrant l'écriteau.*

Lis toi-même.
L'édit est sur le mur.

SAVERNY, *apercevant Didier.*

Hé! cette face blême
Peut me le lire.

A Didier, haussant la voix.

Holà! hé! l'homme au grand manteau!
L'ami! — Mon cher! —

A Brichanteau.

Je crois qu'il est sourd, Brichanteau.

DIDIER, *qui ne l'a pas quitté des yeux, levant lentement la tête.*

Me parlez-vous?

SAVERNY.

Pardieu! pour récompense honnête,
Lisez-nous l'écriteau placé sur votre tête.

DIDIER.

Moi?

SAVERNY.

Vous. — Savez-vous pas épeler l'alphabet?

DIDIER, *se levant.*

C'est l'édit qui punit tout bretteur du gibet;
Qu'il soit noble ou vilain.

SAVERNY.

Vous vous trompez, brave homme.
Sachez qu'on ne doit pas pendre un bon gentilhomme;
Et qu'il n'est dans ce monde, où tous droits nous sont dus,
Que les vilains qui soient faits pour être pendus.

Aux gentilshommes.

Ce peuple est insolent!

A Didier, en ricanant.

Vous lisez mal, mon maître!
Mais vous avez la vue un peu basse peut-être.

12.

Otez votre chapeau, vous lirez mieux. — Otez!

DIDIER, *renversant la table qui est devant lui.*

Ah! prenez garde à vous, monsieur! vous m'insultez.
Maintenant que j'ai lu, ma récompense honnête,
Il me la faut! — Marquis, c'est ton sang, c'est ta tête!

SAVERNY, *souriant.*

Nos titres à tous deux, certes, sont bien acquis.
Je le devine peuple, il me flaire marquis.

DIDIER.

Peuple et marquis pourront se colleter ensemble.
Marquis, si nous mêlions notre sang, que t'en semble?

SAVERNY, *reprenant son sérieux.*

Monsieur, vous allez vite, et tout n'est pas fini.
Je me nomme Gaspard, marquis de Saverny.

DIDIER.

Que m'importe?

SAVERNY, *froidement.*

Voici mes deux témoins : le comte
De Gassé, l'on n'a rien à dire sur son compte;
Et monsieur de Villac, qui tient à la maison
La Feuillade, dont est le marquis d'Aubusson.
Maintenant êtes-vous noble homme?

DIDIER.

Que t'importe?
Je ne suis qu'un enfant trouvé sur une porte,
Et je n'ai pas de nom; mais, cela suffit bien,
J'ai du sang à répandre en échange du tien!

SAVERNY.

Non pas, monsieur, cela ne peut suffire, en somme;
Mais un enfant trouvé de droit est gentilhomme,
Attendu qu'il peut l'être, et que c'est plus grand mal
Dégrader un seigneur qu'anoblir un vassal.
Je vous rendrai raison. — Votre heure?

ACTE II, SCÈNE III.

DIDIER.

Tout de suite.

SAVERNY.

Soit. — Vous n'usurpez pas la qualité susdite?

DIDIER.

Une épée!

SAVERNY.

Il n'a pas d'épée! Ah! pasquedieu!
C'est mal. On vous prendrait pour quelqu'un de bas lieu.

Offrant sa propre épée à Didier.

La voulez-vous? Elle est fidèle et bien trempée.

L'Angely se lève, tire son épée et la présente à Didier.

L'ANGELY.

Pour faire une folie, ami, prenez l'épée
D'un fou. — Vous êtes brave, et lui ferez honneur.

Ricanant.

En échange, écoutez, pour me porter bonheur,
Vous me laisserez prendre un bout de votre corde.

DIDIER, *prenant l'épée, amèrement.*

Soit.

Au marquis.

Maintenant Dieu fasse aux bons miséricorde!

BRICHANTEAU, *sautant de joie.*

Un bon duel! c'est charmant!

SAVERNY, *à Didier.*

Mais où nous mettre?

DIDIER.

Sous
ce réverbère.

GASSÉ

Allons, messieurs, êtes-vous fous?
On n'y voit pas. Ils vont s'éborgner, par saint George!

DIDIER.

On y voit assez clair pour se couper la gorge!

SAVERNY.

Bien dit.

VILLAC.

On n'y voit pas!

DIDIER.

On y voit assez clair,
Vous dis-je! et chaque épée est dans l'ombre un éclair!
Allons, marquis!

Tous deux jettent leurs manteaux, ôtent leurs chapeaux, dont ils se saluent, et qu'ils jettent derrière eux; puis ils tirent leurs épées.

SAVERNY.

Monsieur, à vos ordres.

DIDIER.

En garde!

Ils croisent le fer et ferraillent pied à pied, en silence et avec fureur. — Tout à coup, la petite porte s'entr'ouvre, et Marion, en robe blanche, paraît.

SCÈNE IV.

Les Précédents, MARION.

MARION.

Quel est ce bruit?

Apercevant Didier sous le réverbère.

Didier!

Aux combattants.

Arrêtez!

Les combattants continuent.

A la garde!

SAVERNY.

Qu'est-ce que cette femme?

DIDIER, *se détournant.*

Ah! Dieu!

ACTE II, SCÈNE IV.

BOUCHAVANNES, *accourant, à Saverny.*
                        Tout est perdu !
Le cri de cette femme au loin s'est entendu.
J'ai des archers de nuit vu briller les rapières.
            Entrent des archers avec des torches.
            BRICHANTEAU, *à Saverny.*
Fais le mort, ou tu l'es !
            SAVERNY, *se laissant tomber.*
                    Ah !
        Bas à Brichanteau, qui se penche vers lui.
                        Les maudites pierres !
        Didier, qui croit l'avoir tué, s'arrête.
            LE CAPITAINE QUARTENIER.
De par le roi !
            BRICHANTEAU, *aux gentilshommes.*
                Sauvons le marquis ! il est mort
S'il est pris.
        Les gentilshommes entourent Saverny.
            LE CAPITAINE QUARTENIER.
                Arrêtez ! messieurs ! — Pardieu, c'est fort !
Venir se battre en duel sous la propre lanterne
De l'édit !
        A Didier.
        Rendez-vous !
*Les archers saisissent et désarment Didier, qui est resté seul.
— Montrant Saverny couché à terre et entouré des gentilshommes.*
                Et cet autre à l'œil terne,
Qu'est-il ? son nom ?
                    BRICHANTEAU.
                Gaspard, marquis de Saverny.
Il est mort.
            LE CAPITAINE QUARTENIER.
            Mort ? alors son procès est fini.

Il fait bien, cette mort vaut encor mieux que l'autre.
MARION, *effrayée*.
Que dit-il?
LE CAPITAINE QUARTENIER, *à Didier*.
Maintenant, cette affaire est la vôtre.
Venez, monsieur.
Les archers emmènent Didier d'un côté; les gentilshommes emportent Saverny de l'autre.
DIDIER, *à Marion, immobile de terreur*.
Adieu, Marie, oubliez-moi!
Adieu!
Ils sortent.

SCÈNE V.

MARION, L'ANGELY.

MARION, *courant pour le retenir*.
Didier! pourquoi cet adieu-là? pourquoi
T'oublier?
Les soldats la repoussent; elle revient vers l'Angely avec angoisse.
Est-il donc perdu pour cette affaire?
Monsieur, qu'a-t-il donc fait, et que veut-on lui faire?
L'ANGELY.
Il lui prend les mains et la mène en silence devant l'écriteau.
Lisez!
Elle lit et recule avec horreur.
MARION.
Dieu! juste Dieu! la mort! ils me l'ont pris!
Ils le tueront! c'est moi qui le perds par mes cris!
J'appelais au secours, mais à mes cris funèbres
La mort venait, hâtant ses pas dans les ténèbres!
— C'est impossible! — un duel! est-ce un si grand forfait?

A l'Angely.
N'est-ce pas qu'on ne peut le condamner?

L'ANGELY.
Si fait.

MARION.
Mais il peut s'échapper?

L'ANGELY.
Les murailles sont hautes!

MARION.
Ah! c'est moi qui lui fais un crime avec mes fautes!
Dieu le frappe pour moi. — Mon Didier! —
A l'Angely.
Savez-vous
Que c'est lui pour qui rien ne m'eût semblé trop doux?
Dieu! les cachots! la mort! peut-être la torture...

L'ANGELY.
Peut-être. — Si l'on veut.

MARION.
Mais je puis d'aventure
Voir le roi? Le roi porte un cœur vraiment royal,
Il fait grâce?

L'ANGELY.
Oui, le roi; mais non le cardinal.

MARION, *égarée.*
Mais qu'en ferez-vous donc?

L'ANGELY.
L'affaire est capitale,
Il faut qu'il roule au bas de la pente fatale.

MARION.
C'est horrible!
A l'Angely.
Monsieur, vous me glacez d'effroi!
Et qui donc êtes-vous?

L'ANGELY.
Je suis bouffon du roi.
MARION.
O mon Didier ! je suis indigne, vile, infâme.
Mais ce que Dieu peut faire avec des mains de femme,
Je te le montrerai. Je te suis !

Elle sort du côté par où est sorti Didier.

L'ANGELY, *resté seul.*
Dieu sait où !

Ramassant son épée laissée à terre par Didier.

Çà, qui dirait qu'ici c'est moi qui suis le fou ?

Il sort.

III

LA COMÉDIE

CHATEAU DE GENLIS.

ACTE TROISIÈME

Un parc dans le goût de Henri IV. — Au fond, sur une hauteur, on voit le château de Nangis, neuf et vieux. Le vieux, donjon à ogives et tourelles ; le neuf, maison haute en briques, à coins de pierre de taille, à toit pointu. — La grande porte du vieux donjon est tendue de noir, et de loin on y distingue un écusson, celui des familles de Nangis et de Saverny.

SCÈNE PREMIÈRE.

MONSIEUR DE LAFFEMAS, petit costume de magistrat du temps ; LE MARQUIS DE SAVERNY, déguisé en officier du régiment d'Anjou, moustaches et royale noires, un emplâtre sur l'œil.

LAFFEMAS.

Çà, vous étiez présent, monsieur, à l'algarade ?

SAVERNY, *retroussant sa moustache.*

Monsieur, j'avais l'honneur d'être son camarade.
Il est mort.

LAFFEMAS.

Le marquis de Saverny ?

SAVERNY.

       Bien mort !
D'une botte poussée en tierce, qui d'abord

A rompu le pourpoint, puis s'est fait une voie
Entre les côtes, par le poumon, jusqu'au foie,
Qui fait le sang, ainsi que vous devez savoir,
Si bien que la blessure était horrible à voir !

LAFFEMAS.

Est-il mort sur le coup ?

SAVERNY.

A peu près. Son martyre
A peu duré. J'ai vu succéder au délire
Le spasme, puis au spasme un affreux tétanos,
Et l'improstathonos à l'opistathonos.

LAFFEMAS.

Diable !

SAVERNY.

D'après cela, voyez-vous, je calcule
Qu'il est faux que le sang passe par la jugule,
Et qu'on devrait punir Pecquet et les savants
Qui, pour voir leurs poumons, ouvrent des chiens vivants.

LAFFEMAS.

Mort ! ce pauvre marquis !

SAVERNY.

Une botte assassine !

LAFFEMAS.

Vous êtes donc, monsieur, docteur en médecine ?

SAVERNY.

Non.

LAFFEMAS.

Vous l'avez pourtant étudiée !

SAVERNY

Un peu
Dans Aristote.

LAFFEMAS.

Aussi, vous en parlez, morbleu !

SAVERNY.

Ma foi, je suis d'un cœur fort épris de malice;
Nuire me plaît. Je fais le mal avec délice;
J'aime à tuer. Aussi j'eus toujours le dessein
De me faire à vingt ans soldat ou médecin.
J'ai longtemps hésité; puis j'ai choisi l'épée.
C'est moins sûr, mais plus prompt. — J'eus bien l'âme occupée
Un moment d'être acteur, poëte et montreur d'ours;
Mais j'aime assez dîner et souper tous les jours.
Foin des ours et des vers!

LAFFEMAS.
              Pour cette fantaisie,
Vous aviez donc, mon cher, appris la poésie?

SAVERNY.
Un peu. Dans Aristote.

LAFFEMAS.
                  Et vous étiez connu
Du marquis?

SAVERNY.
            Je ne suis qu'un soldat parvenu.
Il était lieutenant que j'étais anspessade.

LAFFEMAS.
Vraiment?

SAVERNY.
      J'étais d'abord à monsieur de Caussade,
Lequel au colonel du marquis, me donna.
Maigre était le cadeau; l'on donne ce qu'on a.
Ils m'ont fait officier; j'ai la moustache noire,
Et j'en vaux bien un autre; et voilà mon histoire.

LAFFEMAS.
On vous a donc chargé de venir au château
Avertir l'oncle?

SAVERNY.
        Avec son cousin Brichanteau

Je suis venu, traînant son cercueil en carrosse
Pour qu'on l'enterre ici, comme on eût fait sa noce.

LAFFEMAS.

Comment le vieux marquis de Nangis a-t-il pris
La mort de son neveu?

SAVERNY.

Sans bruit, sans pleurs, sans cris.

LAFFEMAS.

Il l'aimait fort pourtant?

SAVERNY.

Comme on aime sa vie.
Sans enfants, il n'avait qu'un amour, qu'une envie,
Qu'un espoir : — ce neveu, qu'il aimait d'un cœur chaud,
Quoiqu'il ne l'eût pas vu depuis cinq ans bientôt.

Passe au fond du théâtre le vieux marquis de Nangis. — Cheveux blancs, visage pâle, les bras croisés sur la poitrine. Habit à la mode de Henri IV; grand deuil. La plaque et le cordon du Saint-Esprit. Il marche lentement et traverse le théâtre. Neuf gardes, vêtus de deuil, la hallebarde sur l'épaule droite et le mousquet sur l'épaule gauche, le suivent sur trois rangs à quelque distance, s'arrêtant quand il s'arrête et marchant quand il marche.

LAFFEMAS, *le regardant passer.*

Pauvre homme!

Il va au fond du théâtre et suit le marquis des yeux.

SAVERNY, *à part.*

Mon bon oncle!

Entre Brichanteau, qui va à Saverny.

SCÈNE II.

Les Mêmes, BRICHANTEAU.

BRICHANTEAU.

Ah ! deux mots à l'oreille,
Riant.
Mais, depuis qu'il est mort, il se porte à merveille !
SAVERNY, *bas, lui montrant le marquis qui passe.*
Regarde, Brichanteau. — Pourquoi m'as-tu forcé
De lui porter ce coup que j'étais trépassé !
Si nous lui disions tout ? Veux-tu pas que j'essaie ?
BRICHANTEAU.
Garde-t'en bien ! Il faut que sa douleur soit vraie.
Il faut qu'à tous les yeux il pleure abondamment.
Son deuil est un côté de ton déguisement.
SAVERNY.
Mon pauvre oncle !
BRICHANTEAU.

Il se peut bientôt qu'il te revoie.
SAVERNY.
S'il n'est mort de douleur, il mourra de la joie.
De tels coups sont trop forts pour un vieillard.
BRICHANTEAU.

Mon cher,
Il le faut.
SAVERNY.
J'ai grand'peine à voir son rire amer
Par moments, son silence et ses pleurs. Il me navre
A baiser ce cercueil !
BRICHANTEAU.
Un cercueil sans cadavre.
SAVERNY.
Oui, mais il m'a bien mort et sanglant dans son cœur.

C'est là qu'est le cadavre.
                LAFFEMAS, *revenant.*
                      Ah! pauvre vieux seigneur!
Comme on voit dans ses yeux le chagrin qui le mine?
              BRICHANTEAU, *bas à Saverny.*
Quel est cet homme noir et de mauvaise mine?
              SAVERNY, *avec un geste d'ignorance.*
Quelque ami qui se trouve au château.
              BRICHANTEAU, *bas.*
                      Le corbeau
Est noir de même et vient à l'odeur du tombeau.
Plus que jamais tais-toi. — C'est une face ingrate
Et louche, à rendre un fou prudent comme Socrate!

Rentre le marquis de Nangis, toujours plongé dans une profonde rêverie. Il vient à pas lents, sans paraître voir personne, s'asseoir sur un banc de gazon au devant du théâtre.

SCÈNE III.

Les Mêmes, LE MARQUIS DE NANGIS.

      LAFFEMAS, *allant au-devant du vieux marquis.*
Ah! monsieur le marquis, nous avons bien perdu.
C'était un neveu rare, et qui vous eût rendu
La vieillesse bien douce. Avec vous je le pleure.
Beau, jeune, on n'était point de nature meilleure!
Servant Dieu, réservé près des femmes, toujours
Juste en ses actions et sage en ses discours.
Un seigneur parfait, brave, et que chacun célèbre!
Mourir sitôt!
    Le vieux marquis laisse tomber sa tête dans ses mains
            SAVERNY, *bas à Brichanteau.*
            Le diable ait l'oraison funèbre!
Il me loue, et le rend plus triste sur ma foi!

ACTE III, SCÈNE III.

Toi, pour le consoler, dis-lui du mal de moi.

BRICHANTEAU, *à Laffemas.*

Vous vous trompez, monsieur. J'étais du même grade
Que Saverny. C'était un mauvais camarade,
Un fort méchant sujet, qui dans ces derniers temps
Se gâtait tous les jours. Brave, on l'est à vingt ans ;
Mais, après tout, sa mort n'est pas digne d'estime.

LAFFEMAS.

Un duel ! Mais voyez donc ! le grand mal ! le grand crime !

A Brichanteau, d'un air goguenard, lui montrant son épée.

Vous êtes officier ?

BRICHANTEAU, *du même ton, lui montrant sa perruque.*

Vous êtes magistrat ?

SAVERNY, *bas.*

Continue.

BRICHANTEAU.

Il était quinteux, menteur, ingrat.
Peu regrettable au fond. Il allait aux églises,
Mais pour cligner de l'œil avec les Cidalises,
Ce n'était qu'un galant, qu'un fou, qu'un libertin.

SAVERNY, *bas.*

Bien, bien !

BRICHANTEAU.

Avec ses chefs indocile et mutin.
Quant à sa bonne mine, il l'avait fort perdue,
Boitait, avait sur l'œil une loupe étendue,
De blond devenait roux, et de courbé bossu.

SAVERNY, *bas.*

Assez.

BRICHANTEAU.

Puis il jouait, on s'en est aperçu.
Il eût joué son âme aux dés, et je parie
Qu'il avait au brelan mangé sa seigneurie.
Tout son bien chaque nuit s'en allait à grand trot.

SAVERNY, *le tirant par la manche.* — *Bas.*
Assez, que diable, assez ! tu le consoles trop !

LAFFEMAS, *à Brichanteau.*
Mal parler d'un ami défunt ! c'est sans excuse.

BRICHANTEAU, *montrant Saverny.*
Demandez à monsieur.

SAVERNY.
Ah ! moi, je me récuse.

LAFFEMAS, *affectueusement au vieux marquis.*
Monseigneur, monseigneur, nous vous consolerons.
On a son meurtrier ; eh bien ! nous le pendrons !
Il est sous bonne garde, et son affaire est sûre.

A Brichanteau et à Saverny.
Comprend-on le marquis de Saverny ? Je jure
Qu'il est des duels que nul ne peut répudier.
Mais s'aller battre avec je ne sais quel Didier !

SAVERNY, *à part.*
Didier !

Le vieux marquis, qui est resté pendant toute la scène immobile et muet, se lève, et sort à pas lents du côté opposé à celui d'où il est venu. Ses gardes le suivent.

LAFFEMAS, *essuyant une larme et le suivant des yeux.*
En vérité ! sa douleur me pénètre.

UN VALET, *accourant.*
Monseigneur !

BRICHANTEAU.
Laissez donc tranquille votre maître.

LE VALET.
C'est pour l'enterrement du feu marquis Gaspard.
Quelle heure fixe-t-on ?

BRICHANTEAU.
Vous le saurez plus tard.

LE VALET.
Puis des comédiens qui viennent de la ville,

Pour cette nuit céans demandent un asile.
BRICHANTEAU.
Pour des comédiens le jour est mal choisi ;
Mais l'hospitalité, c'est un devoir aussi.
Montrant une grange à la gauche du théâtre.
Donnez-leur cette grange.
LE VALET, *tenant une lettre.*
Une lettre qui presse...
Lisant.
Monsieur de Laffemas...
LAFFEMAS.
Donnez. C'est mon adresse.
BRICHANTEAU, *bas à Saverny, qui est resté pensif dans un coin.*
Hâtons-nous, Saverny ! viens tout expédier
Pour ton enterrement.
Le tirant par la manche.
Çà, rêves-tu ?
SAVERNY, *à part.*
Didier !
Ils sortent.

SCÈNE IV.

LAFFEMAS, seul.

C'est le sceau de l'Etat. — Oui, le grand sceau de cire
Rouge. Allons ! quelque affaire ! Ouvrons vite.
Lisant.
« Messire
« Lieutenant criminel, on vous fait ici part
« Que Didier, l'assassin du feu marquis Gaspard,
« S'est échappé... » — Mon Dieu, c'est un malheur énorme !
« Une femme, qu'on dit la Marion Delorme,

« L'accompagne. Veuillez au plus tôt revenir. »
— Vite, des chevaux ! — Moi ! qui croyais le tenir !
Bon ! une affaire encor manquée et mal conduite !
Malheur ! sur deux pas un ! L'un est mort, l'autre en fuite.
Ah ! je le reprendrai !

Il sort. — Entre une troupe de comédiens de campagne, hommes, femmes, enfants, en costume de caractère. Parmi eux, Marion et Didier, vêtus à l'espagnole ; Didier coiffé d'un grand feutre et enveloppé d'un manteau.

SCÈNE V.

LES COMÉDIENS, MARION, DIDIER.

UN VALET, *conduisant les comédiens à la grange.*
                Voici votre logis.
Vous êtes chez monsieur le marquis de Nangis.
Tenez-vous décemment et tâchez de vous taire,
Car nous avons un mort que demain l'on enterre.
Surtout ne mêlez pas de chansons et de bruit
Aux chants que pour son âme on chantera la nuit.

    LE GRACIEUX. — *Petit et bossu.* —
Nous ferons moins de bruit que tous vos chiens de chasse
Qui vous vont aboyant aux jambes quand on passe.

           LE VALET.
Mais des chiens ne sont pas des baladins, mon cher.

    LE TAILLEBRAS, *au Gracieux.*
Tais-toi ! tu nous feras, toi, coucher en plein air.
                      Le valet sort.

LE SCARAMOUCHE, *à Marion et à Didier, qui jusque-là sont restés immobiles dans un coin du théâtre.*
Çà, maintenant causons. Vous voilà de la troupe.
Pourquoi monsieur courait portant madame en croupe,
Si l'on est deux époux ou deux tendres amants,
Si l'on fuit la police ou bien les nécromans

Qui tenaient méchamment madame prisonnière,
Cela ne me regarde en aucune manière.
Que jouerez-vous ? voilà tout ce que je veux voir.
— Écoute, tu feras les Chimènes, œil noir.

Marion fait une révérence.

DIDIER, *indigné.* — *A part.*

Lui voir ainsi parler par un vil saltimbanque !

LE SCARAMOUCHE, *à Didier.*

Quant à toi, si tu veux d'un beau rôle, il nous manque
Un matamore. — On est fendu comme un compas,
On fait la grosse voix et l'on marche à grands pas ;
Puis, quand on a d'Orgon pris la femme ou la nièce,
On vient tuer le Maure à la fin de la pièce.
C'est un rôle tragique. Il t'irait entre tous.

DIDIER.

Comme il vous plaira.

LE SCARAMOUCHE.

Bon. Mais ne me dis plus vous,
Tu me manques.

Avec une profonde révérence.

Salut, matamore !

DIDIER, *à part.*

Ces drôles !

LE SCARAMOUCHE, *aux autres comédiens.*

Sur ce, faisons la soupe et repassons nos rôles.

Tous entrent dans la grange, excepté Marion et Didier.

SCÈNE VI.

MARION, DIDIER. — Puis LE GRACIEUX, SAVERNY.
— Puis LAFFEMAS.

DIDIER, *après un long silence et avec un rire amer.*
Marie ! Eh bien ! l'abîme est-il assez profond ?

Vous ai-je, misérable, assez conduite au fond?
Vous m'avez voulu suivre! hélas! ma destinée
Marche et brise la vôtre à sa roue enchainée.
Eh bien, où sommes-nous? — Je vous l'avais bien dit.

MARION, *tremblante et joignant les mains.*

Didier! est-ce un reproche?

DIDIER.

Ah! que je sois maudit,
Et plus maudit du ciel, et plus proscrit des hommes
Qu'on ne le fut jamais et que nous ne le sommes,
Hélas! si de ce cœur, dont toi seule as la foi,
Jamais il peut sortir un reproche pour toi!
Quand tout me frappe ici, me repousse et m'exile,
N'es-tu pas mon sauveur, mon espoir, mon asile?
Qui trompa le geôlier? Qui vint limer mes fers?
Qui descendit du ciel pour me suivre aux enfers?
Avec le prisonnier qui donc s'est fait captive?
Avec le fugitif qui s'est fait fugitive?
Quelle autre eût eu ce cœur, plein de ruse et d'amour,
Qui délivre, soutient, console tour à tour?
Moi, fatal et méchant, m'as-tu pas, faible femme,
Sauvé de mon destin, hélas! et de mon âme?
N'as-tu pas eu pitié de ce pauvre opprimé?
Moi, que tout haïssait, ne m'as-tu pas aimé?

MARION, *pleurant.*

Didier, c'est mon bonheur, vous aimer et vous suivre!

DIDIER.

Oh! laisse de tes yeux, laisse que je m'enivre!
Dieu voulut, en mêlant une âme à mon limon,
Accompagner mes jours d'un ange et d'un démon,
Mais, oh! qu'il soit béni, lui dont la grâce étrange
Me cache le démon et me laisse voir l'ange!

MARION.

Vous êtes mon Didier, mon maître et mon seigneur.

DIDIER.
Ton mari, n'est-ce pas?
MARION, *à part.*
Hélas!
DIDIER.
                        Que de bonheur,
En quittant cette terre implacable et jalouse,
Te prendre et t'avouer pour dame et pour épouse!
Tu veux bien? dis, réponds.
MARION.
                       Je serai votre sœur,
Et vous serez mon frère.
DIDIER.
                    Oh! non, cette douceur
De t'avoir devant Dieu pour mienne, pour sacrée,
Ne la refuse pas à mon âme altérée!
Va, tu peux avec moi venir en sûreté,
Car l'amant à l'époux garde ta pureté.
MARION, *à part.*
Hélas!
DIDIER.
    Savez-vous bien quel était mon supplice?
Souffrir qu'un baladin vous parle et vous salisse!
Ah! ce n'est pas la moindre entre tant de douleurs
Que de vous voir mêlée à ces vils bateleurs!
Vous, chaste et noble fleur, jetée avec ces femmes,
Avec ces hommes pleins d'impuretés infâmes!
MARION.
Didier, soyez prudent.
DIDIER.
                Dieu! que j'ai combattu
Contre ma colère!... Ah! cet homme, il vous dit : *Tu!*
Quand moi, moi, votre époux, à peine encor je l'ose,
De crainte d'enlever à ce front quelque chose!

MARION.
Vivez bien avec eux; il y va de vos jours.
Des miens!

DIDIER.
Elle a raison, elle a raison toujours!
Ah! quoique à chaque instant mon mauvais sort renaisse,
Tu me donnes ton cœur, ton bonheur, ta jeunesse!
D'où vient que tous ces dons sont prodigués pour moi,
Qui seraient peu payés du royaume d'un roi?
Je ne t'offre en retour que misère et folie.
Le ciel te donne à moi, l'enfer à moi te lie.
Pour mériter tous deux ce partage inégal,
Qu'ai-je donc fait de bien et qu'as-tu fait de mal?

MARION.
Ah! Dieu, tout mon bonheur me vient de vous.

DIDIER, *redevenu sombre.*
Écoute,
Quand tu parles ainsi, tu le penses sans doute.
Mais je dois t'avertir, oui, mon astre est mauvais :
J'ignore d'où je viens et j'ignore où je vais.
Mon ciel est noir. — Marie, écoute une prière. —
Il en est temps encor, toi, retourne en arrière;
Laisse-moi suivre seul ma sombre route; hélas!
Après ce dur voyage, et quand je serai las,
La couche qui m'attend, froide d'un froid de glace,
Est étroite, et pour deux n'a pas assez de place.
— Va-t'en!

MARION.
Didier, je veux dans l'ombre et sans témoins
Partager avec vous. . — oh! celle-là du moins!

DIDIER.
Que veux-tu donc? Sais-tu qu'à me suivre poussée,
Tu vas cherchant l'exil, la misère! insensée!
Et peut-être, entends-tu? de si longues douleurs

ACTE III, SCÈNE VI.

Que tes yeux adorés s'éteindront dans les pleurs!
Marion laisse tomber sa tête dans ses mains.
Ah! je le jure ici, cette peinture est vraie,
Et tu me fais pitié! ton avenir m'effraie!
Va-t'en!
MARION, *éclatant en sanglots.*
   Ah! tuez-moi, si vous voulez encor
Parler ainsi!
Sanglotant.
   Mon Dieu!
DIDIER, *la prenant dans ses bras.*
     Marie, ô mon trésor!
Tant de larmes! j'aurais donné mon sang pour une!
Fais ce que tu voudras; suis-moi; sois ma fortune,
Ma gloire, mon amour, mon bien et ma vertu!
Marie! ah! réponds-moi, je parle, m'entends-tu?
Il l'assied doucement sur le banc de gazon.
MARION, *se dégageant de ses bras.*
Ah! vous m'avez fait mal.
DIDIER, *à genoux et courbé sur sa main.*
     Moi qui mourrais pour elle!
MARION, *souriant dans ses larmes.*
Vous m'avez fait pleurer, méchant!
DIDIER.
      Vous êtes belle!
Il s'assied sur le banc à côté d'elle.
Un seul baiser, au front, pur comme nos amours!
Il la baise au front. — Tous deux, assis, se regardent avec ivresse.
Regarde-moi, Marie, — encore, — ainsi, — toujours!
LE GRACIEUX, *entrant.*
On appelle dona Chimène dans la grange.
Marion se lève précipitamment d'auprès de Didier. — En même temps que le Gracieux, entre Saverny, qui s'arrête au fond du

théâtre et considère attentivement Marion, sans voir Didier, qui est resté assis sur le banc, et qu'une broussaille lui cache.

SAVERNY, *au fond du théâtre sans être vu.* — *A part.*
Pardieu! c'est Marion! l'aventure est étrange!
Riant.
Chimène.

LE GRACIEUX, *à Didier qui veut suivre Marion.*
Restez là. Vous, monsieur le jaloux,
Je veux vous taquiner.

DIDIER.
Corps-Dieu!

MARION, *bas à Didier.*
Contenez-vous.

Didier se rassied ; elle entre dans la grange.

SAVERNY, *au fond du théâtre.* — *A part.*
Qui donc lui fait courir le pays de la sorte?
Serait-ce le galant qui m'a prêté main-forte
Et sauvé l'autre soir?... Son Didier! c'est cela.

Entre Laffemas.

LAFFEMAS, *en habit de voyage, saluant Saverny.*
Monsieur, je prends congé de vous...

SAVERNY, *saluant.*
Ah! vous voilà.
Monsieur! vous nous quittez...

Il rit.

LAFFEMAS.
Qu'avez-vous donc à rire?

SAVERNY, *riant.*
C'est une folle histoire, et l'on peut vous la dire.
Parmi ces bateleurs qui ne font qu'arriver,
Là, devinez un peu qui je viens de trouver?

LAFFEMAS.
Parmi ces bateleurs?

SAVERNY.

Oui.
Riant plus fort.
Marion Delorme!

LAFFEMAS, *tressaillant.*

Marion Delorme!

DIDIER, *qui depuis leur arrivée a le regard fixé sur eux.*

Hein!
Il se lève à demi sur son banc.

SAVERNY, *riant toujours.*

Il faut que j'en informe
Tout Paris. — Allez-vous, monsieur, de ce côté?

LAFFEMAS.

Oui, le fait y sera fidèlement porté.
Mais êtes-vous bien sûr d'avoir cru reconnaître?...

SAVERNY.

Vive-France! On connaît sa Marion, peut-être!
Fouillant dans sa poche.
J'ai sur moi son portrait, doux gage de sa foi,
Qu'elle fit peindre exprès par le peintre du roi.
Il donne à Laffemas un médaillon.
Comparez.
Montrant la porte de la grange.
On la voit par cette porte ouverte... —
En Espagnole, — avec une basquine verte...

LAFFEMAS, *portant les yeux tour à tour sur le portrait et sur la grange.*

C'est elle! — Marion Delorme!...
A part.
Je le tiens!
A Saverny.
A-t-elle un compagnon parmi tous ces païens?

SAVERNY.

Sans l'avoir vu, j'en jure! — Eh! sans être bégueules,

14.

Ces dames n'aiment pas courir le pays seules.
LAFFEMAS, *à part.*
Faisons vite garder la porte. Il faudra bien
Que je démêle après le faux comédien.
A coup sûr, il est pris !
> Il sort.

SAVERNY, *regardant sortir Laffemas.* — *A part.*
J'ai fait quelque sottise.

Bah !
> Prenant à part le Gracieux, qui jusque-là était resté dans un coin,
> gesticulant tout seul et grommelant son rôle entre ses dents.

— Quelle est cette dame, — ici, — dans l'ombre, — assise ?
> Il lui montre la porte de la grange.

LE GRACIEUX.
Chimène ?
> Avec solennité.

Seigneur, je ne sais pas son nom.
> Montrant Didier.

Parlez à ce seigneur, son noble compagnon.
> Il sort du côté du parc.

SCÈNE VII.

DIDIER, SAVERNY.

SAVERNY, *se tournant vers Didier.*
C'est monsieur ? Dites-moi... — Mais c'est singulier comme
Il me regarde... — Allons, mais c'est lui, c'est mon homme.
> Haut à Didier.

S'il n'était en prison, vous ressemblez, mon cher...
DIDIER.
Et vous, s'il n'était mort, vous avez un faux air
D'un homme... — Que son sang sur sa tête retombe !
A qui j'ai dit deux mots qui l'ont mis dans la tombe.

ACTE III, SCÈNE VII.

SAVERNY.

Chut!... — Vous êtes Didier!

DIDIER.

Vous, le marquis Gaspard!

SAVERNY.

C'est vous qui vous trouviez certain soir quelque part.
Donc, je vous dois la vie...

Il s'approche les bras ouverts. — Didier recule.

DIDIER.

Excusez ma surprise,
Marquis; mais je croyais vous l'avoir bien reprise.

SAVERNY.

Point. Vous m'avez sauvé, non tué. Maintenant,
Vous faut-il un second, un frère, un lieutenant?
Que voulez-vous de moi? mon bien, mon sang, mon âme?

DIDIER.

Non, rien de tout cela! mais ce portrait de femme.

Saverny lui donne le portrait.

Amèrement en regardant le portrait.

Oui, voilà son beau front, son œil noir, son cou blanc,
Surtout son air candide. — Il est bien ressemblant.

SAVERNY.

Vous trouvez?

DIDIER.

C'est pour vous, dites, qu'elle fit faire
Ce portrait?

SAVERNY, *avec un geste affirmatif, saluant Didier.*

A présent c'est vous qu'elle préfère,
Vous qu'elle aime et choisit entre tant d'amoureux.
Heureux homme!

DIDIER, *avec un rire éclatant et désespéré.*

Est-ce pas que je suis bien heureux!

SAVERNY.

Je vous fais compliment. C'est une bonne fille,

Et qui n'aime jamais que des fils de famille.
D'une telle maîtresse on a droit d'être fier ;
C'est honorable, et puis cela donne bon air ;
C'est de bon goût ; et si de vous quelqu'un s'informe,
On dit tout haut : L'amant de Marion Delorme !

Didier veut lui rendre le portrait ; il refuse de le recevoir.

Non, gardez le portrait. Elle est à vous, ainsi
Le portrait vous revient de droit : gardez.

DIDIER.

Merci.

Il serre le portrait dans sa poitrine.

SAVERNY.

Mais savez-vous qu'elle est charmante en Espagnole ? —
Donc vous me succédez ? — un peu, sur ma parole,
Comme le roi Louis succède à Pharamond. —
Moi, ce sont les Brissac, — oui, tous les deux, — qui m'ont
Supplanté.

Riant.

Croiriez-vous ? le cardinal lui même !
Puis le petit d'Effiat, puis les trois Sainte-Mesme,
Puis les quatre Argenteau... — Vous êtes dans son cœur
En bonne compagnie.....

Riant.

Un peu nombreuse...

DIDIER, *à part.*

Horreur !

SAVERNY.

Çà, vous me conterez... Moi, pour ne rien vous taire,
Je passe ici pour mort, et demain on m'enterre.
Vous, vous avez trompé sbires et sénéchaux,
Marion vous aura fait ouvrir les cachots ;
Vous aurez joint en route une troupe ambulante,
N'est-ce pas ? Ce doit être une histoire excellente !

DIDIER.

Toute une histoire !

SAVERNY.

Elle a, pour vous, fait les yeux doux
Sans doute à quelque archer ?

DIDIER, *d'une voix de tonnerre.*

Tête et sang ! croyez-vous ?

SAVERNY.

Quoi ! seriez-vous jaloux ?

Riant.

Oh ! ridicule énorme !
Jaloux de qui ? jaloux de Marion Delorme !
La pauvre enfant ! N'allez pas lui faire un sermon !

DIDIER.

Soyez tranquille !

A part.

O Dieu ! l'ange était un démon !

Entrent Laffemas et le Gracieux. — Didier sort. — Saverny
le suit.

SCÈNE VIII.

LAFFEMAS, LE GRACIEUX.

LE GRACIEUX, *à Laffemas.*

Seigneur, je ne sais pas ce que vous voulez dire.

A part.

Humph ! Costume d'alcade et figure de sbire !
Un petit œil, orné d'un immense sourcil !
Sans doute il joue ici le rôle d'alguazil !

LAFFEMAS, *tirant une bourse.*

L'ami !

LE GRACIEUX, *se rapprochant.* — *Bas à Laffemas.*

Notre Chimène est ce qui vous intrigue,

Et vous voulez savoir ?...

LAFFEMAS, *bas en souriant.*

Oui, quel est son Rodrigue?

LE GRACIEUX.

Son galant?

LAFFEMAS.

Oui.

LE GRACIEUX.

Celui qui gémit sous sa loi?

LAFFEMAS, *avec impatience.*

Est-il là?

LE GRACIEUX.

Sans doute.

LAFFEMAS, *s'approchant vivement de lui.*

Eh! fais-moi le voir?

LE GRACIEUX, *avec une profonde révérence.*

C'est moi.

J'en suis fou.

Laffemas, désappointé, s'éloigne avec dépit, puis se rapproche faisant sonner sa bourse à l'oreille et aux yeux du Gracieux.

LAFFEMAS.

Connais-tu le son des génovines?

LE GRACIEUX.

Ah Dieu! cette musique a des douceurs divines!

LAFFEMAS.

A part.

J'ai mon Didier!

Au Gracieux.

Vois-tu cette bourse?

LE GRACIEUX

Combien?

LAFFEMAS.

Vingt génovines d'or.

ACTE III, SCÈNE VIII.

LE GRACIEUX.

Humph!

LAFFEMAS, *lui faisant sonner la bourse sous le nez.*

Veux-tu?

LE GRACIEUX, *lui arrachant la bourse.*

Je veux bien.

D'un ton théâtral à Laffemas, qui l'écoute avec anxiété.

Monseigneur! si ton dos portait, — bien à son centre, —
Une bosse en grosseur égale à ton gros ventre,
Si tu faisais remplir ces deux sacs de ducats,
De louis, de doublons, de sequins... en ce cas...

LAFFEMAS, *vivement.*

Eh bien! que dirais-tu?

LE GRACIEUX, *mettant la bourse dans sa poche.*

J'empocherais la somme,
Et je dirais :

Avec une profonde révérence.

Merci, vous êtes un bon homme!

LAFFEMAS, *à part, furieux.*

Peste du jeune singe!

LE GRACIEUX, *à part, riant.*

Au diable le vieux chat!

LAFFEMAS, *à part.*

Ils se sont entendus au cas qu'on le cherchât!
C'est un complot tramé. Tous se tairont de même.
Oh! les maudits satans d'Egypte et de Bohême!

Au Gracieux, qui s'en va.

Çà, rends la bourse au moins!

LE GRACIEUX, *se retournant d'un ton tragique.*

Pour qui me prenez-vous,
Seigneur? et l'univers que dirait-il de nous?
Vous, proposer, et moi, faire la chose infâme
De vous vendre à prix d'or une tête et mon âme!

Il veut sortir.

LAFFEMAS, *le retenant.*

Fort bien ! mais rends l'argent.

LE GRACIEUX, *toujours sur le même ton.*

Je garde mon honneur,
Et je n'ai pas de compte à vous rendre, seigneur !

Il salue et rentre dans la grange.

SCÈNE IX.

LAFFEMAS, seul.

Vil baladin ! l'orgueil en des âmes si basses !
S'il se pouvait qu'un jour en mes mains tu tombasses,
Et si je ne chassais un plus noble gibier... —
Comment dans tout cela découvrir le Didier ? —
Prendre toute la bande en masse, et puis la faire
Mettre à la question, on ne peut. — Quelle affaire !
C'est chercher une aiguille en tout un champ de blé.
Il faudrait un creuset d'alchimiste endiablé
Qui, rongeant cuivre et plomb, mit à nu la parcelle
D'or pur que ce lingot d'alliage recèle. —
Retourner sans ma prise auprès de monseigneur
Le cardinal !

Se frappant le front.

Mais oui... quelle idée !... O bonheur !
Il est pris !

Appelant par la porte de la grange.

Eh ! messieurs de la troupe comique,
Deux mots !

Les comédiens sortent en foule de la grange.

SCÈNE X.

Les Mêmes, LES COMÉDIENS, parmi eux MARION et DIDIER.
— Puis LE MARQUIS DE NANGIS.

LE SCARAMOUCHE, *à Laffemas.*
Que nous veut-on ?

LAFFEMAS.
Sans phrase académique,
Voici : — Le cardinal m'a commis à l'effet
De trouver, pour jouer dans les pièces qu'il fait
Aux moments de loisir que lui laisse le prince,
De bons comédiens, s'il en est en province.
Car, malgré ses efforts, son théâtre est caduc,
Et lui fait peu d'honneur pour un cardinal-duc.

Tous les comédiens s'approchent avec empressement. — Entre Saverny, qui observe avec curiosité ce qui se passe.

LE GRACIEUX, *à part, comptant les génovines de Laffemas dans un coin.*
Douze ! il m'avait dit vingt ! il m'a volé ! Vieux drôle !

LAFFEMAS.
Dites-moi tour à tour chacun un bout de rôle !
Tous, — pour que je choisisse et que je juge enfin.
  A part.
S'il se tire de là, le Didier sera fin.
  Haut.
Etes-vous au complet ?

Marion s'approche furtivement de Didier, et cherche à l'entraîner. Didier recule et la repousse.

LE GRACIEUX, *allant à eux.*
Eh ! venez donc, vous autres !

MARION.
Juste ciel !

Didier la quitte et va se mêler aux comédiens ; elle le suit.

LE GRACIEUX.

Etes-vous heureux d'être des nôtres !
Avoir des habits neufs, tous les jours un régal,
Et dire tous les soirs des vers de cardinal !
C'est un sort !

Tous les comédiens se rangent devant Laffemas. Marion et Didier parmi eux. Didier sans regarder Marion, l'œil fixé en terre, les bras croisés sous son manteau ; Marion, au contraire, attache sur Didier des yeux pleins d'anxiété.

LE GRACIEUX, *en tête de la troupe.* — *A part.*

Eût-on cru que ce corbeau sinistre
Recrutât des farceurs au cardinal-ministre !

LAFFEMAS, *au Gracieux.*

Toi, d'abord. Quel es-tu ?

LE GRACIEUX, *avec un grand salut et une pirouette qui fait ressortir sa bosse.*

Je suis le Gracieux
De la troupe, et voici ce que je sais le mieux :

Il chante :

> Des magistrats, sur des nuques
> Ce sont d'énormes perruques.
> De toute cette toison,
> On voit sortir à foison
> Gênes, gibet, roue, amende,
> Au moindre signe évident
> D'une perruque plus grande
> Qu'on nomme le président.
> L'avocat, c'est un déluge
> De mots tombant sur le juge.
> C'est un mélange matois
> De latin et de patois.

LAFFEMAS, *l'interrompant.*

Tu chantes faux à rendre envieuse une orfraie !
Tais-toi !

LE GRACIEUX, *riant.*

Le chant est faux, mais la chanson est vraie.

ACTE III, SCÈNE X.

LAFFEMAS, *au Scaramouche.*

A votre tour.

LE SCARAMOUCHE, *saluant.*

Je suis Scaramouche, seigneur,
J'ouvre la scène ainsi dans la *Duègne d'honneur :*

Déclamant.

« Rien n'est plus beau, disait une reine d'Espagne,
« Qu'un évêque à l'autel, un gendarme en campagne,
« Si ce n'est dame au lit, et voleur au gibet... »

Laffemas l'interrompt du geste, et fait signe au Taillebras de parler. Le Taillebras salue profondément et se redresse.

LE TAILLEBRAS, *avec emphase.*

Moi, je suis Taillebras. J'arrive du Thibet,
J'ai puni le grand Khan, pris le Mogol rebelle...

LAFFEMAS.

Autre chose !

Bas à Saverny, qui est debout devant lui.

Vraiment, que Marion est belle !

LE TAILLEBRAS.

C'est pourtant du meilleur. — S'il vous plaît, cependant,
Je serai Charlemagne, empereur d'Occident.

Il déclame avec emphase.

« Quel étrange destin ! ô ciel ! je vous appelle !
« Soyez témoin, ô ciel, de ma peine cruelle ;
« Il me faut dépouiller moi-même de mon bien,
« Délivrer à un autre un amour qui est mien,
« En douer mon contraire, et l'emplir de liesse,
« M'enfiellant l'estomac d'une amère tristesse.
« Ainsi pour vous, oiseaux, au bois vous ne nichez,
« Ainsi, mouches, pour vous aux champs vous ne ruchez ;
« Ainsi pour vous, moutons, vous ne portez la laine ;
« Ainsi pour vous, taureaux, vous n'écorchez la plaine ! »

LAFFEMAS.

Bon.

A Saverny.

— Tudieu ! les beaux vers ! c'est dans la *Bradamante*
De Garnier ! quel poëte !

A Marion.

A votre tour, charmante !

Votre nom ?

MARION, *tremblante*.

Moi, je suis la Chimène.

LAFFEMAS.

Vraiment !

La Chimène ? en ce cas vous avez un amant
Qui tue en duel quelqu'un...

MARION, *effrayée*.

Moi !

LAFFEMAS, *ricanant*.

J'ai bonne mémoire...

Et qui se sauve...

MARION, *à part*.

Dieu !

LAFFEMAS.

Contez-nous cette histoire !

MARION, *à demi tournée vers Didier*.

« Puisque, pour t'empêcher de courir au trépas,
« Ta vie et ton honneur sont de faibles appas ;
« Si jamais je t'aimai, cher Rodrigue, en revanche
« Défends-moi maintenant pour m'ôter à don Sanche.
« Combats pour m'affranchir d'une condition
« Qui me livre à l'objet de mon aversion.
« Te dirai-je encor plus ? va, songe à ta défense,
« Pour forcer mon devoir, pour m'imposer silence ;
« Et, si tu sens pour moi ton cœur encore épris,
« Sors vainqueur d'un combat dont Chimène est le prix ! »

Laffemas se lève avec galanterie et lui baise la main. Marion,
  pâle, regarde Didier, qui demeure immobile, les yeux baissés.

Certe, il n'est pas de voix qui mieux que vous ne faites
Nous prenne au fond du cœur par des fibres secrètes;
Vous êtes adorable !

   A Saverny.
      On ne peut le nier,
Le Corneille, après tout, ne vaut pas le Garnier.
Pourtant, il fait en vers meilleure contenance
Depuis qu'il a l'honneur d'être à Son Eminence.

   A Marion.
Quel talent! quels beaux yeux! vous enterrer ainsi!
Vous n'êtes pas, madame, à votre place ici.
Asseyez-vous donc là !

  Il s'assied et fait signe à Marion de venir s'asseoir près de lui.
      Elle recule.

   MARION, *bas à Didier, avec angoisse.*
      Grand Dieu ! restons ensemble !

   LAFFEMAS, *souriant.*
Mais venez près de moi vous asseoir.

Didier repousse Marion, qui vient tomber, effrayée, sur le banc
    près de Laffemas.

   MARION, *à part.*
       Ah ! je tremble !

   LAFFEMAS, *souriant à Marion d'un air de reproche.*
Enfin !...

   A Didier.
   Vous, votre nom ?

Didier fait un pas vers Laffemas, jette son manteau et enfonce
    son chapeau sur sa tête.

   DIDIER, *d'un ton grave.*
     Je suis Didier.

   MARION, LAFFEMAS, SAVERNY.
       Didier !

  Etonnement et stupeur.

DIDIER, *à Laffemas qui ricane avec triomphe.*
Vous pouvez à présent tous les congédier !
Vous avez votre proie : elle reprend sa chaîne.
Ah ! cette joie enfin vous coûte assez de peine !

MARION, *courant à lui.*
Didier !

DIDIER, *avec un regard glacé.*
De celui-ci ne me détournez pas,
Madame !

Elle recule et vient tomber, anéantie, sur le banc.
A Laffemas.
Autour de moi j'ai vu tourner tes pas,
Démon ! j'ai dans tes yeux vu la sinistre flamme
De ce rayon d'enfer qui t'illuminait l'âme !
Je pouvais fuir ton piége, inutile à moitié ;
Mais tant d'efforts perdus, cela m'a fait pitié !
Prends-moi, fais-toi payer ta pauvre perfidie !

LAFFEMAS, *avec une colère concentrée et s'efforçant de rire.*
Donc, vous ne jouez pas, monsieur, la comédie !

DIDIER.
C'est toi qui l'as jouée !

LAFFEMAS.
Oh ! je la jouerais mal.
Mais j'en fais une avec monsieur le cardinal ;
C'est une tragédie, — où vous aurez un rôle.

Marion pousse un cri d'effroi. Didier se détourne avec dédain.
Ne tournez pas ainsi la tête sur l'épaule,
Nous irons jusqu'au bout admirer votre jeu.
Allez, recommandez, monsieur, votre âme à Dieu.

MARION.
Ah !...

*En ce moment, le marquis de Nangis repasse au fond du théâtre,
toujours dans sa première attitude et avec son peloton de hal-*

ACTE III, SCÈNE X.

lebardiers. Au cri de Marion, il s'arrête et se tourne vers les assistants, pâle, muet et immobile.

LAFFEMAS, *au marquis de Nangis.*

Monsieur le marquis, je réclame main-forte.
Bonne nouvelle ! mais prêtez-moi votre escorte.
L'assassin du marquis Gaspard s'était enfui,
Mais nous l'avons repris.

MARION, *se jetant aux genoux de Laffemas.*

Monsieur, pitié pour lui !

LAFFEMAS, *avec galanterie.*

Vous à mes pieds, madame ! Eh ! ma place est aux vôtres.

MARION, *toujours à genoux et joignant les mains.*

Oh ! monseigneur le juge ! ayez pitié des autres,
Si vous voulez qu'un jour un juge plus jaloux,
Prêt à punir aussi, prenne pitié de vous !

LAFFEMAS, *souriant.*

Mais quoi ! c'est un sermon vraiment que vous nous faites !
Ah ! madame, régnez aux bals, brillez aux fêtes ;
Mais ne nous prêchez point. — Pour vous je ferais tout,
Mais cet homme a tué, c'est un meurtre...

DIDIER, *à Marion.*

Debout !

Marion se relève tremblante.

A Laffemas.

Tu mens ! ce n'est qu'un duel.

LAFFEMAS.

Monsieur...

DIDIER.

Tu mens ! te dis-je.

LAFFEMAS.

Paix !

A Marion.

— Le sang veut du sang. Cette rigueur m'afflige.
Il a tué ! tué qui ? — Le marquis Gaspard

De Saverny, —
> Montrant monsieur de Nangis.
> > Neveu de ce digne vieillard,

Jeune seigneur parfait ! C'est la plus grande perte
Pour la France et le roi !... S'il n'était pas mort, certe,
Je ne dis pas... mon cœur n'est pas de roche... et si.
> SAVERNY, *faisant un pas.*

Celui que l'on croit mort n'est pas mort — Le voici !
> Étonnement général.
> > LAFFEMAS, *tressaillant*

Gaspard de Saverny ! mais à moins d'un prodige ?...
Ils ont là son cercueil !
> SAVERNY, *arrachant ses fausses moustaches, son emplâtre*
> > *et sa perruque noire.*
> > > Il n'est pas mort ! vous dis-je.

Me reconnaissez-vous ?
> LE MARQUIS DE NANGIS, *comme réveillé d'un rêve, pousse*
> > *un cri et se jette dans ses bras.*
> > > Mon Gaspard ! mon neveu !

Mon enfant !
> Ils se tiennent étroitement embrassés.
> > MARION, *tombant à genoux et les yeux au ciel.*
> > > Ah ! Didier est sauvé ! — Juste Dieu !
> > > > DIDIER, *froidement à Saverny.*

A quoi bon ? Je voulais mourir.
> MARION, *toujours prosternée.*
> > Dieu le protége !
> > > DIDIER, *continuant sans l'écouter.*

Autrement croyez-vous qu'il m'eût pris à son piége,
Et que je n'eusse pas rompu de l'éperon
Sa toile d'araignée à prendre un moucheron ?
La mort est désormais le seul bien que j'envie.
Vous me servez bien mal pour me devoir la vie.

ACTE III, SCÈNE X.

MARION.

Que dit-il ? vous vivrez !

LAFFEMAS.

Çà, tout n'est pas fini.
Est-il sûr que c'est là Gaspard de Saverny ?

MARION.

Oui !

LAFFEMAS.

C'est ce qu'il convient d'éclaircir à cette heure.

MARION, *lui montrant le marquis de Nangis qui tient toujours Saverny embrassé.*

Regardez ce vieillard qui sourit et qui pleure.

LAFFEMAS.

Est-ce bien là Gaspard de Saverny ?

MARION.

Comment
Pouvez-vous en douter à cet embrassement ?

LE MARQUIS DE NANGIS, *se détournant.*

Si c'est lui ! mon Gaspard ! mon fils ! mon sang ! mon âme !

A Marion.

N'a-t-il pas demandé si c'était lui, madame ?

LAFFEMAS, *au marquis de Nangis.*

Ainsi vous affirmez que c'est votre neveu
Gaspard de Saverny ?

LE MARQUIS DE NANGIS, *avec force.*

Oui !

LAFFEMAS.

D'après cet aveu,

A Saverny.

De par le roi, marquis Gaspard, je vous arrête.
— Votre épée !

Etonnement et consternation dans l'assistance.

LE MARQUIS DE NANGIS.

O mon fils !

MARION.
           Ciel !
DIDIER.
            Encore une tête.
Au fait, il en faut deux. Au cardinal romain
C'est le moins qu'il revienne une dans chaque main !
LE MARQUIS DE NANGIS.
De quel droit?...
LAFFEMAS.
      Demandez compte à Son Éminence.
Tous survivants au duel tombent sous l'ordonnance.
   A Saverny.
Donnez-moi votre épée !
DIDIER, *regardant Saverny.*
       Insensé !
SAVERNY, *tirant son épée et la présentant à Laffemas.*
            La voici.
LE MARQUIS DE NANGIS, *l'arrêtant.*
Un instant ! devant moi nul n'est seigneur ici.
Seul j'ai dans ce château justice basse et haute ;
Notre sire le roi n'y serait que mon hôte.
   A Saverny.
Ne remettez qu'à moi votre épée.
   Saverny lui remet son épée et le serre dans ses bras.
LAFFEMAS.
           En honneur,
C'est un droit féodal fort déchu, monseigneur.
Monsieur le cardinal pourra m'en faire un blâme,
Mais moi qui ne veux pas vous affliger...
DIDIER.
           Infâme !
LAFFEMAS, *s'inclinant devant le marquis.*
J'y souscris. En revanche, à présent, pour raison,
Prêtez-moi votre garde avec votre prison.

LE MARQUIS DE NANGIS, *à ses gardes*.

Vos pères ont été vassaux de mes ancêtres.
Je vous défends à tous de faire un pas !

LAFFEMAS, *d'une voix tonnante*.

Mes maîtres !
Ecoutez ! je suis juge au secret tribunal,
Lieutenant criminel du seigneur cardinal.
Qu'on les mène tous deux en prison. Il importe
Que quatre d'entre vous veillent à chaque porte.
Vous en répondez tous. Or vous seriez hardis
De ne pas m'obéir ; car si lorsque je dis
A l'un de vous qu'il aille, exécute et se taise,
Il hésite, alors c'est — que sa tête lui pèse.

Les gardes, consternés, entraînent en silence les deux prisonniers. Le marquis de Nangis se détourne, indigné, et cache ses yeux de sa main.

MARION, *à Laffemas*.

Tout est perdu ! monsieur, si votre cœur...

LAFFEMAS, *bas à Marion*.

Ce soir,
Je vous dirai deux mots, si vous venez me voir.

MARION, *à part*.

Que me veut-il ? Il a des sourires funèbres.
C'est une âme profonde et pleine de ténèbres.

Se jetant vers Didier.

Didier !

DIDIER, *froidement*.

Adieu, madame !

MARION, *frissonnant du son de sa voix*.

Eh bien ! qu'ai-je donc fait ?
Ah ! malheureuse !

Elle tombe sur le banc.

DIDIER.

Oui, malheureuse en effet !

SAVERNY. *Il embrasse le marquis de Nangis, puis se tourne vers Laffemas.*

Monsieur, doublera-t-on le payement pour deux têtes?

UN VALET, *entrant, au marquis.*

De monseigneur Gaspard les obsèques sont prêtes;
Pour la cérémonie, on vient de votre voix
Savoir l'heure et le jour.

LAFFEMAS.

Revenez dans un mois.

Les gardes emmènent Didier et Saverny.

IV

LE ROI

LE CHATEAU DE CHAMBORD.

ACTE QUATRIÈME

La salle des gardes du château de Chambord.

SCÈNE PREMIÈRE.

LE DUC DE BELLEGARDE, riche costume de cour avec toutes les broderies et toutes les dentelles, le cordon du Saint-Esprit au cou et la plaque au manteau. LE MARQUIS DE NANGIS, grand deuil, et toujours suivi de son peloton de gardes.

Ils traversent tous deux le fond du théâtre.

LE DUC DE BELLEGARDE.

Condamné !

LE MARQUIS DE NANGIS.

Condamné !

LE DUC DE BELLEGARDE.

Bien. Mais le roi fait grâce.
C'est un droit de son trône, un devoir de sa race.
Soyez tranquille. Il est, de cœur comme de nom,
Fils d'Henri Quatre.

LE MARQUIS DE NANGIS.

Et moi j'en fus le compagnon.

LE DUC DE BELLEGARDE.

Vive-Dieu! nous avons pour le père avec joie
Usé plus d'un pourpoint de fer, et non de soie!
Marquis, allez au fils, montrez vos cheveux gris,
Et pour tout plaidoyer dites : Ventre-saint-gris!
— Que Richelieu lui donne une raison meilleure!
— Mais cachez-vous d'abord.

Il lui ouvre une porte latérale.

Il viendra tout à l'heure.
Puis, à vous parler franc, vos habits que voici
Sont coupés d'une mode à faire rire ici.

LE MARQUIS DE NANGIS.

Rire de mon deuil!

LE DUC DE BELLEGARDE.

Ah! tous ces muguets! — Compère,
Tenez-vous là. Le roi viendra bientôt, j'espère.
Je le disposerai contre le cardinal.
Puis, quand je frapperai du pied, à ce signal
Vous viendrez.

LE MARQUIS DE NANGIS, *lui serrant la main.*

Dieu vous paye!

LE DUC DE BELLEGARDE, *à un mousquetaire qui se promène devant une petite porte dorée.*

Eh! monsieur de Navaille,
Que fait le roi?

LE MOUSQUETAIRE.

Mon duc, Sa Majesté travaille...

Baissant la voix.

Avec un homme noir.

LE DUC DE BELLEGARDE, *à part.*

Je crois que justement
C'est un arrêt de mort qu'il signe en ce moment.

ACTE IV, SCÈNE I.

Au vieux marquis, en lui serrant la main.

Courage !

Il l'introduit dans la galerie voisine.

En attendant que je vous avertisse,
Regardez ces plafonds, qui sont du Primatice.

Ils sortent tous deux. — Entre Marion en grand deuil par la grande porte du fond qui donne sur l'escalier.

SCÈNE II.

MARION, LES GARDES.

LE HALLEBARDIER *de garde, à Marion.*

Madame, on n'entre pas.

MARION, *avançant.*

Monsieur...

LE HALLEBARDIER, *mettant sa hallebarde en travers de la porte.*

On n'entre point.

MARION, *avec dédain.*

Ici contre une dame on met la lance au poing !
Ailleurs, c'est pour...

LE MOUSQUETAIRE, *riant, au hallebardier.*

Attrape !

MARION, *d'une voix ferme.*

Il faut, monsieur le garde,
Que je parle à l'instant au duc de Bellegarde.

LE HALLEBARDIER, *baissant sa hallebarde. — A part.*

Hum ! tous ces verts-galants !

LE MOUSQUETAIRE.

Madame, entrez.

Elle entre et s'avance d'un pas déterminé.

LE HALLEBARDIER, *à part et la regardant du coin de l'œil.*

C'est clair !

Le bon vieux duc n'est pas si vieux qu'il en a l'air.
Jadis le roi l'eût fait mettre à la tour du Louvre
Pour donner rendez-vous chez lui.

LE MOUSQUETAIRE, *faisant signe au hallebardier de se taire.*

La porte s'ouvre.

La petite porte dorée s'ouvre. Monsieur de Laffemas en sort, tenant à la main un rouleau de parchemin, auquel pend un sceau de cire rouge à des tresses de soie.

SCÈNE III.

MARION, LAFFEMAS.

Geste de surprise de tous deux. — Marion se détourne avec horreur.

LAFFEMAS, *s'avançant vers Marion à pas lents.* — *Bas.*
Que faites-vous céans?

MARION.
Et vous?

LAFFEMAS *déroule le parchemin et l'étale devant ses yeux.*
Signé du roi.

MARION, *après un coup d'œil, cachant son visage dans ses mains.*
Dieu!

LAFFEMAS, *se penchant à son oreille.*
Voulez-vous?

Marion tressaille et le regarde en face. Il fixe ses yeux sur ceux de Marion.

Baissant la voix.
Veux-tu?

MARION, *le repoussant.*
Tentateur! laisse-moi!

LAFFEMAS, *se redressant avec un ricanement.*
Donc, vous ne voulez pas?

MARION.
Crois-tu que je te craigne ?
Le roi peut faire grâce, et c'est le roi qui règne.

LAFFEMAS.
Essayez-en. — Usez du bon vouloir du roi !

Il lui tourne le dos, puis revient tout à coup sur ses pas, croise les bras, et se penche à son oreille.

Prenez garde qu'un jour je ne veuille plus, moi !

Il sort. — Entre le duc de Bellegarde.

SCÈNE IV.

MARION, LE DUC DE BELLEGARDE.

MARION, *allant au duc.*
Monsieur le duc, ici vous êtes capitaine.

LE DUC DE BELLEGARDE.
Quoi, charmante, c'est vous !

Saluant.
Que voulez-vous, ma reine ?

MARION.
Voir le roi.

LE DUC DE BELLEGARDE.
Quand ?

MARION.
Sur l'heure.

LE DUC DE BELLEGARDE.
Eh, l'ordre est bref ! — Pourquoi ?

MARION.
Pour quelque chose.

LE DUC DE BELLEGARDE, *éclatant de rire.*
Allons ! faites venir le roi.
Comme elle y va !

MARION.
C'est un refus?
LE DUC DE BELLEGARDE.
Mais je suis vôtre.
En souriant.
Nous sommes-nous jamais rien refusé l'un l'autre?
MARION.
C'est fort bien, monseigneur, mais parlerai-je au roi?
LE DUC DE BELLEGARDE.
Parlez d'abord au duc. Je vous donne ma foi
Que vous verrez le roi tout à l'heure au passage.
Mais causons cependant. Çà, petite, est-on sage?
Vous en noir! on dirait une dame d'honneur.
Vous aimiez tant à rire autrefois!
MARION.
Monseigneur,
Je ne ris plus.
LE DUC DE BELLEGARDE.
Pardieu! mais je crois qu'elle pleure.
Vous!
MARION, *essuyant ses larmes, d'une voix ferme.*
Monseigneur le duc, je veux parler sur l'heure
Au roi.
LE DUC DE BELLEGARDE.
Mais dans quel but?
MARION.
Ah! c'est pour...
LE DUC DE BELLEGARDE.
Est-ce aussi
Contre le cardinal?
MARION.
Oui, duc.
LE DUC DE BELLEGARDE, *lui ouvrant la galerie.*
Entrez ici.

Je mets les mécontents dans cette galerie.
Ne sortez pas avant le signal, je vous prie.

Marion entre. Il referme la porte.

J'eusse pour le marquis fait ce coup hasardeux;
Il n'en coûte pas plus de travailler pour deux.

Peu à peu la salle se remplit de courtisans, qui causent entre eux. Le duc de Bellegarde va de l'un à l'autre. — Entre l'Angely.

SCÈNE V.

LES COURTISANS.

LE DUC DE BELLEGARDE, *au duc de Beaupréau.*

Bonjour, duc.

LE DUC DE BEAUPRÉAU.

Bonjour, duc.

LE DUC DE BELLEGARDE.

Et que dit-on?

LE DUC DE BEAUPRÉAU.

On parle
D'un nouveau cardinal.

LE DUC DE BELLEGARDE.

Qui? l'archevêque d'Arle?

LE DUC DE BEAUPRÉAU.

Non, l'évêque d'Autun. Du moins, tout Paris croit
Qu'il a le chapeau rouge.

L'ABBÉ DE GONDI.

Il lui revient de droit.
C'est lui qui commandait l'artillerie au siége
De la Rochelle.

LE DUC DE BELLEGARDE.

Oui-da!

L'ANGELY.

J'approuve le saint-siége.

Un cardinal du moins fait selon les canons.

L'ABBÉ DE GONDI, *riant*.

Ce fou de l'Angely!

L'ANGELY, *saluant*.

Monsieur sait tous mes noms.

Entre Laffemas. Tous les courtisans l'entourent à l'envi et s'empressent autour de lui. Le duc de Bellegarde les observe avec humeur.

LE DUC DE BELLEGARDE, *à l'Angely*.

Bouffon, quel est cet homme à fourrure d'hermine?

L'ANGELY.

A qui de toute part on fait si bonne mine?

LE DUC DE BELLEGARDE.

Oui. Je n'ai point encor vu cet homme céans;
Est-ce que c'est quelqu'un de monsieur d'Orléans?

L'ANGELY.

On l'accueillerait moins.

LE DUC DE BELLEGARDE, *l'œil sur Laffemas, qui se pavane*.

Quels airs de grand d'Espagne!

L'ANGELY, *bas*.

C'est le sieur Laffemas, intendant de Champagne,
Lieutenant criminel.

LE DUC DE BELLEGARDE, *bas*.

Lieutenant infernal!
Celui qu'on surnommait bourreau du cardinal?

L'ANGELY, *toujours bas*.

Oui.

LE DUC DE BELLEGARDE.

Cet homme à la cour?

L'ANGELY.

Pourquoi pas, je vous prie?

Un chat-tigre de plus dans la ménagerie!
Vous le présenterai-je?

ACTE IV, SCÈNE V.

LE DUC DE BELLEGARDE, *avec hauteur.*
Ah ! bouffon !
L'ANGELY.
En honneur,
Je le ménagerais si j'étais grand seigneur.
Soyez de ses amis. Voyez ! chacun le fête.
S'il ne vous prend la main, il vous prendra la tête.
*Il va chercher Laffemas et le présente au duc, qui s'incline
d'assez mauvaise grâce.*
LAFFEMAS, *saluant.*
Monsieur le duc...
LE DUC DE BELLEGARDE, *saluant.*
Monsieur, je suis charmé...
A part.
Vrai Dieu !
Où sommes-nous tombés ?... — Monsieur de Richelieu !...
Laffemas s'éloigne.
LE VICOMTE DE ROHAN, *éclatant de rire au fond de la salle
dans un groupe de courtisans.*
Charmant !
L'ANGELY.
Quoi ?
M. DE ROHAN.
Marion, là, dans la galerie !
L'ANGELY.
Marion ?
M. DE ROHAN.
Je faisais cette plaisanterie :
Marion chez Louis le Chaste, c'est charmant !
L'ANGELY.
Oui-da, monsieur, c'est très-spirituel, vraiment !
LE DUC DE BELLEGARDE, *au comte de Charnacé.*
Monsieur le louvetier, avez-vous quelque proie ?
Bonne chasse ?

LE COMTE DE CHARNACÉ.

Nulle. Hier, j'eus une fausse joie,
Les loups avaient mangé trois paysans. D'abord
J'ai cru que nous aurions force loups à Chambord.
Bah! j'ai fouillé le bois, pas un loup, pas de trace!

A l'Angely.

Fou, que sais-tu de gai?

L'ANGELY.

Rien de ce qui se passe.

Ah! si fait. — On va pendre à Beaugenci, je crois,
Deux hommes pour un duel.

L'ABBÉ DE GONDI.

Bah! pour si peu!

La petite porte dorée s'ouvre.

UN HUISSIER.

Le roi!

Entre le roi tout en noir, pâle, les yeux baissés, avec le Saint-Esprit au pourpoint et au manteau. Chapeau sur la tête. — Tous les courtisans se découvrent et se rangent en silence sur deux haies. — Les gardes baissent leurs piques ou présentent leurs mousquets.

SCÈNE VI.

LES PRÉCÉDENTS, LE ROI.

Le roi entre à pas lents, traverse, sans lever la tête, la foule des courtisans, puis s'arrête sur le devant du théâtre, et reste quelques instants rêveur et silencieux. Les courtisans se retirent au fond de la salle.

LE ROI, *sur le devant de la scène.*

Tout va de mal en pis... tout! —

Aux courtisans, avec un signe de tête.

Messieurs, Dieu vous garde!

Il se jette dans un grand fauteuil et soupire profondément.

ACTE IV, SCÈNE VI.

Ah!... j'ai bien mal dormi, monsieur de Bellegarde!
 LE DUC, *s'avançant avec trois profondes révérences.*
Mais, sire, on ne dort plus maintenant.
    LE ROI, *vivement.*
          N'est-ce pas?
Tant l'Etat marche au gouffre et se hâte à grands pas!
      LE DUC.
Ah! sire, il est guidé d'une main forte et large...
      LE ROI.
Oui, le cardinal-duc porte une lourde charge!
      LE DUC.
Sire!...
      LE ROI.
  A ses vieilles mains je devrais l'épargner;
Mais, duc, — j'ai bien assez de vivre, sans régner!
      LE DUC.
Sire... le cardinal n'est pas vieux...
      LE ROI.
         Bellegarde,
Franchement, nul ici n'écoute et ne regarde, —
Que pensez-vous de lui?
      LE DUC.
     De qui, sire?
      LE ROI.
          De lui?
      LE DUC.
De l'éminence?
      LE ROI.
   Eh! oui.
      LE DUC.
     Mon regard ébloui
Peut se fixer à peine....
      LE ROI.
     Est-ce votre franchise?

Regardant autour de lui.

Pourtant point d'éminence ici, — rouge ni grise !
Pas d'espion ! parlez, que craignez-vous ? Le roi
Veut votre avis tout franc sur le cardinal.

LE DUC.

Quoi !
Tout franc, sire ?

LE ROI.

Tout franc.

LE DUC, *hardiment.*

Eh bien ! — C'est un grand homme.

LE ROI.

Au besoin, n'est-ce pas, vous l'iriez dire à Rome ?
Entendez-vous ? L'État souffre, entendez-vous bien ?
Entre lui qui fait tout et moi qui ne suis rien.

LE DUC.

Ah !...

LE ROI.

Règle-t-il pas tout, paix, guerre, états, finances ?
Fait-il pas lois, édits, mandements, ordonnances ?
Il est roi ! dis-je, il a dissous par trahison
La ligue catholique ; il frappe la maison
D'Autriche, qui me veut du bien, — dont est la reine.

LE DUC.

Sire ! il vous laisse faire au Louvre une garenne.
Vous avez votre part !

LE ROI.

Avec le Danemark
Il intrigue.

LE DUC.

Il vous a laissé fixer le marc
De l'argent aux joailliers.

LE ROI, *dont l'humeur augmente.*

A Rome il fait la guerre !

ACTE IV, SCÈNE VI.

LE DUC.

Il vous a laissé seul rendre un édit naguère,
Qui défend qu'un bourgeois, quand même il le voudrait,
Mange plus d'un écu par tête au cabaret.

LE ROI.

Et tous les beaux traités qu'il arrange en cachette!

LE DUC.

Et votre rendez-vous de chasse à la Planchette?

LE ROI.

Lui seul fait tout, vers lui requêtes et placets
Se précipitent. Moi, je suis pour les Français
Une ombre. En est-il un qui pour ce qu'il désire
Vienne à moi?

LE DUC.

Quand on a les écrouelles, sire!

La colère du roi va en croissant.

LE ROI.

Il veut donner mon ordre à monsieur de Lyon,
Son frère : mais non pas, j'entre en rébellion!

LE DUC.

Mais...

LE ROI.

On m'a dégoûté des siens.

LE DUC.

Sire! l'envie!

LE ROI.

Sa nièce Combalet mène une belle vie!

LE DUC.

La médisance!

LE ROI.

Il a deux cents gardes à pié!

LE DUC.

Mais il n'en a que cent à cheval.

LE ROI.

C'est pitié !

LE DUC.

Sire, il sauve la France.

LE ROI.

Oui, duc ! il perd mon âme !
D'un bras il fait la guerre à nos parents. — L'infâme !
De l'autre il signe un pacte aux huguenots suédois.

Bas à l'oreille de Bellegarde.

Puis, si j'osais compter les têtes sur mes doigts,
Les têtes qu'il a fait tomber en grève ! Toutes
De mes amis ! Sa pourpre est faite avec des gouttes
De leur sang ! et c'est lui qui m'habille de deuil !

LE DUC.

Traite-t-il mieux les siens ? Epargna-t-il Saint-Preuil ?

LE ROI.

S'il a pour ceux qu'il aime une tendresse amère,
Certe, il m'aime ardemment !

Brusquement, après un silence, en croisant les bras.

Il m'exile ma mère !

LE DUC.

Mais, sire, il croit toujours agir à vos souhaits;
Il est fidèle, sûr, dévoué...

LE ROI.

Je le hais !

Il me gêne, il m'opprime ! et je ne suis ni maître,
Ni libre, moi qui suis quelque chose peut-être.
A force de marcher à pas si lourds sur moi,
Craint-il pas à la fin de réveiller le roi ?
Car près de moi, chétif, si grande qu'elle brille,
Sa fortune à mon souffle incessamment vacille,
Et tout s'écroulerait si, disant un seul mot,
Ce que je dis tout bas, je le voulais tout haut !

Un silence.

Cet homme fait le bon mauvais, le mauvais pire.
Comme le roi, l'État, déjà malade, empire.
Cardinal au dehors, cardinal au dedans,
Le roi jamais ! — Il mord l'Autriche à belles dents,
Laisse prendre à qui veut mes vaisseaux dans le golfe
De Gascogne, me ligue avec Gustave-Adolphe...
Que sais-je ?... Il est partout comme l'âme du roi.
Emplissant mon royaume, et ma famille, et moi !
Ah ! je suis bien à plaindre !

Allant à la fenêtre.

    Et toujours de la pluie !

LE DUC.

Votre Majesté donc souffre bien ?

LE ROI.

      Je m'ennuie.

Un silence.

Moi, le premier de France, en être le dernier !
Je changerais mon sort au sort d'un braconnier.
Oh ! chasser tout le jour en vos allures franches,
N'avoir rien qui vous gêne, et dormir sous les branches !
Rire des gens du roi ! chanter pendant l'éclair,
Et vivre libre au bois, comme l'oiseau dans l'air !
Le manant est du moins maître et roi dans son bouge ;
— Mais toujours sous les yeux avoir cet homme rouge ;
Toujours là, grave et dur, me disant à loisir :
— « Sire ! il faut que ceci soit votre bon plaisir ! »
— Dérision ! cet homme au peuple me dérobe.
Comme on fait d'un enfant, il me met dans sa robe,
Et quand un passant dit : — Qu'est-ce donc que je voi
Dessous le cardinal ? — on répond : C'est le roi !
— Puis ce sont tous les jours quelques nouvelles listes.
Hier des huguenots, aujourd'hui des duellistes,
Dont il lui faut la tête. — Un duel ! le grand forfait !

Mais des têtes toujours ! — Qu'est-ce donc qu'il en fait ?
Bellegarde frappe du pied. — Entrent le marquis de Nangis et Marion.

SCÈNE VII.

Les Mêmes, MARION, LE MARQUIS DE NANGIS.

Le marquis de Nangis s'avance avec sa suite à quelques pas du roi et met un genou en terre. Marion tombe à genoux à la porte.

LE MARQUIS DE NANGIS.
Justice !

LE ROI.
Contre qui ?

LE MARQUIS DE NANGIS.
Contre un tyran sinistre,
Armand, qu'on nomme ici le cardinal-ministre.

MARION.
Grâce !

LE ROI.
Pour qui ?

MARION.
Didier...

LE MARQUIS DE NANGIS.
Pour le marquis Gaspard
De Saverny.

LE ROI.
J'ai vu ces deux noms quelque part.

LE MARQUIS DE NANGIS.
Sire, grâce et justice !

LE ROI.
Et quel titre est le vôtre ?

LE MARQUIS DE NANGIS.
Je suis oncle de l'un.
LE ROI, à *Marion.*
Vous ?
MARION.
Je suis sœur de l'autre.
LE ROI.
Or çà, l'oncle et la sœur, que voulez-vous ici ?
LE MARQUIS DE NANGIS, *montrant tour à tour les deux mains du roi.*
De cette main justice, et de l'autre merci.
Moi, Guillaume, marquis de Nangis, capitaine
De cent lances, baron du mont et de la plaine,
Contre Armand Duplessis, cardinal Richelieu,
Requiers mes deux seigneurs, le roi de France et Dieu.
C'est de justice enfin qu'ici je suis en quête.
Gaspard de Saverny, pour qui je fais requête,
Est mon neveu.
MARION, *bas au marquis.*
Parlez pour les deux, monseigneur.
LE MARQUIS DE NANGIS, *continuant.*
Il eut le mois dernier une affaire d'honneur
Avec un gentilhomme, avec un capitaine,
Un Didier, que je crois de noblesse incertaine.
Ce fut un tort. — Tous deux ont fait en braves gens.
Mais le ministre avait aposté des sergents....
LE ROI.
Je sais l'affaire. Assez. Qu'avez-vous à me dire ?
LE MARQUIS DE NANGIS, *se relevant.*
Je dis qu'il est bien temps que vous y songiez, sire,
Que le cardinal-duc a de sombres projets,
Et qu'il boit le meilleur du sang de vos sujets.
Votre père Henri, de mémoire royale,
N'eût pas ainsi livré sa noblesse loyale.

Il ne la frappait point sans y fort regarder;
Et, bien gardé par elle, il la savait garder.
Il savait qu'on peut faire avec des gens d'épées
Quelque chose de mieux que des têtes coupées,
Qu'ils sont bons à la guerre. Il ne l'ignorait point,
Lui dont plus d'une balle a troué le pourpoint.
Ce temps était le bon. J'en fus, et je l'honore.
Un peu de seigneurie y palpitait encore.
Jamais à des seigneurs un prêtre n'eût touché.
On n'avait point alors de tête à bon marché.
Sire ! en des jours mauvais comme ceux où nous sommes,
Croyez un vieux, gardez un peu de gentilshommes.
Vous en aurez besoin peut-être à votre tour.
Hélas ! vous gémirez peut-être quelque jour
Que la place de Grève ait été si fêtée,
Et que tant de seigneurs de bravoure indomptée,
Vers qui se tourneront vos regrets envieux,
Soient morts depuis longtemps qui ne seraient pas vieux!
Car nous sommes tout chauds de la guerre civile,
Et le tocsin d'hier gronde encor dans la ville.
Soyez plus ménager des peines du bourreau.
C'est lui qui doit garder son estoc au fourreau,
Non pas nous. D'échafauds montrez-vous économe.
Craignez d'avoir un jour à pleurer tel brave homme,
Tel vaillant de grand cœur, dont, à l'heure qu'il est,
Le squelette blanchit aux chaînes d'un gibet!
Sire ! le sang n'est pas une bonne rosée;
Nulle moisson ne vient sur la Grève arrosée,
Et le peuple des rois évite le balcon,
Quand aux dépens du Louvre on peuple Montfaucon.
Meurent les courtisans, s'il faut que leur voix aille
Vous amuser pendant que le bourreau travaille!
Cette voix des flatteurs qui dit que tout est bon,
Qu'après tout on est fils d'Henri-Quatre et Bourbon,

Si haute qu'elle soit, ne couvre pas sans peine
Le bruit sourd qu'en tombant fait une tête humaine.
Je vous en donne avis, ne jouez pas ce jeu,
Roi, qui serez un jour face à face avec Dieu.
Donc je vous dis, avant que rien ne s'accomplisse,
Qu'à tout prendre il vaut mieux un combat qu'un supplice,
Que ce n'est pas la joie et l'honneur des Etats
De voir plus de besogne aux bourreaux qu'aux soldats ;
Que c'est un pasteur dur pour la France où vous êtes
Qu'un prêtre qui se paye une dîme de têtes,
Et que cet homme illustre entre les inhumains,
Qui touche à votre sceptre, — a du sang à ses mains !

LE ROI.

Monsieur, le cardinal est mon ami. Qui m'aime
L'aimera.

LE MARQUIS DE NANGIS.

Sire !...

LE ROI.

Assez. C'est un autre-moi-même.

LE MARQUIS DE NANGIS.

Sire !

LE ROI.

Plus de harangue à troubler nos esprits !

Montrant ses cheveux, qui grisonnent.

Ce sont les harangueurs qui font nos cheveux gris.

LE MARQUIS DE NANGIS.

Pourtant, sire, un vieillard, une femme qui pleure !
C'est de vie et de mort qu'il s'agit à cette heure !

LE ROI.

Que demandez-vous donc ?

LE MARQUIS DE NANGIS.

La grâce de Gaspard !

MARION.

La grâce de Didier !

LE ROI.

Tout ce qu'un roi départ
En grâces trop souvent est pris à la justice.

MARION.

Ah! sire! à notre deuil que le roi compatisse!
Savez-vous ce que c'est? Deux jeunes insensés,
Par un duel jusqu'au fond de l'abîme poussés!
Mourir, grand Dieu! mourir sur un gibet infâme!
Vous aurez pitié d'eux! — Je ne sais pas, moi femme,
Comment on parle aux rois. Pleurer peut-être est mal?
Mais c'est un monstre enfin que votre cardinal!
Pourquoi leur en veut-il? qu'ont-ils fait? il n'a même
Jamais vu mon Didier. — Hélas! qui l'a vu l'aime.
— A leur âge, tous deux, les tuer pour un duel!
Leurs mères! songez donc! — Ah! c'est horrible! — O ciel!
Vous ne le voudrez pas! — Ah! femmes que nous sommes,
Nous ne savons pas bien parler comme les hommes,
Nous n'avons que des pleurs, des cris et des genoux
Que le regard d'un roi ploie et brise sous nous!
Ils ont eu tort, c'est vrai! Si leur faute vous blesse,
Tenez, pardonnez-leur. Vous savez? la jeunesse!
Mon Dieu! les jeunes gens savent-ils ce qu'ils font?
Pour un geste, un coup d'œil, un mot, — souvent au fond
Ce n'est rien, — on se blesse, on s'irrite, on s'emporte.
Les choses tous les jours se passent de la sorte;
Chacun de ces messieurs le sait. Demandez-leur,
Sire. — Est-ce pas, messieurs? — Ah! Dieu! l'affreux malheur!
Dire que vous pouvez d'un mot sauver deux têtes!
Oh! je vous aimerai, sire, si vous le faites!
Grâce! grâce! — Oh! mon Dieu! si je savais parler,
Vous verriez, vous diriez: Il faut la consoler,
C'est une pauvre enfant, son Didier, c'est son âme... —
J'étouffe. Ayez pitié!

ACTE IV, SCÈNE VII.

LE ROI.
Qu'est-ce que cette dame?
MARION.
Une sœur, Majesté, qui tremble à vos genoux.
Vous vous devez au peuple.
LE ROI.
Oui, je me dois à tous.
Le duel n'a jamais fait de ravages plus amples.
MARION.
Il faut de la pitié, sire!
LE ROI.
Il faut des exemples.
LE MARQUIS DE NANGIS.
Deux enfants de vingt ans, sire! songez-y bien.
Ah! leur âge à tous deux fait la moitié du mien.
MARION.
Majesté, vous avez une mère, une femme,
Un fils, quelqu'un enfin que vous aimez dans l'âme,
Un frère, sire! — Eh bien! pitié pour une sœur!
LE ROI.
Un frère! non, madame.
Il réfléchit un instant.
Ah! si fait. J'ai MONSIEUR.
Apercevant la suite du marquis.
Çà, marquis de Nangis, quelle est cette brigade?
Sommes-nous assiégés? allons-nous en croisade?
Pour nous mener ainsi vos gardes sous les yeux,
Etes-vous duc et pair?
LE MARQUIS DE NANGIS.
Non, sire, je suis mieux
Qu'un duc et pair, créé pour des cérémonies;
Je suis baron breton de quatre baronnies.
LE DUC DE BELLEGARDE, *à part.*
L'orgueil est un peu fort et par trop maladroit!

LE ROI.

Bien. Dans votre manoir remportez votre droit,
Monsieur; mais laissez-nous le nôtre sur nos terres.
Nous sommes justicier.

LE MARQUIS DE NANGIS, *frissonnant.*

Sire ! au nom de vos pères,
Considérez leur âge et leurs torts expiés,

Il tombe à genoux.

Et l'orgueil d'un vieillard qui se brise à vos pieds.
Grâce !

Le roi fait un signe brusque de colère et de refus.
Il se relève lentement.

Du roi Henri, votre père et le nôtre,
Je fus le compagnon, et j'étais là quand l'autre...
L'autre monstre,—enfonça le poignard...— Jusqu'au soir
Je gardai mon roi mort, car c'était mon devoir.
Sire ! j'ai vu mon père, hélas ! et mes six frères
Choir tour à tour au choc des factions contraires.
La femme qui m'aimait, je l'ai perdue aussi.
Maintenant le vieillard que vous voyez ici
Est comme un patient qu'un bourreau, qui s'en joue,
A pour tout un grand jour attaché sur la roue.
Le Seigneur a brisé mes membres tour à tour
De sa barre de fer. — Voici la fin du jour,

Mettant la main sur sa poitrine.

Et j'ai le dernier coup. — Sire, Dieu vous conserve !

Il salue profondément et sort. Marion se lève péniblement et va tomber, mourante, dans l'enfoncement de la porte dorée du cabinet du roi.

LE ROI, *essuyant une larme et le suivant des yeux, à Bellegarde.*

Pour ne pas défaillir il faut qu'un roi s'observe.
Bien faire est malaisé... Ce vieillard m'a touché...

Il rêve un moment et sort brusquement de son silence.

Aujourd'hui pas de grâce! hier j'ai trop péché.

Se rapprochant de Bellegarde.

Pour vous, duc, avant lui vous veniez de me dire
Mainte chose hardie et qui pourra vous nuire
Quand au cardinal-duc je redirai ce soir
La conversation que nous venons d'avoir.
J'en suis fâché pour vous. Désormais prenez garde.

Bâillant.

Ah! j'ai bien mal dormi, mon pauvre Bellegarde!

Congédiant du geste gardes et courtisans.

Messieurs, laissez-nous seuls. Allez.

A l'Angely.

Demeure, toi.

Tout le monde sort, excepté Marion, que le roi ne voit pas. Le duc de Bellegarde l'aperçoit accroupie au seuil de la porte et va à elle.

LE DUC DE BELLEGARDE, *bas à Marion.*

Vous ne pouvez rester à la porte du roi.
Qu'y faites-vous, collée ainsi qu'une statue?
Ma chère, allez-vous-en.

MARION.

J'attendrai qu'on m'y tue.

L'ANGELY, *bas au duc.*

Laissez-la, duc.

Bas à Marion.

Restez.

Il revient auprès du roi, qui s'est assis dans le grand fauteuil et rêve profondément.

SCÈNE VIII.

LE ROI, L'ANGELY.

LE ROI, *avec un soupir profond.*
   L'Angely, l'Angely,
Viens! j'ai le cœur malade et d'amertume empli.
Point de rire à la bouche, et dans mes yeux arides
Point de pleurs. Toi qui, seul, quelquefois me dérides,
Viens. — Toi qui n'as jamais peur de ma majesté,
Fais luire dans mon âme un rayon de gaîté.
    Un silence.
   L'ANGELY.
N'est-ce pas que la vie est une chose amère,
Sire?
   LE ROI.
 Hélas!
   L'ANGELY.
  Et que l'homme est un souffle éphémère?
   LE ROI.
Un souffle, et rien de plus.
   L'ANGELY.
    N'est-ce pas, dites-moi,
Qu'on est bien malheureux d'être homme et d'être roi,
Sire?
   LE ROI.
 On a double charge.
   L'ANGELY.
    Et, plutôt qu'être au monde,
Que mieux vaut le tombeau, si l'ombre en est profonde!
   LE ROI.
Je l'ai toujours dit.

L'ANGELY.
Sire ! être mort ou pas né,
Voilà le seul bonheur. Mais l'homme est condamné.
LE ROI.
Que tu me fais plaisir de parler de la sorte !
Un silence.
L'ANGELY.
Une fois au tombeau, pensez-vous qu'on en sorte ?
LE ROI, *dont la tristesse a été toujours croissant aux paroles du fou.*
Nous le saurons plus tard. — J'en voudrais être là.
Un silence.
Fou, je suis malheureux ! Entends-tu bien cela ?
L'ANGELY.
Je le vois. — Vos regards, votre face amaigrie,
Votre deuil...
LE ROI.
Et comment veux-tu donc que je rie ?
Se rapprochant du fou.
Car avec moi, vois-tu, — tu perds ta peine. — A quoi
Te sert de vivre donc ? Beau métier ! fou de roi !
Grelot faussé, — pantin qu'on jette et qu'on ramasse,
Dont le rire vieilli n'est plus qu'une grimace !
Que fais-tu sur la terre à jouer arrêté ?
Pourquoi vis-tu ?
L'ANGELY.
Je vis par curiosité.
Mais vous, — à quoi bon vivre ? — Ah ! je vous plains dans l'âme !
Comme vous être roi, mieux vaudrait être femme !
Je ne suis qu'un pantin dont vous tenez le fil ;
Mais votre habit royal cache un fil plus subtil
Que tient un bras plus fort ; et moi j'aime mieux être
Pantin aux mains d'un roi, sire, qu'aux mains d'un prêtre.
Un silence.

LE ROI, *rêvant et de plus en plus triste.*
Tu ris, mais tu dis vrai; c'est un homme infernal.
— Satan pourrait-il pas s'être fait cardinal?
Si c'était lui dont j'ai l'âme ainsi possédée?
Qu'en dis-tu?

L'ANGELY.
J'ai souvent, sire, eu la même idée.

LE ROI.
Ne parlons plus ainsi, ce doit être un péché.
Vois comme le malheur sur moi s'est attaché:
Je viens ici, j'avais des cormorans d'Espagne; —
Pas une goutte d'eau pour pêcher! — La campagne!
Point d'étang assez large en ce maudit Chambord
Pour qu'un ciron s'y voie en s'y mirant du bord!
Je veux chasser; — la mer! je veux pêcher; — la plaine!
Suis-je assez malheureux?

L'ANGELY.
Oui, votre vie est pleine
D'affreux chagrins.

LE ROI.
Comment me consolerais-tu?

L'ANGELY.
Tenez, une autre encor. Vous tenez pour vertu,
Avec raison, cet art de dresser les alêtes
A la chasse aux perdrix; un bon chasseur, vous l'êtes,
Fait cas du fauconnier.

LE ROI, *vivement.*
Le fauconnier est dieu!

L'ANGELY.
Eh bien! il en est deux qui vont mourir sous peu.

LE ROI.
A la fois?

L'ANGELY.
Oui.

ACTE IV, SCÈNE VIII.

LE ROI.

Qui donc?

L'ANGELY.

Deux fameux!

LE ROI.

Qui, de grâce?

L'ANGELY.

Ces jeunes gens pour qui l'on vous demandait grâce...

LE ROI.

Ce Gaspard? ce Didier?

L'ANGELY.

Je crois qu'oui, les derniers.

LE ROI.

Quelle calamité! vraiment, deux fauconniers...
Avec cela que l'art se perd! Ah! duel funeste!
Moi mort, cet art aussi s'en va, — comme le reste!
— Pourquoi ce duel?

L'ANGELY.

Mais l'un à l'autre soutenait
Que l'alète au grand vol ne vaut pas l'alfanet.

LE ROI.

Il avait tort. — Pourtant le cas n'est pas pendable.

Un silence.

Mais, après tout, mon droit de grâce est imperdable;
Au gré du cardinal je suis toujours trop doux.

Un silence.

A l'Angely.

Richelieu veut leur mort!

L'ANGELY.

Sire, que voulez-vous?

LE ROI, *après réflexion et silence.*

Ils mourront!

L'ANGELY.

C'est cela.

LE ROI.
Pauvre fauconnerie !

L'ANGELY, *allant à la fenêtre.*
Voyez donc, sire !

LE ROI, *se détournant en sursaut.*
Quoi ?

L'ANGELY.
Regardez, je vous prie !

LE ROI, *se levant et allant à la fenêtre.*
Qu'est-ce ?

L'ANGELY, *lui montrant quelque chose au dehors.*
On vient relever la sentinelle.

LE ROI.
Eh bien ?
C'est tout ?

L'ANGELY.
Quel est ce drôle aux galons jaunes ?

LE ROI.
Rien.
Le caporal.

L'ANGELY.
Il met un autre homme à la place.
Que lui dit-il ainsi tout bas ?

LE ROI.
Le mot de passe.
Bouffon, où veux-tu donc en venir ?

L'ANGELY.
A ceci :
Que les rois ici-bas font sentinelle aussi.
Au lieu de pique, ils ont un sceptre qui les charge.
Quand ils ont tout leur temps trôné de long en large,
La mort, ce caporal des rois, met en leur lieu
Un autre porte-sceptre, et de la part de Dieu
Lui donne le mot d'ordre, et ce mot, c'est : CLÉMENCE !

ACTE IV, SCÈNE VIII.

LE ROI.

Non. C'est : JUSTICE.—Ah! deux fauconniers, perte immense!
— Ils mourront!

L'ANGELY.

Comme vous, comme moi.—Grand, petit,
La mort dévore tout d'un égal appétit.
Mais, tout pressés qu'ils sont, les morts dorment à l'aise.
Monsieur le cardinal vous obsède et vous pèse;
Attendez, sire! — Un jour, un mois, l'an révolu,
Lorsque nous aurons bien, durant le temps voulu,
Fait tous trois, moi le fou, vous le roi, lui le maître,
Nous nous endormirons, et, si fier qu'on puisse être,
Si grand que soit un homme au compte de l'orgueil,
Nul n'a plus de six pieds de haut dans le cercueil!
Lui, voyez déjà comme en litière on le traîne...

LE ROI.

Oui, la vie est bien sombre et la tombe est sereine. —
Si je ne t'avais pas pour m'égayer un peu...

L'ANGELY.

Sire, précisément, je viens vous dire adieu.

LE ROI.

Que dis-tu?

L'ANGELY.

Je vous quitte.

LE ROI.

Allons, quelle folie!
Du service des rois la mort seule délie.

L'ANGELY.

Aussi vais-je mourir!

LE ROI.

Es-tu fou pour de bon,
Dis?

L'ANGELY.

Condamné par vous, roi de France et Bourbon.

18.

LE ROI.
Si tu railles, bouffon, dis-nous où nous en sommes!
L'ANGELY.
Sire, j'étais du duel de ces deux gentilshommes.
Mon épée en était, du moins, si ce n'est moi.
Je vous la rends.

Il tire son épée et la présente au roi un genou en terre.

LE ROI, *prenant l'épée et l'examinant.*
Vraiment! une épée! oui; ma foi!
D'où te vient-elle, ami?
L'ANGELY.
Sire, on est gentilhomme.
Vous n'avez pas fait grâce aux coupables; en somme,
J'en suis.

LE ROI, *grave et sombre.*
Alors, bonsoir! laisse-moi, pauvre fou,
Avant qu'il soit coupé, t'embrasser par ton cou.

Il embrasse l'Angely.

L'ANGELY, *à part.*
Il prend terriblement au sérieux la chose!
LE ROI, *après un silence.*
Jamais à la justice un vrai roi ne s'oppose.
Mais, cardinal Armand, vous êtes bien cruel.
Deux fameux fauconniers et mon fou pour un duel!

Il se promène vivement agité et la main sur le front. Puis il se tourne vers l'Angely, inquiet.

Va, va! console-toi, la vie est bien amère;
Mieux vaut la tombe, et l'homme est un souffle éphémère.
L'ANGELY.
Diable!

Le roi continue de se promener et paraît violemment agité.

LE ROI.
Ainsi, pauvre fou, tu crois qu'ils te pendront?

ACTE IV, SCÈNE VIII.

L'ANGELY, *à part*.

Comme il y va! j'en ai la sueur sur le front!

Haut.

A moins d'un mot de vous...

LE ROI.

Qui donc me fera rire?
Si l'on sort du tombeau, tu viendras me le dire.
C'est une occasion.

L'ANGELY.

Le message est charmant!

Le roi continue de se promener à grands pas, adressant çà et là la parole à l'Angely.

LE ROI.

L'Angely! quel triomphe au cardinal Armand!

Croisant les bras.

Crois-tu, si je voulais, que je serais le maître?

L'ANGELY.

Montaigne eût dit : *Que sais-je?* et Rabelais : *Peut-être!*

LE ROI, *avec un geste de résolution*.

Bouffon! un parchemin!

L'Angely lui présente avec empressement un parchemin qui se trouve sur une table près d'une écritoire. Le roi écrit précipitamment quelques mots, puis rend le parchemin à l'Angely.

Je vous fais grâce à tous!

L'ANGELY.

A tous trois?

LE ROI.

Oui.

L'ANGELY, *courant à Marion*.

Madame, arrivez! à genoux!
Remerciez le roi!

MARION, *tremblante à genoux*.

Nous avons notre grâce?

L'ANGELY.

Et c'est moi...

MARION.

Quels genoux faut-il donc que j'embrasse ?
Les vôtres ou les siens ?

LE ROI, *étonné, examinant Marion. — A part.*

Que veut dire ceci ?
Est-ce un piége ?

L'ANGELY, *donnant un parchemin à Marion.*

Prenez le papier que voici.

Marion baise le parchemin et le met dans son sein.

LE ROI, *à part.*

Suis-je dupe ?

A Marion.

Un instant, madame ! il faut me rendre
Cette feuille...

MARION.

Grand Dieu !

Au roi, avec hardiesse, en montrant sa gorge.

Sire, venez la prendre,
Et m'arrachez aussi le cœur !

Le roi s'arrête et recule embarrassé.

L'ANGELY, *bas à Marion.*

Bon ! gardez-la.
Tenez ferme ! le roi ne met pas ses mains là.

LE ROI, *à Marion.*

Donnez, dis-je !

MARION.

Prenez.

LE ROI, *baissant les yeux.*

Quelle est cette sirène ?

L'ANGELY, *bas à Marion.*

Il n'oserait rien prendre au corset de la reine !

LE ROI, *congédiant Marion du geste, après un moment*
d'hésitation, et sans lever les yeux sur elle.
Eh bien ! allez !
MARION, *saluant profondément le roi.*
Courons sauver les prisonniers !
Elle sort.
L'ANGELY, *au roi.*
C'est la sœur de Didier, l'un des deux fauconniers.
LE ROI.
Elle est ce qu'elle veut ! mais c'est étrange comme
Elle m'a fait baisser les yeux, — moi qui suis homme !
Un silence.
Bouffon ! tu m'as joué. C'est un autre pardon
Qu'il faut que je t'accorde.
L'ANGELY.
Eh, sire ! accordez donc.
Toute grâce est un poids qu'un roi du cœur s'enlève.
LE ROI.
Tu dis vrai. J'ai toujours souffert les jours de Grève.
Nangis avait raison, un mort jamais ne sert,
Et Montfaucon peuplé rend le Louvre désert.
Se promenant à grands pas.
C'est une trahison que de venir, en face,
Au fils du roi Henri rayer son droit de grâce.
Que fais-je ainsi, déchu, détrôné, désarmé ?
Comme dans un sépulcre, en cet homme enfermé,
Sa robe est mon linceul, et mes peuples me pleurent !
Non ! non ! je ne veux pas que ces deux enfants meurent.
Vivre est un don du ciel trop visible et trop beau.
Après une rêverie.
Dieu qui sait où l'on va peut ouvrir un tombeau,
Un roi, non ! — Je les rends tous deux à leur famille.
Ils vivront. Ce vieillard et cette jeune fille

Me béniront! C'est dit. J'ai signé : Moi, le roi!
Le cardinal sera furieux, mais, ma foi,
Tant pis! cela fera plaisir à Bellegarde.

L'ANGELY.

On peut bien une fois être roi par mégarde!

V
LE CARDINAL

BEAUGENCY.

ACTE CINQUIÈME

Le donjon de Beaugency.—Un préau.—Au fond le donjon ; tout à l'entour, un grand mur. — A gauche, une haute porte en ogive. A droite, une petite porte surbaissée dans le mur. Près de la porte de droite, une table de pierre, un banc de pierre.

SCÈNE PREMIÈRE.

DES OUVRIERS.

Ils travaillent à démolir l'angle du mur du fond à gauche. La brèche est déjà assez avancée.

PREMIER OUVRIER, *piochant*.

Hum ! c'est dur !

DEUXIÈME OUVRIER, *piochant*.

Peste soit du gros mur qu'il nous faut
jeter par terre !

TROISIÈME OUVRIER, *piochant*.

Pierre, as-tu vu l'échafaud ?

PREMIER OUVRIER.

Oui.

Il va à la porte et la mesure.

La porte est étroite, et jamais la litière

Du seigneur cardinal n'y passerait entière.
TROISIÈME OUVRIER.
C'est donc une maison ?
PREMIER OUVRIER, *avec un geste affirmatif*.
Avec de grands rideaux.
Vingt-quatre hommes à pied la portent sur leur dos.
DEUXIÈME OUVRIER.
Moi, j'ai vu la machine, un soir, par un temps sombre,
Qui marchait... On eût dit Léviathan dans l'ombre.
TROISIÈME OUVRIER.
Que vient-il ici faire avec tant de sergents?
PREMIER OUVRIER.
Voir l'exécution de ces deux jeunes gens.
Il est malade, il a besoin de se distraire.
DEUXIÈME OUVRIER.
Finissons !

Ils se remettent au travail. Le mur est presque démoli.
TROISIÈME OUVRIER.
As-tu vu l'échafaud noir, mon frère?
Ce que c'est qu'être noble !
PREMIER OUVRIER.
Ils ont tout !
DEUXIÈME OUVRIER.
Il faut voir
Si l'on ferait pour nous un bel échafaud noir !
PREMIER OUVRIER.
Qu'ont donc fait ces seigneurs, qu'on les tue? Hein, Maurice,
Comprends-tu cela, toi ?
TROISIÈME OUVRIER.
Non, c'est de la justice.

Ils continuent de démolir le mur. Entre Laffemas. Les ouvriers se taisent. Il arrive par le fond du théâtre, comme s'il venait d'une cour intérieure de la prison. Il s'arrête devant les ouvriers et paraît examiner la brèche et leur donner quelques ordres. La brèche finie, il leur fait tendre d'un côté à l'autre un grand drap noir qui la cache entièrement, puis il les congédie. Presque en même temps paraît Marion, en blanc, voilée. Elle entre par la grande porte, traverse rapidement le théâtre, et court frapper au guichet de la petite porte. Laffemas se dirige du même côté à pas lents. Le guichet s'ouvre. Paraît le guichetier.

SCÈNE II.

MARION, LAFFEMAS.

MARION, *montrant un parchemin au guichetier.*
Ordre du roi.

LE GUICHETIER.
Madame, on n'entre pas.

MARION.
Comment ?

LAFFEMAS, *présentant un papier au guichetier.*
Signé du cardinal.

LE GUICHETIER.
Entrez.

Laffemas, au moment d'entrer, se retourne, considère en entrant Marion, et revient vers elle. Le guichetier referme la porte.

LAFFEMAS, *à Marion.*
Mais quoi, vraiment,
C'est encor vous ! ici ! L'endroit est équivoque.

MARION.
Oui.

Avec triomphe et montrant le parchemin.
J'ai la grâce !

LAFFEMAS, *montrant le sien.*
Et moi l'ordre qui la révoque.

MARION, *avec un cri d'effroi.*
L'ordre est d'hier matin !

LAFFEMAS.
　　　　　Le mien de cette nuit.
MARION, *les mains sur ses yeux.*
Oh! plus d'espoir!

LAFFEMAS.
　　　　　L'espoir n'est qu'un éclair qui luit.
La clémence des rois est chose bien fragile!
Elle vient à pas lents et fuit d'un pied agile.

MARION.
Pourtant le roi lui-même à les sauver s'émeut!...

LAFFEMAS.
Est-ce que le roi peut quand le cardinal veut?

MARION.
O Didier! la dernière espérance est éteinte!

LAFFEMAS, *bas.*
Pas la dernière.

MARION, *à part.*
　　　Ciel!

LAFFEMAS, *se rapprochant d'elle.* — *Bas.*
　　　　　Il est dans cette enceinte —
Un homme... — qu'un seul mot de vous — peut faire ici
Plus heureux qu'un roi même, — et plus puissant aussi!

MARION.
Oh! va-t'en!

LAFFEMAS.
　　　Est-ce là le dernier mot?
MARION, *avec hauteur.*
　　　　　　　　　De grâce!

LAFFEMAS.
Qu'un caprice de femme est chose qui me passe!
Vous étiez autrefois tendre facilement;
Aujourd'hui, — qu'il s'agit de sauver votre amant... —

MARION, *l'interrompant.*
Il faut que vous soyez un homme bien infâme,

ACTE V, SCÈNE II.

Bien vil, — décidément ! — pour croire qu'une femme,
— Oui, Marion Delorme! — après avoir aimé
Un homme, le plus pur que le ciel ait formé,
Après s'être épurée à cette chaste flamme,
Après s'être refait une âme avec cette âme,
Du haut de cet amour, si sublime et si doux,
Peut retomber si bas qu'elle aille jusqu'à vous!

LAFFEMAS.

Aimez-le donc !

MARION.

Le monstre ! il va du crime au vice !
Laisse-moi pure !

LAFFEMAS.

Donc je n'ai plus qu'un service
A vous rendre à présent.

MARION.

Quoi ?

LAFFEMAS.

Si vous voulez voir,
Je puis vous faire entrer. — Ce sera pour ce soir.

MARION, *tremblant de tout son corps.*

Dieu! ce soir !

LAFFEMAS.

Oui, ce soir. — Pour voir par la portière,
Monsieur le cardinal viendra dans sa litière.

Marion est plongée dans une profonde et convulsive rêverie. Tout à coup elle passe ses deux mains sur son front et se tourne comme égarée vers Laffemas.

MARION.

Comment feriez-vous donc pour les faire évader ?

LAFFEMAS, *bas.*

Si... vous vouliez ?.. — Alors je puis faire garder
Cette brèche, par où viendra Son Eminence,

Par deux hommes à moi...
Il écoute du côté de la petite porte.
Du bruit... — On vient, je pense

MARION, *se tordant les mains.*

Et vous le sauverez?

LAFFEMAS.

Oui.
Bas.
Pour tout dire ici,
Les murs ont trop d'échos... — Ailleurs...

MARION, *avec désespoir.*

Venez !

Laffemas se dirige vers la grande porte et lui fait signe du doigt de le suivre. — Marion tombe à genoux, tournée vers le guichet de la prison. Puis elle se lève avec un mouvement convulsif, et disparaît par la grande porte à la suite de Laffemas. — Le petit guichet s'ouvre. Entrent, au milieu d'un groupe de gardes, Saverny et Didier.

SCÈNE III.

DIDIER. SAVERNY.

Saverny, vêtu à la dernière mode, entre avec pétulance et gaieté. Didier, tout en noir, pâle, à pas lents. Un geôlier, accompagné de deux hallebardiers, les conduit. Le geôlier place les deux hallebardiers en sentinelle près du rideau noir. — Didier va s'asseoir en silence sur le banc de pierre.

SAVERNY, *au geôlier qui vient de lui ouvrir la porte.*
Merci !
Le bon air !

LE GEÔLIER, *le tirant à l'écart, bas.*
Monseigneur, à vous deux mots, de grâce.

SAVERNY.

Quatre !

ACTE V, SCÈNE III.

LE GEÔLIER, *baissant de plus en plus la voix.*
Voulez-vous fuir?

SAVERNY, *vivement.*
Par où faut-il qu'on passe?

LE GEÔLIER.
C'est mon affaire.

SAVERNY.
Vrai?

Le geôlier fait un signe de tête.

Monsieur le cardinal,
Vous vouliez m'empêcher de retourner au bal!
Pardieu! nous danserons encor. La bonne chose
Que de vivre!

Au geôlier.
Ah çà, quand?

LE GEÔLIER.
Ce soir, à la nuit close.

SAVERNY, *se frottant les mains.*
D'honneur, je suis charmé de quitter ce logis.
D'où me vient ce secours?

LE GEÔLIER.
Du marquis de Nangis.

SAVERNY.
Mon bon oncle!

Au geôlier.
A propos, c'est pour tous deux, je pense?

LE GEÔLIER.
Je n'en puis sauver qu'un.

SAVERNY.
Pour double récompense?

LE GEÔLIER.
Je n'en puis sauver qu'un.

SAVERNY, *hochant la tête.*
Qu'un?

19.

Bas au geôlier.

Alors, écoutez.

Montrant Didier.

Voilà celui qu'il faut sauver.

LE GEÔLIER.

Vous plaisantez!

SAVERNY.

Non pas. — Lui.

LE GEÔLIER.

Monseigneur, quelle idée est la vôtre!
Votre oncle fait cela pour vous, non pour un autre.

SAVERNY.

Est-ce dit? en ce cas, préparez deux linceuls.

Il tourne le dos au geôlier, qui sort étonné. Entre un greffier.

Bon! — on ne pourra pas rester un instant seuls!

LE GREFFIER, *saluant les prisonniers.*

Messieurs, un conseiller du roi près la grand'chambre
Va venir.

Il salue de nouveau et sort.

SAVERNY.

Bien. —

En riant.

Avoir vingt ans, être en septembre,
Et ne pas voir octobre! — est-ce pas ennuyeux?

DIDIER, *tenant le portrait à la main, immobile sur le devant du théâtre, et comme absorbé dans une contemplation profonde.*

Viens, viens. Regarde-moi, — bien, tes yeux sur mes yeux.
Ainsi! — Comme elle est belle! — et quelle grâce étrange!
Dirait-on une femme? Oh! non, c'est un front d'ange!
Dieu lui-même, en douant ce regard de candeur,
S'il y mit plus de flamme, y mit plus de pudeur.
Cette bouche d'enfant, qu'entr'ouvre un doux caprice,
Palpite d'innocence!...

ACTE V, SCÈNE III.

Jetant par terre le portrait avec violence.

Oh! pourquoi ma nourrice,
Au lieu de recueillir le pauvre enfant trouvé,
M'a-t-elle pas brisé le front sur le pavé!
Qu'est-ce que j'avais fait à ma mère pour naître?
Pourquoi dans son malheur,— dans son crime peut-être,—
En m'exilant du sein qui dut me réchauffer,
Fut-elle pas ma mère assez pour m'étouffer!

SAVERNY, *revenant du fond du préau.*

Regardez, mon ami, comme cette hirondelle
Vole bas, il pleuvra ce soir.

DIDIER, *sans l'entendre.*

Chose infidèle
Et folle qu'une femme! être inconstant, amer,
Orageux et profond, comme l'eau de la mer!
Hélas! A cette mer j'avais livré ma voile,
Je n'avais dans mon ciel rien qu'une seule étoile.
J'allais, j'ai fait naufrage, et j'aborde au tombeau!
Pourtant, j'étais né bon, l'avenir m'était beau;
J'avais peut-être même une céleste flamme, —
Un esprit dans le cœur!... — O malheureuse femme!
Oh! n'as-tu pas frémi de me mentir ainsi,
Moi qui laissais aller mon âme à ta merci!

SAVERNY.

C'est encor Marion! — Vous avez vos idées
Là-dessus.

DIDIER, *sans l'écouter, ramassant le portrait, et y fixant les yeux.*

Quoi! parmi les choses dégradées
Il faut te rejeter, femme qui m'as trompé!
Démon, d'une aile d'ange aux yeux enveloppé!

Il remet le portrait sur son cœur.

Reviens là, c'est ta place! —

Se rapprochant de Saverny.

              Un bizarre prodige!
Ce portrait est vivant. — Il est vivant, te dis-je! —
Tandis que tu dormais, en silence et sans bruit,
Ecoute, il m'a rongé le cœur toute la nuit!

           SAVERNY.

Pauvre ami! — De la mort disons quelque parole.
    A part.
Cela m'attriste un peu, mais cela le console.

           DIDIER.

Que me demandez-vous? Je n'ai point écouté.
Car, depuis qu'on m'a dit ce nom, il m'est resté
Un étourdissement dont j'ai l'âme affaiblie.
Je ne me souviens pas, je ne sais pas, j'oublie.

          SAVERNY, *lui serrant le bras.*

La mort?

           DIDIER, *avec joie.*

   Ah!

           SAVERNY.

       Parlez-moi de la mort, mon ami.
Qu'est-ce enfin?

           DIDIER.

       Cette nuit avez-vous bien dormi?

           SAVERNY.

Très-mal. — Mon lit est dur à meurtrir qui le touche!

           DIDIER.

Bien. — Quand vous serez mort, mon ami, votre couche
Sera plus dure encor, mais vous dormirez bien.
Voilà tout. On a bien l'enfer, mais ce n'est rien
Près de la vie!

           SAVERNY.

       Allons! ma crainte s'est enfuie.
Mais, diable! être pendu, voilà ce qui m'ennuie!

DIDIER.

Eh! c'est toujours la mort, n'en demandez pas tant!

SAVERNY.

A votre aise! mais moi, je ne suis pas content.
Je crains peu de mourir, je le dis sans jactance,
Quand la mort est la mort et n'est pas la potence.

DIDIER.

La mort a mille aspects. Le gibet en est un.
Sans doute ce doit être un moment importun
Quand ce nœud vous éteint comme on souffle une flamme,
Et vous serre la gorge, et vous fait jaillir l'âme!
Mais, après tout, qu'importe! et, si tout est bien noir,
Pourvu que sur la terre on ne puisse rien voir, —
Qu'on soit sous un tombeau qui vous pèse et vous loue,
Ou que le vent des nuits vous tourmente et se joue
A rouler des débris de vous, que les corbeaux
Ont du gibet de pierre arrachés par lambeaux, —
Qu'est-ce que cela fait?

SAVERNY.

Vous êtes philosophe!

DIDIER.

Que le bec du vautour déchire mon étoffe,
Ou que le ver la ronge, ainsi qu'il fait d'un roi,
C'est l'affaire du corps : mais que m'importe, à moi!
Lorsque la lourde tombe a clos notre paupière,
L'âme lève du doigt le couvercle de pierre,
Et s'envole.....

Entre un conseiller, suivi et précédé d'un hallebardier en noir.

SCÈNE IV.

Les Mêmes, UN CONSEILLER A LA GRAND'CHAMBRE, en grand costume, GEOLIERS, GARDES.

LE GEÔLIER, *annonçant.*
Monsieur le conseiller du roi.
LE CONSEILLER, *saluant tour à tour Saverny et Didier.*
Messieurs, mon ministère est pénible, et la loi
Est sévère.....

SAVERNY.
J'entends. Il n'est plus d'espérance.
Eh bien, parlez, monsieur!

LE CONSEILLER.
Il déroule un parchemin, et lit :
« Nous, Louis, roi de France
« Et de Navarre, au fond, rejetons le pourvoi
« Que lesdits condamnés ont formé près du roi;
« Pour la forme, des leurs ayant l'âme touchée,
« Nous commuons leur peine à la tête tranchée. »

SAVERNY, *avec joie.*
A la bonne heure!

LE CONSEILLER, *saluant de nouveau.*
Ainsi, messieurs, tenez-vous prêts;
Ce doit être aujourd'hui.
Il salue et se dispose à sortir.

DIDIER, *qui est resté dans son attitude rêveuse, à Saverny.*
Je disais donc qu'après,
Après la mort, qu'on ait mis le cadavre en claie,
Qu'on ait sur chaque membre élargi quelque plaie,
Qu'on ait tordu les bras, qu'on ait brisé les os,
Qu'on ait souillé le corps de ruisseaux en ruisseaux,
De toute cette chair, morte, sanglante, impure,

L'âme immortelle sort sans tache et sans blessure!

LE CONSEILLER, *revenant sur ses pas, à Didier.*

Messieurs, occupez-vous de passer ce grand pas;
Pensez-y bien.

DIDIER, *avec douceur.*

Monsieur, ne m'interrompez pas.

SAVERNY, *gaiement à Didier.*

Plus de gibet!

DIDIER.

Je sais. On a changé la fête.
Le cardinal ne va qu'avec son coupe-tête.
Il faut bien l'employer; la hache rouillerait.

SAVERNY.

Tiens! vous prenez cela froidement! L'intérêt
Est grand pourtant.

Au conseiller.

Merci de la bonne nouvelle.

LE CONSEILLER.

Monsieur, je la voudrais meilleure encor. — Mon zèle...

SAVERNY.

Ah! pardon. A quelle heure?

LE CONSEILLER.

A neuf heures, ce soir.

DIDIER.

Bien. Que du moins le ciel, comme mon cœur, soit noir.

SAVERNY.

Où sera l'échafaud?

LE CONSEILLER, *montrant de la main la cour voisine.*

Ici, dans la cour même,
Monseigneur doit venir.

Le conseiller sort avec tout son cortége. Les deux prisonniers restent seuls. Le jour commence à baisser. On aperçoit seulement au fond briller la hallebarde des deux sentinelles, qui se promènent en silence devant la brèche.

SCÈNE V.

DIDIER, SAVERNY.

DIDIER, *solennellement, après un silence.*
                    A ce moment suprême,
Il convient de songer au sort qui nous attend.
Nous sommes à peu près du même âge, et pourtant
Je suis plus vieux que vous. Donc je dois faire en sorte
Que ma voix jusqu'au bout vous guide et vous exhorte.
D'autant plus que c'est moi qui vous perds; le défi
Vint de moi. Vous viviez heureux, il m'a suffi
De toucher votre vie, hélas! pour la corrompre.
Votre sort sous le mien a ployé jusqu'à rompre.
Or, nous entrons tous deux ensemble dans la nuit
Du tombeau. Tenons-nous par la main...
        On entend des coups de marteau.

SAVERNY.
                        Qu'est ce bruit?

DIDIER.
C'est l'échafaud qu'on dresse, ou nos cercueils qu'on cloue.
        Saverny s'assied sur le banc de pierre.
Continuant.
— Souvent au dernier pas le cœur de l'homme échoue,
La vie encor nous tient par de secrets côtés.
        L'horloge sonne un coup.
Mais je crois qu'une voix nous appelle... Écoutez!
        Un nouveau coup.

SAVERNY.
Non, c'est l'heure qui sonne.
        Un troisième coup.

DIDIER.
                        Oui, l'heure!
        Un quatrième coup.

ACTE V, SCÈNE V.

SAVERNY.

A la chapelle.

Quatre autres coups.

DIDIER.

C'est toujours une voix, frère, qui nous appelle.

SAVERNY.

Encore une heure.

Il appuie ses coudes sur la table de pierre et sa tête sur ses mains. On vient relever les hallebardiers de garde.

DIDIER.

Ami! gardez-vous de fléchir,
De trébucher au seuil qui nous reste à franchir!
Du sépulcre sanglant qu'un bourreau nous apprête
La porte est basse, et nul n'y passe avec sa tête.
Frère! allons d'un pas ferme au-devant de leurs coups.
Que ce soit l'échafaud qui tremble et non pas nous.
On veut notre tête! eh! pour n'être pas en faute,
Au bourreau qui l'attend il faut la porter haute.

Il s'approche de Saverny immobile.

Courage!...

Il lui prend le bras et s'aperçoit qu'il dort.

Il dort. — Et moi qui lui prêchais si bien
Le courage!... Il dormait! qu'est le mien près du sien?

Il s'assied.

Dors, toi qui peux dormir! — Bientôt me viendra l'heure
De dormir à mon tour. Oh! — Pourvu que tout meure!
Pourvu que rien d'un cœur dans la tombe enfermé
Ne vive pour haïr ce qu'il a trop aimé!

La nuit est tout à fait tombée. Pendant que Didier se plonge de plus en plus dans ses pensées, entrent par la brèche du fond Marion et le geôlier. Le geôlier la précède avec une lanterne sourde et un paquet. Il dépose le paquet et la lanterne à terre, puis il s'avance avec précaution vers Marion, qui est restée sur le seuil, pâle, immobile, égarée.

I.   20

SCÈNE VI.

Les Mêmes, MARION, LE GEOLIER.

LE GEÔLIER, *à Marion.*
Surtout soyez dehors avant l'heure indiquée.
Il s'éloigne. Pendant tout le reste de la scène, il continue de se
 promener de long en large au fond du théâtre.

MARION.
Elle s'avance en chancelant et comme absorbée dans une pensée
 de désespoir. De temps en temps elle passe la main sur son
 visage, comme si elle cherchait à effacer quelque chose.
... Sa lèvre est un fer rouge et m'a toute marquée!
Tout à coup, dans l'ombre, elle aperçoit Didier, pousse un cri,
 court, se précipite, et tombe haletante à ses genoux.
Didier! Didier! Didier!

DIDIER, *comme éveillé en sursaut.*
Elle ici! Dieu!
D'un ton froid.
— C'est vous!

MARION, *levant la tête.*
Qui veux-tu que ce soit? Oh! laisse, à tes genoux!
Je me sens si bien là! — Tes mains, tes mains chéries,
Donne-les-moi, tes mains! — Comme ils les ont meurtries!
Des chaînes, n'est-ce pas? des fers?... — Les malheureux!
Je suis ici, vois-tu? c'est que... — c'est bien affreux!
Elle pleure. On l'entend sangloter.

DIDIER.
Qu'avez-vous à pleurer?

MARION.
Non. Est-ce que je pleure?
Non, je ris.
Elle rit.
Nous allons nous enfuir tout à l'heure.

ACTE V, SCÈNE VI.

Je ris, je suis contente, il vivra! c'est passé!

Elle tombe sur les genoux de Didier et pleure.

Oh! tout cela me tue, et j'ai le cœur brisé!

DIDIER.

Madame...

MARION.

Elle se lève sans l'entendre, et court chercher le paquet, qu'elle apporte à Didier.

Profitons de l'instant où nous sommes.
Mets ce déguisement. J'ai gagné ces deux hommes.
On peut sans être vu sortir de Beaugency.
Nous prendrons une rue au bout de ce mur-ci.
Richelieu va venir voir comme on exécute
Ses ordres. Gardons-nous de perdre une minute.
Le canon tirera pour sa venue. Ainsi,
Tout alors est perdu si nous sommes ici!

DIDIER.

C'est bien.

MARION.

Vite! — Ah! mon Dieu! c'est bien lui! c'est lui-même!
Sauvé! parle-moi donc. Mon Didier, je vous aime!

DIDIER.

Vous dites une rue au détour de ce mur?

MARION.

Oui, j'en viens, j'ai tout vu. C'est un chemin très-sûr.
J'ai regardé fermer la dernière fenêtre
Nous y rencontrerons quelques femmes peut-être.
D'ailleurs on vous prendra pour un passant. Voilà.
Quand vous serez bien loin, — mettez ces habits-là! —
Nous rirons de vous voir déguisé de la sorte.
Vite!

DIDIER, *repoussant les habits du pied.*

Rien ne presse.

MARION.
Ah! la mort est à la porte!
Fuyons, Didier! — C'est moi qui viens ici.
DIDIER.
Pourquoi?
MARION.
Pour vous sauver! Grand Dieu! quelle demande, à moi!
Pourquoi ce ton glacé?
DIDIER, *avec un sourire triste.*
Vous savez que nous sommes
Bien souvent insensés, nous autres pauvres hommes!
MARION.
Viens! oh! viens! le temps presse, et les chevaux sont prêts;
Tout ce que tu voudras, tu le diras après.
Mais partons!
DIDIER.
Que fait là cet homme qui regarde?
MARION.
C'est le geôlier. Il est gagné comme la garde.
Doutez-vous de ces gens? Vous avez l'air frappé...
DIDIER.
Non, rien. — C'est que souvent on peut être trompé.
MARION.
Oh! viens! — Si tu savais, chaque instant qui s'écoule
Je meurs; je crois entendre au loin marcher la foule.
Oh! hâtons-nous de fuir, je t'en prie à genoux!
DIDIER, *montrant Saverny endormi.*
Dites-moi, pour lequel de nous deux venez-vous?
MARION, *un moment interdite.*
A part.
Gaspard est généreux, il ne m'a point nommée!
Haut.
Est-ce ainsi que Didier parle à sa bien-aimée?
Mon Didier, qu'avez-vous contre moi?

DIDIER.

       Je n'ai rien.

Voyons, levez la tête et regardez-moi bien.

  Marion, tremblante, fixe son regard sur le sien.

Oui, c'est bien ressemblant.

MARION.

      Mon Didier, je t'adore,

Mais viens donc!

DIDIER.

    Voulez-vous me regarder encore?
     Il la regarde fixement.

MARION, *terrifiée sous le regard de Didier.*

 A part.

Dieu! les baisers de l'autre, est-ce qu'il les verrait!
 Haut.

Ecoutez-moi, Didier, vous avez un secret.
Vous êtes mal pour moi. Vous avez quelque chose!
Il faut me dire tout. Vous savez, on suppose
Souvent le mal; et puis, plus tard on est fâché
Quand un malheur survient par un secret caché!
Ah! j'avais autrefois ma part dans vos pensées!
Toutes ces choses-là sont-elles donc passées?
Ne m'aimez-vous donc plus? — Vous souvient-il de Blois?
De la petite chambre où j'étais autrefois?
Comme nous nous aimions dans une paix profonde,
Que c'était un oubli de toute chose au monde;
Seulement, vous, parfois vous étiez inquiet.
Souvent j'ai dit : — Mon Dieu! si quelqu'un le voyait!
— C'était charmant! — Un jour a tout perdu. — Chère âme,
Combien m'avez-vous dit de fois, en mots de flamme,
Que j'étais votre amour, que j'avais vos secrets,
Que je ferais de vous tout ce que je voudrais!...
Quelles grâces jamais vous ai-je demandées?
Vous savez, bien souvent j'entre dans vos idées;

         20.

Mais aujourd'hui cédez! — Il y va de vos jours!
Ah! vivez ou mourez, je vous suivrai toujours;
Toute chose avec vous, Didier, me sera douce,
La fuite ou l'échafaud!... — Eh bien! il me repousse!
Laissez-moi votre main, cela vous est égal,
Mon front sur vos genoux ne vous fait pas de mal!
J'ai couru pour venir : je suis bien fatiguée.
Ah! qu'est-ce qu'ils diraient ceux qui m'ont vue si gaie,
Si contente autrefois, de me voir pleurer là?
— As-tu quelque grief sur moi? dis-moi cela!
Hélas! souffre à tes pieds la pauvre malheureuse!
C'est une chose, ami, vraiment bien douloureuse
Que je ne puisse pas obtenir un seul mot
De vous! — Enfin on dit ce qu'on a. — Non, plutôt
Poignardez-moi. — Voyons, mes larmes sont taries,
Et je veux te sourire, et je veux que tu ries,
Et, si tu ne ris pas, je ne t'aimerai plus!
— Je fis assez longtemps tout ce que tu voulus,
C'est ton tour. Dans les fers ton âme s'est aigrie.
Parle-moi, voyons, parle, appelle-moi Marie!...

DIDIER.

Marie, ou Marion?

MARION, *tombant épouvantée à terre.*

Didier, soyez clément!

DIDIER, *d'une voix terrible.*

Madame, on n'entre pas ici facilement!
Les bastilles d'État sont nuit et jour gardées,
Les portes sont de fer, les murs ont vingt coudées!
Pour que devant vos pas la prison s'ouvre ainsi,
A qui vous êtes-vous prostituée ici?

MARION.

Didier, qui vous a dit...

DIDIER.

Personne. Je devine.

MARION.

Didier ! j'en jure ici par la bonté divine,
C'était pour vous sauver, vous arracher d'ici,
Pour fléchir les bourreaux, pour vous sauver !

DIDIER.

                              Merci !

Croisant les bras.

Ah ! qu'on soit jusque-là sans pudeur et sans âme,
C'est véritablement une honte, madame !

Il parcourt le théâtre à grands pas avec une explosion de cris de rage.

Où donc est le marchand d'opprobre et de mépris
Qui se fait acheter ma tête à de tels prix ?
Où donc est le geôlier, le juge ? où donc est l'homme ?
Que je le broie ici, que je l'écrase comme
Ceci !

Il brise le portrait entre ses mains.

    Le juge ! — Allez, messieurs ! faites des lois
Et jugez ! Que m'importe, à moi, que le faux poids
Qui fait toujours pencher votre balance infâme
Soit la tête d'un homme, ou l'honneur d'une femme !

A Marion.

— Allez le retrouver !

MARION.

                Oh ! ne me traitez pas
Ainsi ! de vos mépris poussée à chaque pas,
Je tremble ! un mot de plus, Didier, je tombe morte !
Ah ! si jamais amour fut vraie, ardente et forte,
Si jamais homme fut adoré parmi tous,
Didier ! Didier ! c'est vous par moi !

DIDIER.

                          Ha ! taisez-vous.
— J'aurais pu, — pour ma perte, — aussi moi, naître femme ;
J'aurais pu, — comme une autre, — être vile, être infâme ;

Me donner pour de l'or, faire au premier venu
Pour y dormir une heure offre de mon sein nu.
Mais, s'il était venu, vers moi bonne et facile,
Un honnête homme, épris d'un honneur imbécile;
Si j'avais d'aventure, en passant, rencontré
Un cœur d'illusions encor tout pénétré;
Plutôt que de ne pas dire à cet homme honnête :
« Je suis cela ! » plutôt que de lui faire fête,
Plutôt que de ne pas moi-même l'avertir
Que mon œil chaste et pur ne faisait que mentir;
Plutôt qu'être à ce point perfide, ingrate et fausse,
J'eusse aimé mieux creuser de mes ongles ma fosse!

MARION.

Oh !

DIDIER.

Que vous ririez bien si vous pouviez vous voir
Comme vous fit mon cœur, cet étrange miroir !
Que vous avez bien fait de le briser, madame !
Vous étiez là candide, et pure, et chaste !... ô femme !
Que t'avait fait cet homme, au cœur profond et doux,
Et qui t'a si longtemps aimée à deux genoux ?

LE GEOLIER.

L'heure passe.

MARION.

Ah ! le temps marche et l'instant s'envole !
— Didier ! je n'ai pas droit de dire une parole,
Je ne suis qu'une femme à qui l'on ne doit rien,
Vous m'avez réprouvée et maudite, et c'est bien,
Et j'ai mérité plus que haine et que risée,
Et vous êtes trop bon, et mon âme brisée
Vous bénit; mais voici l'heure où le bourreau vient;
Lui que vous oubliez, de vous il se souvient.
Mais j'ai disposé tout. Vous pouvez fuir... — Ecoute,
Ne me refuse pas, — tu sais ce qu'il m'en coûte ! —

ACTE V, SCÈNE VI.

Frappe-moi, laisse-moi dans l'opprobre où je suis,
Repousse-moi du pied, marche sur moi ; — mais fuis !

DIDIER.

Fuir ! qui fuir ? Il n'est rien que j'aie à fuir au monde,
Hors vous, — et je vous fuis, — et la tombe est profonde.

LE GEOLIER.

L'heure passe.

MARION.

Viens ! fuis !

DIDIER.

Je ne veux pas !

MARION.

Pitié !

DIDIER.

Pour qui ?

MARION.

Te voir saisi, grand Dieu ! te voir lié !
Te voir... — Non, d'y penser, j'en mourrai d'épouvante.
— Oh ! dis, viens, viens ! veux-tu que je sois ta servante ?
Veux-tu me prendre, avec mes crimes expiés,
Pour avoir quelque chose à fouler sous tes pieds ?
Celle que tu daignas nommer aux jours d'épreuve
Epouse...

DIDIER.

Epouse !

On entend le canon dans l'éloignement.

Alors, voici qui vous fait veuve.

MARION.

Didier !...

LE GEOLIER.

L'heure est passée.

*Un roulement de tambours. — Entre le conseiller de la grand'-
chambre, accompagné de pénitents portant des torches, du*

bourreau, et suivi de soldats et de peuple qui inondent le théâtre.

MARION.

Ah !

SCÈNE VII.

Les Mêmes, LE CONSEILLER, LE BOURREAU, peuple, soldats, etc.

LE CONSEILLER.

Messieurs, je suis prêt.

MARION, *à Didier.*

Quand je te l'avais dit que le bourreau viendrait !

DIDIER, *au conseiller.*

Nous sommes prêts aussi.

LE CONSEILLER.

Quel est celui qu'on nomme Marquis de Saverny ?

Didier lui montre du doigt Saverny endormi.

Au bourreau.

Réveillez-le.

LE BOURREAU, *le secouant.*

Mais comme il dort ! — Eh ! monseigneur !

SAVERNY, *se frottant les yeux.*

Ah !... comment ont-ils pu m'ôter mon bon sommeil ?

DIDIER.

Il n'est qu'interrompu.

SAVERNY, *à demi éveillé, apercevant Marion et la saluant.*

Tiens ! je rêvais de vous, justement, belle dame.

LE CONSEILLER.

Avez-vous bien à Dieu recommandé votre âme ?

ACTE V, SCÈNE VII.

SAVERNY.

Oui, monsieur.

LE CONSEILLER, *lui présentant un parchemin.*

Bien. Veuillez me signer ce papier.

SAVERNY, *prenant le parchemin et le parcourant des yeux.*

C'est le procès-verbal. — Ce sera singulier,
Le récit de ma mort signé de mon paraphe !

Il signe, et parcourt de nouveau le papier.

Au greffier.

Monsieur, vous avez fait trois fautes d'orthographe.

Il reprend la plume et les corrige.

Au bourreau.

Toi qui m'as éveillé, tu vas me rendormir.

LE CONSEILLER, *à Didier.*

Didier !

Didier se présente. Il lui passe la plume.

Votre nom là.

MARION, *se cachant les yeux.*

Dieu ! cela fait frémir !

DIDIER, *signant.*

Jamais à rien signer je n'eus autant de joie.

Les gardes font la haie et les entraînent tous deux.

SAVERNY, *à quelqu'un de la foule.*

Monsieur, rangez-vous donc pour que cet enfant voie.

DIDIER, *à Saverny.*

Mon frère ! c'est pour moi que vous faites ce pas.
Embrassons-nous.

Il embrasse Saverny.

MARION, *courant à lui.*

Et moi ! vous ne m'embrassez pas ?
Didier, embrassez-moi !

DIDIER, *montrant Saverny.*

C'est mon ami, madame.

MARION, *joignant les mains.*

Oh! que vous m'accablez durement, faible femme
Qui, sans cesse aux genoux ou du juge ou du roi,
Demande grâce à tous pour vous, à vous pour moi!

DIDIER.

Il se précipite vers Marion, haletant et fondant en larmes.

Eh bien, non! non! mon cœur se brise! c'est horrible!
Non, je l'ai trop aimée! il est bien impossible
De la quitter ainsi!—Non! c'est trop malaisé
De garder un front dur quand le cœur est brisé!
Viens! oh! viens dans mes bras!

Il la serre convulsivement dans ses bras.

Je vais mourir; je t'aime!
Et te le dire ici, c'est le bonheur suprême!

MARION.

Didier!

Il l'embrasse de nouveau avec emportement.

DIDIER.

Viens, pauvre femme! — Ah! dites-moi vraiment,
Est-il un seul de vous qui dans un tel moment
Refusât d'embrasser la pauvre infortunée
Qui s'est à lui sans cesse et tout à fait donnée?
J'avais tort! j'avais tort! Messieurs, voulez-vous donc
Que je meure à ses yeux sans pitié, sans pardon?
— Oh! viens que je te dise! — Entre toutes les femmes,
Et ceux qui sont ici m'approuvent dans leurs âmes,
Celle que j'aime, celle à qui reste ma foi,
Celle que je vénère enfin, c'est encor toi! —
Car tu fus bonne, douce, aimante, dévouée! —
Ecoute-moi : ma vie est déjà dénouée,
Je vais mourir, la mort fait tout voir au vrai jour.
Va, si tu m'as trompé, c'est par excès d'amour!
— Et ta chute d'ailleurs, l'as-tu pas expiée?
— Ta mère en ton berceau t'a peut-être oubliée

ACTE V, SCÈNE VII.

Comme moi. — Pauvre enfant ! toute jeune, ils auront
Vendu ton innocence !... Ah ! relève ton front !
— Ecoutez tous : — à l'heure où je suis, cette terre
S'efface comme une ombre, et la bouche est sincère !
Eh bien ! en ce moment, — du haut de l'échafaud,
— Quand l'innocent y meurt, il n'est rien de plus haut !
Marie, ange du ciel, que la terre a flétrie,
Mon amour, mon épouse, — écoute-moi, Marie, —
Au nom du Dieu vers qui la mort va m'entraînant,
Je te pardonne !

      MARION, *étouffée de larmes.*

      O ciel !

      DIDIER.

           A ton tour maintenant,
Il s'agenouille devant elle.

Pardonne-moi !

      MARION.

    Didier !...

    DIDIER, *toujours à genoux.*

           Pardonne-moi, te dis-je !
C'est moi qui fus méchant. Dieu te frappe et t'afflige
Par moi. Tu daigneras encor pleurer ma mort.
Avoir fait ton malheur, va, c'est un grand remord.
Ne me le laisse pas, pardonne-moi, Marie !

      MARION.

Ah !...

      DIDIER.

    Dis un mot, tes mains sur mon front, je t'en prie,
Ou, si ton cœur est plein, si tu ne peux parler,
Fais-moi signe... je meurs, il faut me consoler !
Marion lui impose les mains sur le front. Il se relève et l'em-
    brasse étroitement, avec un sourire de joie céleste.

Adieu ! — Marchons, messieurs !

MARION.
Elle se jette égarée entre lui et les soldats.
Non, c'est une folie!
Si l'on croit t'égorger aisément, on oublie
Que je suis là! — Messieurs, messieurs, épargnez-nous!
Voyons, comment faut-il qu'on vous parle? à genoux?
M'y voilà. Maintenant, si vous avez dans l'âme
Quelque chose qui tremble à la voix d'une femme,
Si Dieu ne vous a pas maudits et frappés tous,
Ne me le tuez pas!

Aux spectateurs.
Et vous, messieurs, et vous,
Lorsque vous rentrerez ce soir dans vos familles,
Vous ne manquerez pas de mères et de filles
Qui vous diront :—Mon Dieu! c'est un bien grand forfait!
Vous pouviez l'empêcher, vous ne l'avez pas fait!
— Didier! on doit savoir qu'il faut que je vous suive.
Ils ne vous tûront pas, s'ils veulent que je vive!

DIDIER.
Non, laisse-moi mourir. Cela vaut mieux, vois-tu?
Ma blessure est profonde, amie! elle aurait eu
Trop de peine à guérir. Il vaut mieux que je meure.
Seulement si jamais, — vois-tu comme je pleure? —
Un autre vient vers toi, plus heureux ou plus beau,
Songe à ton pauvre ami couché dans le tombeau!

MARION.
Non! tu vivras pour moi. Sont-ils donc inflexibles?
Tu vivras!

DIDIER.
Ne dis pas des choses impossibles;
A ma tombe plutôt accoutume tes yeux.
Embrasse-moi. Vois-tu, mort, tu m'aimeras mieux.
J'aurai dans ta mémoire une place sacrée.
Mais vivre près de toi, vivre l'âme ulcérée,

O ciel! moi qui n'aurais jamais aimé que toi,
Tous les jours, peux-tu bien y songer sans effroi?
Je te ferais pleurer, j'aurais mille pensées,
Que je ne dirais pas, sur les choses passées.
J'aurais l'air d'épier, de douter, de souffrir.
Tu serais malheureuse! — Oh! laisse-moi mourir!

LE CONSEILLER, *à Marion.*

Il faut dans un moment que le cardinal passe.
Il sera temps encor de demander leur grâce.

MARION.

Le cardinal! c'est vrai. Le cardinal viendra.
Il viendra. Vous verrez, messieurs, qu'il m'entendra.
Mon Didier, tu vas voir ce que je vais lui dire.
Ah! comment peux-tu croire, enfin c'est du délire,
Que ce bon cardinal, un vieillard, un chrétien,
Ne te pardonne pas? — Tu me pardonnes bien!

Neuf heures sonnent. — Didier fait signe à tous de se taire. Marion écoute avec terreur. Les neuf coups sonnés, Didier s'appuie sur Saverny.

DIDIER, *au peuple.*

Vous qui venez ici pour nous voir au passage,
Si l'on parle de nous, rendez-nous témoignage
Que tous deux sans pâlir nous avons écouté
Cette heure qui pour nous sonnait l'éternité!

Le canon éclate à la porte du donjon. Le voile noir qui cachait la brèche du mur tombe. Paraît la litière gigantesque du cardinal, portée par vingt-quatre gardes à pied, entourée par vingt autres gardes portant des hallebardes et des torches. Elle est écarlate et armoriée aux armes de la maison de Richelieu. Les rideaux de la litière sont fermés. Elle traverse lentement le fond du théâtre. Rumeur dans la foule.

MARION, *se traînant sur les mains jusqu'à la litière, et se tordant les mains.*

Au nom de votre Christ, au nom de votre race,
Grâce, grâce pour eux, monseigneur!

UNE VOIX, *sortant de la litière.*
                    Pas de grâce!

Marion tombe sur le pavé. — La litière passe, et le cortége des deux condamnés se met en marche et sort à sa suite. — La foule se précipite sur leurs pas à grand bruit.

MARION, *seule.*

Elle se relève à demi et se traîne sur les mains en regardant autour d'elle.

Qu'a-t-il dit? — Où sont-ils? — Didier! Didier! plus rien.
Personne ici! Ce peuple!... Etait-ce un rêve? ou bien
Est-ce que je suis folle?

Rentre le peuple en désordre. — La litière reparaît au fond du théâtre, par le côté où elle a disparu. — Marion se lève et pousse un cri terrible.

Il revient!

LES GARDES, *écartant le peuple.*
                    Place! place!

MARION, *debout, échevelée, et montrant la litière au peuple.*

Regardez tous! voilà l'homme rouge qui passe!

Elle tombe sur le pavé.

FIN DE MARION DELORME.

NOTES

NOTE I.

L'auteur croit devoir prévenir ceux de MM. les directeurs de province qui jugeraient à propos de monter sa pièce qu'ils pourront y faire (seulement dans les détails de caractère et de passion, bien entendu) les coupures qu'ils voudront. Cette portion du public à laquelle les rapides croquis de Marivaux et de son école ont fait perdre l'habitude des développements reviendra sans doute peu à peu, et revient même déjà tous les jours à un sentiment plus mâle et plus large de l'art. Mais il ne faut rien brusquer. Observez le spectateur, voyez ce qu'il peut supporter, *quid valeat, quid non*, et arrêtez-vous là. Faites votre œuvre comme l'art et votre conscience la veulent, entière, complète ; faites-la ainsi pour vous, mais ayez le courage de supprimer à la représentation ce que la représentation ne saurait encore admettre. On ne doit pas oublier que nous sommes dans la transition d'un goût ancien à un goût nouveau.

Le même conseil peut être adressé aux acteurs. Ceux de la Porte-Saint-Martin l'ont parfaitement compris. Cette troupe est décidément une des meilleures, une des plus intelligentes, une des plus lettrées de Paris. Il n'est pas de pièce qui ait été exécutée avec plus d'ensemble que *Marion Delorme*. Tous les rôles, et entre autres ceux de l'Angely, de Saverny, du marquis de Nangis, de Laffemas, du Gracieux, ont été joués avec un rare talent ; chaque personnage a une physionomie vraie et une physionomie poétique qui ont été toutes deux saisies par l'acteur. M. Bocage, dans Didier, tour à tour grave, lyrique, sévère et passionné, a réalisé l'idéal de l'auteur. M. Gobert, dans Louis XIII, mélancolique, malade, sombre, ployé en deux sous le poids de la lourde couronne que lui a forgée Richelieu, a reproduit la réalité de l'histoire.

Quant à madame Dorval, elle a développé dans le rôle de Marion toutes les qualités qui l'ont placée au rang des grandes comédiennes de ce temps; elle a eu dans les premiers actes de la grâce charmante et de la grâce touchante. Tout le monde a remarqué de quelle façon parfaite elle dit tous ces mots qui n'ont d'autre valeur que celle qu'elle leur donne : *Serait-ce un huguenot? — Etre en retard! déjà? — Monseigneur, je ne ris plus,* — etc. — Au cinquième acte, elle est constamment pathétique, déchirante, sublime, et, ce qui est plus encore, naturelle. Au reste, les femmes la louent mieux que nous ne pourrions faire : elles pleurent.

NOTE II.

—Acte V, scène II. —

Il faut que vous soyez un homme bien infâme, etc.

Au lieu de ces huit vers, il y avait dans le manuscrit de l'auteur quatre vers qui ont été supprimés à la représentation, et que nous croyons devoir reproduire ici; Marion, aux odieuses propositions de Laffemas, se tournait sans lui répondre vers la prison de Didier.

Fût-ce pour te sauver, redevenir infâme,
Je ne le puis! —Ton souffle a relevé mon âme.

> Mon Didier! près de toi rien de moi n'est resté,
> Et ton amour m'a fait une virginité!

Il est fâcheux que, dans notre théâtre, l'auteur, même le plus consciencieux, le plus inflexible, soit si souvent obligé de sacrifier aux susceptibilités inqualifiables de la portion la moins respectable du public les passages parfois les plus austères de son œuvre, et qui, comme celui-ci, en contiennent même l'explication essentielle. Il en sera toujours ainsi, tant que les premières représentations d'un ouvrage sérieux ne seront pas exclusivement dominées par ce public grave, sincère, et pénétré de la pureté sereine de l'art, qui sait écouter des paroles chastes avec de chastes oreilles.

NOTE III.

— Acte V, scène IV. —

Pour les raisons déjà exprimées dans la note précédente, à la représentation, au lieu de :

> Faire au premier venu
> Pour y dormir une heure offre de mon sein nu.

On dit :

> Vendre au premier venu
> Un amour à son gré, naïf, tendre, ingénu.

Il n'y a rien qui soit plus grossier, à notre sens, que ces prétendues délicatesses du public blasé, lesquelles craignent moins la chose que le mot, et excluraient du théâtre tout Molière.

FIN DES NOTES DE MARION DELORME.

MARIE TUDOR

Il y a deux manières de passionner la foule au théâtre : par le grand et par le vrai. Le grand prend les masses, le vrai saisit l'individu.

Le but du poëte dramatique, quel que soit d'ailleurs l'ensemble de ses idées sur l'art, doit donc toujours être, avant tout, de chercher le grand, comme Corneille, ou le vrai, comme Molière ; ou, mieux encore, et c'est ici le plus haut sommet où puisse monter le génie, d'atteindre tout à la fois le grand et le vrai, le grand dans le vrai, le vrai dans le grand, comme Shakspeare.

Car, remarquons-le en passant, il a été donné à Shakspeare, et c'est ce qui fait la souveraineté de son génie, de concilier, d'unir, d'amalgamer sans cesse dans son œuvre ces deux qualités, la vérité et la grandeur, qualités presque opposées, ou tout au moins tellement distinctes, que le défaut de chacune d'elles constitue le contraire de l'autre. L'écueil du vrai, c'est le petit; l'écueil du grand, c'est le faux. Dans tous les ouvrages de Shakspeare, il y a du grand qui est vrai, et du vrai qui est grand. Au centre de toutes ses créations, on retrouve le point d'intersection de la grandeur et de la vérité; et là où les choses grandes et les choses vraies se croisent, l'art est complet. Shakspeare, comme Michel-Ange, semble avoir été créé pour résoudre ce problème étrange dont le simple énoncé paraît absurde : — rester toujours dans la nature, tout en en sortant quelquefois. — Shakspeare exagère les proportions, mais il maintient les rapports. Admirable toute-puissance du poëte! il fait des choses plus hautes que nous, qui vivent comme nous. Hamlet, par exemple, est aussi vrai qu'aucun de nous, et plus grand. Hamlet est colossal, et pourtant réel. C'est que Hamlet, ce n'est pas vous, ce n'est pas moi, c'est nous tous. Hamlet, ce n'est pas un homme, c'est l'homme.

Dégager perpétuellement le grand à travers le vrai, le vrai à travers le grand, tel est donc, selon l'auteur de ce drame, et en maintenant, du reste, toutes les autres idées qu'il a pu développer ailleurs sur ces matières, tel est le but du poëte au théâtre. Et ces deux mots, *grand* et *vrai*, renferment tout. La vérité contient la moralité, le grand contient le beau.

Ce but, on ne lui supposera pas la présomption de croire qu'il l'a jamais atteint, ou même qu'il pourra jamais l'atteindre; mais on lui permettra de se rendre à lui-même publiquement ce témoignage, qu'il n'en a jamais cherché d'autre au théâtre jusqu'à ce jour. Le nouveau drame qu'il vient de faire représenter est un effort de plus vers ce but rayonnant. Quelle est, en effet, la pensée qu'il a tenté de réaliser dans *Marie Tudor ?* La voici. Une reine qui soit une femme. Grande comme reine. Vraie comme femme.

Il l'a déjà dit ailleurs, le drame comme il le sent, le drame comme il voudrait le voir créer par un homme de génie, le drame selon le dix-neuvième siècle, ce n'est pas la tragi-comédie hautaine, démesurée, espagnole et sublime de Corneille ; ce n'est pas la tragédie abstraite, amoureuse, idéale et discrètement élégiaque de Racine ; ce n'est pas la comédie profonde, sagace, pénétrante, mais trop impitoyablement ironique, de Molière ; ce n'est pas la tragédie à intention philosophique de Voltaire ; ce n'est pas la comédie à action révolutionnaire de Beaumarchais ; ce n'est pas plus que tout cela, mais c'est tout cela à la fois, ou, pour mieux dire, ce n'est rien de tout cela. Ce n'est pas, comme chez ces grands hommes, un seul côté des choses systématiquement et perpétuellement mis en lumière, c'est tout regardé à la fois sous toutes les faces. S'il y avait un homme aujourd'hui qui pût réaliser le drame comme nous le comprenons, ce drame, ce serait le cœur humain, la tête humaine, la passion humaine, la volonté humaine ; ce serait le passé ressuscité au profit du présent ; ce serait l'histoire que nos pères ont faite confrontée avec l'histoire que nous faisons ; ce serait le mélange sur la scène de tout ce qui est mêlé dans la vie ; ce serait une émeute là et une causerie d'amour ici, et dans la causerie d'amour une leçon pour le peuple, et dans l'émeute un cri pour le cœur ; ce serait le rire ; ce serait les larmes ; ce serait le bien, le mal, le haut, le bas, la fatalité, la Providence, le génie, le hasard, la société, le monde, la nature, la vie, et au-dessus de tout cela on sentirait planer quelque chose de grand !

A ce drame, qui serait pour la foule un perpétuel enseignement, tout serait permis, parce qu'il serait dans son essence de n'abuser de rien. Il aurait pour lui une telle notoriété de loyauté, d'élévation, d'utilité et de bonne conscience, qu'on ne l'accuserait jamais de chercher l'effet et le fracas là où il n'aurait cherché qu'une moralité et une leçon. Il pourrait mener François Ier chez Maguelone sans être suspect; il pourrait, sans alarmer les plus sévères, faire jaillir du cœur de Didier la pitié pour Marion; il pourrait, sans qu'on le taxât d'emphase et d'exagération comme l'auteur de *Marie Tudor*, poser largement sur la scène, dans toute sa réalité terrible, ce formidable triangle qui apparaît si souvent dans l'histoire : une reine, un favori, un bourreau.

A l'homme qui créera ce drame il faudra deux qualités : conscience et génie. L'auteur qui parle ici n'a que la première, il le sait. Il n'en continuera pas moins ce qu'il a commencé, en désirant que d'autres fassent mieux que lui. Aujourd'hui un immense public, de plus en plus intelligent, sympathise avec toutes les tentatives sérieuses de l'art; aujourd'hui, tout ce qu'il y a d'élevé dans la critique aide et encourage le poëte. Le reste des jugeurs importe peu. Que le poëte vienne donc! Quant à l'auteur de ce drame, sûr de l'avenir qui est au progrès, certain qu'à défaut de talent sa persévérance lui sera comptée un jour, il attache un regard serein, confiant et tranquille, sur la foule qui, chaque soir, entoure cette œuvre si incomplète de tant de curiosité, d'anxiété et d'attention. En présence de cette foule, il sent la responsabilité qui pèse sur lui, et il l'accepte avec calme. Jamais, dans ses travaux, il ne perd un seul instant de vue le peuple que le théâtre civilise, l'histoire que le théâtre explique, le cœur humain que le théâtre conseille. Demain il quittera l'œuvre faite pour l'œuvre à faire; il sortira de cette foule pour rentrer dans sa solitude; solitude profonde, où ne parvient aucune mauvaise influence du monde extérieur, où la jeunesse, son amie, vient quelquefois lui serrer la main, où il est seul avec sa pensée, son indépendance et sa volonté. Plus que jamais, sa solitude lui sera chère; car ce n'est que dans la solitude qu'on peut travailler pour la foule. Plus que jamais, il tiendra son esprit, son œuvre et sa pensée éloignés de toute coterie; car il connaît quelque chose de plus grand que les coteries, ce sont les partis; quelque chose de plus grand que les partis, c'est le peuple; quelque chose de plus grand que le peuple, c'est l'humanité.

17 novembre 1833.

PERSONNAGES.

MARIE, reine.
JANE.
GILBERT.
FABIANO FABIANI.
SIMON RENARD.
JOSHUA FARNABY.
UN JUIF.
LORD CLINTON.
LORD CHANDOS.
LORD MONTAGU.
MAITRE ENEAS DULVERTON.
LORD GARDINER.
Un geôlier.
Seigneurs.
Pages, Gardes
Le bourreau.

Londres. — 1553.

PREMIÈRE JOURNÉE

L'HOMME DU PEUPLE

Le bord de la Tamise. Une grève déserte. Un vieux parapet en ruine cache le bord de l'eau. A droite, une maison de pauvre apparence. A l'angle de cette maison, une statuette de la Vierge, aux pieds de laquelle une étoupe brûle dans un treillis de fer. Au fond, au delà de la Tamise, Londres. On distingue deux hauts édifices : la Tour de Londres et Westminster. — Le jour commence à baisser.

SCÈNE PREMIÈRE.

Plusieurs hommes groupés çà et là sur la grève, parmi lesquels SIMON RENARD, JOHN BRIDGES (BARON CHANDOS), ROBERT CLINTON (BARON CLINTON), ANTHONY BROWN (VICOMTE DE MONTAGU).

LORD CHANDOS. — Vous avez raison, milord. Il faut que ce damné Italien ait ensorcelé la reine. La reine ne peut plus se passer de lui ; elle ne vit que par lui, elle n'a de joie qu'en lui, elle n'écoute que lui. Si elle est un jour sans le voir, ses yeux deviennent languissants, comme du temps où elle aimait le cardinal Polus, vous savez ?

SIMON RENARD. — Très-amoureuse, c'est vrai, et par conséquent très-jalouse.

LORD CHANDOS. — L'Italien l'a ensorcelée !

LORD MONTAGU. — Au fait, on dit que ceux de sa nation ont des philtres pour cela.

LORD CLINTON. — Les Espagnols sont habiles aux poisons qui font mourir, les Italiens aux poisons qui font aimer.

LORD CHANDOS. — Le Fabiani alors est tout à la fois Espagnol et Italien. La reine est amoureuse et malade. Il lui a fait boire des deux.

LORD MONTAGU. — Ah çà! en réalité, est-il Espagnol ou Italien?

LORD CHANDOS. — Il paraît certain qu'il est né en Italie, dans la Capitanate, et qu'il a été élevé en Espagne. Il se prétend allié à une grande famille espagnole. Lord Clinton sait cela sur le bout du doigt.

LORD CLINTON. — Un aventurier, ni Espagnol, ni Italien; encore moins Anglais, Dieu merci! Ces hommes qui ne sont d'aucun pays n'ont point de pitié pour les pays quand ils sont puissants.

LORD MONTAGU. — Ne disiez-vous pas la reine malade, Chandos? Cela ne l'empêche pas de mener vie joyeuse avec son favori.

LORD CLINTON. — Vie joyeuse! vie joyeuse! Pendant que la reine rit, le peuple pleure, et le favori est gorgé. Il mange de l'argent et boit de l'or, cet homme! La reine lui a donné les biens de lord Talbot, du grand lord Talbot! la reine l'a fait comte de Clanbrassil et baron de Dinasmonddy; ce Fabiano Fabiani qui se dit de la famille espagnole de Peñalver, et qui en a menti! Il est pair d'Angleterre comme vous, Montagu, comme vous, Chandos, comme Stanley, comme Norfolk, comme moi, comme le roi! Il a la Jarretière comme l'infant de Portugal, comme le roi de Danemark, comme Thomas Percy, septième comte de Northumberland! Et quel tyran que ce tyran qui nous gouverne de son lit! Jamais rien de si dur n'a pesé sur l'Angleterre. J'en ai pourtant vu, moi qui suis vieux! Il y a soixante-dix potences neuves à Tyburn; les bûchers sont toujours braise et jamais cendre; la hache du bourreau est aiguisée tous les matins et ébréchée tous les soirs. Chaque jour c'est quelque grand gentilhomme qu'on abat. Avant-hier c'était Blantyre, hier Northcurry, aujourd'hui South-Reppo, demain Tyrconnel. La semaine prochaine ce sera vous, Chandos, et le mois prochain ce sera moi. Milords! milords! c'est une honte et c'est une impiété que toutes ces bonnes têtes anglaises tombent ainsi pour le plaisir d'on ne sait quel misérable aventurier qui n'est même pas de ce pays! C'est une chose affreuse et insupportable de penser qu'un favori napolitain peut tirer autant de billots qu'il en veut de dessous le lit de cette reine! Ils mènent tous deux joyeuse vie, dites-vous. Par le ciel! c'est infâme! Ah! ils mènent joyeuse vie, les amoureux, pendant que le coupe-tête à leur porte fait des veuves et des orphelins! Oh! leur guitare italienne est trop accompagnée du bruit des chaînes! Madame la reine! vous faites venir des chanteurs de la chapelle d'Avignon, vous avez tous les jours dans votre palais des comédies, des théâtres, des estrades pleines de musiciens. Pardieu! madame, moins de joie chez vous, s'il vous plaît, et moins de deuil chez nous; moins de baladins ici, et moins de bourreaux là; moins de tréteaux à Westminster, et moins d'échafauds à Tyburn!

LORD MONTAGU. — Prenez garde. Nous sommes loyaux sujets, mylord Clinton. Rien sur la reine, tout sur Fabiani.

SIMON RENARD, *posant la main sur l'épaule de lord Clinton*. — Patience!

LORD CLINTON. — Patience! cela vous est facile à dire, à vous, monsieur Simon Renard. Vous êtes bailli d'Amont en Franche-Comté, sujet de l'empereur et son légat à Londres. Vous représentez ici le prince d'Espagne, futur mari de la reine. Votre personne est sacrée pour le favori. Mais nous, c'est autre chose. — Voyez-vous? Fabiani, pour vous, c'est le berger; pour nous, c'est le boucher.

La nuit est tout à fait tombée.

SIMON RENARD. — Cet homme ne me gêne pas moins que vous. Vous ne craignez que pour votre vie, je crains pour mon crédit, moi. C'est bien plus. Je ne parle pas, j'agis. J'ai moins de colère que vous, milord, j'ai plus de haine. Je détruirai le favori.

LORD MONTAGU. — Oh! comment faire? J'y songe tout le jour.

SIMON RENARD. — Ce n'est pas le jour que se font et se défont les favoris des reines, c'est la nuit.

LORD CHANDOS. — Celle-ci est bien noire et bien affreuse!

SIMON RENARD. — Je la trouve belle pour ce que j'en veux faire.

LORD CHANDOS. — Qu'en voulez-vous faire?

SIMON RENARD. — Vous verrez. — Milord Chandos, quand une femme règne, le caprice règne. Alors la politique n'est plus chose de calcul, mais de hasard. On ne peut plus compter sur rien. Aujourd'hui n'amène plus logiquement demain. Les affaires ne se jouent plus aux échecs, mais aux cartes.

LORD CLINTON. — Tout cela est fort bien, mais venons au fait. Monsieur le bailli, quand nous aurez-vous délivrés du favori? Cela presse. On décapite demain Tyrconnel.

SIMON RENARD. — Si je rencontre cette nuit un homme comme j'en cherche un, Tyrconnel soupera avec vous demain soir.

LORD CLINTON. — Que voulez-vous dire? Que sera devenu Fabiani?

SIMON RENARD. — Avez-vous de bons yeux, milord?

LORD CLINTON. — Oui, quoique je sois vieux et que la nuit soit noire.

SIMON RENARD. — Voyez-vous Londres de l'autre côté de l'eau ?

LORD CLINTON. — Oui. Pourquoi ?

SIMON RENARD. — Regardez bien. On voit d'ici le haut et le bas de la fortune de tout favori, Westminster et la Tour de Londres.

LORD CLINTON. — Eh bien ?

SIMON RENARD. — Si Dieu m'est en aide, il y a un homme qui, au moment où nous parlons, est encore là (*il montre Westminster*), et qui demain, à pareille heure, sera ici.

Il montre la Tour.

LORD CLINTON. — Que Dieu vous soit en aide !

LORD MONTAGU. — Le peuple ne le hait pas moins que nous. Quelle fête dans Londres le jour de sa chute !

LORD CHANDOS. — Nous nous sommes mis entre vos mains, monsieur le bailli, disposez de nous. Que faut-il faire ?

SIMON RENARD, *montrant la maison près de l'eau.* — Vous voyez bien tous cette maison. C'est la maison de Gilbert, l'ouvrier ciseleur. Ne la perdez pas de vue. Dispersez-vous avec vos gens, mais sans trop vous écarter. Surtout ne faites rien sans moi.

LORD CHANDOS. — C'est dit.

Tous sortent de divers côtés.

SIMON RENARD, *resté seul.* — Un homme comme celui qu'il me faut n'est pas facile à trouver.

Il sort. — Entrent Jane et Gilbert se tenant sous le bras ; ils vont du côté de la maison. Joshua Farnaby les accompagne, enveloppé d'un manteau.

SCÈNE II.

JANE, GILBERT, JOSHUA FARNABY.

JOSHUA. — Je vous quitte ici, mes bons amis. Il est nuit, et il faut que j'aille reprendre mon service de porte-clefs à la Tour de Londres. Ah! c'est que je ne suis pas libre comme vous, moi! voyez-vous? un guichetier, ce n'est qu'une espèce de prisonnier. Adieu, Jane. Adieu, Gilbert. Mon Dieu, mes amis, que je suis donc heureux de vous voir heureux! Ah çà! Gilbert, à quand la noce?

GILBERT. — Dans huit jours, n'est-ce pas, Jane?

JOSHUA. — Sur ma foi, c'est après-demain la Noël. Voici le jour des souhaits et des étrennes; mais je n'ai rien à vous souhaiter. Il est impossible de désirer plus de beauté à la fiancée et plus d'amour au fiancé! Vous êtes heureux!

GILBERT. — Bon Joshua! et toi, est-ce que tu n'es pas heureux?

JOSHUA. — Ni heureux ni malheureux. J'ai renoncé à tout, moi. Vois-tu, Gilbert (*il entr'ouvre son manteau et laisse voir un trousseau de clefs qui pend à sa ceinture*), des clefs de prisons qui vous sonnent sans cesse à la ceinture, cela parle, cela vous entretient de toutes sortes de pensées philosophiques. Quand j'étais jeune, j'étais comme un autre, amoureux tout un jour, ambitieux tout un mois, fou toute l'année. C'était sous le roi Henri VIII que j'étais jeune. Un homme singulier que ce roi Henri VIII! Un homme qui changeait de femmes, comme une femme change de robes. Il répudia la première, il fit couper la tête à la seconde, il fit ouvrir le ventre à la troisième; quant à la quatrième, il lui fit grâce, il la chassa; mais en revanche il fit couper la tête à la cinquième. Ce n'est pas le conte de Barbe-Bleue que je vous fais là, belle Jane, c'est l'histoire de Henri VIII. Moi, dans ce temps-là, je m'occupais de guerres de religion, je me battais pour l'un et pour l'autre. C'était ce qu'il y avait de mieux alors. La question d'ailleurs était fort épineuse. Il s'agissait d'être pour ou contre le pape. Les gens du roi pendaient ceux qui étaient pour, mais ils brûlaient ceux qui étaient contre. Les indifférents, ceux qui n'étaient ni pour ni contre, on les brûlait ou on les pendait, indifféremment. S'en tirait qui pouvait. Oui, la corde; non, le fagot; ni oui ni non, le fagot et la corde. Moi qui vous parle, j'ai senti le roussi bien souvent, et je ne suis pas sûr de n'avoir pas été deux ou trois fois dépendu. C'était un beau temps, à peu près pareil à celui-ci. Oui, je me battais pour tout cela. Du diable si je sais maintenant pour qui ou pour quoi je me battais. Si l'on me reparle de maître Luther et du pape Paul III, je hausse les épaules. Vois-tu, Gilbert, quand on a des cheveux gris, il ne faut pas revoir les opinions pour qui l'on faisait la guerre et les femmes à qui l'on faisait l'amour à vingt ans. Femmes et opinions vous paraissent bien laides, bien vieilles, bien chétives, bien édentées, bien ridées, bien sottes. C'est mon histoire. Maintenant je suis retiré des affaires. Je ne suis plus soldat du roi, ni soldat du pape, je suis geôlier à la Tour de Londres. Je ne me bats plus pour personne, et je mets tout le monde sous clef. Je suis guichetier et je suis vieux : j'ai un pied dans une prison, et l'autre dans la fosse. C'est moi qui ramasse les morceaux de tous les ministres et de tous les favoris qui se cassent chez la reine. C'est fort amusant. Et puis j'ai un petit enfant que j'aime, et puis vous deux que j'aime aussi, et, si vous êtes heureux, je suis heureux !

GILBERT. — En ce cas, sois heureux, Joshua ! N'est-ce pas, Jane ?

JOSHUA. — Moi, je ne puis rien pour ton bonheur, mais Jane peut tout : tu l'aimes ! je ne te rendrai même aucun service de ma vie. Tu n'es heureusement pas assez grand seigneur pour avoir jamais besoin du porte-clefs de la Tour de Londres. Jane acquittera ma dette en même temps que la sienne. Car, elle et moi, nous te devons tout. Jane n'était qu'une pauvre enfant orpheline abandonnée, tu l'as recueillie et élevée. Moi, je me noyais un beau jour dans la Tamise, tu m'as tiré de l'eau.

GILBERT. — A quoi bon toujours parler de cela, Joshua?

JOSHUA. — C'est pour dire que notre devoir, à Jane et à moi, est de t'aimer; moi, comme un frère, elle... — pas comme une sœur!

JANE. — Non, comme une femme. Je vous comprends, Joshua.

Elle retombe dans sa rêverie.

GILBERT, *bas à Joshua*. — Regarde-la, Joshua! n'est-ce pas qu'elle est belle et charmante, et qu'elle serait digne d'un roi! Si tu savais, tu ne peux pas te figurer comme je l'aime!

JOSHUA. — Prends garde, c'est imprudent; une femme, ça ne s'aime pas tant que ça; un enfant, à la bonne heure.

GILBERT. — Que veux-tu dire?

JOSHUA. — Rien. — Je serai de votre noce dans huit jours. — J'espère qu'alors les affaires d'Etat me laisseront un peu de liberté, et que tout sera fini.

GILBERT. — Quoi? qu'est-ce qui sera fini?

JOSHUA. — Ah! tu ne t'occupes pas de ces choses-là, toi, Gilbert. Tu es amoureux. Tu es du peuple. Et qu'est-ce que cela te fait les intrigues d'en haut, à toi qui es heureux en bas? Mais, puisque tu me questionnes, je te dirai qu'on espère que d'ici à huit jours, d'ici à vingt-quatre heures peut-être, Fabiano Fabiani sera remplacé près de la reine par un autre.

GILBERT. — Qu'est-ce que c'est que Fabiano Fabiani?

JOSHUA. — C'est l'amant de la reine, c'est un favori

très-célèbre et très-charmant, un favori qui a plus vite fait couper la tête à un homme qui lui déplaît qu'une entremetteuse n'a dit *ave*, le meilleur favori que le bourreau de la Tour de Londres ait eu depuis dix ans. Car tu sais que le bourreau reçoit, pour chaque tête de grand seigneur, dix écus d'argent, et quelquefois le double, quand la tête est tout à fait considérable. — On souhaite fort la chute de ce Fabiani. — Il est vrai que dans mes fonctions à la Tour je n'entends guère gloser sur son compte que des gens d'assez mauvaise humeur, des gens à qui l'on doit couper le cou d'ici à un mois, des mécontents.

GILBERT. — Que les loups se dévorent entre eux ! que nous importe, à nous, la reine et le favori de la reine ? n'est-ce pas, Jane ?

JOSHUA. — Oh ! il y a une fière conspiration contre Fabiani ! s'il s'en tire, il sera heureux. Je ne serais pas surpris qu'il y eût quelque coup de fait cette nuit. Je viens de voir rôder par là maître Simon Renard tout rêveur.

GILBERT. — Qu'est-ce que c'est que maître Simon Renard ?

JOSHUA. — Comment ne sais-tu pas cela ? c'est le bras droit de l'empereur à Londres. La reine doit épouser le prince d'Espagne, dont Simon Renard est le légat près d'elle. La reine le hait, ce Simon Renard ; mais elle le craint, et ne peut rien contre lui. Il a déjà détruit deux ou trois favoris. C'est son instinct de détruire les favoris. Il nettoie le palais de temps en temps. Un homme subtil et très-malicieux, qui sait tout ce qui se passe, et qui creuse toujours deux ou trois étages d'intrigues souterraines sous tous les événements. Quant à lord Paget, — ne m'as-tu pas demandé aussi ce que c'était que lord Paget ? — c'est un gentilhomme délié, qui a été dans les affaires sous Henri VIII Il est membre du conseil étroit. Un tel ascendant que les autres ministres n'osent pas souffler devant lui. Excepté le chancelier cependant, milord Gardiner, qui le déteste. Un homme violent, ce Gardiner, et très-bien né. Quant à Paget, ce n'est rien du tout. Le fils d'un savetier. Il va être fait baron Paget de Beaudesert en Stafford.

GILBERT. — Comme il vous débite couramment toutes ces choses-là, ce Joshua !

JOSHUA. — Pardieu ! à force d'entendre causer les prisonniers d'Etat. (*Simon Renard paraît au fond du théâtre.*) — Vois-tu, Gilbert, l'homme qui sait le mieux l'histoire de ce temps-ci, c'est le guichetier de la Tour de Londres.

SIMON RENARD, *qui a entendu ces dernières paroles du fond du théâtre.* — Vous vous trompez, mon maître, c'est le bourreau.

JOSHUA, *bas à Jane et à Gilbert.* — Reculons-nous un peu. (*Simon Renard s'éloigne lentement. — Quand Simon Renard a disparu.*) — C'est précisément maître Simon Renard.

GILBERT. — Tous ces gens qui rôdent autour de ma maison me déplaisent.

JOSHUA. — Que diable vient-il faire par ici ? Il faut que je m'en retourne vite ; je crois qu'il me prépare de la besogne. Adieu, Gilbert. Adieu, belle Jane. — Je vous ai pourtant vue pas plus haute que cela !

GILBERT. — Adieu, Joshua. — Mais, dis-moi, qu'est-ce que tu caches donc là, sous ton manteau ?

JOSHUA. — Ah ! j'ai mon complot aussi, moi.

GILBERT. — Quel complot ?

JOSHUA. — Oh ! amoureux qui oubliez tout ! je viens de vous rappeler que c'était après-demain le jour des étrennes et des cadeaux. Les seigneurs complotent une surprise à Fabiani ; moi je complote de mon côté. La reine va se donner peut-être un favori tout neuf ; moi, je vais donner une poupée à mon enfant. (*Il tire une poupée de dessous son manteau.*) — Toute neuve aussi. — Nous verrons lequel des deux aura le plus vite brisé son joujou. — Dieu vous garde, mes amis !

GILBERT. — Au revoir, Joshua !

Joshua s'éloigne. Gilbert prend la main de Jane, et la baise avec passion.

JOSHUA, *au fond du théâtre.* — Oh ! que la Providence est grande ! elle donne à chacun son jouet, la poupée à l'enfant, l'enfant à l'homme, l'homme à la femme, et la femme au diable !

Il sort.

SCÈNE III.

GILBERT, JANE.

GILBERT. — Il faut que je vous quitte aussi. Adieu, Jane, dormez bien.

JANE. — Vous ne rentrez pas ce soir avec moi, Gilbert?

GILBERT. — Je ne puis. Vous savez, je vous l'ai déjà dit, Jane, j'ai un travail à terminer à mon atelier cette nuit, un manche de poignard à ciseler pour je ne sais quel lord Clanbrassil, que je n'ai jamais vu, et qui me l'a fait demander pour demain matin.

JANE. — Alors, bonsoir, Gilbert. A demain.

GILBERT. — Non, Jane, encore un instant. Ah! mon Dieu ! que j'ai de peine à me séparer de vous, fût-ce pour quelques heures ! Qu'il est bien vrai que vous êtes ma vie et ma joie ! Il faut pourtant que j'aille travailler, nous sommes si pauvres ! Je ne veux pas entrer, car je resterais ; et cependant je ne puis partir, homme faible que je suis ! Tenez, asseyons-nous quelques minutes à la porte sur ce banc ; il me semble qu'il me sera moins difficile de m'en aller que si j'entrais dans la maison, et surtout dans votre chambre. Donnez-moi votre main. (*Il s'assied et lui prend les deux mains dans les siennes, elle debout.*) Jane! m'aimes-tu?

JANE. — Oh! je vous dois tout, Gilbert! je le sais, quoique vous me l'ayez caché longtemps. Toute petite, presque au berceau, j'ai été abandonnée par mes parents. Vous m'avez prise. Depuis seize ans, votre bras a travaillé pour moi comme celui d'un père, vos yeux ont veillé sur moi comme ceux d'une mère. Qu'est-ce que je serais sans vous, mon Dieu! Tout ce que j'ai, vous me l'avez donné; tout ce que je suis, vous l'avez fait.

GILBERT. — Jane! m'aimes-tu?

JANE. — Quel dévouement que le vôtre, Gilbert! vous travaillez nuit et jour pour moi, vous vous brûlez les yeux, vous vous tuez. Tenez, voilà encore que vous passez la nuit aujourd'hui. Et jamais un reproche, jamais une dureté, jamais une colère. Vous si pauvre! jusqu'à mes petites coquetteries de femme, vous en avez pitié, vous les satisfaites. Gilbert, je ne songe à vous que les larmes aux yeux. Vous avez quelquefois manqué de pain, je n'ai jamais manqué de rubans.

GILBERT. — Jane, m'aimes-tu?

JANE. — Gilbert, je voudrais baiser vos pieds!

GILBERT. — M'aimes-tu? m'aimes-tu? Oh! tout cela ne me dit pas que tu m'aimes. C'est de ce mot-là que j'ai besoin, Jane! de la reconnaissance, toujours de la reconnaissance! oh! je la foule aux pieds la reconnaissance! je veux de l'amour ou rien. — Mourir! Jane, depuis seize ans tu es ma fille, tu vas être ma femme maintenant. Je t'avais adoptée, je veux t'épouser. Dans huit jours, tu sais, tu me l'as promis, tu as consenti, tu es ma fiancée. Oh! tu m'aimais quand tu m'as promis cela. O Jane! il y a eu un temps, te rappelles-tu, où tu me disais : Je t'aime! en le vant tes beaux yeux au ciel! C'est toujours comme cela que je te veux. Depuis plusieurs mois, il me semble que quelque chose est changé en toi, depuis trois semaines surtout que mon travail m'oblige à m'absenter quelquefois les nuits. O Jane! je veux que tu m'aimes, moi. Je suis habitué à cela. Toi, si gaie auparavant, tu es toujours triste et préoccupée à présent, pas froide, pauvre enfant, tu fais ton possible pour ne pas l'être; mais je sens bien que les paroles d'amour ne te viennent plus bonnes et naturelles comme autrefois. Qu'as-tu? Est-ce que tu ne m'aimes plus? Sans doute, je suis un honnête homme; sans doute, je suis un bon ouvrier; sans doute, sans doute, mais je voudrais être un voleur et un assassin et être aimé de toi! — Jane! si tu savais comme je t'aime!

JANE. — Je le sais, Gilbert, et j'en pleure.

GILBERT. — De joie, n'est-ce pas? Dis-moi que c'est de joie. Oh! j'ai besoin de le croire. Il n'y a que cela au monde, être aimé. Je ne suis qu'un pauvre cœur d'ouvrier mais il faut que ma Jane m'aime. Que me parles-tu sans cesse de ce que j'ai fait pour toi? Un seul mot d'amour de toi, Jane, laisse toute la reconnaissance de mon côté. Je me damnerai et je commettrai un crime quand tu voudras. Tu seras ma femme, n'est-ce pas, et tu m'aimes? Vois-tu, Jane, pour un regard de toi je donnerais mon travail et ma peine; pour un sourire, ma vie; pour un baiser, mon âme!

JANE. — Quel noble cœur vous avez, Gilbert!

GILBERT. — Ecoute, Jane! ris si tu veux, je suis fou, je suis jaloux! c'est comme cela. Ne t'offense pas. Depuis quelque temps, il me semble que je vois bien des jeunes seigneurs rôder par ici. Sais-tu, Jane, que j'ai trente-quatre ans? Quel malheur pour un misérable ouvrier gauche et mal vêtu comme moi, qui n'est plus jeune, qui n'est pas beau, d'aimer une belle et charmante enfant de dix-

23.

sept ans, qui attire les beaux jeunes gentilshommes dorés
et chamarrés comme une lumière attire les papillons! Oh!
je souffre, va! je ne t'offense jamais dans ma pensée, toi
si honnête, toi si pure, toi dont le front n'a encore été touché que par mes lèvres! Je trouve seulement quelquefois
que tu as trop de plaisir à voir passer les cortéges et les
cavalcades de la reine et tous ces beaux habits de satin et
de velours sous lesquels il y a si peu de cœurs et si peu
d'âmes! Pardonne-moi.—Mon Dieu! pourquoi donc vient-il
par ici tant de jeunes gentilshommes? Pourquoi ne suis-je
pas jeune, beau, noble et riche? Gilbert, l'ouvrier ciseleur,
voilà tout. Eux, c'est lord Chandos, lord Gerard Fitz-Gerard, le comte d'Arundel, le duc de Norfolk! Oh! que je
les hais! Je passe ma vie à ciseler pour eux des poignées
d'épée dont je leur voudrais mettre la lame dans le
ventre.

JANE. — Gilbert!...

GILBERT. — Pardon, Jane. N'est-ce pas, l'amour rend
bien méchant?

JANE. — Non, bien bon. — Vous êtes bon, Gilbert.

GILBERT. — Oh! que je t'aime! tous les jours davantage.
Je voudrais mourir pour toi. Aime-moi ou ne m'aime pas,
tu en es bien la maîtresse. Je suis fou. Pardonne-moi tout
ce que je t'ai dit. Il est tard, il faut que je te quitte, adieu.
Mon Dieu! que c'est triste de te quitter! Rentre chez toi.
Est-ce que tu n'as pas ta clef?

JANE. — Non, depuis quelques jours je ne sais ce qu'elle
est devenue.

GILBERT. — Voici la mienne. — A demain matin.—Jane,
n'oublie pas ceci. Encore aujourd'hui ton père, dans huit
jours ton mari.

Il la baise au front et sort.

JANE, *restée seule.* — Mon mari! oh non! je ne commettrai pas ce crime. Pauvre Gilbert! il m'aime celui-là, et l'autre !...— Pourvu que je n'aie pas préféré la vanité à l'amour ! Malheureuse fille que je suis ! dans la dépendance de qui suis-je maintenant ? Oh ! je suis bien ingrate et bien coupable ! J'entends marcher, rentrons vite.

Elle entre dans la maison.

SCÈNE IV.

GILBERT, un Homme enveloppé d'un manteau et coiffé d'un bonnet jaune.

L'homme tient Gilbert par la main.

GILBERT. — Oui, je te reconnais, tu es le mendiant juif qui rôde depuis quelques jours autour de cette maison. Mais que me veux-tu ? Pourquoi m'as-tu pris la main et m'as-tu ramené ici ?

L'HOMME. — C'est que ce que j'ai à vous dire, je ne puis vous le dire qu'ici.

GILBERT. — Eh ! qu'est-ce donc ? parle, hâte-toi.

L'HOMME. — Ecoutez, jeune homme. — Il y a seize ans, dans la même nuit où lord Talbot, comte de Waterford, fut décapité aux flambeaux pour fait de papisme et de rébellion, ses partisans furent taillés en pièces dans Londres même par les soldats du roi Henri VIII. On s'arquebusa toute la nuit dans les rues. Cette nuit-là, un tout jeune ouvrier, beaucoup plus occupé de sa besogne que de la guerre, travaillait dans son échoppe, la première échoppe à l'entrée du pont de Londres, une porte basse à droite. Il y a des restes d'ancienne peinture rouge sur le mur. Il pouvait être deux heures du matin. On se battait par là. Les balles traversaient la Tamise en sifflant. Tout à coup on frappa à la porte de l'échoppe, à travers laquelle la lampe de l'ouvrier jetait quelque lueur. L'artisan ouvrit. Un homme qu'il ne connaissait pas entra. Cet homme portait dans ses bras un enfant au maillot fort effrayé et qui pleurait. L'homme déposa l'enfant sur la table et dit : Voici une créature qui n'a plus ni père ni mère. Puis il sortit lentement et referma la porte sur lui. Gilbert, l'ouvrier, n'avait lui-même ni père ni mère. L'ouvrier accepta l'enfant, l'orphelin adopta l'orpheline. Il la prit, il la veilla, il la vêtit, il la nourrit, il la garda, il l'éleva, il l'aima. Il se donna tout entier à cette pauvre petite créature que la guerre civile jetait dans son échoppe. Il oublia tout pour elle, sa jeunesse, ses amourettes, son plaisir. Il fit de cet enfant l'objet unique de son travail, de ses affections, de sa vie, et voilà seize ans que cela dure. Gilbert, l'ouvrier, c'était vous ; l'enfant...

GILBERT. — C'était Jane. — Tout est vrai dans ce que tu dis ; mais où veux-tu en venir ?

L'HOMME. — J'ai oublié de dire qu'aux langes de l'enfant il y avait un papier attaché avec une épingle sur lequel on avait écrit ceci : *Ayez pitié de Jane.*

GILBERT. — C'était écrit avec du sang. J'ai conservé ce papier, je le porte toujours sur moi. Mais tu me mets à la torture. Où veux-tu en venir, dis ?

L'HOMME. — A ceci. — Vous voyez que je connais vos affaires. Gilbert ! veillez sur votre maison cette nuit.

GILBERT. — Que veux-tu dire ?

L'HOMME. — Plus un mot. N'allez pas à votre travail. Restez dans les environs de cette maison. Veillez. Je ne suis ni votre ami ni votre ennemi, mais c'est un avis que je vous donne. Maintenant, pour ne pas vous nuire à vous-même, laissez-moi. Allez-vous-en de ce côté, et venez si vous m'entendez appeler main-forte.

GILBERT. — Qu'est-ce que cela signifie ?

Il sort à pas lents.

SCÈNE V.

L'HOMME, seul.

La chose est bien arrangée ainsi. J'avais besoin de quelqu'un de jeune et de fort qui pût me prêter secours, s'il est nécessaire. Ce Gilbert est ce qu'il me faut. — Il me semble que j'entends un bruit de rames et de guitare sur l'eau. — Oui.

Il va au parapet.

On entend une guitare et une voix éloignée qui chante :

> Quand tu chantes, bercée
> Le soir entre mes bras,
> Entends-tu ma pensée
> Qui te répond tout bas ?
> Ton doux chant me rappelle
> Les plus beaux de mes jours !... —
>   Chantez, ma belle,
>   Chantez toujours !

L'HOMME. — C'est mon homme.
LA VOIX. *Elle s'approche à chaque couplet.*

> Quand tu ris, sur ta bouche
> L'amour s'épanouit,
> Et le soupçon farouche
> Soudain s'évanouit !
> Ah ! le rire fidèle
> Prouve un cœur sans détours. —
>   Riez, ma belle,
>   Riez toujours.

> Quand tu dors, calme et pure,
> Dans l'ombre, sous mes yeux,
> Ton haleine murmure
> Des mots harmonieux.

Ton beau corps se révèle
Sans voile et sans atours... —
    Dormez, ma belle,
    Dormez toujours.

Quand tu me dis : Je t'aime !
O ma beauté ! je croi...
Je crois que le ciel même
S'ouvre au-dessus de moi !
Ton regard étincelle
Du beau feu des amours... —
    Aimez, ma belle,
    Aimez toujours !

Vois-tu ? toute la vie
Tient dans ces quatre mots,
Tous les biens qu'on envie,
Tous les biens sans les maux !
Tout ce qui peut séduire,
Tout ce qui peut charmer... —
    Chanter et rire,
    Dormir, aimer.

L'HOMME. — Il débarque. Bien. Il congédie le batelier. A merveille ! (*Revenant sur le devant du théâtre.*) — Le voici qui vient.

Entre Fabiano Fabiani dans son manteau ; il se dirige vers la porte de la maison.

SCÈNE VI.

L'HOMME, FABIANO FABIANI.

L'HOMME, *arrêtant Fabiani*. — Un mot, s'il vous plaît.
FABIANI. — On me parle, je crois. Quel est ce maraud ? qui es-tu ?
L'HOMME. — Ce qu'il vous plaira que je sois.
FABIANI. — Cette lanterne éclaire mal. Mais tu as un

bonnet jaune, il me semble, un bonnet de juif. Est-ce que tu es un juif?

L'HOMME. — Oui, un juif. J'ai quelque chose à vous dire.

FABIANI. — Comment t'appelles-tu?

L'HOMME. — Je sais votre nom, et vous ne savez pas le mien. J'ai l'avantage sur vous. Permettez-moi de le garder.

FABIANI. — Tu sais mon nom, toi? cela n'est pas vrai.

L'HOMME. — Je sais votre nom. A Naples on vous appelait signor Fabiani; à Madrid, don Faviano; à Londres on vous appelle lord Fabiano Fabiani, comte de Clanbrassil.

FABIANI. — Que le diable t'emporte!

L'HOMME. — Que Dieu vous garde!

FABIANI. — Je te ferai bâtonner. Je ne veux pas qu'on sache mon nom quand je vais devant moi la nuit.

L'HOMME. — Surtout quand vous allez où vous allez.

FABIANI. — Que veux-tu dire?

L'HOMME. — Si la reine le savait!

FABIANI. — Je ne vais nulle part.

L'HOMME. — Si, milord! vous allez chez la belle Jane, la fiancée de Gilbert le ciseleur.

FABIANI, *à part*. — Diable! voilà un homme dangereux.

L'HOMME. — Voulez-vous que je vous en dise davantage? vous avez séduit cette fille, et depuis un mois elle vous a reçu deux fois chez elle la nuit. C'est aujourd'hui la troisième. La belle vous attend.

FABIANI. — Tais-toi! tais-toi! Veux-tu de l'argent pour te taire? combien veux-tu?

L'HOMME. — Nous verrons cela tout à l'heure. Maintenant, milord, voulez-vous que je vous dise pourquoi vous avez séduit cette fille?

FABIANI. — Pardieu! parce que j'en étais amoureux.

L'HOMME. — Non, vous n'en étiez pas amoureux.

FABIANI. — Je n'étais pas amoureux de Jane?

L'HOMME. — Pas plus que de la reine. — Amour, non ; calcul, oui.

FABIANI. — Ah çà ! drôle, tu n'es pas un homme ; tu es ma conscience habillée en juif !

L'HOMME. — Je vais vous parler comme votre conscience, milord. Voici toute votre affaire. Vous êtes le favori de la reine. La reine vous a donné la Jarretière, la comté et la seigneurie. Choses creuses que cela ! la Jarretière, c'est un chiffon ; la comté, c'est un mot ; la seigneurie, c'est le droit d'avoir la tête tranchée. Il vous fallait mieux. Il vous fallait, milord, de bonnes terres, de bons bailliages, de bons châteaux et de bons revenus en bonnes livres sterling. Or, le roi Henri VIII avait confisqué les biens de lord Talbot, décapité il y a seize ans. Vous vous êtes fait donner par la reine Marie les biens de lord Talbot. Mais, pour que la donation fût valable, il fallait que lord Talbot fût mort sans postérité. S'il existait un héritier ou une héritière de lord Talbot, comme lord Talbot est mort pour la reine Marie et pour sa mère Catherine d'Aragon, comme lord Talbot était papiste, et comme la reine Marie est papiste, il n'est pas douteux que la reine Marie vous reprendrait les biens, tout favori que vous êtes, milord, et les rendrait, par devoir, par reconnaissance et par religion, à l'héritier ou à l'héritière. Vous étiez assez tranquille de ce côté. Lord Talbot n'avait jamais eu qu'une petite fille qui avait disparu de son berceau à l'époque de l'exécution de son père, et que toute l'Angleterre croyait morte. Mais vos espions ont découvert dernièrement que, dans la nuit où lord Talbot et son parti furent exterminés par Henri VIII, un enfant avait été mystérieusement déposé chez un ouvrier ciseleur du pont de Londres, et qu'il était probable que cet enfant, élevé sous le nom de Jane, était Jane Talbot, la petite fille disparue. Les preuves écrites de sa naissance manquaient, il est vrai ; mais tous les jours elles pouvaient se retrouver. L'incident était fâcheux. Se voir peut-être forcé un jour de rendre à une petite fille Shrewsbury, Wexford, qui est une belle ville, et la magnifique comté de Waterford! c'est dur. Comment faire? Vous avez cherché un moyen de détruire et d'annuler la jeune fille. Un honnête homme l'eût fait assassiner ou empoisonner. Vous, milord, vous avez mieux fait, vous l'avez déshonorée.

FABIANI. — Insolent!

L'HOMME. — C'est votre conscience qui parle, milord. Un autre eût pris la vie à la jeune fille, vous lui avez pris l'honneur, et par conséquent l'avenir. La reine Marie est prude, quoiqu'elle ait des amants.

FABIANI. — Cet homme va au fond de tout.

L'HOMME. — La reine est d'une mauvaise santé; la reine peut mourir, et alors, vous favori, vous tomberiez en ruine sur son tombeau. Les preuves matérielles de l'état de la jeune fille peuvent se retrouver, et alors, si la reine est morte, toute déshonorée que vous l'avez faite, Jane sera reconnue héritière de Talbot. Eh bien! vous avez prévu ce cas-là; vous êtes un jeune cavalier de belle mine, vous vous êtes fait aimer d'elle, elle s'est donnée à vous, au pis-aller vous l'épouseriez. Ne vous défendez pas de ce plan, milord, je le trouve sublime. Si je n'étais moi, je voudrais être vous.

FABIANI. — Merci.

L'HOMME. — Vous avez conduit la chose avec adresse. Vous avez caché votre nom. Vous êtes à couvert du côté de la reine. La pauvre fille croit avoir été séduite par un chevalier du pays de Somerset, nommé Amyas Pawlet.

FABIANI. — Tout! il sait tout! Allons, maintenant, au fait, que me veux-tu?

L'HOMME. — Milord, si quelqu'un avait en son pouvoir les papiers qui constatent la naissance, l'existence et le droit de l'héritière de Talbot, cela vous ferait pauvre comme mon ancêtre Job, et ne vous laisserait plus d'autres châteaux, don Fabiano, que vos châteaux en Espagne, ce qui vous contrarierait fort.

FABIANI. — Oui ; mais personne n'a ces papiers.

L'HOMME. — Si.

FABIANI. — Qui ?

L'HOMME. — Moi.

FABIANI. — Bah ! toi, misérable ! ce n'est pas vrai. Juif qui parle, bouche qui ment.

L'HOMME. — J'ai ces papiers.

FABIANI. — Tu mens. Où les as-tu ?

L'HOMME. — Dans ma poche.

FABIANI. — Je ne te crois pas. Bien en règle ? il n'y manque rien ?

L'HOMME. — Il n'y manque rien.

FABIANI. — Alors, il me les faut.

L'HOMME. — Doucement.

FABIANI. — Juif, donne-moi ces papiers.

L'HOMME. — Fort bien. — Juif, misérable mendiant qui passes dans la rue, donne-moi la ville de Shrewsbury, donne-moi la ville de Wexford, donne-moi la comté de Waterford. — La charité, s'il vous plaît !

FABIANI. — Ces papiers sont tout pour moi, et ne sont rien pour toi.

L'HOMME. — Simon Renard et lord Chandos me les payeraient bien cher.

FABIANI. — Simon Renard et lord Chandos sont les deux chiens entre lesquels je te ferai pendre.

L'HOMME. — Vous n'avez rien autre chose à me proposer ? Adieu.

FABIANI. — Ici, juif ! — Que veux-tu que je te donne pour ces papiers ?

L'HOMME. — Quelque chose que vous avez sur vous.

FABIANI. — Ma bourse?

L'HOMME — Fi donc! voulez-vous la mienne!

FABIANI. — Quoi, alors?

L'HOMME. — Il y a un parchemin qui ne vous quitte jamais. C'est un blanc-seing que vous a donné la reine, et où elle jure sur sa couronne catholique d'accorder à celui qui le lui présentera la grâce, quelle qu'elle soit, qu'il lui demandera. Donnez-moi ce blanc-seing, vous aurez les titres de Jane Talbot. Papier pour papier.

FABIANI. — Que veux-tu faire de ce blanc-seing?

L'HOMME. — Voyons. Jeu sur table, milord. Je vous ai dit vos affaires, je vais vous dire les miennes. Je suis un des principaux argentiers juifs de la rue Kantersten, à Bruxelles. Je prête mon argent. C'est mon métier. Je prête dix et l'on me rend quinze. Je prête à tout le monde, je prêterais au diable, je prêterais au pape. Il y a deux mois, un de mes débiteurs est mort sans m'avoir payé. C'était un ancien serviteur exilé de la famille Talbot. Le pauvre homme n'avait laissé que quelques guenilles. Je les fis saisir. Dans ces guenilles je trouvai une boîte et dans cette boîte des papiers. Les papiers de Jane Talbot, milord, avec toute son histoire contée en détail et appuyée de preuves pour des temps meilleurs. La reine d'Angleterre venait précisément de vous donner les biens de Jane Talbot. Or, j'avais justement besoin de la reine d'Angleterre pour un prêt de dix mille marcs d'or. Je compris qu'il y avait une affaire à faire avec vous. Je vins en Angleterre sous ce déguisement, j'épiai vos démarches moi-même, j'épiai Jane Talbot moi-même, je fais tout moi-même. De cette façon, j'appris tout, et me voici. Vous aurez les papiers de Jane Talbot si vous me donnez le blanc-seing de la reine. J'écrirai dessus que la reine me donne dix mille marcs d'or. On me doit quelque chose ici au bureau de l'excise, mais je ne chicanerai pas. Dix mille marcs d'or, rien de plus. Je ne vous demande pas la somme à vous, parce qu'il n'y a qu'une tête couronnée qui puisse la payer. Voilà parler nettement, j'espère. Voyez-vous, milord, deux hommes aussi adroits que vous et moi n'ont rien à gagner à se tromper l'un l'autre. Si la franchise était bannie de la terre, c'est dans le tête-à-tête de deux fripons qu'elle devrait se retrouver.

FABIANI. — Impossible. Je ne puis te donner ce blanc-seing. Dix mille marcs d'or ! Que dirait la reine ? Et puis, demain je puis être disgracié ; ce blanc-seing, c'est ma sauvegarde ; ce blanc-seing, c'est ma tête.

L'HOMME. — Qu'est-ce que cela me fait ?

FABIANI. — Demande-moi autre chose.

L'HOMME. — Je veux cela.

FABIANI. — Juif, donne-moi les papiers de Jane Talbot.

L'HOMME. — Milord, donnez-moi le blanc-seing de la reine.

FABIANI. — Allons, juif maudit, il faut te céder.

Il tire un papier de sa poche.

L'HOMME. — Montrez-moi le blanc-seing de la reine.

FABIANI. — Montre-moi les papiers de Talbot.

L'HOMME. — Après. (*Ils s'approchent de la lanterne. Fabiani, placé derrière le juif, de la main gauche lui tient le papier sous les yeux. L'homme l'examine. — Il lit.*) « Nous, Marie, reine... » — C'est bien. — Vous voyez que je suis comme vous, milord. J'ai tout calculé. J'ai tout prévu.

FABIANI. (*Il tire son poignard de la main droite et le lui enfonce dans la gorge.*) — Excepté ceci.

L'HOMME. — Oh ! traître !... — A moi !

Il tombe. — En tombant, il jette dans l'ombre, derrière lui, sans que Fabiani s'en aperçoive, un paquet cacheté.

FABIANI, *se penchant sur le corps*. — Je le crois mort, ma foi ! — Vite, ces papiers. (*Il fouille le juif.*) — Mais

JOURNÉE I, SCÈNE VI.

quoi! il n'a rien! rien sur lui! pas un papier, le vieux mécréant! il mentait! il me trompait! il me volait! Voyez-vous cela, damné juif! Oh! il n'a rien, c'est fini! Je l'ai tué pour rien! Ils sont tous ainsi, ces juifs. Le mensonge et le vol, c'est tout le juif! — Allons, débarrassons-nous du cadavre, je ne puis le laisser devant cette porte. (*Allant au fond du théâtre.*) — Voyons si le batelier est encore là, qu'il m'aide à le jeter dans la Tamise.

Il descend et disparaît derrière le parapet.

GILBERT, *entrant par le côté opposé.* — Il me semble que j'ai entendu un cri. (*Il aperçoit le corps étendu à terre sous la lanterne.*) Quelqu'un d'assassiné! — le mendiant!

L'HOMME, *se soulevant à demi.* — Ah!... — vous venez trop tard, Gilbert. (*Il désigne du doigt l'endroit où il a jeté le paquet.*) — Prenez ceci, ce sont des papiers qui prouvent que Jane, votre fiancée, est la fille et l'héritière du dernier lord Talbot. Mon assassin est lord Clanbrassil, le favori de la reine. — Ah! j'étouffe. — Gilbert, venge-moi et venge-toi!... —

Il meurt.

GILBERT. — Mort! — Que je me venge! que veut-il dire? Jane, fille de lord Talbot! lord Clanbrassil! le favori de la reine! oh! je m'y perds! (*Secouant le cadavre.*) — Parle, encore un mot! — Il est bien mort!

SCÈNE VII.

GILBERT, FABIANI.

FABIANI, *revenant.* — Qui va là?
GILBERT. — On vient d'assassiner un homme.
FABIANI. — Non, un juif.
GILBERT. — Qui a tué cet homme?
FABIANI. — Pardieu! vous ou moi.

24.

GILBERT. — Monsieur !...

FABIANI. — Pas de témoins. Un cadavre à terre. Deux hommes à côté. Lequel est l'assassin? rien ne prouve que ce soit l'un plutôt que l'autre, moi plutôt que vous.

GILBERT. — Misérable ! l'assassin, c'est vous.

FABIANI. — Eh bien! oui, au fait! c'est moi. — Après?

GILBERT. — Je vais appeler les constables.

FABIANI. — Vous allez m'aider à jeter le corps à l'eau.

GILBERT. — Je vous ferai saisir et punir.

FABIANI. — Vous m'aiderez à jeter le corps à l'eau.

GILBERT. — Vous êtes impudent !

FABIANI. — Croyez-moi, effaçons toute trace de ceci; vous y êtes plus intéressé que moi.

GILBERT. — Voilà qui est fort !

FABIANI. — Un de nous deux a fait le coup. Moi, je suis un grand seigneur, un noble lord. Vous, vous êtes un passant, un manant, un homme du peuple. Un gentilhomme qui tue un juif paye quatre sous d'amende. Un homme du peuple qui en tue un autre est pendu.

GILBERT. — Vous oseriez !...

FABIANI. — Si vous me dénoncez, je vous dénonce. On me croira plutôt que vous. En tout cas, les chances sont inégales. Quatre sous d'amende pour moi, la potence pour vous.

GILBERT. — Pas de témoins ! pas de preuves ! Oh! ma tête s'égare ! Le misérable me tient, il a raison.

FABIANI. — Vous aiderai-je à jeter le cadavre à l'eau ?

GILBERT. — Vous êtes le démon !

Gilbert prend le corps par la tête, Fabiani par les pieds. Ils le portent jusqu'au parapet.

FABIANI. — Oui. — Ma foi, mon cher, je ne sais plus au juste lequel de nous deux a tué cet homme. (*Ils descendent derrière le parapet. — Reparaissant.*) — Voilà qui est fait. — Bonne nuit, mon camarade, allez à vos affaires. (*Il se dirige vers la maison, et se retourne voyant que Gilbert le suit.*) — Eh bien! que voulez-vous? quelque argent pour votre peine? en conscience, je ne vous dois rien; mais tenez. (*Il donne sa bourse à Gilbert, dont le premier mouvement est un geste de refus, et qui accepte ensuite de l'air d'un homme qui se ravise.*) — Maintenant allez-vous-en. Eh bien! qu'attendez-vous encore?

GILBERT. — Rien.

FABIANI. — Ma foi, restez là si bon vous semble! A vous la belle étoile, à moi la belle fille. Dieu vous garde!

Il se dirige vers la porte de la maison et paraît disposé à l'ouvrir.

GILBERT. — Où allez-vous ainsi?

FABIANI. — Pardieu! chez moi!

GILBERT. — Comment, chez vous?

FABIANI. — Oui.

GILBERT. — Quel est celui de nous deux qui rêve? Vous me disiez tout à l'heure que l'assassin du juif, c'était moi; vous me dites à présent que cette maison-ci est la vôtre.

FABIANI. — Ou celle de ma maîtresse, ce qui revient au même.

GILBERT. — Répétez-moi ce que vous venez de dire.

FABIANI. — Je dis, l'ami, puisque vous voulez le savoir, que cette maison est celle d'une belle fille nommée Jane, qui est ma maîtresse.

GILBERT. — Et moi je dis, milord, que tu mens! je dis que tu es un faussaire et un assassin, je dis que tu es un fourbe impudent, je dis que tu viens de prononcer là des paroles fatales dont nous mourrons tous les deux, vois-tu; toi pour les avoir dites, moi pour les avoir entendues!

FABIANI. — Là, là. Quel est ce diable d'homme?

GILBERT — Je suis Gilbert le ciseleur. Jane est ma fiancée.

FABIANI. — Et moi je suis le chevalier Amyas Pawlet. Jane est ma maîtresse.

GILBERT. — Tu mens, te dis-je; tu es lord Clanbrassil, le favori de la reine. Imbécile, qui crois que je ne sais pas cela!

FABIANI, *à part.* — Tout le monde me connaît donc cette nuit! — Encore un homme dangereux, et dont il faudra se défaire!

GILBERT. — Dis-moi sur-le-champ que tu as menti comme un lâche, et que Jane n'est pas ta maîtresse.

FABIANI. — Connais-tu son écriture? (*Il tire un billet de sa poche.*) — Lis ceci. (*A part, pendant que Gilbert déploie convulsivement le papier.*) — Il importe qu'il rentre chez lui et qu'il cherche querelle à Jane, cela donnera à mes gens le temps d'arriver.

GILBERT, *lisant.* — « Je serai seule cette nuit, vous pouvez venir. » — Malédiction! milord, tu as déshonoré ma fiancée, tu es un infâme! Rends-moi raison!

FABIANI, *mettant l'épée à la main.* — Je veux bien. Où est ton épée?

GILBERT. — O rage! être du peuple! n'avoir rien sur soi, ni épée ni poignard! Va, je t'attendrai la nuit au coin d'une rue, et je t'enfoncerai mes ongles dans le cou, et je t'assassinerai, misérable!

FABIANI. — Là, là, vous êtes violent, mon camarade.

GILBERT. — Oh! mylord, je me vengerai de toi!

FABIANI. — Toi! te venger de moi! toi si bas, moi si haut! tu es fou! je t'en défie.

GILBERT. — Tu m'en défies?

FABIANI. — Oui.

GILBERT. — Tu verras!

FABIANI, *à part.* — Il ne faut pas que le soleil de demain se lève pour cet homme. (*Haut.*) — L'ami, crois-moi, rentre chez toi. Je suis fâché que tu aies découvert cela; mais je te laisse la belle. Mon intention, d'ailleurs, n'était pas de pousser l'amourette plus loin. Rentre chez toi. (*Il jette une clef aux pieds de Gilbert.*) — Si tu n'as pas de clef, en voici une. Ou, si tu l'aimes mieux, tu n'as qu'à frapper quatre coups contre ce volet, Jane croira que c'est moi, et elle t'ouvrira. Bonsoir.

Il sort.

SCÈNE VIII.

GILBERT, resté seul.

Il est parti ! il n'est plus là ! je ne l'ai pas pétri et broyé sous mes pieds, cet homme ! Il a fallu le laisser partir ! pas une arme sur moi ! (*Il aperçoit à terre le poignard avec lequel lord Clanbrassil a tué le juif; il le ramasse avec un empressement furieux.*) — Ah ! tu arrives trop tard ! — tu ne pourras probablement tuer que moi ! mais c'est égal, que tu sois tombé du ciel ou vomi par l'enfer, je te bénis ! — Oh ! Jane m'a trahi ! Jane s'est donnée à cet infâme ! Jane est l'héritière de lord Talbot ! Jane est perdue pour moi ! — O Dieu ! voilà en une heure plus de choses terribles sur moi que ma tête n'en peut porter ! (*Simon Renard paraît dans les ténèbres au fond du théâtre.*) — Oh ! me venger de cet homme ! me venger de ce lord Clanbrassil ! Si je vais au palais de la reine, les laquais me chasseront à coups de pied comme un chien ! Oh ! je suis fou, ma tête se brise. Oh ! cela m'est égal de mourir, mais je voudrais être vengé ! je donnerais mon sang pour la vengeance ! N'y a-t-il personne au monde qui veuille faire ce marché avec moi ? Qui veut me venger de lord Clanbrassil et prendre ma vie pour payement ?...

SCÈNE IX.

GILBERT, SIMON RENARD.

SIMON RENARD, *faisant un pas.* — Moi.

GILBERT. — Toi! qui es-tu?

SIMON RENARD. — Je suis l'homme que tu désires.

GILBERT. — Sais-tu qui je suis?

SIMON RENARD. — Tu es l'homme qu'il me faut.

GILBERT. — Je n'ai plus qu'une idée, sais-tu cela? être vengé de lord Clanbrassil, et mourir.

SIMON RENARD. — Tu seras vengé de lord Clanbrassil, et tu mourras.

GILBERT. — Qui que tu sois, merci!

SIMON RENARD. — Oui, tu auras la vengeance que tu veux; mais n'oublie pas à quelle condition. Il me faut ta vie.

GILBERT. — Prends-la.

SIMON RENARD — C'est convenu?

GILBERT. — Oui.

SIMON RENARD. — Suis-moi.

GILBERT. — Où?

SIMON RENARD. — Tu le sauras.

GILBERT. — Songe que tu me promets de me venger!

SIMON RENARD. — Songe que tu me promets de mourir!

DEUXIÈME JOURNÉE

LA REINE

Une chambre de l'appartement de la reine. — Un évangile ouvert sur un prie-Dieu. La couronne royale sur un escabeau. — Portes latérales. — Une large porte au fond. — Une partie du fond masquée par une grande tapisserie de haute lisse.

SCÈNE PREMIÈRE.

LA REINE, splendidement vêtue, couchée sur un lit de repos ; FABIANO FABIANI, assis sur un pliant, à côté ; magnifique costume ; la Jarretière.

FABIANI, *une guitare à la main, chantant.*

    Quand tu dors, calme et pure,
    Dans l'ombre, sous mes yeux,
    Ton haleine murmure
    Des mots harmonieux.
    Ton beau corps se révèle
    Sans voile et sans atours... —
        Dormez, ma belle,
        Dormez toujours !

    Quand tu me dis : Je t'aime !
    O ma beauté, je croi...
    Je crois que le ciel même
    S'ouvre au-dessus de moi !

Ton regard étincelle
Du beau feu des amours... —
　　Aimez, ma belle,
　　Aimez toujours !

Vois-tu ? toute la vie
Tient dans ces quatre mots,
Tous les biens qu'on envie,
Tous les biens sans les maux !
Tout ce qui peut séduire,
Tout ce qui peut charmer..
　　Chanter et rire,
　　Dormir, aimer !
Il pose la guitare à terre.

Oh ! je vous aime plus que je ne peux dire, madame ! mais ce Simon Renard ! ce Simon Renard, plus puissant que vous-même ici ! je le hais.

LA REINE. — Vous savez bien que je n'y puis rien, milord. Il est ici le légat du prince d'Espagne, mon futur mari.

FABIANI. — Votre futur mari !

LA REINE. — Allons, milord, ne parlons plus de cela. Je vous aime, que vous faut-il de plus ? Et puis, voici qu'il est temps de vous en aller.

FABIANI. — Marie, encore un instant !

LA REINE. — Mais c'est l'heure où le conseil étroit va s'assembler. Il n'y a eu ici jusqu'à cette heure que la femme, il faut laisser entrer la reine.

FABIANI. — Je veux, moi, que la femme fasse attendre la reine à la porte.

LA REINE. — Vous voulez, vous ! vous voulez, vous ! regardez-moi, milord. Tu as une jeune et charmante tête, Fabiano !

FABIANI. — C'est vous qui êtes belle, madame ! Vous n'auriez besoin que de votre beauté pour être toute-puissante. Il y a sur votre tête quelque chose qui dit que vous êtes la reine, mais cela est encore bien mieux écrit sur votre front que sur votre couronne.

LA REINE. — Vous me flattez.

FABIANI. — Je t'aime.

LA REINE. — Tu m'aimes, n'est-ce pas? Tu n'aimes que moi? Redis-le-moi encore comme cela, avec ces yeux-là. Hélas! nous autres pauvres femmes, nous ne savons jamais au juste ce qui se passe dans le cœur d'un homme; nous sommes obligées d'en croire vos yeux, et les plus beaux, Fabiano, sont quelquefois les plus menteurs. Mais dans les tiens, milord, il y a tant de loyauté, tant de candeur, tant de bonne foi, qu'ils ne peuvent mentir, ceux-là, n'est-ce pas? Oui, ton regard est naïf et sincère, mon beau page. Oh! prendre des yeux célestes pour tromper, ce serait infernal. Ou tes yeux sont les yeux d'un ange, ou ils sont ceux d'un démon.

FABIANI. — Ni démon, ni ange. Un homme qui vous aime.

LA REINE. — Qui aime la reine?

FABIANI. — Qui aime Marie.

LA REINE. — Ecoute, Fabiano, je t'aime aussi, moi. Tu es jeune, il y a beaucoup de belles femmes qui te regardent fort doucement, je le sais. Enfin, on se lasse d'une reine comme d'une autre. Ne m'interromps pas. Si jamais tu deviens amoureux d'une autre femme, je veux que tu me le dises. Je te pardonnerai peut-être si tu me le dis. Ne m'interromps donc pas. Tu ne sais pas à quel point je t'aime, je ne le sais pas moi-même! Il y a des moments, cela est vrai, où je t'aimerais mieux mort qu'heureux avec une autre; mais il y a aussi des moments où je t'aimerais mieux heureux. Mon Dieu! je ne sais pas pourquoi on cherche à me faire la réputation d'une méchante femme.

FABIANI. — Je ne puis être heureux qu'avec toi, Marie. Je n'aime que toi.

LA REINE. — Bien sûr? Regarde-moi; bien sûr? Oh! je suis jalouse par instants! je me figure, — quelle est la femme qui n'a pas de ces idées-là? — je me figure quelquefois que tu me trompes. Je voudrais être invisible, et pouvoir te suivre, et toujours savoir ce que tu fais, ce que tu dis, où tu es. Il y a dans les contes des fées une bague qui rend invisible; je donnerais ma couronne pour cette bague-là. Je m'imagine sans cesse que tu vas voir les belles jeunes femmes qu'il y a dans la ville. Oh! il ne faudrait pas me tromper, vois-tu!

FABIANI. — Mais ôtez-vous donc ces idées-là de l'esprit, madame! Moi vous tromper, ma dame, ma reine, ma bonne maîtresse! Mais il faudrait que je fusse le plus ingrat et le plus misérable des hommes pour cela! Mais je ne vous ai donné aucune raison de croire que je fusse le plus ingrat et le plus misérable des hommes! Mais je t'aime, Marie! mais je t'adore; mais je ne pourrais seulement pas regarder une autre femme! Je t'aime, te dis-je; mais est-ce que tu ne vois pas cela dans mes yeux? Oh! mon Dieu! il y a un accent de vérité qui devrait persuader, pourtant. Voyons, regarde-moi bien, est-ce que j'ai l'air d'un homme qui te trahit? quand un homme trahit une femme, cela se voit tout de suite. Les femmes ordinairement ne se trompent pas à cela. Et quel moment choisis-tu pour me dire des choses pareilles, Marie? le moment de ma vie où je t'aime peut-être le plus! C'est vrai, il me semble que je ne t'ai jamais tant aimée qu'aujourd'hui! Je ne parle pas ici à la reine. Pardieu! je me moque bien de la reine! Qu'est-ce qu'elle peut me faire la reine? elle peut me faire couper la tête, qu'est-ce que cela? Toi, Marie, tu peux me briser le cœur! ce n'est pas Votre Majesté que j'aime, c'est toi. C'est ta belle main blanche et douce que je baise et que j'adore, et non votre sceptre, madame!

LA REINE. — Merci, mon Fabiano. Adieu. — Mon Dieu!

milord, que vous êtes jeune! les beaux cheveux noirs et la charmante tête que voilà! — Revenez dans une heure.

FABIANI. — Ce que vous appelez une heure, vous, je l'appelle un siècle, moi!

Il sort.

Sitôt qu'il est sorti, la reine se lève précipitamment, va à une porte masquée, l'ouvre, et introduit Simon Renard.

SCÈNE II.

LA REINE, SIMON RENARD.

LA REINE. — Entrez, monsieur le bailli. Eh bien! étiez-vous resté là? l'avez-vous entendu?

SIMON RENARD. — Oui, madame.

LA REINE. — Qu'en dites-vous? Oh! c'est le plus fourbe et le plus faux des hommes! Qu'en dites-vous?

SIMON RENARD. — Je dis, madame, qu'on voit bien que cet homme porte un nom en *i*.

LA REINE. — Et vous êtes sûr qu'il va chez cette femme la nuit? vous l'avez vu?

SIMON RENARD. — Moi, Chandos, Clinton, Montagu, dix témoins.

LA REINE. — C'est que c'est vraiment infâme!

SIMON RENARD. — D'ailleurs la chose sera encore mieux prouvée à la reine tout à l'heure. La jeune fille est ici, comme je l'ai dit à Votre Majesté. Je l'ai fait saisir dans sa maison cette nuit.

LA REINE. — Mais est-ce que ce n'est pas là un crime suffisant pour lui faire trancher la tête à cet homme, monsieur?

SIMON RENARD. — Avoir été chez une jolie fille la nuit? non, madame. Votre Majesté a fait mettre en jugement Trogmorton pour un fait pareil; Trogmorton a été absous.

LA REINE. — J'ai puni les juges de Trogmorton.

SIMON RENARD. — Tâchez de n'avoir pas à punir les juges de Fabiani.

LA REINE. — Oh! comment me venger de ce traître?

SIMON RENARD. — Votre Majesté ne veut la vengeance que d'une certaine manière?

LA REINE. — La seule qui soit digne de moi.

SIMON RENARD. — Trogmorton a été absous, madame. Il n'y a qu'un moyen, je l'ai dit à Votre Majesté. L'homme qui est là.

LA REINE. — Fera-t-il tout ce que je voudrai?

SIMON RENARD. — Oui, si vous faites tout ce qu'il voudra.

LA REINE. — Donnera-t-il sa vie?

SIMON RENARD. — Il fera ses conditions; mais il donnera sa vie.

LA REINE. — Qu'est-ce qu'il veut? savez-vous?

SIMON RENARD. — Ce que vous voulez vous-même. Se venger.

LA REINE. — Dites qu'il entre, et restez par là à portée de la voix. — Monsieur le bailli!

SIMON RENARD, *revenant*. — Madame?...

LA REINE. — Dites à milord Chandos qu'il se tienne là dans la chambre voisine avec six hommes de mon ordonnance, tous prêts à entrer. — Et la femme aussi, toute prête à entrer! — Allez.

Simon Renard sort.

LA REINE, *seule*. — Oh! ce sera terrible!

Une des portes latérales s'ouvre. Entrent Simon Renard et Gilbert.

SCÈNE III.

LA REINE, GILBERT, SIMON RENARD.

GILBERT. — Devant qui suis-je?

SIMON RENARD. — Devant la reine.

GILBERT. — La reine!

LA REINE. — C'est bien, oui, la reine. Je suis la reine. Nous n'avons pas le temps de nous étonner. Vous, monsieur, vous êtes Gilbert, un ouvrier ciseleur. Vous demeurez quelque part par là au bord de l'eau avec une nommée Jane, dont vous êtes le fiancé, et qui vous trompe, et qui a pour amant un nommé Fabiano, qui me trompe, moi. Vous voulez vous venger, et moi aussi. Pour cela, j'ai besoin de disposer de votre vie à ma fantaisie. J'ai besoin que vous disiez ce que je vous commanderai de dire, quoi que ce soit. J'ai besoin qu'il n'y ait plus pour vous ni faux ni vrai, ni bien ni mal, ni juste ni injuste, rien que ma vengeance et ma volonté. J'ai besoin que vous me laissiez faire et que vous vous laissiez faire. Y consentez-vous?

GILBERT. — Madame...

LA REINE. — La vengeance, tu l'auras. Mais je te préviens qu'il faudra mourir. Voilà tout. Fais tes conditions. Si tu as une vieille mère, et qu'il faille couvrir sa nappe de lingots d'or, parle, je le ferai. Vends-moi ta vie aussi cher que tu voudras.

GILBERT. — Je ne suis plus décidé à mourir, madame.

LA REINE. — Comment?

GILBERT. — Tenez, Majesté, j'ai réfléchi toute la nuit, rien ne m'est prouvé encore dans cette affaire. J'ai vu un homme qui s'est vanté d'être l'amant de Jane. Qui me dit qu'il n'a pas menti? J'ai vu une clef. Qui me dit qu'on ne l'a pas volée? J'ai vu une lettre. Qui me dit qu'on ne l'a pas fait écrire de force ? D'ailleurs je ne sais même plus si c'était bien son écriture. Il faisait nuit. J'étais troublé. Je n'y voyais pas. Je ne puis donner ma vie, qui est la sienne, comme cela. Je ne crois à rien, je ne suis sûr de rien, je n'ai pas vu Jane.

LA REINE. — On voit bien que tu aimes ! tu es comme moi, tu résistes à toutes les preuves. Et si tu la vois, cette Jane, si tu l'entends avouer le crime, feras-tu ce que je veux ?

GILBERT. — Oui. A une condition.

LA REINE. — Tu me la diras plus tard. (*A Simon Renard.*) — Cette femme ici tout de suite ! (*Simon Renard sort. La reine place Gilbert derrière un rideau qui occupe une partie du fond de l'appartement.*) — Mets-toi là.

Entre Jane, pâle et tremblante.

SCÈNE IV.

LA REINE, JANE, GILBERT derrière le rideau.

LA REINE. — Approche, jeune fille, tu sais qui nous sommes ?

JANE. — Oui, madame.

LA REINE. — Tu sais quel est l'homme qui t'a séduite ?

JANE. — Oui, madame.

LA REINE. — Il t'avait trompée ? Il s'était fait passer pour un gentilhomme nommé Amyas Pawlet ?

JANE. — Oui, madame.

LA REINE. — Tu sais maintenant que c'est Fabiano Fabiani, comte de Clanbrassil ?

JANE. — Oui, madame.

LA REINE. — Cette nuit, quand on est venu te saisir dans la maison, tu lui avais donné rendez-vous, tu l'attendais ?

JANE, *joignant les mains.* — Mon Dieu, madame!

LA REINE. — Réponds.

JANE, *d'une voix faible.* — Oui.

LA REINE. — Tu sais qu'il n'y a plus rien à espérer ni pour lui ni pour toi?

JANE. — Que la mort. C'est une espérance.

LA REINE. — Raconte-moi toute l'aventure. Où as-tu rencontré cet homme pour la première fois?

JANE. — La première fois que je l'ai vu, c'était... — Mais à quoi bon tout cela? Une malheureuse fille du peuple, pauvre et vaine, folle et coquette, amoureuse de parures et de beaux dehors, qui se laisse éblouir par la belle mise d'un grand seigneur. Voilà tout. Je suis séduite, je suis déshonorée, je suis perdue. Je n'ai rien à ajouter à cela. Mon Dieu! vous ne voyez donc pas que chaque mot que je dis me fait mourir, madame?

LA REINE. — C'est bien.

JANE. — Oh! votre colère est terrible, je le sais, madame. Ma tête ploie d'avance sous le châtiment que vous me préparez...

LA REINE. — Moi! un châtiment pour toi! est-ce que je m'occupe de toi, folle! qui es-tu, malheureuse créature, pour que la reine s'occupe de toi? Non, mon affaire, c'est Fabiano. Quant à toi, femme, c'est un autre que moi qui se chargera de te punir.

JANE. — Eh bien! madame, quel que soit celui que vous en chargerez, quel que soit le châtiment, je subirai tout sans me plaindre, je vous remercierai même, si vous avez pitié d'une prière que je vais vous faire. Il y a un homme qui m'a prise orpheline au berceau, qui m'a adoptée, qui m'a élevée, qui m'a nourrie, qui m'a aimée et qui m'aime encore; un homme dont je suis bien indigne, envers qui j'ai été bien criminelle, et dont l'image est pourtant au fond de mon cœur chère, auguste et sacrée comme celle de Dieu ; un homme qui sans doute, à l'heure où je vous parle, trouve sa maison vide et abandonnée, et dévastée, et n'y comprend rien et s'arrache les cheveux de désespoir. Eh bien ! ce que je demande à Votre Majesté, madame, c'est qu'il n'y comprenne jamais rien, c'est que je disparaisse sans qu'il sache jamais ce que je suis devenue, ni ce que j'ai fait, ni ce que vous avez fait de moi. Hélas ! mon Dieu ! je ne sais pas si je me fais bien comprendre ; mais vous devez sentir que j'ai là un ami, un noble et généreux ami, — pauvre Gilbert ! oh ! oui, c'est bien vrai ! — qui m'estime et qui me croit pure, et que je ne veux pas qu'il me haïsse et qu'il me méprise... — Vous me comprenez, n'est-ce pas, madame ? L'estime de cet homme, c'est pour moi bien plus que la vie, allez ! et puis, cela lui ferait un si affreux chagrin ! Tant de surprise ! il n'y croirait pas d'abord. Non, il n'y croirait pas. Mon Dieu ! pauvre Gilbert ! Oh ! madame ! ayez pitié de lui et de moi. Il ne vous a rien fait, lui. Qu'il ne sache rien de ceci, au nom du ciel ! au nom du ciel ! Qu'il ne sache pas que je suis coupable, il se tuerait. Qu'il ne sache pas que je suis morte, il mourrait !

LA REINE. — L'homme dont vous parlez est là qui vous écoute, qui vous juge et qui va vous punir.

Gilbert se montre.

JANE. — Ciel ! Gilbert !

GILBERT, *à la reine*. — Ma vie est à vous, madame.

LA REINE. — Bien. Avez-vous quelques conditions à me faire ?

GILBERT. — Oui, madame

LA REINE. — Lesquelles ? Nous vous donnons notre parole de reine que nous y souscrivons d'avance.

GILBERT. — Voici, madame. — C'est bien simple. C'est une dette de reconnaissance que j'acquitte envers un seigneur de votre cour qui m'a fait beaucoup travailler dans mon métier de ciseleur.

LA REINE. — Parlez.

GILBERT. — Ce seigneur a une liaison secrète avec une femme qu'il ne peut épouser, parce qu'elle tient à une famille proscrite. Cette femme, qui a vécu cachée jusqu'à présent, c'est la fille unique et l'héritière du dernier lord Talbot, décapité sous le roi Henri VIII.

LA REINE. — Comment! es-tu sûr de ce que tu dis là? Jean Talbot, le bon lord catholique, le loyal défenseur de ma mère d'Aragon, il a laissé une fille, dis-tu? Sur ma couronne, si cela est vrai, cette enfant est mon enfant; et ce que Jean Talbot a fait pour la mère de Marie d'Angleterre, Marie d'Angleterre le fera pour la fille de Jean Talbot.

GILBERT. — Alors ce sera sans doute un bonheur pour Votre Majesté de rendre à la fille de lord Talbot les biens de son père?

LA REINE. — Oui, certes, et de les reprendre à Fabiano! — Mais a-t-on les preuves que cette héritière existe?

GILBERT. — On les a.

LA REINE. — D'ailleurs, si nous n'avons pas de preuves, nous en ferons. Nous ne sommes pas la reine pour rien.

GILBERT. — Votre Majesté rendra à la fille de lord Talbot les biens, les titres, le rang, le nom, les armes et la devise de son père. Votre Majesté la relèvera de toute proscription et lui garantira la vie sauve. Votre Majesté la mariera à ce seigneur, qui est le seul homme qu'elle puisse épouser. A ces conditions, madame, vous pourrez disposer de moi, de ma liberté, de ma vie et de ma volonté, selon votre plaisir.

LA REINE. — Bien. Je ferai ce que vous venez de dire.

GILBERT. — Votre Majesté fera ce que je viens de dire? La reine d'Angleterre me le jure, à moi, Gilbert, l'ouvrier ciseleur, sur sa couronne que voici et sur l'Evangile ouvert que voilà ?

LA REINE. — Sur la royale couronne que voici et sur le divin Evangile que voilà, je te le jure !

GILBERT. — Le pacte est conclu, madame. Faites préparer une tombe pour moi, et un lit nuptial pour les époux. Le seigneur dont je parlais, c'est Fabiani, comte de Clanbrassil. L'héritière de Talbot, la voici.

JANE. — Que dit-il ?

LA REINE. — Est-ce que j'ai affaire à un insensé ? Qu'est-ce que cela signifie ? Maître ! faites attention à ceci, que vous êtes hardi de vous railler de la reine d'Angleterre, que les chambres royales sont des lieux où il faut prendre garde aux paroles qu'on dit, et qu'il y a des occasions où la bouche fait tomber la tête !

GILBERT. — Ma tête, vous l'avez, madame. Moi, j'ai votre serment !

LA REINE. — Vous ne parlez pas sérieusement. Ce Fabiano ! cette Jane !... — Allons donc !

GILBERT. — Cette Jane est la fille et l'héritière de lord Talbot.

LA REINE. — Bah ! vision ! chimère ! folie ! Ces preuves, les avez-vous ?

GILBERT. — Complètes. (*Il tire un paquet de sa poitrine.*) — Veuillez lire ces papiers.

LA REINE. — Est-ce que j'ai le temps de lire vos papiers, moi ? Est-ce que je vous ai demandé vos papiers ? Qu'est-ce que cela me fait, vos papiers ? Sur mon âme, s'ils prouvent quelque chose, je les jetterai au feu, et il ne restera rien.

GILBERT. — Que votre serment, madame.

LA REINE. — Mon serment ! mon serment !

GILBERT. — Sur la couronne et sur l'Evangile, madame !

c'est-à-dire sur votre tête et sur votre âme, sur votre vie dans ce monde et sur votre vie dans l'autre.

LA REINE. — Mais que veux-tu donc? Je te jure que tu es en démence.

GILBERT. — Ce que je veux? Jane a perdu son rang, rendez-le-lui! Jane a perdu l'honneur, rendez-le-lui! Proclamez-la fille de lord Talbot et femme de lord Clanbrassil, — et puis prenez ma vie!

LA REINE. — Ta vie! mais que veux-tu que j'en fasse de ta vie à présent? Je n'en voulais que pour me venger de cet homme, de Fabiano! Tu ne comprends donc rien? Je ne te comprends pas non plus, moi. Tu parlais de vengeance! C'est comme cela que tu te venges? Ces gens du peuple sont stupides! Et puis, est-ce que je crois à ta ridicule histoire d'une héritière de Talbot? Les papiers! tu me montres les papiers! Je ne veux pas les regarder. Ah! une femme te trahit, et tu fais le généreux! A ton aise. Je ne suis pas généreuse, moi! J'ai la rage et la haine dans le cœur. Je me vengerai, et tu m'y aideras. Mais cet homme est fou! il est fou! il est fou! Mon Dieu! pourquoi en ai-je besoin? C'est désespérant d'avoir affaire à des gens pareils dans des affaires sérieuses!

GILBERT. — J'ai votre parole de reine catholique. Lord Clanbrassil a séduit Jane, il l'épousera.

LA REINE. — Et s'il refuse de l'épouser?

GILBERT. — Vous l'y forcerez, madame.

JANE. — Oh! non, ayez pitié de moi, Gilbert!

GILBERT. — Eh bien! s'il refuse, cet infâme, Votre Majesté fera de lui et de moi ce qu'il lui plaira.

LA REINE, *avec joie*. — Ah! c'est tout ce que je veux!

GILBERT. — Si ce cas-là arrivait, pourvu que la couronne de comtesse de Waterford soit solennellement replacée par la reine sur la tête sacrée et inviolable de Jane Talbot que voici, je ferai, moi, tout ce que la reine m'imposera.

LA REINE. — Tout?

GILBERT. — Tout. — Même un crime, si c'est un crime qu'il vous faut; même une trahison, ce qui est plus qu'un crime; même une lâcheté, ce qui est plus qu'une trahison.

LA REINE. — Tu diras ce qu'il faudra dire? Tu mourras de la mort qu'on voudra?

GILBERT. — De la mort qu'on voudra.

JANE. — O Dieu!

LA REINE. — Tu le jures?

GILBERT. — Je le jure.

LA REINE. — La chose peut s'arranger ainsi. Cela suffit. J'ai ta parole, tu as la mienne. C'est dit. (*Elle paraît réfléchir un moment. — A Jane.*) Vous êtes inutile ici, sortez, vous. On vous rappellera.

JANE. — O Gilbert! qu'avez-vous fait là? O Gilbert! je suis une misérable, et je n'ose lever les yeux sur vous. O Gilbert! vous êtes plus qu'un ange, car vous avez tout à la fois les vertus d'un ange et les passions d'un homme!

Elle sort.

SCÈNE V.

LA REINE, GILBERT, puis SIMON RENARD, LORD CHANDOS et les Gardes.

LA REINE, *à Gilbert*. — As-tu une arme sur toi? un couteau, un poignard, quelque chose?

GILBERT, *tirant de sa poitrine le poignard de lord Clanbrassil.* — Un poignard? oui, madame.

LA REINE. — Bien. Tiens-le à ta main. (*Elle lui saisit vivement le bras.*) — Monsieur le bailli d'Amont! lord Chandos! (*Entrent Simon Renard, lord Chandos et les gardes.*) — Assurez-vous de cet homme! il a levé le poignard sur moi. Je lui ai pris le bras au moment où il allait me frapper. C'est un assassin.

GILBERT. — Madame!...

LA REINE, *bas à Gilbert.* — Oublies-tu déjà nos conventions? est-ce ainsi que tu te laisses faire? (*Haut.*) — Vous êtes tous témoins qu'il avait encore le poignard à la main. Monsieur le bailli, comment se nomme le bourreau de la Tour de Londres?

SIMON RENARD. — C'est un Irlandais appelé Mac Dermoti.

LA REINE. — Qu'on me l'amène, j'ai à lui parler.

SIMON RENARD. — Vous-même?

LA REINE. — Moi-même.

SIMON RENARD. — La reine parlera au bourreau?

LA REINE. — Oui, la reine parlera au bourreau, la tête parlera à la main. — Allez donc! (*Un garde sort.*) Milord Chandos, et vous, messieurs, vous me répondez de cet homme. Gardez-le là, dans vos rangs, derrière vous. Il va se passer ici des choses qu'il faut qu'il voie. — Monsieur le lieutenant d'Amont, lord Clanbrassil est-il au palais?

SIMON RENARD. — Il est là, dans la chambre peinte, qui attend que le bon plaisir de la reine soit de le voir.

LA REINE. — Il ne se doute de rien?

SIMON RENARD. — De rien.

LA REINE, *à lord Chandos.* — Qu'il entre.

SIMON RENARD. — Toute la cour est là aussi qui attend. N'introduira-t-on personne avant lord Clanbrassil?

LA REINE. — Quels sont parmi nos seigneurs ceux qui haïssent Fabiani?

SIMON RENARD. — Tous.

LA REINE. — Ceux qui le haïssent le plus?

SIMON RENARD. — Clinton, Montagu, Somerset, le comte de Derby, Gerard, Fitz-Gerard, lord Paget, et le lord chancelier.

LA REINE, *à lord Chandos.* — Introduisez ceux-là, tous,

excepté le lord chancelier. Allez. (*Chandos sort. — A Simon Renard.*) — Le digne évêque chancelier n'aime pas Fabiani plus que les autres; mais c'est un homme à scrupules. (*Apercevant les papiers que Gilbert a déposés sur la table.*) — Ah! il faut pourtant que je jette un coup d'œil sur ces papiers.

Pendant qu'elle les examine, la porte du fond s'ouvre. Entrent, avec de profonds saluts, les seigneurs désignés par la reine.

SCÈNE VI.

Les Mêmes, LORD CLINTON et les autres seigneurs

LA REINE. — Bonjour, messieurs. Dieu vous ait en sa garde, milords! (*A lord Montagu.*) — Anthony Brown, je n'oublie jamais que vous avez dignement tenu tête à Jean de Montmorency et au sieur de Toulouse dans mes négociations avec l'empereur mon oncle. — Lord Paget, vous recevrez aujourd'hui vos lettres de baron Paget de Beaudesert en Stafford. — Eh! mais, c'est notre vieil ami lord Clinton! Nous sommes toujours votre bonne amie, milord. C'est vous qui avez exterminé Thomas Wyat dans la plaine de Saint-James. Souvenons-nous-en tous, messieurs. Ce jour-là la couronne d'Angleterre a été sauvée par un pont qui a permis à mes troupes d'arriver jusqu'aux rebelles, et par un mur qui a empêché les rebelles d'arriver jusqu'à moi. Le pont, c'est le pont de Londres. Le mur, c'est lord Clinton!

LORD CLINTON, *bas à Simon Renard*. — Voilà six mois que la reine ne m'avait parlé. Comme elle est bonne aujourd'hui!

SIMON RENARD, *bas à lord Clinton*. — Patience, milord. Vous la trouverez meilleure encore tout à l'heure.

LA REINE, *à lord Chandos*. — Milord Clanbrassil peut

entrer. (*A Simon Renard.*) Quand il sera ici depuis quelques minutes...

Elle lui parle à l'oreille, et lui désigne la porte par laquelle Jane est sortie.

SIMON RENARD. — Il suffit, madame.

Entre Fabiani.

SCÈNE VII.

Les Mêmes, FABIANI.

LA REINE. — Ah ! le voici !...
Elle se remet à parler bas à Simon Renard.

FABIANI, *à part, salué par tout le monde et regardant autour de lui.* — Qu'est-ce que cela veut dire? Il n'y a que de mes ennemis ici, ce matin. La reine parle bas à Simon Renard. Diable ! elle rit ! mauvais signe !

LA REINE, *gracieusement à Fabiani.* — Dieu vous garde, milord !

FABIANI, *saisissant sa main qu'il baise.* — Madame... (*A part.*) — Elle m'a souri. Le péril n'est pas pour moi.

LA REINE, *toujours gracieuse.* — J'ai à vous parler.
Elle vient avec lui sur le devant du théâtre.

FABIANI. — Et moi aussi, j'ai à vous parler, madame. J'ai des reproches à vous faire. M'éloigner, m'exiler pendant si longtemps ! Ah ! il n'en serait pas ainsi si dans les heures d'absence vous songiez à moi comme je songe à vous.

LA REINE. — Vous êtes injuste ; depuis que vous m'avez quittée je ne m'occupe que de vous.

FABIANI. — Est-il bien vrai? ai-je tant de bonheur? Répétez-le-moi.

LA REINE, *toujours souriant.* — Je vous le jure.

FABIANI. — Vous m'aimez donc comme je vous aime?

LA REINE. — Oui, milord. — Certainement, je n'ai pensé qu'à vous. Tellement que j'ai songé à vous ménager une surprise agréable à votre retour.

FABIANI. — Comment! quelle surprise?

LA REINE. — Une rencontre qui vous fera plaisir.

FABIANI. — La rencontre de qui?

LA REINE. — Devinez. — Vous ne devinez pas?

FABIANI. — Non, madame.

LA REINE. — Tournez-vous.

Il se retourne et aperçoit Jane sur le seuil de la petite porte entr'ouverte.

FABIANI, *à part*. — Jane!

JANE, *à part*. — C'est lui!

LA REINE, *toujours avec un sourire*. — Milord, connaissez-vous cette jeune fille?

FABIANI. — Non, madame.

LA REINE. — Jeune fille, connaissez-vous milord?

JANE. — La vérité avant la vie. Oui, madame.

LA REINE. — Ainsi, milord, vous ne connaissez pas cette femme?

FABIANI. — Madame, on veut me perdre. Je suis entouré d'ennemis. Cette femme est liguée avec eux sans doute. Je ne la connais pas, madame! je ne sais pas qui elle est, madame.

LA REINE, *se levant et lui frappant le visage de son gant*. — Ah! tu es un lâche! — Ah! tu trahis l'une et tu renies l'autre! Ah! tu ne sais pas qui elle est! Veux-tu que je te le dise, moi? Cette femme est Jane Talbot, fille de Jean Talbot, le bon seigneur catholique mort sur l'échafaud pour ma mère. Cette femme est Jane Talbot, ma cousine; Jane Talbot, comtesse de Shrewsbury, comtesse de Wexford, comtesse de Waterford, pairesse d'Angleterre! Voilà ce que c'est que cette femme! — Lord Paget, vous êtes commissaire du sceau privé, vous tiendrez compte de nos paroles. La reine d'Angleterre reconnaît solennellement la jeune femme ici présente pour Jane, fille et unique héritière du dernier comte de Waterford. (*Montrant les papiers.*) — Voici les titres et les preuves, que vous ferez sceller du grand sceau. C'est notre plaisir. (*A Fabiani.*) — Oui, comtesse de Waterford ! et cela est prouvé ! et tu rendras les biens, misérable ! — Ah ! tu ne connais pas cette femme ! Ah ! tu ne sais pas qui est cette femme ! eh bien ! je te l'apprends, moi ! c'est Jane Talbot ! et faut-il t'en dire plus encore ?... (*Le regardant en face, à voix basse, entre les dents.*) — Lâche ! c'est ta maîtresse !

FABIANI. — Madame...

LA REINE. — Voilà ce qu'elle est, maintenant voici ce que tu es, toi. — Tu es un homme sans âme, un homme sans cœur, un homme sans esprit ! tu es un fourbe et un misérable ! tu es... — Pardieu, messieurs, vous n'avez pas besoin de vous éloigner. Cela m'est bien égal que vous entendiez ce que je vais dire à cet homme ! je ne baisse pas la voix, il me semble. — Fabiano ! tu es un misérable, un traître envers moi, un lâche envers elle, un valet menteur, le plus vil des hommes, le dernier des hommes ! Cela est pourtant vrai, je t'ai fait comte de Clanbrassil, baron de Dinasmonddy, quoi encore ? baron de Darmouth en Devonshire. Eh bien ! c'est que j'étais folle ! Je vous demande pardon de vous avoir fait coudoyer par cet homme-là, milords. Toi, chevalier ! toi, gentilhomme ! toi, seigneur ! mais compare-toi donc un peu à ceux qui sont, cela, misérable ! mais regarde, en voilà autour de toi, des gentilshommes ! voilà Bridges, baron Chandos. Voilà Seymour, duc de Somerset. Voilà les Stanley, qui sont comtes de Derby depuis l'an quatorze cent quatre-vingt-cinq ! Voilà les Clinton, qui sont barons Clinton depuis douze cent quatre-vingt-dix-huit ! Est-ce que tu t'imagines que tu ressembles à ces gens-là, toi ? Tu te dis allié à la famille es-

26.

pagnole des Penalver, mais ce n'est pas vrai, tu n'es qu'un mauvais Italien, rien ! moins que rien ! fils d'un chaussetier du village de Larino ! — Oui, messieurs, fils d'un chaussetier ! Je le savais et je ne le disais pas, et je le cachais, et je faisais semblant de croire cet homme quand il parlait de sa noblesse. Car voilà comme nous sommes, nous autres femmes. O mon Dieu ! je voudrais qu'il y eût des femmes ici, ce serait une leçon pour toutes. Ce misérable ! ce misérable ! il trompe une femme et renie l'autre ! infâme ! Certainement, tu es bien infâme ! comment ! depuis que je parle il n'est pas encore à genoux ! à genoux, Fabiani ! milords, mettez cet homme de force à genoux !

FABIANI. — Votre Majesté...

LA REINE. — Ce misérable, que j'ai comblé de bienfaits ! ce laquais napolitain, que j'ai fait chevalier doré et comte libre d'Angleterre ! Ah ! je devais m'attendre à ce qui arrive ! on m'avait bien dit que cela finirait ainsi. Mais je suis toujours comme cela, je m'obstine, et je vois ensuite que j'ai eu tort. C'est ma faute. Italien, cela veut dire fourbe ! Napolitain, cela veut dire lâche ! toutes les fois que mon père s'est servi d'un Italien, il s'en est repenti. Ce Fabiani ! tu vois, lady Jane, à quel homme tu t'es livrée, malheureuse enfant ! — Je te vengerai, va ! — Oh ! je devais le savoir d'avance, on ne peut tirer autre chose de la poche d'un Italien qu'un stylet, et de l'âme d'un Italien que la trahison !

FABIANI. — Madame, je vous jure...

LA REINE. — Il va se parjurer à présent ! il sera vil jusqu'à la fin ; il nous fera rougir jusqu'au bout devant ces hommes, nous autres faibles femmes qui l'avons aimé ! il ne relèvera pas seulement la tête !

FABIANI. — Si, madame ! je la relèverai. Je suis perdu, je le vois bien. Ma mort est décidée. Vous emploierez tous les moyens, le poignard, le poison...

JOURNÉE II, SCÈNE VII.

LA REINE, *lui prenant les mains, et l'attirant vivement sur le devant du théâtre.* — Le poison ! le poignard ! que dis-tu là, Italien ? la vengeance traître, la vengeance honteuse, la vengeance par derrière, la vengeance comme dans ton pays ! Non, signor Fabiani : ni poignard, ni poison. Est-ce que j'ai à me cacher, moi, à chercher le coin des rues la nuit, et à me faire petite quand je me venge ? non, pardieu, je veux le grand jour, entends-tu, milord ? le plein midi, le beau soleil, la place publique, la hache et le billot, la foule dans la rue, la foule aux fenêtres, la foule sur les toits, cent mille témoins ! je veux qu'on ait peur, entends-tu, milord ? qu'on trouve cela splendide, effroyable et magnifique, et qu'on dise : C'est une femme qui a été outragée, mais c'est une reine qui se venge ! Ce favori si envié, ce beau jeune homme insolent que j'ai couvert de velours et de satin, je veux le voir plié en deux, effaré et tremblant, à genoux sur un drap noir, pieds nus, mains liées, hué par le peuple, manié par le bourreau. Ce cou blanc où j'avais mis un collier d'or, j'y veux mettre une corde. J'ai vu quel effet ce Fabiani faisait sur un trône, je veux voir quel effet il fera sur un échafaud !

FABIANI. — Madame...

LA REINE. — Plus un mot. Ah ! plus un mot. Tu es bien véritablement perdu, vois-tu ? Tu monteras sur l'échafaud comme Suffolk et Northumberland. C'est une fête comme une autre que je donnerai à ma bonne ville de Londres ! Tu sais comme elle te hait, ma bonne ville ! Pardieu, c'est une belle chose, quand on a besoin de se venger, d'être Marie, dame et reine d'Angleterre, fille de Henri VIII, et maîtresse des quatre mers ! Et, quand tu seras sur l'échafaud, Fabiani, tu pourras, à ton gré, faire une longue harangue au peuple comme Northumberland, ou une longue prière à Dieu comme Suffolk pour donner à la grâce le temps de venir ; le ciel m'est témoin que tu es un traître et que la grâce ne viendra pas ! Ce misérable fourbe qui me parlait d'amour et me disait *tu* ce matin ! — Eh ! mon Dieu, messieurs, cela paraît vous étonner que je parle ainsi devant vous ; mais, je vous le répète, que m'importe ? (*A lord Somerset.*) — Milord duc, vous êtes connétable de la Tour, demandez son épée à cet homme.

FABIANI. — La voici, mais je proteste. En admettant qu'il soit prouvé que j'ai trompé ou séduit une femme...

LA REINE. — Eh ! que m'importe que tu aies séduit une femme ! Est-ce que je m'occupe de cela ? ces messieurs sont témoins que cela m'est bien égal !

FABIANI. — Séduire une femme, ce n'est pas un crime capital, madame. Votre Majesté n'a pu faire condamner Trogmorton sur une accusation pareille.

LA REINE. — Il nous brave, maintenant, je crois ? le ver devient serpent. Et qui te dit que c'est de cela qu'on t'accuse ?

FABIANI. — Alors de quoi m'accuse-t-on ? je ne suis pas Anglais ! moi, je ne suis pas sujet de Votre Majesté. Je suis sujet du roi de Naples et vassal du saint-père. Je sommerai son légat, l'éminentissime cardinal Polus, de me réclamer. Je me défendrai, madame. Je suis étranger. Je ne puis être mis en cause que si j'ai commis un crime, un vrai crime. — Quel est mon crime ?

LA REINE. — Tu demandes quel est ton crime ?

FABIANI. — Oui, madame.

LA REINE. — Vous entendez tous la question qui m'est faite, milords, vous allez entendre la réponse. Faites attention, et prenez garde à vous tous tant que vous êtes, car vous allez voir que je n'ai qu'à frapper du pied pour faire sortir de terre un échafaud. — Chandos ! Chandos ! ouvrez cette porte à deux battants ! toute la cour ! tout le monde ! faites entrer tout le monde.

La porte du fond s'ouvre. Entre toute la cour.

SCÈNE VIII.

Les Mêmes, LE LORD CHANCELIER, toute la cour.

LA REINE. — Entrez, entrez, milords. J'ai véritablement beaucoup de plaisir à vous voir tous aujourd'hui. — Bien, bien, les hommes de justice, par ici, plus près, plus près. — Où sont les sergents d'armes de la chambre des lords, Harriot et Llanerillo? Ah! vous voilà, messieurs. Soyez les bienvenus. Tirez vos épées. Bien. Placez-vous à droite et à gauche de cet homme. Il est votre prisonnier.

FABIANI. — Madame, quel est mon crime?

LA REINE. — Milord Gardiner, mon savant ami, vous êtes chancelier d'Angleterre, nous vous faisons savoir que vous ayez à vous assembler en diligence, vous et les douze lords commissaires de la chambre étoilée, que nous regrettons de ne pas voir ici. Il se passe des choses étranges dans ce palais. Ecoutez, milords, madame Elisabeth a déjà suscité plus d'un ennemi à notre couronne. Il y a eu le complot de Pietro Caro, qui a fait le mouvement d'Exeter, et qui correspondait secrètement avec madame Elisabeth, par le moyen d'un chiffre taillé sur une guitare. Il y a eu la trahison de Thomas Wyat, qui a soulevé le comté de Kent. Il y a eu la rébellion du duc de Suffolk, lequel a été saisi dans le creux d'un arbre après la défaite des siens. Il y a aujourd'hui un nouvel attentat. Ecoutez tous. Aujourd'hui, ce matin, un homme s'est présenté à mon audience. Après quelques paroles, il a levé un poignard sur moi. J'ai arrêté son bras à temps. Lord Chandos et monsieur le bailli d'Amont ont saisi l'homme. Il a déclaré avoir été poussé à ce crime par lord Clanbrassil.

FABIANI. — Par moi? cela n'est pas. Oh! mais voilà une

chose affreuse! cet homme n'existe pas. On ne retrouvera pas cet homme. Qui est-il? où est-il?

LA REINE. — Il est ici.

GILBERT, *sortant du milieu des soldats derrière lesquels il est resté caché jusqu'alors.* — C'est moi!

LA REINE. — En conséquence des déclarations de cet homme, nous, Marie, reine, nous accusons devant la chambre aux étoiles cet autre homme, Fabiano Fabiani, comte de Clanbrassil, de haute trahison et d'attentat régicide sur notre personne impériale et sacrée.

FABIANI. — Régicide, moi! c'est monstrueux! Oh! ma tête s'égare! ma vue se trouble! Quel est ce piége? qui que tu sois, misérable, oses-tu affirmer que ce qu'a dit la reine est vrai?

GILBERT. — Oui.

FABIANI. — Je t'ai poussé au régicide, moi?

GILBERT. — Oui.

FABIANI. — Oui! toujours oui! malédiction! c'est que vous ne pouvez pas savoir à quel point cela est faux, messeigneurs! cet homme sort de l'enfer. Malheureux, tu veux me perdre; mais tu ignores que tu te perds en même temps. Le crime dont tu me charges te charge aussi. Tu me feras mourir, mais tu mourras. Avec un seul mot, insensé, tu fais tomber deux têtes, la mienne et la tienne. Sais-tu cela?

GILBERT. — Je le sais.

FABIANI. — Milords, cet homme est payé...

GILBERT. — Par vous. Voici la bourse pleine d'or que vous m'avez donnée pour le crime. Votre blason et votre chiffre y sont brodés.

FABIANI. — Juste ciel! — Mais on ne représente pas le poignard avec lequel cet homme voulait, dit-on, frapper la reine. Où est le poignard?

LORD CHANDOS. — Le voici.

GILBERT, *à Fabiani.* — C'est le vôtre. — Vous me l'avez donné pour cela. On en retrouvera le fourreau chez vous.

LE LORD CHANCELIER. — Comte de Clanbrassil, qu'avez-vous à répondre? reconnaissez-vous cet homme?

FABIANI. — Non.

GILBERT. — Au fait, il ne m'a vu que la nuit. — Laissez-moi lui dire deux mots à l'oreille, madame; cela aidera sa mémoire. (*Il s'approche de Fabiani. Bas.*) — Tu ne reconnais donc personne aujourd'hui, milord? pas plus l'homme outragé que la femme séduite. Ah! la reine se venge, mais l'homme du peuple se venge aussi. Tu m'en avais défié, je crois! te voilà pris entre les deux vengeances. Milord, qu'en dis-tu? — Je suis Gilbert le ciseleur!

FABIANI. — Oui! je vous reconnais. — Je reconnais cet homme, milords. Du moment où j'ai affaire à cet homme, je n'ai plus rien à dire.

LA REINE. — Il avoue!

LE LORD CHANCELIER, *à Gilbert.* — D'après la loi normande et le statut vingt-cinq du roi Henri VIII, dans le cas de lèse-majesté au premier chef, l'aveu ne sauve pas le complice. N'oubliez point que c'est un cas où la reine n'a pas le droit de grâce, et que vous mourrez sur l'échafaud comme celui que vous accusez. Réfléchissez. Confirmez-vous tout ce que vous avez dit?

GILBERT. — Je sais que je mourrai, et je le confirme.

JANE, *à part.* — Mon Dieu! si c'est un rêve, il est bien horrible!

LE LORD CHANCELIER, *à Gilbert.* — Consentez-vous à réitérer vos déclarations la main sur l'Evangile?

Il présente l'Evangile à Gilbert, qui y pose la main.

GILBERT. — Je jure, la main sur l'Evangile, et avec ma mort prochaine devant les yeux, que cet homme est un assassin; que ce poignard, qui est le sien, m'a été donné par lui pour le crime. Que Dieu m'assiste ! c'est la vérité !

LE LORD CHANCELIER, *à Fabiani*. — Milord, qu'avez-vous à dire ?

FABIANI. — Rien. — Je suis perdu !

SIMON RENARD, *bas à la reine*. — Votre Majesté a fait mander le bourreau ; il est là.

LA REINE. — Bon, qu'il vienne.

Les rangs des gentilshommes s'écartent, et l'on voit paraître le bourreau, vêtu de rouge et de noir, portant sur l'épaule une longue épée dans son fourreau.

SCÈNE IX.

Les Mêmes, LE BOURREAU.

LA REINE. — Milord duc de Somerset, ces deux hommes à la Tour ! — Milord Gardiner, notre chancelier, que leur procès commence dès demain devant les douze pairs de la chambre aux étoiles, et que Dieu soit en aide à la vieille Angleterre ! Nous entendons que ces hommes soient jugés tous deux avant que nous partions pour Exford, où nous ouvrirons le parlement, et pour Windsor, où nous ferons nos pâques. (*Au bourreau.*) — Approche-toi ! Je suis aise de te voir. Tu es un bon serviteur. Tu es vieux. Tu as déjà vu trois règnes. Il est d'usage que les souverains de ce royaume te fassent un don, le plus magnifique possible, à leur avènement. Mon père, Henri VIII, t'a donné l'agrafe en diamant de son manteau. Mon frère, Édouard VI, t'a donné un hanap d'or ciselé. C'est mon tour maintenant. Je ne t'ai encore rien donné, moi. Il faut que je te fasse un présent. Approche. (*Montrant Fabiani.*) — Tu vois bien cette tête, cette jeune et charmante tête, cette tête qui, ce matin encore, était ce que j'avais de plus beau, de plus cher et de plus précieux au monde ; eh bien ! cette tête, tu la vois bien, dis ? — Je te la donne !

TROISIÈME JOURNÉE

LEQUEL DES DEUX?

PREMIÈRE PARTIE

Salle de l'intérieur de la Tour de Londres. Voûte ogive soutenue par de gros piliers. A droite et à gauche, les deux portes basses de deux cachots. A droite, une lucarne qui est censée donner sur la Tamise. A gauche une lucarne qui est censée donner sur les rues. De chaque côté, une porte masquée dans le mur. Au fond, une galerie avec une sorte de grand balcon fermé par des vitraux et donnant sur les cours extérieures de la Tour.

SCÈNE PREMIÈRE.

GILBERT, JOSHUA.

GILBERT. — Eh bien?

JOSHUA. — Hélas!

GILBERT. — Plus d'espoir?

JOSHUA. — Plus d'espoir! (*Gilbert va à la fenêtre.*) Oh! tu ne verras rien de la fenêtre!

GILBERT. — Tu t'es informé, n'est-ce pas?

JOSHUA. — Je ne suis que trop sûr!

GILBERT. — C'est pour Fabiani?

JOSHUA. — C'est pour Fabiani.

GILBERT. — Que cet homme est heureux! malédiction sur moi!

JOSHUA. — Pauvre Gilbert! ton tour viendra. Aujourd'hui c'est lui, demain ce sera toi.

GILBERT. — Que veux-tu dire? nous ne nous entendons pas. De quoi me parles-tu?

JOSHUA. — De l'échafaud, qu'on dresse en ce moment.

GILBERT. — Et moi, je te parle de Jane.

JOSHUA. — De Jane!

GILBERT. — Oui, de Jane! de Jane seulement! que m'importe le reste? tu as donc tout oublié, toi? tu ne te souviens donc plus que depuis un mois, collé aux barreaux de mon cachot, d'où l'on aperçoit la rue, je la vois rôder sans cesse, pâle et en deuil, au pied de cette tourelle qui renferme deux hommes, Fabiani et moi? Tu ne te rappelles donc plus mes angoisses, mes doutes, mes incertitudes? pour lequel des deux vient-elle? Je me fais cette question nuit et jour, pauvre misérable! je te l'ai faite à toi-même, Joshua, et tu m'avais promis hier au soir de tâcher de la voir et de lui parler. Oh! dis, sais-tu quelque chose? est-ce pour moi qu'elle vient ou pour Fabiani?

JOSHUA. — J'ai su que Fabiani devait décidément être décapité aujourd'hui, et toi demain, et j'avoue que depuis ce moment-là je suis comme fou, Gilbert. L'échafaud a fait sortir Jane de mon esprit. Ta mort...

GILBERT. — Ma mort? qu'entends-tu par ce mot? ma mort, c'est que Jane ne m'aime plus. Du jour où je n'ai plus été aimé, j'ai été mort. Oh! vraiment mort, Joshua! Ce qui survit de moi depuis ce temps ne vaut pas la peine qu'on prendra demain. Oh! vois-tu, tu ne te fais pas d'idée de ce que c'est qu'un homme qui aime! Si l'on m'avait dit il y a deux mois : — Jane, votre Jane sans tache, votre Jane si pure, votre amour, votre orgueil, votre lis, votre trésor, Jane se donnera à un autre. En voudrez-vous après?

—J'aurais dit : Non, je n'en voudrai pas! plutôt mille fois la mort pour elle et pour moi! et j'aurais foulé sous mes pieds celui qui m'eût parlé ainsi. — Eh bien! si, j'en veux! — Aujourd'hui, vois-tu bien, Jane n'est plus la Jane sans tache qui avait mon adoration, la Jane dont j'osais à peine effleurer le front de mes lèvres ; Jane s'est donnée à un autre, à un misérable, je le sais; eh bien! c'est égal, je l'aime. J'ai le cœur brisé ; mais je l'aime. Je baiserais le bas de sa robe, et je lui demanderais pardon si elle voulait de moi. Elle serait dans le ruisseau de la rue avec celles qui y sont que je la ramasserais là, et que je la serrerais sur mon cœur, Joshua! — Joshua! je donnerais, non cent ans de vie, puisque je n'ai plus qu'un jour, mais l'éternité que j'aurai demain, pour la voir me sourire encore une fois, une seule fois avant ma mort, et me dire ce mot adoré qu'elle me disait autrefois : Je t'aime! — Joshua! Joshua! c'est comme cela, le cœur d'un homme qui aime. Vous croyez que vous tuerez la femme qui vous trompe? non, vous ne la tuerez pas, vous vous coucherez à ses pieds après comme avant, seulement vous serez triste. Tu me trouves faible! qu'est-ce que j'aurais gagné, moi, à tuer Jane? Oh! j'ai le cœur plein d'idées insupportables. Oh! si elle m'aimait encore, que m'importe tout ce qu'elle a fait? mais elle aime Fabiani! mais elle aime Fabiani! c'est pour Fabiani qu'elle vient! Il y a une chose certaine, c'est que je voudrais mourir! aie pitié de moi, Joshua!

JOSHUA. — Fabiani sera mis à mort aujourd'hui.

GILBERT. — Et moi demain.

JOSHUA. — Dieu est au bout de tout.

GILBERT. — Aujourd'hui je serai vengé de lui. Demain, il sera vengé de moi.

JOSHUA. — Mon frère, voici le second constable de la Tour, maître Eneas Dulverton. Il faut rentrer. Mon frère, je te reverrai ce soir.

GILBERT. — Oh! mourir sans être aimé! mourir sans être pleuré! Jane!... Jane!... Jane!...

Il rentre dans le cachot.

JOSHUA. — Pauvre Gilbert! mon Dieu! qui m'eût jamais dit que ce qui arrive arriverait?

Il sort. — Entrent Simon Renard et maître Eneas.

SCÈNE II.

SIMON RENARD, MAITRE ÉNEAS DULVERTON.

SIMON RENARD. — C'est fort singulier, comme vous dites, mais que voulez-vous? la reine est folle, elle ne sait ce qu'elle veut. On ne peut compter sur rien, c'est une femme. Je vous demande un peu ce qu'elle vient faire ici! Tenez, le cœur de la femme est une énigme dont le roi François Ier a écrit le mot sur les vitraux de Chambord :

Souvent femme varie.
Bien fol est qui s'y fie.

Ecoutez, maître Eneas, nous sommes anciens amis. Il faut que cela finisse aujourd'hui. Tout dépend de vous ici. Si l'on vous charge... (*Il parle bas à l'oreille de maître Eneas.*) — Traînez la chose en longueur, faites-la manquer adroitement. Que j'aie deux heures seulement devant moi, ce soir ce que je veux est fait, demain plus de favori, je suis tout-puissant, et après-demain vous êtes baronnet et lieutenant de la Tour. Est-ce compris?

MAITRE ÉNEAS. — C'est compris.

SIMON RENARD. — Bien. J'entends venir. Il ne faut pas qu'on nous voie ensemble. Sortez par là. Moi, je vais au-devant de la reine.

Ils se séparent.

SCÈNE III.

Un geôlier entre avec précaution, puis il introduit LADY JANE.

LE GEÔLIER. — Vous êtes où vous vouliez parvenir, milady. Voici les portes des deux cachots. Maintenant, s'il vous plaît, ma récompense.

Jane détache son bracelet de diamants et le lui donne.

JANE. — La voilà.

LE GEÔLIER. — Merci. Ne me compromettez pas.

Il sort.

JANE, *seule*. — Mon Dieu! comment faire? c'est moi qui l'ai perdu, c'est à moi de le sauver. Je ne pourrai jamais. Une femme, cela ne peut rien. L'échafaud! l'échafaud! c'est horrible! Allons! plus de larmes, des actions. — Mais je ne pourrai pas! je ne pourrai pas! Ayez pitié de moi, mon Dieu! On vient, je crois. Qui parle là? Je reconnais cette voix. C'est la voix de la reine. Ah! tout est perdu.

Elle se cache derrière un pilier. — Entrent la reine et Simon Renard.

SCÈNE IV.

LA REINE, SIMON RENARD, JANE cachée.

LA REINE. — Ah! le changement vous étonne! Ah! je ne me ressemble plus à moi-même! Eh bien! qu'est-ce que cela me fait? c'est comme cela. Maintenant je ne veux plus qu'il meure!

SIMON RENARD. — Votre Majesté avait pourtant arrêté hier que l'exécution aurait lieu aujourd'hui.

LA REINE. — Comme j'avais arrêté avant-hier que l'exécution aurait lieu hier; comme j'avais arrêté dimanche que l'exécution aurait lieu lundi. Aujourd'hui j'arrête que l'exécution aura lieu demain.

SIMON RENARD. — En effet, depuis le deuxième dimanche de l'avent que l'arrêt de la chambre étoilée a été prononcé, et que les deux condamnés sont revenus à la Tour, précédés du bourreau, la hache tournée vers leur visage, il y a trois semaines de cela, Votre Majesté remet chaque jour la chose au lendemain.

LA REINE. — Eh bien! est-ce que vous ne comprenez pas ce que cela signifie, monsieur? est-ce qu'il faut tout vous dire, et qu'une femme mette son cœur à nu devant vous, parce qu'elle est reine, la malheureuse, et que vous représentez ici le prince d'Espagne, mon futur mari? Mon Dieu, monsieur, vous ne savez pas cela, vous autres, chez une femme le cœur a sa pudeur comme le corps. Eh bien! oui, puisque vous voulez le savoir, puisque vous faites semblant de ne rien comprendre, oui, je remets tous les jours l'exécution de Fabiani au lendemain, parce que chaque matin, voyez-vous, la force me manque à l'idée que la cloche de la Tour de Londres va sonner la mort de cet homme, parce que je me sens défaillir à la pensée qu'on aiguise une hache pour cet homme, parce que je me sens mourir de songer qu'on va clouer une bière pour cet homme, parce que je suis femme, parce que je suis faible, parce que je suis folle, parce que j'aime cet homme, pardieu! — En avez-vous assez? êtes-vous satisfait? comprenez-vous? Oh! je trouverai moyen de me venger un jour sur vous de tout ce que vous me faites dire, allez!

SIMON RENARD. — Il serait temps cependant d'en finir avec Fabiani. Vous allez épouser mon royal maître le prince d'Espagne, madame!

LA REINE. — Si le prince d'Espagne n'est pas content, qu'il le dise, nous en épouserons un autre. Nous ne manquons pas de prétendants. Le fils du roi des Romains, le prince de Piémont, l'infant de Portugal, le cardinal Polus, le roi de Danemark et lord Courtenay sont aussi bons gentilshommes que lui.

SIMON RENARD. — Lord Courtenay! lord Courtenay!

LA REINE. — Un baron anglais, monsieur, vaut un prince espagnol. D'ailleurs lord Courtenay descend des empereurs d'Orient. Et puis, fâchez-vous si vous voulez!

SIMON RENARD. — Fabiani s'est fait haïr de tout ce qui a un cœur dans Londres.

LA REINE. — Excepté de moi.

SIMON RENARD. — Les bourgeois sont d'accord sur son compte avec les seigneurs. S'il n'est pas mis à mort aujourd'hui même comme l'a promis Votre Majesté...

LA REINE. — Eh bien?

SIMON RENARD. — Il y aura une émeute des manants.

LA REINE. — J'ai mes lansquenets.

SIMON RENARD. — Il y aura complot des seigneurs.

LA REINE. — J'ai le bourreau.

SIMON RENARD. — Votre Majesté a juré sur le livre d'heures de sa mère qu'elle ne lui ferait pas grâce.

LA REINE. — Voici un blanc-seing qu'il m'a fait remettre, et dans lequel je jure sur ma couronne impériale que je la lui ferai. La couronne de mon père vaut le livre d'heures de ma mère. Un serment détruit l'autre. D'ailleurs, qui vous dit que je lui ferai grâce?

SIMON RENARD. — Il vous a bien audacieusement trahie, madame!

LA REINE. — Qu'est-ce que cela me fait? Tous les hommes en font autant. Je ne veux pas qu'il meure. Tenez, milord..... — monsieur le bailli, veux-je dire! Mon Dieu! vous me troublez tellement l'esprit que je ne sais vraiment plus à qui je parle! Tenez, je sais tout ce que vous allez me dire : que c'est un homme vil, un lâche, un misérable! Je le sais comme vous et j'en rougis. Mais je l'aime. Que voulez-vous que j'y fasse? J'aimerais peut-être moins un honnête homme. D'ailleurs, qui êtes-vous, tous tant que vous êtes? Valez-vous mieux que lui? Vous allez me dire que c'est un favori, et que la nation anglaise n'aime pas les favoris. Est-ce que je ne sais pas que vous ne voulez le renverser que pour mettre à sa place le comte de Kildare, ce fat, cet Irlandais! Qu'il fait couper vingt têtes par jour? Qu'est-ce que cela vous fait? Et ne me parlez pas du prince d'Espagne. Vous vous en moquez bien. Ne me parlez pas du mécontentement de monsieur de Noailles, l'ambassadeur de France. Monsieur de Noailles est un sot, et je le lui dirais à lui-même. D'ailleurs, je suis une femme, moi, je veux et ne veux plus; je ne suis pas toute d'une pièce. La vie de cet homme est nécessaire à ma vie. Ne prenez pas cet air de candeur virginale et de bonne foi, je vous en supplie. Je connais toutes vos intrigues. Entre nous, vous savez comme moi qu'il n'a pas commis le crime pour lequel il est condamné. C'est arrangé. Je ne veux pas que Fabiani meure. Suis-je la maîtresse ou non? Tenez, monsieur le bailli, parlons d'autre chose, voulez-vous?

SIMON RENARD. — Je me retire, madame. Toute votre noblesse vous a parlé par ma voix.

LA REINE. — Que m'importe la noblesse?

SIMON RENARD, *à part.* — Essayons du peuple.

Il sort avec un profond salut.

LA REINE, *seule.* — Il est sorti d'un air singulier. Cet homme est capable d'émouvoir quelque sédition. Il faut que j'aille en hâte à la maison de ville. — Holà, quelqu'un!

Maître Éneas et Joshua paraissent.

SCÈNE V.

Les Mêmes, moins SIMON RENARD; MAITRE ÉNEAS, JOSHUA.

LA REINE. — C'est vous, maître Eneas? Il faut que cet homme et vous, vous vous chargiez de faire évader sur-le-champ le comte de Clanbrassil.

MAÎTRE ÉNEAS. — Madame...

LA REINE. — Tenez, je ne me fie pas à vous! je me souviens que vous êtes de ses ennemis. Mon Dieu! je ne suis donc entourée que des ennemis de l'homme que j'aime! Je gage que ce porte-clefs, que je ne connais pas, le hait aussi.

JOSHUA. — C'est vrai, madame.

LA REINE. — Mon Dieu! mon Dieu! ce Simon Renard est plus roi que je ne suis reine. Quoi! personne à qui me fier ici! personne à qui donner pleins pouvoirs pour faire évader Fabiani!

JANE, *sortant de derrière le pilier*. — Si, madame, moi!

JOSHUA, *à part*. — Jane!

LA REINE. — Toi, qui, toi? c'est vous, Jane Talbot? Comment êtes-vous ici? Ah! c'est égal! vous y êtes! vous venez sauver Fabiani. Merci. Je devrais vous haïr, Jane, je devrais être jalouse de vous, j'ai mille raisons pour cela. Mais non, je vous aime de l'aimer. Devant l'échafaud plus de jalousie, rien que l'amour. Vous êtes comme moi, vous lui pardonnez, je le vois bien. Les hommes ne comprennent pas cela, eux. Lady Jane, entendons-nous. Nous sommes bien malheureuses toutes deux, n'est-ce pas? Il faut faire évader Fabiani. Je n'ai que vous, il faut bien que je vous prenne. Je suis sûre du moins que vous y mettrez votre cœur. Chargez-vous-en. Messieurs, vous obéirez tous deux à lady Jane en tout ce qu'elle vous prescrira, et vous me répondez sur vos têtes de l'exécution de ses ordres. Embrasse-moi, jeune fille !

JANE. — La Tamise baigne le pied de la Tour de ce côté. Il y a là une issue secrète que j'ai observée. Un bateau à cette issue, et l'évasion se ferait par la Tamise. C'est le plus sûr.

MAÎTRE ÉNEAS. — Impossible d'avoir un bateau là avant une bonne heure.

JANE. — C'est bien long.

MAÎTRE ÉNEAS. — C'est bientôt passé. D'ailleurs, dans une heure il fera nuit. Cela vaudra mieux, si Sa Majesté tient à ce que l'évasion soit secrète.

LA REINE. — Vous avez peut-être raison. Eh bien! dans une heure, soit! Je vous laisse, lady Jane; il faut que j'aille à la maison de ville. Sauvez Fabiani!

JANE. — Soyez tranquille, madame.

La reine sort. Jane la suit des yeux

JOSHUA, *sur le devant du théâtre.* — Gilbert avait raison, toute à Fabiani!

SCÈNE VI.

LES MÊMES, moins LA REINE.

JANE, *à maître Eneas.* — Vous avez entendu les volontés de la reine. Un bateau là, au pied de la Tour, les clefs des couloirs secrets, un chapeau et un manteau.

MAÎTRE ÉNEAS. — Impossible d'avoir tout cela avant la nuit. Dans une heure, milady.

JANE. — C'est bien, allez. Laissez-moi avec cet homme.

Maître Eneas sort. Jane le suit des yeux.

JOSHUA, *à part, sur le devant du théâtre.* — Cet homme!

c'est tout simple. Qui a oublié Gilbert ne reconnaît plus Joshua.

Il se dirige vers la porte du cachot de Fabiani et se met en devoir de l'ouvrir.

JANE. — Que faites-vous là?

JOSHUA. — Je préviens vos désirs, milady. J'ouvre cette porte.

JANE. — Qu'est-ce que c'est que cette porte?

JOSHUA. — La porte du cachot de milord Fabiani.

JANE. — Et celle-ci?

JOSHUA. — C'est la porte du cachot d'un autre.

JANE. — Qui, cet autre?

JOSHUA. — Un autre condamné à mort, quelqu'un que vous ne connaissez pas, un ouvrier nommé Gilbert.

JANE. — Ouvrez cette porte.

JOSHUA, *après avoir ouvert la porte.* — Gilbert!

SCÈNE VII.

JANE, GILBERT, JOSHUA.

GILBERT, *de l'intérieur du cachot.* — Que me veut-on? (*Il paraît sur le seuil, aperçoit Jane, et s'appuie tout chancelant contre le mur.*) Jane! — lady Jane Talbot!

JANE, *à genoux, sans lever les yeux sur lui.* — Gilbert! je viens vous sauver.

GILBERT. — Me sauver!

JANE. — Ecoutez. Ayez pitié, ne m'accablez pas. Je sais tout ce que vous allez me dire. C'est juste; mais ne me le dites pas. Il faut que je vous sauve. Tout est préparé. L'évasion est sûre. Laissez-vous sauver par moi comme par un autre. Je ne demande rien de plus. Vous ne me connaîtrez plus ensuite. Vous ne saurez plus qui je suis.

Ne me pardonnez pas, mais laissez-moi vous sauver. Voulez-vous ?

GILBERT. — Merci ; mais c'est inutile. A quoi bon vouloir sauver ma vie, lady Jane, si vous ne m'aimez plus?

JANE, *avec joie*. — Oh! Gilbert! est-ce bien en effet cela que vous me demandez ? Gilbert! est-ce que vous daignez vous occuper encore de ce qui se passe dans le cœur de la pauvre fille? Gilbert! est-ce que l'amour que je puis avoir pour quelqu'un vous intéresse encore et vous paraît valoir la peine que vous vous en informiez? Oh ! je croyais que cela vous était bien égal, et que vous me méprisiez trop pour vous inquiéter de ce que je faisais de mon cœur. Gilbert! si vous saviez quel effet me font les paroles que vous venez de me dire! C'est un rayon de soleil bien inattendu dans ma nuit, allez! Oh! écoutez-moi donc alors! si j'osais encore m'approcher de vous, si j'osais toucher vos vêtements, si j'osais prendre votre main dans les miennes, si j'osais encore lever les yeux vers vous et vers le ciel, comme autrefois, savez-vous ce que je vous dirais, à genoux, prosternée, pleurant sur vos pieds, avec des sanglots dans la bouche et la joie des anges dans le cœur? Je vous dirais : Gilbert, je t'aime !

GILBERT, *la saisissant dans ses bras avec emportement.* — Tu m'aimes!

JANE. — Oui, je t'aime !

GILBERT. — Tu m'aimes ! — Elle m'aime, mon Dieu! c'est bien vrai, c'est bien elle qui me le dit, c'est bien sa bouche qui a parlé, Dieu du ciel !

JANE. — Mon Gilbert!

GILBERT. — Tu as tout préparé pour mon évasion, dis-tu? Vite! vite! la vie! Je veux la vie! Jane m'aime! Cette voûte s'appuie sur ma tête et l'écrase. J'ai besoin d'air. Je meurs ici. Fuyons vite! viens-nous-en, Jane ! Je veux vivre, moi! je suis aimé!

JANE. — Pas encore. Il faut un bateau. Il faut attendre la nuit. Mais sois tranquille, tu es sauvé. Avant une heure nous serons dehors. La reine est à la maison de ville, et ne reviendra pas de sitôt. Je suis maîtresse ici. Je t'expliquerai tout cela.

GILBERT. — Une heure d'attente, c'est bien long. Oh! il me tarde de ressaisir la vie et le bonheur! Jane, Jane! tu es là! Je vivrai! tu m'aimes! je reviens de l'enfer! Retiens-moi, je ferais quelque folie, vois-tu. Je rirais, je chanterais. Tu m'aimes donc?

JANE! — Oui! — Je t'aime! Oui, je t'aime! et vois-tu, Gilbert, crois-moi bien, ceci est la vérité comme au lit de la mort, — je n'ai jamais aimé que toi! Même dans ma faute, même au fond de mon crime, je t'aimais! A peine ai-je été tombée aux bras du démon qui m'a perdue, que j'ai pleuré mon ange!

GILBERT. — Oublié! pardonné! Ne parle plus de cela, Jane. Oh! que m'importe le passé? Qui est-ce qui résisterait à ta voix? qui est-ce qui ferait autrement que moi? Oh! oui! je te pardonne bien tout, mon enfant bien-aimée! Le fond de l'amour, c'est l'indulgence, c'est le pardon. Jane, la jalousie et le désespoir ont brûlé les larmes dans mes yeux. Mais je te pardonne, mais je te remercie, mais tu es pour moi la seule chose vraiment rayonnante de ce monde, mais à chaque mot que tu prononces je sens une douleur mourir et une joie naître dans mon âme! Jane! relevez votre tête, tenez-vous droite là, et regardez-moi. — Je vous dis que vous êtes mon enfant.

JANE. — Toujours généreux! toujours! mon Gilbert bien-aimé!

GILBERT. — Oh! je voudrais être déjà dehors, en fuite, bien loin, libre avec toi! Oh! cette nuit qui ne vient pas! — Le bateau n'est pas là. — Jane! nous quitterons Londres tout de suite, cette nuit. Nous quitterons l'Angleterre. Nous irons à Venise. Ceux de mon métier gagnent beaucoup d'argent là. Tu seras à moi... — Oh! mon Dieu! je suis insensé, j'oubliais quel nom tu portes! Il est trop beau, Jane!

JANE. — Que veux-tu dire?

GILBERT. — Fille de lord Talbot.

JANE. — J'en sais un plus beau.

GILBERT. — Lequel?

JANE. — Femme de l'ouvrier Gilbert.

GILBERT. — Jane!...

JANE. — Oh! non! oh! ne crois pas que je te demande cela. Oh! je sais bien que j'en suis indigne. Je ne lèverai pas mes yeux si haut; je n'abuserai pas à ce point du pardon. Le pauvre ciseleur Gilbert ne se mésalliera pas avec la comtesse de Waterford. Non, je te suivrai, je t'aimerai, je ne te quitterai jamais. Je me coucherai le jour à tes pieds, la nuit à ta porte. Je te regarderai travailler; je t'aiderai, je te donnerai ce qu'il te faudra. Je serai pour toi quelque chose de moins qu'une sœur, quelque chose de plus qu'un chien. Et si tu te maries, Gilbert, — car il plaira à Dieu que tu finisses par trouver une femme pure et sans tache, et digne de toi, — eh bien! si tu te maries, et si ta femme est bonne, et si elle veut bien, je serai la servante de ta femme. Si elle ne veut pas de moi, je m'en irai, j'irai mourir où je pourrai. Je ne te quitterai que dans ce cas-là. Si tu ne te maries pas, je resterai près de toi; je serai bien douce et bien résignée, tu verras; et, si l'on pense mal de me voir avec toi, on pensera ce qu'on voudra. Je n'ai plus à rougir, moi, vois-tu? je suis une pauvre fille.

GILBERT, *tombant à ses pieds.* — Tu es un ange! tu es ma femme!

JANE. — Ta femme! tu ne pardonnes donc que comme

Dieu, en purifiant! Ah! sois béni, Gilbert, de me mettre cette couronne sur le front.

Gilbert se relève et la serre dans ses bras. Pendant qu'ils se tiennent étroitement embrassés, Joshua vient prendre la main de Jane.

JOSHUA. — C'est Joshua, lady Jane.

GILBERT. — Bon Joshua!

JOSHUA. — Tout à l'heure vous ne m'avez pas reconnu.

JANE. — Ah! c'est que c'est par lui que je devais commencer.

Joshua lui baise les mains.

GILBERT, *la serrant dans ses bras.* — Mais quel bonheur! mais est-ce que c'est bien réel tout ce bonheur-là?

Depuis quelques instants, on entend au dehors un bruit éloigné, des cris confus, un tumulte. Le jour baisse.

JOSHUA. — Qu'est-ce que c'est que ce bruit?

Il va à la fenêtre qui donne sur la rue.

JANE. — Oh! mon Dieu! pourvu qu'il n'aille rien arriver!

JOSHUA. — Une grande foule là-bas. Des pioches, des piques, des torches. Les pensionnaires de la reine à cheval et en bataille. Tout cela vient par ici. Quels cris! Ah! diable! on dirait une émeute de populaire.

JANE. — Pourvu que ce ne soit pas contre Gilbert.

CRIS ÉLOIGNÉS. — Fabiani! Mort à Fabiani!

JANE. — Entendez-vous?

JOSHUA. — Oui.

JANE. — Que disent-ils?

JOSHUA. — Je ne distingue pas.

JANE. — Ah! mon Dieu! mon Dieu!

Entrent précipitamment par la porte masquée maître Eneas et un batelier.

SCÈNE VIII.

Les Mêmes, MAITRE ÉNEAS, un Batelier.

maître éneas. — Milord Fabiani! milord! pas un instant à perdre. On a su que la reine voulait sauver votre vie. Il y a sédition du populaire de Londres contre vous. Dans un quart d'heure, vous seriez déchiré. Milord, sauvez-vous! Voici un manteau et un chapeau. Voici les clefs. Voici un batelier. N'oubliez pas que c'est à moi que vous devez tout cela. Milord, hâtez-vous! (*Bas au batelier.*) — Tu ne te presseras pas.

jane. *Elle couvre en hâte Gilbert du manteau et du chapeau. Bas à Joshua.* — Ciel! pourvu que cet homme ne reconnaisse pas...

maître éneas, *regardant Gilbert en face.* — Mais quoi! ce n'est pas lord Clanbrassil! Vous n'exécutez pas les ordres de la reine, milady! Vous en faites évader un autre!

jane. — Tout est perdu!... J'aurais dû prévoir cela! Ah! Dieu! monsieur, c'est vrai, ayez pitié...

maître éneas, *bas à Jane.* — Silence! Faites! Je n'ai rien dit! je n'ai rien vu.

Elle se retire au fond du théâtre d'un air d'indifférence.

jane. — Que dit-il?... Ah! la Providence est donc pour nous. Ah! tout le monde veut donc sauver Gilbert!

joshua. — Non, lady Jane. Tout le monde veut perdre Fabiani.

Pendant toute cette scène les cris redoublent au dehors.

jane. — Hâtons-nous, Gilbert! Viens vite!

joshua. — Laissez-le partir seul.

jane. — Le quitter?

joshua. — Pour un instant. Pas de femme dans le bateau si vous voulez qu'il arrive à bon port. Il y a encore trop de jour. Vous êtes vêtue de blanc Le péril passé, vous vous retrouverez. Venez avec moi par ici. Lui par là.

JANE. — Joshua a raison. Où te retrouverai-je, mon Gilbert?

GILBERT. — Sous la première arche du pont de Londres.

JANE. — Bien. Pars vite. Le bruit redouble. Je te voudrais loin!

JOSHUA. — Voici les clefs. Il y a douze portes à ouvrir et à fermer d'ici au bord de l'eau. Vous en avez pour un bon quart d'heure.

JANE. — Un quart d'heure! douze portes! c'est affreux!

GILBERT, *l'embrassant.* — Adieu, Jane. Encore quelques instants de séparation, et nous nous rejoindrons pour la vie.

JANE. — Pour l'éternité! (*Au batelier.*) — Monsieur, je vous le recommande.

MAÎTRE ÉNEAS, *bas au batelier.* — De crainte d'accident, ne te presse pas.

Gilbert sort avec le batelier.

JOSHUA. — Il est sauvé! A nous maintenant! Il faut fermer ce cachot. (*Il referme le cachot de Gilbert.*) — C'est fait. Venez vite, par ici!

Il sort avec Jane par l'autre porte masquée.

MAÎTRE ÉNEAS, *seul.* — Le Fabiani est resté au piége! Voilà une petite femme fort adroite que maître Simon Renard eût payée bien cher. Mais comment la reine prendra-t-elle la chose? Pourvu que cela ne retombe pas sur moi!

Entrent à grands pas par la galerie Simon Renard et la reine. Le tumulte extérieur n'a cessé d'augmenter. La nuit est presque tout à fait tombée.—Cris de mort; flambeaux, torches, bruit des vagues de la foule, cliquetis d'armes, coups de feu, piétinements de chevaux. Plusieurs gentilshommes, la dague au poing, accompagnent la reine. Parmi eux, le héraut d'Angleterre,

28.

Clarence, portant la bannière royale, et le héraut de l'ordre de la Jarretière, Jarretière, portant la bannière de l'ordre.

SCÈNE IX.

LA REINE, SIMON RENARD, MAITRE ÉNEAS, LORD CLINTON, les deux Hérauts, Seigneurs, Pages, etc.

LA REINE, *bas à maître Eneas*. — Fabiani est-il évadé ?
MAÎTRE ÉNEAS. — Pas encore.
LA REINE. — Pas encore !
   Elle regarde fixement d'un air terrible.
MAÎTRE ÉNEAS, *à part*. — Diable !
CRIS DU PEUPLE, *au dehors*. — Mort à Fabiani !
SIMON RENARD. — Il faut que Votre Majesté prenne un parti sur-le-champ, madame. Le peuple veut la mort de cet homme. Londres est en feu. La Tour est investie. L'émeute est formidable. Les nobles de ban ont été taillés en pièces au pont de Londres. Les pensionnaires de Votre Majesté tiennent encore, mais Votre Majesté n'en a pas moins été traquée de rue en rue, depuis la maison de ville jusqu'à la Tour. Les partisans de madame Elisabeth sont mêlés au peuple. On sent qu'ils sont là, à la malignité de l'émeute. Tout cela est sombre. Qu'ordonne Votre Majesté ?
CRIS DU PEUPLE. — Fabiani ! Mort à Fabiani !
   Ils grossissent et se rapprochent de plus en plus.
LA REINE. — Mort à Fabiani ! Milords, entendez-vous ce peuple qui hurle ? Il faut lui jeter un homme. La populace veut à manger.
SIMON RENARD. — Qu'ordonne Votre Majesté ?
LA REINE. — Pardieu, milords, vous tremblez tous autour de moi, il me semble. Sur mon âme, faut-il que ce soit une femme qui vous enseigne votre métier de gentilshommes ? A cheval, milords, à cheval. Est-ce que la canaille

vous intimide? Est-ce que les épées ont peur des bâtons?

SIMON RENARD. — Ne laissez pas les choses aller plus loin. Cédez, madame, pendant qu'il en est temps encore. Vous pouvez encore dire la canaille, dans une heure vous seriez obligée de dire le peuple.

Les cris redoublent, le bruit se rapproche.

LA REINE. — Dans une heure!

SIMON RENARD, *allant à la galerie et revenant*. — Dans un quart d'heure, madame. Voici que la première enceinte de la Tour est forcée. Encore un pas, le peuple est ici.

LE PEUPLE. — A la Tour! à la Tour! Fabiani! mort à Fabiani!

LA REINE. — Qu'on a bien raison de dire que c'est une horrible chose que le peuple! Fabiano!

SIMON RENARD. — Voulez-vous le voir déchirer sous vos yeux dans un instant?

LA REINE. — Mais savez-vous qu'il est infâme qu'il n'y en ait pas un de vous qui bouge, messieurs? Mais, au nom ciel, défendez-moi donc!

LORD CLINTON. — Vous, oui, madame; Fabiani, non.

LA REINE. — Ah! ciel! Eh bien! oui, je le dis tout haut, tant pis! Fabiano est innocent! Fabiano n'a pas commis le crime pour lequel il est condamné. C'est moi, et celui-ci, et le ciseleur Gilbert, qui avons tout fait, tout inventé, tout supposé. Pure comédie! Osez me démentir, monsieur le bailli. Maintenant, messieurs, le défendrez-vous? Il est innocent, vous dis-je. Sur ma tête, sur ma couronne, sur mon Dieu, sur l'âme de ma mère, il est innocent du crime! Cela est aussi vrai qu'il est vrai que vous êtes là, lord Clinton! Défendez-le. Exterminez ceux-ci, comme vous avez exterminé Tom Wyat, mon brave Clinton, mon vieil ami, mon bon Robert! Je vous jure qu'il est faux que Fabiano ait voulu assassiner la reine.

LORD CLINTON. — Il y a une autre reine qu'il a voulu assassiner, c'est l'Angleterre.

Les cris continuent dehors.

LA REINE. — Le balcon! ouvrez le balcon! je veux prouver moi-même au peuple qu'il n'est pas coupable.

SIMON RENARD. — Prouvez au peuple qu'il n'est pas Italien.

LA REINE. — Quand je pense que c'est un Simon Renard, une créature du cardinal de Granvelle, qui ose me parler ainsi! Eh bien! ouvrez cette porte! ouvrez ce cachot! Fabiano est là; je veux le voir, je veux lui parler.

SIMON RENARD, *bas.* — Que faites-vous? dans son propre intérêt, il est inutile de faire savoir à tout le monde où il est.

LE PEUPLE. — Fabiani à mort! Vive Elisabeth!

SIMON RENARD. — Les voilà qui crient : Vive Elisabeth! maintenant.

LA REINE. — Mon Dieu! mon Dieu!

SIMON RENARD. — Choisissez, madame (*il désigne d'une main la porte du cachot*) : — ou cette tête au peuple, (*il désigne de l'autre main la couronne que porte la reine*) — ou cette couronne à madame Elisabeth.

LE PEUPLE. — Mort! mort! Fabiani! Elisabeth!

Une pierre vient casser une vitre à côté de la reine.

SIMON RENARD. — Votre Majesté se perd sans le sauver. La deuxième cour est forcée. Que veut la reine?

LA REINE. — Vous êtes tous des lâches, et Clinton tout le premier. Ah! Clinton, je me souviendrai de cela, mon ami!

SIMON RENARD. — Que veut la reine?

LA REINE. — Oh! être abandonnée de tous! Avoir tout dit sans rien obtenir! Qu'est-ce que c'est donc que ces gentilshommes-là? Ce peuple est infâme. Je voudrais le broyer sous mes pieds. Il y a donc des cas où une reine ce n'est qu'une femme? Vous me le payerez tous bien cher, messieurs!

SIMON RENARD. — Que veut la reine?

LA REINE, *accablée.* — Ce que vous voudrez! Faites ce que vous voudrez! Vous êtes un assassin! (*A part.*) Oh! Fabiano!

SIMON RENARD. — Clarence! Jarretière! à moi! — Maître Eneas, ouvrez le grand balcon de la galerie.

Le balcon du fond s'ouvre. Simon Renard y va, Clarence à sa droite, Jarretière à sa gauche. Immense rumeur au dehors.

LE PEUPLE. — Fabiani! Fabiani!

SIMON RENARD, *au balcon, tourné vers le peuple.* — Au nom de la reine!

LES HÉRAUTS. — Au nom de la reine!

Profond silence au dehors.

SIMON RENARD. — Manants! la reine vous fait savoir ceci: Aujourd'hui, cette nuit même, une heure après le couvre-feu, Fabiano Fabiani, comte de Clanbrassil, couvert d'un voile noir de la tête aux pieds, bâillonné d'un bâillon de fer, une torche de cire jaune du poids de trois livres à la main, sera mené aux flambeaux de la Tour de Londres, par Charing-Cross, au Vieux-Marché de la Cité, pour y être publiquement marri et décapité, en réparation de ses crimes de haute trahison au premier chef, et d'attentat régicide sur la personne impériale de Sa Majesté.

Un immense battement de mains éclate au dehors.

LE PEUPLE. — Vive la reine! mort à Fabiani!

SIMON RENARD, *continuant.* — Et, pour que personne dans cette ville de Londres n'en ignore, voici ce que la reine ordonne: — Pendant tout ce trajet que fera le condamné de la Tour de Londres au Vieux-Marché, la grosse cloche de la Tour tintera. Au moment de l'exécution, trois coups de canon seront tirés: le premier, quand il montera sur l'échafaud ; le second, quand il se couchera sur le drap noir; le troisième, quand sa tête tombera.

      Applaudissements.

LE PEUPLE. — Illuminez ! illuminez !

SIMON RENARD. — Cette nuit, la Tour et la Cité de Londres seront illuminées de flammes et flambeaux en signe de joie. J'ai dit. (*Applaudissements.*) Dieu garde la vieille charte d'Angleterre !

LES DEUX HÉRAUTS. — Dieu garde la vieille charte d'Angleterre !

LE PEUPLE. — Fabiani à mort ! Vive Marie ! vive la reine !

  Le balcon se referme, Simon Renard vient à la reine.

SIMON RENARD. — Ce que je viens de faire ne me sera jamais pardonné par la princesse Elisabeth.

LA REINE. — Ni par la reine Marie. — Laissez-moi, monsieur !

    Elle congédie du geste tous les assistants.

SIMON RENARD, *bas à maître Eneas*. — Maître Eneas, veillez à l'exécution.

MAÎTRE ÉNEAS. — Reposez-vous sur moi.

Simon Renard sort Au moment où maître Eneas va sortir, la reine court à lui, le saisit par le bras, et le ramène violemment sur le devant du théâtre.

SCÈNE X.

LA REINE, MAITRE ÉNEAS.

CRIS DU DEHORS. — Mort à Fabiani ! Fabiani ! Fabiani !

LA REINE. — Laquelle des deux têtes crois-tu qui vaille le mieux en ce moment, celle de Fabiani ou la tienne ?

MAÎTRE ÉNEAS. — Madame !...

LA REINE. — Tu es un traître !

MAÎTRE ÉNEAS. — Madame !... (*A part.*) Diable !

LA REINE. — Pas d'explications. Je le jure par ma mère, Fabiano mort, tu mourras.

MAÎTRE ÉNEAS. — Mais, madame...

LA REINE. — Sauve Fabiano, tu te sauveras. Pas autrement.

CRIS. — Fabiani à mort! Fabiani!

MAÎTRE ÉNEAS. — Sauver lord Clanbrassil! Mais le peuple est là. C'est impossible. Quel moyen?...

LA REINE. — Cherche.

MAÎTRE ÉNEAS. — Comment faire, mon Dieu?

LA REINE. — Fais comme pour toi.

MAÎTRE ÉNEAS. — Mais le peuple va rester en armes jusqu'après l'exécution. Pour l'apaiser, il faut qu'il y ait quelqu'un de décapité.

LA REINE. — Qui tu voudras.

MAÎTRE ÉNEAS. — Qui je voudrai? Attendez, madame!... L'exécution se fera la nuit, aux flambeaux, le condamné couvert d'un voile noir, bâillonné, le peuple tenu fort loin de l'échafaud par les piquiers, comme toujours, il suffit qu'il voie une tête tomber. La chose est possible. Pourvu que le batelier soit encore là! je lui ai dit de ne pas se presser. (*Il va à la fenêtre d'où l'on voit la Tamise.*) — Il y est encore! mais il était temps. (*Il se penche à la lucarne, une torche à la main, en agitant son mouchoir, puis il se tourne vers la reine.*) — C'est bien. — Je vous réponds de milord Fabiani, madame.

LA REINE. — Sur ta tête?

MAÎTRE ÉNEAS. — Sur ma tête!

DEUXIÈME PARTIE.

Une espèce de salle à laquelle viennent aboutir deux escaliers, un qui monte, l'autre qui descend. L'entrée de chacun de ces deux escaliers occupe une partie du fond du théâtre. Celui qui monte se perd dans les frises; celui qui descend se perd dans le dessous. On ne voit ni d'où partent ces escaliers ni où ils vont.

La salle est tendue de deuil d'une façon particulière; le mur de droite, le mur de gauche, et le plafond, d'un drap noir coupé d'une grande croix blanche; le fond, qui fait face au spectateur, d'un drap blanc avec une grande croix noire. Cette tenture noire et cette tenture blanche se prolongent, chacune de leur côté, à perte de vue, sous les deux escaliers. A droite et à gauche, un autel tendu de noir et de blanc, décoré comme pour des funérailles Grands cierges, pas de prêtres. Quelques rares lampes funèbres, pendues çà et là aux voûtes, éclairent faiblement la salle et les escaliers. Ce qui éclaire réellement la salle, c'est le grand drap blanc du fond, à travers lequel passe une lumière rougeâtre comme s'il y avait derrière une immense fournaise flamboyante. La salle est pavée de dalles tumulaires. — Au lever du rideau, on voit se dessiner en noir sur ce drap transparent l'ombre immobile de la reine.

SCÈNE PREMIÈRE.

JANE, JOSHUA.

Ils entrent avec précaution en soulevant une des tentures noires par quelque petite porte pratiquée là.

JANE. — Où sommes-nous, Joshua?

JOSHUA. — Sur le grand palier de l'escalier par où descendent les condamnés qui vont au supplice. Cela a été tendu ainsi sous Henri VIII.

JANE. — Aucun moyen de sortir de la Tour?

JOURNÉE III, PARTIE II, SCÈNE I. 337

JOSHUA. — Le peuple garde toutes les issues. Il veut être sûr cette fois d'avoir son condamné. Personne ne pourra sortir avant l'exécution.

JANE. — La proclamation qu'on a faite du haut de ce balcon me résonne encore dans l'oreille. L'avez-vous entendue, quand nous étions en bas? Tout ceci est horrible, Joshua!

JOSHUA. — Ah! j'en ai vu bien d'autres, moi!

JANE. — Pourvu que Gilbert ait réussi à s'évader! Le croyez-vous sauvé, Joshua?

JOSHUA. — Sauvé! j'en suis sûr.

JANE. — Vous en êtes sûr, bon Joshua?

JOSHUA. — La Tour n'était pas investie du côté de l'eau. Et puis, quand il a dû partir, l'émeute n'était pas ce qu'elle a été depuis. C'était une belle émeute, savez-vous!

JANE. — Vous êtes sûr qu'il est sauvé?

JOSHUA. — Et qu'il vous attend, à cette heure, sous la première arche du pont de Londres, où vous le rejoindrez avant minuit.

JANE. — Mon Dieu! il va être inquiet de son côté. (*Apercevant l'ombre de la reine.*) — Ciel! qu'est-ce que c'est que cela, Joshua?

JOSHUA, *bas, en lui prenant la main.* — Silence! — C'est la lionne qui guette. (*Pendant que Jane considère cette silhouette noire avec terreur, on entend une voix éloignée, qui paraît venir d'en haut, prononcer lentement et distinctement ces paroles :*) — Celui qui marche à ma suite, couvert de ce voile noir, c'est très-haut et très-puissant seigneur Fabiano Fabiani, comte de Clanbrassil, baron de Dinasmonddy, baron de Darmouth en Devonshire, lequel va être décapité au Marché de Londres, pour crime de régicide et de haute trahison. Dieu fasse miséricorde à son âme!

UNE AUTRE VOIX. — Priez pour lui!

JANE, *tremblante*. — Joshua! entendez-vous?

JOSHUA. — Oui. Moi j'entends de ces choses-là tous les jours.

Un cortége funèbre paraît au haut de l'escalier, sur les degrés duquel il se développe lentement à mesure qu'il descend. En tête, un homme vêtu de noir, portant une bannière blanche à croix noire. Puis maître Eneas Dulverton, en grand manteau noir, son bâton blanc de constable à la main. Puis un groupe de pertuisaniers vêtus de rouge. Puis le bourreau, sa hache sur l'épaule, le fer tourné vers celui qui le suit. Puis un homme entièrement couvert d'un grand voile noir qui traîne sur ses pieds. On ne voit de cet homme que son bras nu, qui passe par une ouverture faite au linceul, et qui porte une torche de cire jaune allumée. A côté de cet homme, un prêtre en costume du jour des Morts. Puis un groupe de pertuisaniers en rouge. Puis un homme vêtu de blanc, portant une bannière noire à croix blanche. A droite et à gauche, deux files de hallebardiers portant des torches.

JANE. — Joshua! voyez-vous?

JOSHUA. — Oui. Je vois de ces choses-là tous les jours, moi.

Au moment de déboucher sur le théâtre, le cortége s'arrête.

MAÎTRE ÉNEAS. — Celui qui marche à ma suite, couvert de ce voile noir, c'est très-haut et très-puissant seigneur Fabiano Fabiani, comte de Clanbrassil, baron de Dinasmonddy, baron de Darmouth en Devonshire, lequel va être décapité au Marché de Londres, pour crime de régicide et de haute trahison. — Dieu fasse miséricorde à son âme!

LES DEUX PORTE-BANNIÈRE. — Priez pour lui!

Le cortége traverse lentement le fond du théâtre.

JANE. — C'est une chose terrible que nous voyons là, Joshua. Cela me glace le sang.

JOSHUA. — Ce misérable Fabiani!

JANE. — Paix, Joshua! bien misérable, mais bien malheureux!

Le cortége arrive à l'autre escalier. Simon Renard, qui, depuis quelques instants, a paru à l'entrée de cet escalier et a tout observé, se range pour le laisser passer. Le cortége s'enfonce sous la voûte de l'escalier, où il disparaît peu à peu. Jane le suit des yeux avec terreur.

SIMON RENARD, *après que le cortége a disparu.* — Qu'est-ce que cela signifie? Est-ce bien là Fabiani? Je le croyais moins grand. Est-ce que maître Eneas...? Il me semble que la reine l'a gardé auprès d'elle un instant. Voyons donc!

Il s'enfonce sous l'escalier à la suite du cortége.

VOIX, *qui s'éloigne de plus en plus.* — Celui qui marche à ma suite, couvert de ce voile noir, c'est très-haut et très-puissant seigneur Fabiano Fabiani, comte de Clanbrassil, baron de Dinasmonddy, baron de Darmouth en Devonshire, lequel va être décapité au Marché de Londres, pour crime de régicide et de haute trahison. — Dieu fasse miséricorde à son âme.

AUTRES VOIX, *presque indistinctes.* — Priez pour lui!

JOSHUA. — La grosse cloche va annoncer tout à l'heure sa sortie de la Tour. Il vous sera peut-être possible maintenant de vous échapper. Il faut que je tâche d'en trouver les moyens. Attendez-moi là; je vais revenir.

JANE. — Vous me laissez, Joshua? Je vais avoir peur, seule ici, mon Dieu!

JOSHUA. — Vous ne pourriez parcourir toute la Tour avec moi sans péril. Il faut que je vous fasse sortir de la Tour. Pensez que Gilbert vous attend.

JANE. — Gilbert! tout pour Gilbert! Allez! (*Joshua sort. — Seule.*) — Oh! quel spectacle effrayant! Quand je songe que cela eût été ainsi pour Gilbert! (*Elle s'agenouille sur les degrés de l'un des autels.*) — Oh! merci! vous êtes bien le Dieu sauveur! Vous avez sauvé Gilbert! (*Le drap du fond s'entr'ouvre. La reine paraît; elle s'avance à pas lents vers le devant du théâtre, sans voir Jane. — Se détournant.*) — Dieu! la reine!

SCÈNE II.

JANE, LA REINE.

Jane se colle avec effroi contre l'autel et attache sur la reine un regard de stupeur et d'épouvante.

LA REINE. (*Elle se tient quelques instants en silence sur le devant du théâtre, l'œil fixe, pâle, comme absorbée dans une sombre rêverie ; enfin elle pousse un profond soupir.*) — Oh ! le peuple ! (*Elle promène autour d'elle avec inquiétude son regard, qui rencontre Jane.*) — Quelqu'un là ! — C'est toi, jeune fille ! c'est vous, lady Jane ! Je vous fais peur. Allons, ne craignez rien. Le guichetier Eneas nous a trahies, vous savez ? Ne craignez donc rien. Enfant, je te l'ai déjà dit, tu n'as rien à craindre de moi, toi. Ce qui faisait ta perte il y a un mois fait ton salut aujourd'hui. Tu aimes Fabiano. Il n'y a que toi et moi sous le ciel qui ayons le cœur fait ainsi, que toi et moi qui l'aimions. Nous sommes sœurs.

JANE. — Madame...

LA REINE. — Oui, toi et moi, deux femmes, voilà tout ce qu'il a pour lui, cet homme. Contre lui tout le reste ! toute une cité, tout un peuple, tout un monde ! Lutte inégale de l'amour contre la haine ! L'amour pour Fabiano, il est triste, épouvanté, éperdu ; il a ton front pâle, il a mes yeux en larmes, il se cache près d'un autel funèbre ; il prie par ta bouche, il maudit par la mienne. La haine contre Fabiani, elle est fière, radieuse, triomphante ; elle est armée et victorieuse, elle a la cour, elle a le peuple, elle a des masses d'hommes plein les rues, elle mâche à la fois des cris de mort et des cris de joie ; elle est superbe, et hautaine, et toute-puissante ; elle illumine toute une ville autour d'un échafaud! L'amour, le voici, deux femmes vêtues de deuil dans un tombeau. La haine, la voilà!

Elle tire violemment le drap blanc du fond, qui, en s'écartant, laisse voir un balcon, et au delà de ce balcon, à perte de vue, dans une nuit noire, toute la ville de Londres, splendidement illuminée. Ce qu'on voit de la Tour de Londres est illuminé également. Jane fixe ses yeux étonnés sur tout ce spectacle éblouissant, dont la réverbération éclaire le théâtre.

— Oh! ville infâme! ville révoltée! ville maudite! ville monstrueuse qui trempe sa robe de fête dans le sang, et qui tient la torche au bourreau! Tu en as peur, Jane, n'est-ce pas? Est-ce qu'il ne te semble pas comme à moi qu'elle nous nargue lâchement toutes deux, et qu'elle nous regarde avec ses cent mille prunelles flamboyantes, faibles femmes abandonnées que nous sommes, perdues et seules dans ce sépulcre! Jane! l'entends-tu rire et hurler, l'horrible ville? Oh! l'Angleterre! l'Angleterre à qui détruira Londres! Oh! que je voudrais pouvoir changer ces flambeaux en brandons, ces lumières en flammes, et cette ville illuminée en une ville qui brûle!

Une immense rumeur éclate au dehors. Applaudissements. Cris confus : — Le voilà! le voilà! Fabiani à mort! *On entend tinter la grosse cloche de la Tour de Londres. A ce bruit, la reine se met à rire d'un rire terrible.*

JANE. — Grand Dieu! voilà le malheureux qui sort... — Vous riez, madame!

LA REINE. — Oui, je ris! (*Elle rit.*) — Oui, et tu vas rire aussi! Mais d'abord il faut que je ferme cette tenture; il me semble toujours que nous ne sommes pas seules et que cette affreuse ville nous voit et nous entend. (*Elle ferme le rideau blanc et revient à Jane.*) — Maintenant qu'il est sorti, maintenant qu'il n'y a plus de danger, je puis te dire cela. Mais ris donc, rions toutes deux de cet exécrable peuple qui boit du sang. Oh! c'est charmant! Jane, tu trem-

29.

blés pour Fabiano ! sois tranquille, et ris avec moi, te dis-je ! Jane ! l'homme qu'ils ont, l'homme qui va mourir, l'homme qu'ils prennent pour Fabiano, ce n'est pas Fabiano !

Elle rit.

JANE. — Ce n'est pas Fabiano ?

LA REINE. — Non !

JANE. — Qui est-ce donc ?

LA REINE. — C'est l'autre.

JANE. — Qui, l'autre ?

LA REINE. — Tu sais bien, tu le connais, cet ouvrier, cet homme... — D'ailleurs qu'importe ?

JANE, *tremblant de tout son corps*. — Gilbert !

LA REINE. — Oui, Gilbert, c'est ce nom-là.

JANE. — Madame ! oh ! non, madame ! oh ! dites que cela n'est pas, madame ! Gilbert ! ce serait trop horrible ! Il s'est évadé !

LA REINE. — Il s'évadait quand on l'a saisi, en effet. On l'a mis à la place de Fabiano sous le voile noir. C'est une exécution de nuit. Le peuple n'y verra rien. Sois tranquille.

JANE, *avec un cri effrayant*. — Ah ! madame ! celui que j'aime, c'est Gilbert !

LA REINE. — Quoi ! que dis-tu ? Perds-tu la raison ? Est-ce que tu me trompais aussi, toi ? Ah ! c'est ce Gilbert que tu aimes ! Eh bien ! que m'importe ?

JANE, *brisée, aux pieds de la reine, sanglotant, se traînant sur les genoux, les mains jointes. La grosse cloche tinte pendant toute cette scène.* — Madame, par pitié ! Madame, au nom du ciel ! Madame, par votre couronne, par votre mère, par les anges ! Gilbert ! Gilbert ! cela me rend folle ! Madame, sauvez Gilbert ! cet homme, c'est ma vie ; cet homme, c'est mon mari, cet homme... je viens de vous dire qu'il a tout fait pour moi, qu'il m'a élevée, qu'il m'a adoptée, qu'il a remplacé près de mon berceau mon père, qui est mort pour votre mère. Madame, vous voyez bien que je ne suis qu'une pauvre misérable, et qu'il ne faut pas être sévère pour moi. Ce que vous venez de me dire m'a donné un coup si terrible, que je ne sais vraiment pas comment j'ai la force de vous parler. Je dis ce que je peux, voyez-vous. Mais il faut que vous fassiez suspendre l'exécution. Tout de suite. Suspendre l'exécution. Remettre la chose à demain. Le temps de se reconnaître, voilà tout. Ce peuple peut bien attendre à demain. Nous verrons ce que nous ferons. Non, ne secouez pas la tête. Pas de danger pour votre Fabiano. C'est moi que vous mettrez à la place. Sous le voile noir, la nuit, qui le saura? Mais sauvez Gilbert! Qu'est-ce que cela vous fait, lui ou moi? Enfin, puisque je veux bien mourir, moi! — Oh! mon Dieu! cette cloche, cette affreuse cloche! chacun des coups de cette cloche est un pas vers l'échafaud. Chacun des coups de cette cloche frappe sur mon cœur. — Faites cela, madame, ayez pitié! pas de danger pour votre Fabiano. Laissez-moi baiser vos mains. Je vous aime, madame; je ne vous l'ai pas encore dit, mais je vous aime bien. Vous êtes une grande reine. Voyez comme je baise vos belles mains. Oh! un ordre pour suspendre l'exécution. Il est encore temps. Je vous assure que c'est très-possible. Ils vont lentement. Il y a loin de la Tour au Vieux-Marché. L'homme du balcon a dit qu'on passerait par Charing-Cross. Il y a un chemin plus court. Un homme à cheval arriverait encore à temps. Au nom du ciel, madame, ayez pitié! Enfin, mettez-vous à ma place, supposez que je sois la reine et vous la pauvre fille : vous pleureriez comme moi, et je ferais grâce. Faites grâce, madame! Oh! voilà ce que je craignais, que les larmes ne m'empêchassent de parler. Oh! tout de suite. Suspendre l'exécution. Cela n'a pas d'inconvénient, madame. Pas de danger pour Fabiano, je vous jure! Est-ce que vraiment vous ne trouvez pas qu'il faut faire ce que je dis, madame?

LA REINE, *attendrie et la relevant.* — Je le voudrais, malheureuse. Ah! tu pleures, oui, comme je pleurais; ce que tu éprouves, je viens de l'éprouver. Mes angoisses me font compatir aux tiennes. Tiens, tu vois que je pleure aussi. C'est bien malheureux, pauvre enfant! Sans doute, il semble bien qu'on aurait pu en prendre un autre, Tyrconnel, par exemple; mais il est trop connu; il fallait un homme obscur. On n'avait que celui-là sous la main. Je t'explique cela pour que tu comprennes, vois-tu. Oh! mon Dieu! il y a de ces fatalités-là. On se trouve pris. On n'y peut rien.

JANE. — Oui, je vous écoute bien, madame. C'est comme moi, j'aurais encore plusieurs choses à vous dire; mais je voudrais que l'ordre de suspendre l'exécution fût signé et l'homme parti. Ce sera une chose faite, voyez-vous. Nous parlerions mieux après. Oh! cette cloche! toujours cette cloche!

LA REINE. — Ce que tu veux est impossible, lady Jane.

JANE. — Si, c'est possible. Un homme à cheval. Il y a un chemin très-court. Par le quai. J'irais, moi. C'est possible. C'est facile. Vous voyez que je parle avec douceur.

LA REINE. — Mais le peuple ne voudrait pas; mais il reviendrait tout massacrer dans la Tour, et Fabiano y est encore; mais comprends donc. Tu trembles, pauvre enfant, moi je suis comme toi, je tremble aussi. Mets-toi à ma place à ton tour. Enfin je pourrais bien ne pas prendre la peine de t'expliquer tout cela. Tu vois que je fais ce que je peux. Ne songe plus à ce Gilbert, Jane! C'est fini. Résigne-toi!

JANE. — Fini! Non, ce n'est pas fini! non, tant que cette horrible cloche sonnera, ce ne sera pas fini. Me résigner à la mort de Gilbert! Est-ce que vous croyez que je laisserai mourir Gilbert ainsi? Non, madame. Ah! je perds mes peines! ah! vous ne m'écoutez pas! Eh bien! si la reine ne m'entend pas, le peuple m'entendra! Ah! ils sont bons, ceux-là, voyez-vous! Le peuple est encore dans cette cour. Vous ferez de moi ensuite ce que vous voudrez. Je vais lui crier qu'on le trompe, et que c'est Gilbert, un ouvrier comme eux, et que ce n'est pas Fabiani.

LA REINE. — Arrête, misérable enfant! (*Elle lui saisit le bras et la regarde fixement d'un air formidable.*) — Ah! tu le prends ainsi! ah! je suis bonne et douce, et je pleure avec toi, et voilà que tu deviens folle et furieuse! Ah! mon amour est aussi grand que le tien, et ma main est plus forte que la tienne. Tu ne bougeras pas. Ah! ton amant! que m'importe ton amant? Est-ce que toutes les filles d'Angleterre vont venir me demander compte de leurs amants, maintenant? Pardieu! je sauve le mien comme je peux, et aux dépens de ce qui se trouve là. Veillez sur les vôtres!.

JANE. — Laissez-moi! — Oh! je vous maudis, méchante femme!

LA REINE. — Silence!

JANE. — Non, je ne me tairai pas. Et voulez-vous que je vous dise une pensée que j'ai à présent? Je ne crois pas que celui qui va mourir soit Gilbert.

LA REINE. — Que dis-tu?

JANE. — Je ne sais pas. Mais je l'ai vu passer sous ce voile noir. Il me semble que si c'avait été Gilbert, quelque chose aurait remué en moi, quelque chose se serait révolté, quelque chose se serait soulevé dans mon cœur, et m'aurait crié : Gilbert! c'est Gilbert? Je n'ai rien senti, ce n'est pas Gilbert!

LA REINE. — Que dis-tu là! Ah! mon Dieu, tu es insensée, ce que tu dis là est fou, et cependant cela m'épouvante. Ah! tu viens de remuer une des plus secrètes inquiétudes de mon cœur. Pourquoi cette émeute m'a-t-elle empêchée de surveiller tout moi-même? Pourquoi m'en suis-je remise à d'autres qu'à moi-même du salut de Fabiano? Eneas Dulverton est un traître. Simon Renard était peut-être là. Pourvu que je n'aie pas été trahie une deuxième fois par les ennemis de Fabiano! Pourvu que ce ne soit pas Fabiano en effet... — Quelqu'un! vite quelqu'un! quelqu'un! (*Deux geôliers paraissent. — Au premier.*) — Vous, courez. Voici mon anneau royal. Dites qu'on suspende l'exécution. Au Vieux-Marché! au Vieux-Marché! Il y a un chemin plus court, disais-tu, Jane!

JANE. — Par le quai.

LA REINE, *au geôlier.* — Par le quai. Un cheval! Cours vite. (*Le geôlier sort. — Au deuxième geôlier.*) — Vous, allez sur-le-champ à la tourelle d'Edouard le Confesseur. Il y a là les deux cachots des condamnés à mort. Dans l'un de ces cachots il y a un homme. Amenez-le-moi sur-le-champ. (*Le geôlier sort.*) — Ah! je tremble! mes pieds se dérobent sous moi; je n'aurais pas la force d'y aller moi-même. Ah! tu me rends folle comme toi! Ah! misérable fille, tu me rends malheureuse comme toi! je te maudis comme tu me maudis! Mon Dieu! l'homme aura-t-il le temps d'arriver? Quelle horrible anxiété! Je ne vois plus rien. Tout est trouble dans mon esprit. Cette cloche, pour qui sonne-t-elle? Est-ce pour Gilbert? Est-ce pour Fabiano?

JANE. — La cloche s'arrête!

LA REINE. — C'est que le cortége est sur la place de l'exécution. L'homme n'aura pas eu le temps d'arriver.

On entend un coup de canon éloigné.

JANE. — Ciel!

LA REINE. — Il monte sur l'échafaud. (*Deuxième coup de canon.*) — Il s'agenouille.

JANE. — C'est horrible !

      Troisième coup de canon.

TOUTES DEUX. — Ah !...

LA REINE. — Il n'y en a plus qu'un de vivant Dans un instant nous saurons lequel. Mon Dieu ! celui qui va entrer, faites que ce soit Fabiano !

JANE. — Mon Dieu ! faites que ce soit Gilbert ! (*Le rideau du fond s'ouvre.* — *Simon Renard paraît, tenant Gilbert par la main.*) Gilbert !

   Ils se précipitent dans les bras l'un de l'autre.

LA REINE. — Et Fabiano ?

SIMON RENARD. — Mort.

LA REINE. — Mort ?... mort ! Qui a osé ?...

SIMON RENARD. — Moi. J'ai sauvé la reine et l'Angleterre.

FIN DE MARIE TUDOR.

NOTES

NOTE I.

Afin que les lecteurs puissent se rendre compte, une fois pour toutes, du plus ou moins de certitude historique contenue dans les ouvrages de l'auteur, ainsi que de la quantité et de la qualité des recherches faites par lui pour chacun de ses drames, il croit devoir imprimer ici, comme spécimen, la liste des livres et des documents qu'il a consultés avant d'écrire *Marie Tudor*. Il pourrait publier un catalogue semblable pour chacune de ses autres pièces.

HISTORIA ET ANNALES HENRICI VII, par Franc. Baronum.

HENRICI VIII, EDUARDI VI ET MARIÆ, par Franc. Godwin. — Lond., 1676.

Id. Auct., par Morganum Godwin. — Lond., 1630.

Traduit en français par le sieur de Loigny. — Paris, 1647.

In-4°. — ANNALES OU CHOSES MÉMORABLES SOUS HENRI VIII, EDOUARD VI ET MARIE, traduites d'un auteur anonyme, par le sieur de Loigny. — Paris, Rocolet, 1647.

HISTOIRE DU DIVORCE DE HENRI VIII ET DE CATHERINE D'ARAGON, par Joachim Legrand. — Paris, 1688. In-12, 3 vol.

In-4°. — CONCLUSIONES ROMÆ AGITATÆ IN CONSISTORIO CORAM CLEMENTE VII, IN CAUSA MATRIMONIALI INTER HENRICUM VIII ET CATHARINAM, etc.

In-4°. — HISTOIRE DE LA RÉFORMATION, par Burnet, IIe partie, sous Edouard VI, Marie et Elisabeth, depuis

1547 jusqu'en 1559. — Traduit de Burnet, en français, par Rosemond.

In-4°. — DIVERSES PIÈCES POUR L'HISTOIRE D'ANGLETERRE SOUS HENRI VIII, EDOUARD VI ET MARIE. — En anglais, en un paquet.

In-8°. — HISTOIRE DU SCHISME D'ANGLETERRE, de Sandarus, traduite en français, imprimée en 1587.

In-8°. — OPUSCULA VARIA DE REBUS ANGLICIS, TEMPORE HENRICI VIII, EDUARDI VI ET MARIÆ REGINÆ. Uno fasciculo.

In-folio. — EL VIAGE DE DON FELIPE II, DESDE ESPANA, etc., por Juan Christoval Calvete de Estrella. — Anvers, 1552.

In-folio. — HESTORIA DE FELIPE II, por Luis-Cabrera de Cordova. — Madrid, 1619.

In-4°. — RELACIONES DE ANTONIO PEREZ, SECRETARIO DE ESTADO DE FELIPE II, EN SUS CARTAS ESPANOLAS Y LATINAS. — Paris, 1624.

In-4°. — TESTIMONIO AUTENTICO Y VERDADERO DE LAS CAUSAS NOTABLES QUE PASARON EN LA MUERTE DEL REY FELIPE II, por el licenciado Cervera de la Torre, su capellan. — Valencia, 1599.

In-8°. — DICHOS Y HECHOS DE FELIPE II, por Balthazar Parreno. — Séville, 1639.

LE LIVRE D'ANTOINE PEREZ, secrétaire d'Etat de Philippe II.

VUE SUR LES MONNAIES D'ANGLETERRE, depuis les premiers temps jusqu'à présent, avec figures. Suelling. In-folio. Un vol.

THE HISTORY OF THE REIGNS OF EDWARD VI, MARY AND ELISABETH, by Shawn Turner. London, Longman, 1829. Un vol. in-4°.

ECLAIRCISSEMENTS DE LA BIOGRAPHIE ET DES MOEURS DE L'ANGLETERRE, sous Henri VIII, Edouard VI, Marie, Elisabeth et Jacques Ier, extraits des papiers originaux trouvés dans les manuscrits des nobles familles Howard, Talbot et Cecil, par Edmund Lodge, esq. Londres, G. Nicol, 1791, 3 vol. in-4°, ornés de portraits.

Rerum Anglicarum Henrico VIII, Eduardo VI et Maria regnantibus, annales. Londini, Jean Billins, 1628. Un vol. in-4°.

Histoire succincte de la succession de la couronne d'Angleterre, depuis le commencement jusqu'à présent, avec des remarques et une carte. Traduit de l'anglais, 1714. In-12.

The Baronetage of England, by Anth. Collins. Lond., Taylord, 1720. 2 vol. in-8°.

Etat de la Grande-Bretagne, liste de tous les offices de la couronne, par Jean Chamberlayne, 2 part. 1 vol. in-8°. Lond., Midwinker, 1737.

Succession des colonels anglais, depuis l'origine jusqu'à présent, et liste des vaisseaux. Lond., J. Millan, 1742.

Histoire du parlement d'Angleterre, par l'abbé Raynal. Londres, 1748. In-12.—Edit. 1751, meilleure. 2 vol. in-8°.

Panégyrique de Marie, reine d'Angleterre, par Abbadie. Genève, 1695.

Lettre de M. Burnet a M. Thévenot, contenant une courte critique de l'histoire du divorce de Henri VIII, écrite par M. Legrand. Nouv. édit. Paris, veuve Edme Martin, 1688. 1 vol. in-12.

Collections historiques de plusieurs graves écrivains protestants concernant le changement de religion et l'étrange confusion qui s'ensuivit sous Henri VIII, Edouard VI, Marie et Elisabeth. Lond., N. Hiles, 1686. 1 vol. in-12.

Critique du neuvième livre de Varillas, sur la révolution religieuse d'Angleterre, par Burnet. Traduit en français. Amsterdam, N. Savouret, 1686. 1 vol. in-12.

Peerage of England par M. Kimber. Londres, 1769. Un vol. in-12.

The english Baronetage. Londres, Th. Wootton, 1741. 5 vol. in-8°.

Nouveaux éclaircissements sur Marie, fille de Henri VIII, adressés à M. David Hume. Paris, Delatour, 1766, in-12. (Par le P. Griffet.)

Histoire du schisme d'Angleterre de Sanders, traduite par Maucroix. Lyon, 1685. 2 vol. in-12.

Tome deux du Schisme, ou les vies des cardinaux Polus et Campege, par Maucroix. Lyon, 1685. In-12.

Histoire du divorce de Henri VIII et de Catherine d'Aragon, par l'abbé Legrand. Amsterdam, 1763. In-32.

Consulter le recueil exact et complet des dépêches de M. de Noailles, ambassadeur de France en Angleterre sous Edouard VI et une partie du règne de Marie.

NOTE II.

PREMIÈRE JOURNÉE, SCÈNE I.

Les bûchers sont toujours braise et jamais cendre, etc.

Sous le règne si court de Marie, de 1553 à 1558, furent décapités : le duc de Northumberland, Jane Grey, reine dix-huit jours; son mari, le duc de Suffolk; Thomas Grey, Thomas Stafford, Stucklay, Bradford, etc.; furent pendus : Thomas Wyat et cinquante de ses complices, Bret et ses complices, William Fetherston, se disant Edouard VI, Anthony Kingston et ses complices (pour pilleries), Charles, baron de Sturton (avec une corde de soie), et quatre de ses valets avec lui (accusés d'assassinat), etc.; furent brûlés vifs : les évêques John Cooper, de Glocester, Robert

Ferrare, de Saint-David, Ridlay, Latimer (Grammer assiste à leur supplice de sa prison), Grammer, archevêque de Cantorbéry, qui brûla d'abord sa main droite renégate, les docteurs Roland, Taylor, Laurens Sanders, John Rogers, prébendier théologal et prédicateur ordinaire de Saint-Paul de Londres (celui-ci laissait une femme et dix enfants); John Bradford, en 1556, quatre-vingt-quatre sectaires, etc. De là ce surnom presque grandiose à force d'horreur, *Marie la Sanglante*.

NOTE III.

PREMIÈRE JOURNÉE, SCÈNE II.

On pendait ceux qui étaient pour, mais on brûlait ceux qui étaient contre.

Suspenduntur papistæ, comburuntur antipapistæ.

NOTE IV.

DEUXIÈME JOURNÉE, SCÈNE VII.

Italien, cela veut dire fourbe; Napolitain, cela veut dire lâche, etc.

Si d'honorables susceptibilités nationales n'avaient été éveillées par ce passage, l'auteur croirait inutile de faire remarquer ici que c'est la reine qui parle et non le poëte, injure de femme en colère, et non opinion d'écrivain.

L'auteur n'est pas de ceux qui jettent l'anathème sur une nation prise en masse, et d'ailleurs ses sympathies de poëte, de philosophe et d'historien, l'ont de tout temps fait pencher vers cette Italie si illustre et si malheureuse. Il s'est toujours plu à prédire dans sa pensée un grand avenir à ce noble groupe de nations qui a eu un si grand passé. Avant peu, espérons-le, l'Italie recommencera à rayonner. L'Italie est une terre de grandes choses, de grandes idées, de grands hommes, *magna parens*. L'Italie a Rome, qui a eu le monde. L'Italie a Dante, Raphaël et Michel-Ange, et partage avec nous Napoléon.

NOTE V.

DEUXIÈME JOURNÉE, SCÈNE VII.

Il y a eu le complot de Thomas Wyat, etc.

Avec ses quatre mille révoltés, Wyat fit un moment chanceler Marie, appuyée sur Londres. Il fut défait, pris et pendu, pour avoir perdu du temps à raccommoder un affût de canon.

NOTE VI.

12 novembre 1833.

L'auteur croit devoir prévenir MM. les directeurs de théâtres de province que Fabiani ne chante que deux couplets au premier acte, et un seulement au second. Pour tous les détails de mise en scène, ils feront bien de se rapprocher le plus possible du théâtre de la Porte-Saint-Martin, où la pièce a été montée avec un soin et un goût extrêmes.

Quant à la manière dont la pièce est jouée par les acteurs du théâtre de la Porte-Saint-Martin, l'auteur est heureux de joindre ici ses applaudissements à ceux du public tout entier. Voici la seconde fois dans la même année qu'il met à épreuve le zèle et l'intelligence de cette troupe excellente. Il la félicite et il la remercie.

M. Lockroy, qui avait été tout à la fois si spirituel, si redoutable et si fin dans le don Alphonse de *Lucrèce Borgia*, a prouvé dans Gilbert une rare et merveilleuse souplesse de talent. Il est, selon le besoin du rôle, amoureux et terrible, calme et violent, caressant et jaloux; un ouvrier devant la reine, un artiste aux pieds de Jane. Son jeu, si délicat dans ses nuances et si bien proportionné dans ses effets, allie la tendresse mélancolique de Roméo à la gravité sombre d'Othello.

Mademoiselle Juliette, quoique atteinte à la première représentation d'une indisposition si grave qu'elle n'a pu continuer de jouer le rôle de Jane les jours suivants, a montré dans ce rôle un talent plein d'avenir, un talent souple, gracieux, vrai, tout à la fois pathétique et charmant, intelligent et naïf. L'auteur croit devoir lui exprimer ici sa reconnaissance, ainsi qu'à mademoiselle Ida, qui l'a remplacée, et qui a déployé dans Jane des qualités remarquables d'énergie et de vivacité.

Quant à mademoiselle Georges, il n'en faudrait dire qu'un mot : sublime. Le public a retrouvé dans Marie la grande comédienne et la grande tragédienne de *Lucrèce*. Depuis le sourire exquis par lequel elle ouvre le second acte, jusqu'au cri déchirant par lequel elle clôt la pièce, il n'y a pas une des nuances de son talent qu'elle ne mette admirablement en lumière dans tout le cours de son rôle. Elle crée dans la création même du poëte quelque chose qui étonne et qui ravit l'auteur lui-même. Elle caresse, elle effraye, elle attendrit, et c'est un miracle de son talent que la même femme, qui vient de vous faire tant frémir, vous fasse tant pleurer.

FIN DES NOTES DE MARIE TUDOR.

LA ESMERALDA

Si par hasard quelqu'un se souvenait d'un roman en écoutant un opéra, l'auteur croit devoir prévenir le public que pour faire entrer dans la perspective particulière d'une scène lyrique quelque chose du drame qui sert de base au livre intitulé : *Notre-Dame de Paris,* il a fallu en modifier diversement tantôt l'action, tantôt les caractères. Le caractère de Phœbus de Châteaupers, par exemple, est un de ceux qui ont dû être altérés ; un autre dénoûment a été nécessaire, etc. Au reste, quoique, même en écrivant cet opuscule, l'auteur se soit écarté le moins possible, et seulement quand la musique l'a exigé, de certaines conditions consciencieuses indispensables, selon lui, à toute œuvre, petite ou grande, il n'entend offrir ici aux lecteurs, ou pour mieux dire aux auditeurs, qu'un canevas d'opéra plus ou moins bien disposé pour que l'œuvre musicale s'y superpose heureusement, qu'un *libretto* pur et simple dont la publication s'explique par un usage impérieux. Il ne peut voir dans ceci qu'une trame telle quelle qui ne demande pas mieux que de se dérober sous cette riche et éblouissante broderie qu'on appelle la musique.

L'auteur suppose donc, si par aventure on s'occupe de ce libretto, qu'un opuscule aussi spécial ne saurait en aucun cas être jugé en lui-même, et abstraction faite des nécessités musicales que le poëte a dû subir, et qui à l'Opéra ont toujours droit de prévaloir. Du reste, il prie instamment le lecteur de ne voir dans les lignes qu'il écrit ici que ce qu'elles contiennent, c'est-à-dire sa pensée personnelle sur ce libretto en particulier, et non un dédain injuste et de mauvais goût pour cette espèce de poëmes en général et pour l'établissement magnifique où ils sont représentés. Lui qui n'est rien, il rappellerait au besoin à ceux qui sont le plus haut placés que nul n'a droit de dédaigner, fût-ce au point de vue littéraire, une scène comme celle-ci. A ne compter même que les poëtes, ce royal théâtre a reçu dans l'occasion d'illustres visites, ne l'oublions pas. En 1671, on représenta avec toute la pompe de la scène lyrique une tragédie-ballet intitulée : *Psyché*. Le libretto de cet opéra avait deux auteurs; l'un s'appelait Poquelin de Molière, l'autre Pierre Corneille.

14 novembre 1836.

PERSONNAGES.

LA ESMERALDA.
PHŒBUS DE CHATEAUPERS.
CLAUDE FROLLO.
QUASIMODO.
FLEUR-DE-LIS.
MADAME ALOISE DE GONDELAURIER.
DIANE.
BÉRANGÈRE.
LE VICOMTE DE GIF.
MONSIEUR DE CHEVREUSE.
MONSIEUR DE MORLAIX.
CLOPIN TROUILLEFOU.
LE CRIEUR PUBLIC.
Peuple.
Truands.
Archers, etc.

Paris. — 1482.

ACTE PREMIER

La cour des Miracles. — Il est nuit. Foule de truands. Danses bruyantes. Mendiants et mendiantes dans leurs diverses attitudes de métier. Le roi de Thune sur son tonneau. Feux, torches, flambeaux. Cercle de hideuses maisons dans l'ombre.

SCÈNE PREMIÈRE.

CLAUDE FROLLO, CLOPIN TROUILLEFOU, puis LA ESMERALDA, puis QUASIMODO. — LES TRUANDS.

CHOEUR DES TRUANDS.

Vive Clopin, roi de Thune !
Vivent les gueux de Paris !
Faisons nos coups à la brune,
Heure où tous les chats sont gris.
Dansons ! narguons pape et bulle,
Et raillons-nous dans nos peaux ;
Qu'avril mouille ou que juin brûle
La plume de nos chapeaux !
Sachons flairer dans l'espace
L'estoc de l'archer vengeur,
Ou le sac d'argent qui passe
Sur le dos du voyageur !
Nous irons au clair de lune
Danser avec les esprits... —
Vive Clopin, roi de Thune !
Vivent les gueux de Paris !

CLAUDE FROLLO, *à part, derrière un pilier, dans un coin du théâtre. Il est enveloppé d'un grand manteau qui cache son habit de prêtre.*

> Au milieu d'une ronde infâme,
> Qu'importe le soupir d'une âme!
> Je souffre! oh! jamais plus de flamme
> Au sein d'un volcan ne gronda.

Entre la Esmeralda en dansant.

CHOEUR.

La voilà! la voilà! c'est elle! Esmeralda!

CLAUDE FROLLO, *à part.*

> C'est elle! oh! oui, c'est elle!
> Pourquoi, sort rigoureux,
> L'as-tu faite si belle,
> Et moi si malheureux?

Elle arrive au milieu du théâtre. Les truands font cercle avec admiration autour d'elle. Elle danse.

LA ESMERALDA.

> Je suis l'orpheline,
> Fille des douleurs,
> Qui sur vous s'incline
> En jetant des fleurs;
> Mon joyeux délire
> Bien souvent soupire;
> Je montre un sourire,
> Je cache des pleurs!
> Je danse, humble fille,
> Au bord du ruisseau,
> Ma chanson babille
> Comme un jeune oiseau;
> Je suis la colombe
> Qu'on blesse et qui tombe.
> La nuit de la tombe
> Couvre mon berceau!

ACTE I, SCÈNE I.

CHOEUR.

Danse, jeune fille !
Tu nous rends plus doux.
Prends-nous pour famille,
Et joue avec nous
Comme l'hirondelle
A la mer se mêle,
Agaçant de l'aile
Le flot en courroux !
C'est la jeune fille !
L'enfant du malheur !
Quand son regard brille,
Adieu la douleur !
Son chant nous rassemble.
De loin, elle semble
L'abeille qui tremble
Au bout d'une fleur.
Danse, jeune fille,
Tu nous rends plus doux.
Prends-nous pour famille,
Et joue avec nous !

CLAUDE FROLLO, *à part.*

Frémis, jeune fille !
Le prêtre est jaloux !

Claude veut se rapprocher de la Esmeralda, qui se détourne de lui avec une sorte d'effroi. Entre la procession du pape des fous. Torches, lanternes et musique. On porte au milieu du cortége, sur un brancard couvert de chandelles, Quasimodo chapé et mitré.

CHOEUR.

Saluez ! clercs de bazoche !
Hubins, coquillards, cagoux !
Saluez tous ! il approche.
Voici le pape des fous !

CLAUDE FROLLO, *apercevant Quasimodo, s'élance vers lui avec un geste de colère.*

Quasimodo! quel rôle étrange!
O profanation! ici!
Quasimodo!

QUASIMODO.

Grand Dieu! qu'entends-je?

CLAUDE FROLLO.

Ici! te dis-je!

QUASIMODO, *se jetant au bas de la litière.*

Me voici!

CLAUDE FROLLO.

Sois anathème!

QUASIMODO.

Dieu! c'est lui-même!

CLAUDE FROLLO.

Audace extrême!

QUASIMODO.

Instant d'effroi!

CLAUDE FROLLO.

A genoux, traître!

QUASIMODO.

Pardonnez, maître!

CLAUDE FROLLO.

Non, je suis prêtre!

QUASIMODO.

Pardonnez-moi!

Claude Frollo arrache les ornements pontificaux de Quasimodo et les foule aux pieds. Les truands, sur lesquels Claude jette des regards irrités, commencent à murmurer et se forment en groupes menaçants autour de lui.

ACTE I, SCÈNE I.

LES TRUANDS.

Il nous menace,
O compagnons,
Dans cette place
Où nous régnons !

QUASIMODO.

Que veut l'audace
De ces larrons?
On le menace,
Mais nous verrons !

CLAUDE FROLLO.

Impure race !
Juifs et larrons !
On me menace,
Mais nous verrons !

La colère des truands éclate.

LES TRUANDS.

Arrête ! arrête ! arrête !
Meure le trouble-fête !
Il paiera de sa tête !
En vain il se débat !

QUASIMODO.

Qu'on respecte sa tête !
Et que chacun s'arrête,
Ou je change la fête
En un sanglant combat !

CLAUDE FROLLO.

Ce n'est point pour sa tête
Que Frollo s'inquiète.

Il met la main sur sa poitrine.

C'est là qu'est la tempête,
C'est là qu'est le combat !

} ENSEMBLE.

Au moment où la fureur des truands est au comble, Clopin Trouillefou paraît au fond du théâtre.

CLOPIN.

Qui donc ose attaquer, dans ce repaire infâme,
L'archidiacre, mon seigneur,
Et Quasimodo, le sonneur
De Notre-Dame?

LES TRUANDS, *s'arrêtant.*

C'est Clopin, notre roi!

CLOPIN.

Manants! retirez-vous!

LES TRUANDS.

Il faut obéir!

CLOPIN.

Laissez-nous.

Les truands se retirent dans les masures. La cour des Miracles reste déserte. Clopin s'approche mystérieusement de Claude.

SCÈNE II.

CLAUDE FROLLO, QUASIMODO, CLOPIN TROUILLEFOU.

CLOPIN.

Quel motif vous avait jeté dans cette orgie?
Avez-vous, monseigneur, quelque ordre à me donner?
Vous êtes mon maître en magie.
Parlez, je ferai tout.

CLAUDE. *Il saisit vivement Clopin par le bras et l'attire sur le devant de la scène.*

Je viens tout terminer.

Ecoute.

CLOPIN.

Monseigneur!

CLAUDE FROLLO.

Plus que jamais, je l'aime!
D'amour et de douleur tu me vois palpitant.

ACTE I, SCÈNE II.

Il me la faut cette nuit même!

CLOPIN.

Vous l'allez voir passer ici dans un instant.
C'est le chemin de sa demeure.

CLAUDE FROLLO, *à part*.

Oh! l'enfer me saisit!

Haut.

Bientôt, dis-tu?

CLOPIN.

Sur l'heure.

CLAUDE FROLLO.

Seule?

CLOPIN.

Seule.

CLAUDE FROLLO.

Il suffit.

CLOPIN.

Attendrez-vous?

CLAUDE FROLLO.

J'attend.
Que je l'obtienne ou que je meure!

CLOPIN.

Puis-je vous servir?

CLAUDE FROLLO.

Non.

Il fait signe à Clopin de s'éloigner, après lui avoir jeté sa bourse. Resté seul avec Quasimodo, il l'amène sur le devant du théâtre.

Viens, j'ai besoin de toi.

QUASIMODO.

C'est bien.

CLAUDE FROLLO.

Pour une chose impie, affreuse, extrême.

LA ESMERALDA.

QUASIMODO.

Vous êtes mon seigneur.

CLAUDE FROLLO.

Les fers, la mort, la loi,
Nous bravons tout.

QUASIMODO.

Comptez sur moi.

CLAUDE FROLLO, *impétueusement*.

J'enlève la fille bohème !

QUASIMODO.

Maître, prenez mon sang — sans me dire pourquoi.

Sur un signe de Claude Frollo, il se retire vers le fond du théâtre et laisse son maître seul sur le devant de la scène.

CLAUDE FROLLO.

O ciel ! avoir donné ma pensée aux abîmes,
Avoir de la magie essayé tous les crimes,
Etre tombé plus bas que l'enfer ne descend,
Prêtre, à minuit, dans l'ombre, épier une femme,
Et songer, dans l'état où se trouve mon âme,
 Que Dieu me regarde à présent !

Eh bien ! oui ! qu'importe !
Le destin m'emporte,
Sa main est trop forte,
Je cède à sa loi !
Mon sort recommence !
Le prêtre en démence
N'a plus d'espérance
Et n'a plus d'effroi !
Démon qui m'enivres,
Qu'évoquent mes livres,
Si tu me la livres,
Je me livre à toi !
Reçois sous ton aile

Le prêtre infidèle !
L'enfer avec elle,
C'est mon ciel, à moi !

Viens donc, ô jeune femme !
C'est moi qui te réclame !
Viens, prends-moi sans retour !
Puisqu'un Dieu, puisqu'un maître
Dont le regard pénètre
Notre cœur nuit et jour,
Exige en son caprice
Que le prêtre choisisse
Du ciel ou de l'amour !

Eh bien ! oui ! etc.

QUASIMODO, *revenant.*
Maître, l'instant s'approche.
CLAUDE FROLLO.
Oui, l'heure est solennelle,
Mon sort se décide, tais-toi.
CLAUDE FROLLO et QUASIMODO.
La nuit est sombre,
J'entends des pas,
Quelqu'un, dans l'ombre,
Ne vient-il pas ?
Ils vont écouter au fond du théâtre.

LE GUET, *passant derrière les maisons.*
Paix et vigilance !
Ouvrons, loin du bruit,
L'oreille au silence,
Et l'œil à la nuit.

} ENSEMBLE.

CLAUDE et QUASIMODO.

Dans l'ombre on s'avance,
Quelqu'un vient sans bruit.
Oui, faisons silence !
C'est le guet de nuit.

Le chant s'éloigne.

QUASIMODO.

Le guet s'en va !

CLAUDE FROLLO.

Notre crainte le suit.

Claude Frollo et Quasimodo regardent avec anxiété vers la rue par laquelle doit venir la Esmeralda.

QUASIMODO.

L'amour conseille,
L'espoir rend fort
Celui qui veille
Lorsque tout dort.
Je la devine,
Je l'entrevoi,
Fille divine !
Viens sans effroi !

CLAUDE FROLLO.

L'amour conseille,
L'espoir rend fort
Celui qui veille
Lorsque tout dort.
Je la devine,
Je l'entrevoi,
Fille divine !
Elle est à moi !

Entre la Esmeralda. Ils se jettent sur elle, et veulent l'entraîner. Elle se débat.

LA ESMERALDA.

Au secours ! au secours ! à moi !

CLAUDE FROLLO et QUASIMODO.

Tais-toi! jeune fille! tais-toi!

SCÈNE III.

LA ESMERALDA, QUASIMODO, PHŒBUS DE CHATEAUPERS,
les Archers du guet.

PHOEBUS DE CHATEAUPERS, *entrant à la tête d'un gros d'archers.*

De par le roi!

Dans le tumulte Claude s'échappe. Les archers saisissent Quasimodo.

PHOEBUS, *aux archers, montrant Quasimodo.*

Arrêtez-le! serrez ferme!
Qu'il soit seigneur ou valet!
Nous allons, pour qu'on l'enferme,
Le conduire au Châtelet!

Les archers emmènent Quasimodo au fond du théâtre La Esmeralda, remise de sa frayeur, s'approche de Phœbus avec une curiosité mêlée d'admiration, et l'attire doucement sur le devant de la scène.

DUO.

LA ESMERALDA, *à Phœbus.*

Daignez me dire
Votre nom, sire!
Je le requiers!

PHOEBUS.

Phœbus, ma fille,
De la famille
De Châteaupers.

LA ESMERALDA.

Capitaine ?

PHŒBUS.

Oui, ma reine.

LA ESMERALDA.

Reine ! oh ! non.

PHŒBUS.

Grâce extrême !

LA ESMERALDA.

Phœbus, j'aime
Votre nom !

PHŒBUS.

Sur mon âme
J'ai, madame,
Une lame
De renom !

LA ESMERALDA, *à Phœbus.*

Un beau capitaine,
Un bel officier,
A mine hautaine,
A corset d'acier,
Souvent, mon beau sire,
Prend nos pauvres cœurs,
Et ne fait que rire
De nos yeux en pleurs.

PHŒBUS, *à part.*

Pour un capitaine,
Pour un officier,
L'amour peut à peine
Vivre un jour entier.
Tout soldat désire
Cueillir toute fleur,
Plaisir sans martyre,
Amour sans douleur.

ENSEMBLE.

ACTE II, SCÈNE III.

A la Esmeralda.

Un esprit
Radieux
Me sourit
Dans tes yeux.

LA ESMERALDA.

Un beau capitaine,
Un bel officier,
A mine hautaine,
A corset d'acier,
Quand aux yeux il brille,
Fait longtemps penser
Toute pauvre fille
Qui l'a vu passer!

PHŒBUS, *à part.*

Pour un capitaine,
Pour un officier,
L'amour peut à peine
Vivre un jour entier.
C'est l'éclair qui brille.
Il faut courtiser
Toute belle fille
Que l'on voit passer!

} ENSEMBLE.

LA ESMERALDA, *elle se pose devant le capitaine et l'admire.*

Seigneur Phœbus que je vous voie
Et que je vous admire encor!
Oh! la belle écharpe de soie,
La belle écharpe aux franges d'or!

Phœbus détache son écharpe et la lui offre.

PHŒBUS.

Vous plaît-elle?

La Esmeralda prend l'écharpe et s'en pare.

LA ESMERALDA.

Qu'elle est belle!

PHOEBUS.

Un moment!
Il s'approche d'elle et cherche à l'embrasser.

LA ESMERALDA, *reculant*.

Non, de grâce!

PHOEBUS, *qui insiste*.

Qu'on m'embrasse!

LA ESMERALDA, *reculant toujours*.

Non, vraiment!

PHOEBUS, *riant*.

Une belle,
Si rebelle,
Si cruelle!...
C'est charmant.

LA ESMERALDA.

Non, beau capitaine!
Je dois refuser.
Sais-je où l'on m'entraîne
Avec un baiser?

PHOEBUS.

Je suis capitaine,
Je veux un baiser,
Ma belle Africaine,
Pourquoi refuser?

} ENSEMBLE.

PHOEBUS.

Donne un baiser! donne, ou je vais le prendre!

LA ESMERALDA.

Non, laissez-moi; je ne veux rien entendre!

PHOEBUS.

Un seul baiser! ce n'est rien, sur ma foi!

LA ESMERALDA.

Rien pour vous, sire, hélas! et tout pour moi!

PHOEBUS.

Regarde-moi! tu verras si je t'aime!

LA ESMERALDA.
Je ne veux pas regarder en moi-même !
PHOEBUS.
L'amour, ce soir, veut entrer dans ton cœur.
LA ESMERALDA.
L'amour ce soir, et demain le malheur !

Elle glisse de ses bras et s'enfuit. Phœbus, désappointé, se retourne vers Quasimodo, que les gardes tiennent lié au fond du théâtre.

PHOEBUS.
Elle m'échappe, elle résiste !
Belle aventure en vérité !
Des deux oiseaux de nuit je garde le plus triste ;
Le rossignol s'en va, le hibou m'est resté.

Il se remet à la tête de sa troupe, et sort emmenant Quasimodo.

CHOEUR DE LA RONDE DU GUET.
Paix et vigilance !
Ouvrons, loin du bruit,
L'oreille au silence
Et l'œil à la nuit !

Ils s'éloignent peu à peu et disparaissent.

ACTE DEUXIÈME

SCÈNE PREMIÈRE.

La place de Grève. Le pilori. Quasimodo au pilori. Le peuple sur la place.

CHOEUR.
— Il enlevait une fille !
— Comment ! vraiment ?
— Vous voyez comme on l'étrille
En ce moment !
— Entendez-vous, mes commères ?
Quasimodo
S'en vient chasser sur les terres
De Cupido !

UNE FEMME DU PEUPLE.
Il passera dans ma rue
Au retour du pilori,
Et c'est Pierrat Torterue
Qui va nous faire le cri.

LE CRIEUR.
De par le roi, que Dieu garde,
L'homme qu'ici l'on regarde
Sera mis, sous bonne garde,
Pour une heure au pilori !

CHOEUR.
A bas ! à bas !
Le bossu, le sourd, le borgne !
Ce Barabbas !

ACTE II, SCÈNE I.

Je crois, mortdieu, qu'il nous lorgne !
A bas le sorcier !
Il grimace, il rue !
Il fait aboyer
Les chiens dans la rue !
— Corrigez bien ce bandit !
— Doublez le fouet et l'amende !

QUASIMODO.

A boire !

CHOEUR.

Qu'on le pende !

QUASIMODO.

A boire !

CHOEUR.

Sois maudit !

Depuis quelques instants la Esmeralda s'est mêlée à la foule. Elle a observé Quasimodo avec surprise d'abord, puis avec pitié. Tout à coup, au milieu des cris du peuple, elle monte au pilori, détache une petite gourde de sa ceinture, et donne à boire à Quasimodo.

CHOEUR.

Que fais-tu, belle fille ?
Laisse Quasimodo !
A Belzébuth qui grille
On ne donne pas d'eau !

Elle descend du pilori. Les archers détachent et emmènent Quasimodo.

CHOEUR.

— Il enlevait une femme !
Qui ? ce butor ?
— Mais c'est affreux ! c'est infâme !
— C'est un peu fort !
— Entendez-vous, mes commères ?
Quasimodo

Osait chasser sur les terres
De Cupido!

SCÈNE II.

Une salle magnifique où se font des préparatifs de fête.

PHŒBUS, FLEUR-DE-LIS, MADAME ALOISE DE GONDELAURIER.

MADAME ALOISE.

Phœbus, mon futur gendre, écoutez, je vous aime,
Soyez maître céans comme un autre moi-même;
Ayez soin que ce soir chacun s'égaye ici.
 Et vous, ma fille, allons, tenez-vous prête.
Vous serez la plus belle encor dans cette fête,
 Soyez la plus joyeuse aussi!

Elle va au fond du théâtre et donne des ordres aux valets, qui disposent la fête.

FLEUR-DE-LIS, *à Phœbus*.

Monsieur, depuis l'autre semaine
On vous a vu deux fois à peine.
Cette fête enfin vous ramène.
Enfin! c'est bien heureux vraiment!

PHŒBUS.

Ne grondez pas, je vous supplie!

FLEUR-DE-LIS.

Ah! je le vois, Phœbus m'oublie!

PHŒBUS.

Je vous jure...

FLEUR-DE-LIS.

 Pas de serment!
On ne jure que lorsqu'on ment!

PHŒBUS.

Vous oublier! quelle folie?

ACTE II, SCÈNE II.

N'êtes-vous pas la plus jolie !
Ne suis-je pas le plus aimant ?

PHOEBUS, à part.

Comme ma belle fiancée
    Gronde aujourd'hui !
Le soupçon est dans sa pensée,
    Ah ! quel ennui !
Belles, les amants qu'on rudoie
    S'en vont ailleurs.
On en prend plus avec la joie
    Qu'avec les pleurs.

FLEUR-DE-LIS, à part.

Me trahir, moi, sa fiancée,
    Qui suis à lui !
Moi, qui n'ai que lui pour pensée
    Et pour ennui !
Ah ! qu'il s'absente ou qu'il me voie,
    Que de douleurs !
Présent, il dédaigne ma joie ;
    Absent, mes pleurs !

} ENSEMBLE.

FLEUR-DE-LIS.

L'écharpe que pour vous, Phœbus, j'ai festonnée,
Qu'en avez-vous donc fait ? je ne vous la vois pas !

PHOEBUS, troublé.

L'écharpe ?... Je ne sais...

A part.

                Mortdieu ! le mauvais pas !

FLEUR-DE-LIS.

Vous l'avez oubliée !

A part.

          A qui l'a-t-il donnée,
Et pour qui suis-je abandonnée ?

MADAME ALOISE, *remontant vers eux et tâchant de les accorder.*

Mon Dieu! mariez-vous! vous bouderez après.

PHOEBUS, *à Fleur-de-Lis.*

Non, je ne l'ai pas oubliée.
Je l'ai, je m'en souviens, soigneusement pliée
Dans un coffret d'émail que j'ai fait faire exprès.

Avec passion à Fleur-de-Lis, qui boude encore.

Je vous jure que je vous aime
Plus qu'on n'aimerait Vénus même.

FLEUR-DE-LIS.

Pas de serment! pas de serment!
On ne jure que lorsqu'on ment!

MADAME ALOISE.

Enfants! pas de querelle. Aujourd'hui tout est joie.
Viens, ma fille, il faut qu'on nous voie.
Voici qu'on va venir. Chaque chose a son tour.

Aux valets

Allumez les flambeaux, et que le bal s'apprête.
Je veux que tout soit beau, qu'on s'y croie en plein jour!

PHOEBUS.

Puisqu'on a Fleur-de-Lis, rien ne manque à la fête.

FLEUR-DE-LIS.

Phœbus, il y manque l'amour!

Elles sortent.

PHOEBUS, *regardant sortir Fleur-de-Lis.*

Elle dit vrai, près d'elle encore
Mon cœur est rempli de souci.
Celle que j'aime, à qui je pense dès l'aurore,
Hélas! elle n'est pas ici!

AIR.

Fille ravissante!
A toi mes amours!

ACTE II, SCÈNE II

    Belle ombre dansante
    Qui remplis mes jours,
    Et, toujours absente,
    M'apparais toujours !

Elle est rayonnante et douce
Comme un nid dans les rameaux,
Comme une fleur dans la mousse,
Comme un bien parmi des maux !
Humble fille et vierge fière,
Ame chaste en liberté,
La pudeur sous sa paupière
Emousse la volupté !

    C'est dans la nuit sombre
    Un ange des cieux,
    Au front voilé d'ombre,
    A l'œil plein de feux !

Toujours je vois son image,
Brillante ou sombre parfois ;
Mais toujours, astre ou nuage,
C'est au ciel que je la vois !

    Fille ravissante !
    A toi mes amours !
    Belle ombre dansante
    Qui remplis mes jours,
    Et, toujours absente,
    M'apparais toujours !

Entrent plusieurs seigneurs et dames en habits de fête.

SCÈNE III.

Les Précédents, LE VICOMTE DE GIF, MONSIEUR DE MORLAIX, MONSIEUR DE CHEVREUSE, MADAME DE GONDELAURIER, FLEUR-DE-LIS, DIANE, BÉRANGÈRE, Dames, Seigneurs.

LE VICOMTE DE GIF.

Salut, nobles châtelaines !

MADAME ALOISE, PHOEBUS, FLEUR-DE-LIS, *saluant*.

Bonjour, noble chevalier !
Oubliez soucis et peines
Sous ce toit hospitalier !

MONSIEUR DE MORLAIX.

Mesdames, Dieu vous envoie
Santé, plaisir et bonheur !

MADAME ALOISE, PHOEBUS, FLEUR-DE-LIS.

Que le ciel vous rende en joie
Vos bons souhaits, beau seigneur !

MONSIEUR DE CHEVREUSE.

Mesdames, du fond de l'âme
Je suis à vous comme à Dieu.

MADAME ALOISE, PHOEBUS, FLEUR-DE-LIS.

Beau sire que Notre-Dame
Vous soit en aide en tout lieu !

Entrent tous les conviés.

CHOEUR.

Venez tous à la fête !
Page, dame et seigneur !
Venez tous à la fête,
Des fleurs sur votre tête,
La joie au fond du cœur !

Les conviés s'accostent et se saluent. Des valets circulent dans la foule, portant des plateaux chargés de fleurs et de fruits.

Cependant un groupe de jeunes filles s'est formé près d'une fenêtre, à droite. Tout à coup l'une d'elles appelle les autres et leur fait signe de se pencher hors de la fenêtre.

BALLET.

DIANE, *regardant au dehors.*
Oh! viens donc voir, viens donc voir, Bérangère!
BÉRANGÈRE, *regardant dans la rue.*
Qu'elle est vive! qu'elle est légère!
DIANE.
C'est une fée ou c'est l'Amour...
LE VICOMTE DE GIF, *riant.*
Qui danse dans le carrefour?
MONSIEUR DE CHEVREUSE, *après avoir regardé.*
Eh! mais c'est la magicienne!
Phœbus, c'est ton égyptienne
Que l'autre nuit, avec valeur,
Tu sauvas des mains d'un voleur.
LE VICOMTE DE GIF.
Oui, oui, c'est la bohémienne!
MONSIEUR DE MORLAIX.
Elle est belle comme le jour!
DIANE, *à Phœbus.*
Si vous la connaissez, dites-lui qu'elle vienne
Nous égayer de quelque tour.
PHŒBUS, *regardant à son tour d'un air distrait.*
Il se peut bien que ce soit elle.
A monsieur de Gif.
Mais crois-tu qu'elle se rappelle...
FLEUR-DE-LIS, *qui observe et qui écoute.*
De vous toujours on se souvient.
Voyons, appelez-la, dites-lui qu'elle monte.
A part.
Je verrai s'il faut croire à ce que l'on raconte.

PHOEBUS, *à Fleur-de-Lis.*

Vous le voulez ? Eh bien ! essayons.

Il fait signe à la danseuse de monter.

LES JEUNES FILLES.

Elle vient.

MONSIEUR DE CHEVREUSE.

Sous le porche elle est disparue.

DIANE.

Comme elle a laissé là ce bon peuple ébahi !

LE VICOMTE DE GIF.

Dames, vous allez voir la nymphe de la rue.

FLEUR-DE-LIS, *à part.*

Qu'au signe de Phœbus elle a vite obéi !

SCÈNE IV.

LES PRÉCÉDENTS, LA ESMERALDA.

Entre la bohémienne, timide, confuse et radieuse. Mouvement d'admiration. La foule s'écarte devant elle.

CHOEUR.

Regardez ! son beau front brille entre les plus beaux,
Comme ferait un astre entouré de flambeaux !

PHOEBUS.

Oh ! la divine créature !
Amis ! de ce bal enchanté
Elle est la reine, je vous jure.
Sa couronne, c'est sa beauté !
Il se tourne vers messieurs de Gif et de Chevreuse.
Amis, j'en ai l'âme échauffée !
Je braverais guerre et malheur,
Si je pouvais, charmante fée,
Cueillir ton amour dans sa fleur !

} ENSEMBLE.

ACTE II, SCÈNE IV.

MONSIEUR DE CHEVREUSE.

C'est une céleste figure !
Un de ces rêves enchantés
Qui flottent dans la nuit obscure
Et sèment l'ombre de clartés !
Dans le carrefour elle est née.
O jeux aveugles du malheur !
Quoi ! dans l'eau du ruisseau traînée,
Hélas ! une si belle fleur !

LA ESMERALDA, *l'œil fixé sur Phœbus dans la foule.*

C'est mon Phœbus, j'en étais sûre,
Tel qu'en mon cœur il est resté !
Ah ! sous la soie ou sous l'armure,
C'est toujours lui, grâce et beauté !
Phœbus ! ma tête est embrasée.
Tout me brûle, joie et douleurs.
La terre a besoin de rosée,
Et mon âme a besoin de pleurs !

FLEUR-DE-LIS.

Qu'elle est belle ! j'en étais sûre.
Oui, je dois être, en vérité,
Bien jalouse, si je mesure
Ma jalousie à sa beauté !
Mais peut-être, prédestinées,
Sous la rude main du malheur,
Elle et moi, nous serons fanées
Toutes les deux dans notre fleur !

MADAME ALOISE.

C'est une belle créature !
Il est étrange, en vérité,
Qu'une bohémienne impure
Ait tant de charme et de beauté !

} ENSEMBLE.

Mais qui connaît la destinée ?
Souvent le serpent oiseleur
Cache sa tête empoisonnée
Sous le buisson le plus en fleur.

} ENSEMBLE.

TOUS, *ensemble.*

Elle a le calme et la beauté
Du ciel dans les beaux soirs d'été !

MADAME ALOISE, *à la Esmeralda.*

Allons, enfant, allons, la belle,
Venez, et dansez-nous quelque danse nouvelle.

La Esmeralda se prépare à danser et tire de son sein l'écharpe que lui a donnée Phœbus.

FLEUR-DE-LIS.

Mon écharpe !... Phœbus, je suis trompée ici,
Et ma rivale, la voici !

Fleur-de-Lis arrache l'écharpe à la Esmeralda, et tombe évanouie. Tout le bal s'ameute en désordre contre l'égyptienne, qui se réfugie près de Phœbus.

TOUS.

Est-il vrai ? Phœbus l'aime !
Infâme ! sors d'ici.
Ton audace est extrême
De nous braver ainsi.
O comble d'impudence !
Retourne aux carrefours
Faire admirer ta danse
Aux marchands des faubourgs !
Que sur l'heure on la chasse !
A la porte ! il le faut.
Une fille si basse
Elever l'œil si haut !

LA ESMERALDA.

Oh ! défends-moi toi-même,
Mon Phœbus, défends-moi.

L'humble fille bohême
N'espère ici qu'en toi.

PHŒBUS.

Je l'aime, et n'aime qu'elle,
Je suis son défenseur.
Je combattrai pour elle.
Mon bras est à mon cœur.
S'il faut qu'on la soutienne,
Eh bien! je la soutien!
Son injure est la mienne,
Et son honneur le mien!

TOUS.

Quoi! voilà ce qu'il aime!
Hors d'ici! hors d'ici!
Quoi! c'est une bohême
Qu'il nous préfère ainsi!
Ah! tous les deux, silence
Sur une telle ardeur!

    A Phœbus.

Vous, c'est trop d'insolence!

    A la Esmeralda.

Toi, c'est trop d'impudeur!

Phœbus et ses amis protégent la bohémienne entourée des menaces de tous les conviés de madame de Gondelaurier. La Esmeralda se dirige en chancelant vers la porte. La toile tombe.

ACTE TROISIÈME

SCÈNE PREMIÈRE.

Le préau extérieur d'un cabaret. A droite, la taverne. A gauche, des arbres. Au fond, une porte et un petit mur très-bas qui clôt le préau. Au loin, la croupe de Notre-Dame, avec ses deux tours et sa flèche, et une silhouette sombre du vieux Paris qui se détache sur le ciel rouge du couchant. La Seine au bas du tableau.

PHŒBUS, LE VICOMTE DE GIF, MONSIEUR DE MORLAIX, MONSIEUR DE CHEVREUSE, et plusieurs autres amis de Phœbus, assis à des tables, buvant et chantant; puis DOM CLAUDE FROLLO.

CHANSON.

CHOEUR.

Sois propice et salutaire,
Notre-Dame de Saint-Lô,
Au soudard qui, sur la terre,
N'a de haine que pour l'eau !

PHOEBUS.

Donne au brave,
En tous lieux,
Bonne cave
Et beaux yeux !
L'heureux drille !
Fais qu'il pille
Jeune fille
Et vin vieux !

ACTE III, SCÈNE I.

CHOEUR.

Sois propice, etc.

PHOEBUS.

Qu'une belle
Au cœur froid
Soit rebelle,
— On en voit, —
Il plaisante
La méchante,
Puis il chante,
Puis il boit !

CHOEUR.

Sois propice, etc.

PHOEBUS.

Le jour passe ;
Ivre ou non,
Il embrasse
Sa Toinon,
Et, farouche,
Il se couche
Sur la bouche
D'un canon !

CHOEUR.

Sois propice, etc.

PHOEBUS.

Et son âme,
Qui souvent
D'une femme
Va rêvant,
Est contente
Quand la tente
Palpitante
Tremble au vent !

CHOEUR.

Sois propice et salutaire,
Notre-Dame de Saint-Lô,
Au soudard qui, sur la terre,
N'a de haine que pour l'eau!

Entre Claude Frollo, qui va s'asseoir à une table éloignée de celle où est Phœbus, et paraît d'abord étranger à ce qui se passe autour de lui.

LE VICOMTE DE GIF, *à Phœbus.*

Cette égyptienne si belle,
Qu'en fais-tu donc, décidément?

Mouvement d'attention de Claude Frollo.

PHŒBUS.

Ce soir, dans une heure, avec elle
J'ai rendez-vous.

TOUS.

Vraiment?

PHŒBUS.

Vraiment!

L'agitation de Claude Frollo redouble.

LE VICOMTE DE GIF.

Dans une heure?

PHŒBUS.

Dans un moment!

AIR.

Oh! l'amour, volupté suprême!
Se sentir deux dans un seul cœur!
Posséder la femme qu'on aime!
Être l'esclave et le vainqueur!
Avoir son âme! avoir ses charmes!
Son chant qui sait vous apaiser!

ACTE III, SCÈNE I.

Et ses beaux yeux remplis de larmes,
Qu'on essuie avec un baiser !

Pendant qu'il chante, les autres boivent et choquent leurs verres.

CHOEUR.

C'est le bonheur suprême,
En quelque temps qu'on soit,
De boire à ce qu'on aime
Et d'aimer ce qu'on boit !

PHOEBUS.

Amis, la plus jolie,
Une grâce accomplie !
O délire ! ô folie !
Amis, elle est à moi !

CLAUDE FROLLO, *à part.*

A l'enfer, je m'allie.
Malheur sur elle et toi !

PHOEBUS.

Le plaisir nous convie !
Epuisons sans retour
Le meilleur de la vie
Dans un instant d'amour !
Qu'importe après que l'on meure !
Donnons cent ans pour une heure,
L'éternité pour un jour !

Le couvre-feu sonne. Les amis de Phœbus se lèvent de table, remettent leurs épées, leurs chapeaux, leurs manteaux, et s'apprêtent à partir.

CHOEUR.

Phœbus, l'heure t'appelle,
Oui, c'est le couvre-feu !
Va retrouver ta belle !
A la garde de Dieu !

PHŒBUS.
Vraiment! l'heure m'appelle,
Oui, c'est-le couvre-feu!
Je vais trouver ma belle!
A la garde de Dieu!

Les amis de Phœbus sortent.

SCÈNE II.

CLAUDE FROLLO, PHŒBUS.

CLAUDE FROLLO, *arrêtant Phœbus au moment où il se dispose à sortir.*
Capitaine!

PHŒBUS.
Quel est cet homme?

CLAUDE FROLLO.
Ecoutez-moi.

PHŒBUS.
Dépêchons-nous!

CLAUDE FROLLO.
Savez-vous bien comment se nomme
Celle qui vous attend ce soir au rendez-vous?

PHŒBUS.
Eh! pardieu! c'est mon amoureuse,
Celle qui m'aime et me plaît fort;
C'est ma chanteuse, ma danseuse,
C'est Esmeralda.

CLAUDE FROLLO.
C'est la mort!

PHŒBUS.
L'ami, vous êtes fou, d'abord;
Ensuite, allez au diable!

CLAUDE FROLLO.
Ecoutez!

ACTE III, SCÈNE II.

PHOEBUS.
Que m'importe !

CLAUDE FROLLO.
Phœbus, si vous passez le seuil de cette porte...

PHOEBUS.
Vous êtes fou !

CLAUDE FROLLO.
Vous êtes mort.

DUO.

Tremble ! c'est une égyptienne !
Elles n'ont ni lois ni remord.
Leur amour déguise leur haine,
Et leur couche est un lit de mort !

PHOEBUS, *riant*.
Mon cher, rajustez votre cape.
Rentrez à l'hôpital des fous.
Il me parait qu'on s'en échappe.
Que Jupiter, saint Esculape,
Et le diable soient avec vous !

CLAUDE FROLLO.
Ce sont des femmes infidèles.
Crois-en les publiques rumeurs.
Tout est ténèbres autour d'elles.
Phœbus ! n'y va pas, ou tu meurs !

L'insistance de Claude Frollo paraît troubler Phœbus, qui considère son interlocuteur avec anxiété.

PHOEBUS.
Il m'étonne.
Il me donne
Malgré moi quelques soupçons !
Cette ville,
Peu tranquille,
Est pleine de trahisons !

} ENSEMBLE.

CLAUDE FROLLO.

 Je l'étonne,
 Je lui donne
Malgré lui quelques soupçons.
 L'imbécile,
 Dans la ville,
Ne voit plus que trahisons !

CLAUDE FROLLO.

Croyez-moi, monseigneur, évitez la sirène
 Dont le piége vous attend.
 Plus d'une bohémienne
 A poignardé dans sa haine
 Un cœur d'amour palpitant.

Phœbus, qu'il veut entraîner, se ravise et le repousse.

PHOEBUS.

 Mais suis-je fou moi-même?..
 Maure, juive ou bohème,
 Qu'importe quand on aime !
 L'amour doit tout couvrir.
 Laisse-nous ! il m'appelle !
 Ah ! si la mort, c'est elle,
 Quand la mort est si belle,
 Il est doux de mourir !

CLAUDE, *le retenant.*

 Arrête ! Une bohème !
 Ta folie est extrême !
 Oses-tu donc toi-même
 A ta perte courir !
 Crains la femme infidèle
 Qui dans l'ombre t'appelle !
 Mais quoi ! tu cours près d'elle ?
 Va, si tu veux mourir !

Phœbus sort vivement malgré Claude Frollo. Claude Frollo resté un moment sombre et comme indécis; puis il suit Phœbus.

SCÈNE III.

Une chambre. Au fond, une fenêtre qui donne sur la rivière. Clopin Trouillefou entre, son flambeau à la main; il est accompagné de quelques hommes auxquels il fait un geste d'intelligence, et qu'il place dans un coin obscur, où ils disparaissent; puis il retourne vers la porte et semble faire signe à quelqu'un de monter. Dom Claude paraît.

CLOPIN, *à Claude.*
D'ici vous pourrez voir, sans être vu vous-même,
   Le capitaine et la bohème.

Il lui montre un enfoncement derrière une tapisserie.

CLAUDE FROLLO.
Les hommes apostés sont-ils prêts?

CLOPIN.
                    Ils sont prêts.

CLAUDE FROLLO.
Que jamais de ceci l'on ne trouve la source.
   Silence! prenez cette bourse,
   Vous en aurez autant après!

Claude Frollo se place dans la cachette. Clopin sort avec précaution. Entrent la Esmeralda et Phœbus.

TRIO.

CLAUDE FROLLO, *à part.*
   O fille adorée,
   Au destin livrée!
   Elle entre parée
   Pour sortir en deuil!

LA ESMERALDA, *à Phœbus.*
   Monseigneur le comte,
   Mon cœur que je dompte

Est rempli de honte
Et rempli d'orgueil !

PHOEBUS, *à la Esmeralda*.

Oh ! comme elle est rose !
Quand la porte est close,
Ma belle, on dépose
Toute crainte au seuil.

Phœbus fait asseoir la Esmeralda sur le banc près de lui.

PHOEBUS.

M'aimes-tu ?

LA ESMERALDA.

Je t'aime !

CLAUDE FROLLO, *à part*.

O torture !

PHOEBUS.

O l'adorable créature !
Vous êtes divine, en honneur !

LA ESMERALDA.

Votre bouche est une flatteuse !
Tenez, je suis toute honteuse !
N'approchez pas tant, monseigneur !

CLAUDE FROLLO.

Ils s'aiment ! que je les envie !

LA ESMERALDA.

Mon Phœbus, je vous dois la vie.

PHOEBUS.

Et moi, je te dois le bonheur !

LA ESMERALDA.

Oh ! sois sage !
Encourage
D'un visage
Gracieux
La petite

Qui palpite,
Interdite,
Sous tes yeux!

PHOEBUS.

O ma reine,
Ma sirène,
Souveraine
De beauté!
Douce fille,
Dont l'œil brille
Et petille
De fierté!

CLAUDE FROLLO.

Les attendre!
Les entendre!
Qu'elle est tendre!
Qu'il est beau!
Sois joyeuse!
Sois heureuse!
Moi, je creuse
Le tombeau!

PHOEBUS.

Fée ou femme,
Sois ma dame!
Car mon âme,
Nuit et jour,
Te désire,
Te respire,
Et t'admire,
Mon amour!

} ENSEMBLE.

LA ESMERALDA.

Je suis femme,
Et mon âme

Toute flamme,
Tout amour,
Est, beau sire,
Une lyre
Qui soupire
Nuit et jour!

CLAUDE FROLLO.

Attends, femme,
Que ma flamme
Et ma lame
Aient leur tour!
Oui, j'admire
Leur sourire,
Leur délire,
Leur amour!

PHŒBUS.

Sois toujours rose et vermeille!
Rions à notre heureux sort!
A l'amour qui se réveille!
A la pudeur qui s'endort!
Ta bouche, c'est le ciel même!
Mon âme veut s'y poser.
Puisse mon souffle suprême
S'en aller dans ce baiser!

LA ESMERALDA.

Ta voix plaît à mon oreille;
Ton sourire est doux et fort!
L'insouciance vermeille
Rit dans tes yeux et m'endort.
Tes vœux sont ma loi suprême,
Mais je dois m'y refuser.
Ma vertu, mon bonheur même
S'en iraient dans ce baiser!

ENSEMBLE.

CLAUDE FROLLO.

Ne frappez point leur oreille,
Pas rapprochés de la mort !
Ma haine jalouse veille
Sur leur amour qui s'endort !
La mort décharnée et blême
Entre eux deux va se poser !
Phœbus, ton souffle suprême
S'en ira dans ce baiser !

} ENSEMBLE.

Claude Frollo se jette sur Phœbus et le poignarde, puis il ouvre la fenêtre du fond, par laquelle il disparaît. La Esmeralda tombe avec un grand cri sur le corps de Phœbus. Entrent en tumulte les hommes apostés, qui la saisissent et semblent l'accuser. La toile tombe.

ACTE QUATRIÈME

SCÈNE PREMIÈRE.

Une prison. Au fond, une porte.

LA ESMERALDA, *seule, enchaînée, couchée sur la paille.*
Quoi! lui dans le sépulcre, et moi dans cet abîme!
 Moi prisonnière et lui victime!
Oui, je l'ai vu tomber. Il est mort en effet!
 Et ce crime, ô ciel! un tel crime!
 On dit que c'est moi qui l'ai fait!
La tige de nos jours est brisée encor verte!
Phœbus en s'en allant me montre le chemin!
 Hier sa fosse s'est ouverte,
 La mienne s'ouvrira demain!

ROMANCE.

 Phœbus! n'est-il sur la terre
 Aucun pouvoir salutaire
 A ceux qui se sont aimés?
 N'est-il ni philtres ni charmes
 Pour sécher des yeux en larmes,
 Pour rouvrir des yeux fermés!

  Dieu bon, que je supplie
  Et la nuit et le jour,

ACTE IV, SCÈNE I.

Daignez m'ôter ma vie
Ou m'ôter mon amour!

Mon Phœbus, ouvrons nos ailes
Vers les sphères éternelles,
Où l'amour est immortel!
Retournons où tout retombe!
Nos corps ensemble à la tombe,
Nos âmes ensemble au ciel!

Dieu bon, que je supplie
Et la nuit et le jour,
Daignez m'ôter ma vie
Ou m'ôter mon amour.

La porte s'ouvre. Entre Claude Frollo, une lampe à la main, le capuchon rabattu sur le visage. Il vient se placer, immobile, en face de la Esmeralda.

LA ESMERALDA, *se levant en sursaut.*

Quel est cet homme?

CLAUDE FROLLO, *voilé par son capuchon.*

Un prêtre.

LA ESMERALDA.

Un prêtre! quel mystère!

CLAUDE FROLLO.

Etes-vous prête?

LA ESMERALDA.

A quoi?

CLAUDE FROLLO.

Prête à mourir.

LA ESMERALDA.

Oui.

CLAUDE FROLLO.

Bien.

LA ESMERALDA.

Sera-ce bientôt? Répondez-moi, mon père!

CLAUDE FROLLO.

Demain.

LA ESMERALDA.

Pourquoi pas aujourd'hui?

CLAUDE FROLLO.

Quoi! vous souffrez donc bien?

LA ESMERALDA.

Oui, je souffre!

CLAUDE FROLLO.

Peut-être
Moi qui vivrai demain, je souffre plus que vous.

LA ESMERALDA.

Vous? qui donc êtes-vous?

CLAUDE FROLLO.

La tombe est entre nous!

LA ESMERALDA.

Votre nom?

CLAUDE FROLLO.

Vous voulez le savoir?

LA ESMERALDA.

Oui.

Il lève son capuchon.

LA ESMERALDA.

Le prêtre!
C'est le prêtre! ô ciel! ô mon Dieu!
C'est bien son front de glace et son regard de feu!
C'est bien le prêtre! c'est lui-même!
C'est lui qui me poursuit sans trêve nuit et jour!
C'est lui qui l'a tué, mon Phœbus, mon amour!
Monstre! je vous maudis à mon heure suprême!
Que vous ai-je donc fait? quel est votre dessein?
Que voulez-vous de moi, misérable assassin?
Vous me haïssez donc?

ACTE IV, SCÈNE I.

CLAUDE FROLLO.
Je t'aime !

DUO.

CLAUDE FROLLO.

Je t'aime, c'est infâme !
Je t'aime en frémissant !
Mon amour, c'est mon âme.
Mon amour, c'est mon sang.
Oui, sous tes pieds je tombe,
   Et je le dis,
Je préfère ta tombe
   Au paradis.
Plains-moi ! Quoi ! je succombe,
   Et tu maudis !

LA ESMERALDA.

Il m'aime ! ô comble d'épouvante !
Il me tient, l'horrible oiseleur !

CLAUDE FROLLO.

La seule chose en moi vivante,
C'est mon amour et ma douleur !

CLAUDE FROLLO.

  Détresse extrême !
  Quelle rigueur !
  Hélas ! je t'aime !
  Nuit de douleur !

LA ESMERALDA.

  Moment suprême !
  Tremble, ô mon cœur !
  O ciel ! il m'aime !
  Nuit de terreur !

CLAUDE FROLLO, *à part.*

Dans mes mains elle palpite !
Enfin le prêtre a son tour !

} ENSEMBLE.

Dans la nuit je l'ai conduite,
Je vais la conduire au jour.
La mort, qui vient à ma suite,
Ne la rendra qu'à l'amour !

LA ESMERALDA.

Par pitié ! laissez-moi vite !
Phœbus est mort ! c'est mon tour !
Hélas ! je suis interdite
Devant votre affreux amour,
Comme l'oiseau qui palpite
Sous le regard du vautour !

} ENSEMBLE.

CLAUDE FROLLO.

Accepte-moi ! je t'aime ! oh ! viens ! je t'en conjure.
Pitié pour moi ! pitié pour toi ! fuyons ! tout dort !

LA ESMERALDA.

Votre prière est une injure !

CLAUDE FROLLO.

Aimes-tu mieux mourir ?

LA ESMERALDA.

Le corps meurt, l'âme sort !

CLAUDE FROLLO.

Mourir, c'est bien affreux !

LA ESMERALDA.

Taisez-vous, bouche impure !
Votre amour rend belle la mort !

CLAUDE FROLLO.

Choisis ! choisis, — Claude ou la mort !

Claude tombe aux pieds d'Esmeralda, suppliant. Elle le repousse.

LA ESMERALDA.

Non, meurtrier ! jamais ! silence !
Ton lâche amour est une offense.
Plutôt la tombe, où je m'élance !
Sois maudit parmi les maudits !

ACTE IV, SCÈNE 1.

CLAUDE FROLLO.

Tremble! l'échafaud te réclame!
Sais-tu que je porte en mon âme
Des projets de sang et de flamme
De l'enfer dans l'ombre applaudis?

CLAUDE FROLLO.

Oh! je t'adore!
Donne ta main!
Tu peux encore
Vivre demain!
O nuit d'alarmes!
Nuit de remord!
Pour moi les larmes!
Pour toi la mort!
Dis-moi : Je t'aime!
Pour te sauver! —
L'aube suprême
Va se lever.
Ah! puisqu'en vain je t'implore,
Puisque ta haine me fuit,
Adieu donc! un jour encore,
Et puis l'éternelle nuit!

LA ESMERALDA.

Va, je t'abhorre,
Prêtre inhumain!
Le meurtre encore
Rougit ta main!
O nuit d'alarmes!
Nuit de remord!
Assez de larmes!
Je veux la mort!
Dans les fers même
Je t'ai bravé.

ENSEMBLE.

Sois anathème !
Sois réprouvé !
Va, ton crime te dévore,
Phœbus vers Dieu me conduit.
Le ciel m'ouvre son aurore !
L'enfer t'attend dans sa nuit !

} ENSEMBLE.

Un geôlier paraît. Claude Frollo lui fait signe d'emmener la Esmeralda, et sort pendant qu'on entraîne la bohémienne.

SCÈNE II.

Le parvis Notre-Dame. La façade de l'église. On entend un bruit de cloches.

QUASIMODO.

Mon Dieu ! j'aime,
Hors moi-même,
Tout ici !
L'air qui passe
Et qui chasse
Mon souci !
L'hirondelle
Si fidèle
Aux vieux toits !
Les chapelles
Sous les ailes
De la croix !
Toute rose
Qui fleurit !
Toute chose
Qui sourit !
Triste ébauche,
Je suis gauche,
Je suis laid.

ACTE IV, SCÈNE II.

Point d'envie !
C'est la vie
Comme elle est !
Joie ou peine,
Nuit d'ébène
Ou ciel bleu,
Que m'importe !
Toute porte
Mène à Dieu !
Noble lame,
Vil fourreau,
Dans mon âme
Je suis beau !

Cloches grosses et frêles,
Sonnez, sonnez toujours !
Confondez vos voix grêles
Et vos murmures sourds !
Chantez dans les tourelles !
Bourdonnez dans les tours !

Çà, qu'on sonne !
Qu'à grand bruit
On bourdonne
Jour et nuit !

Nos fêtes seront splendides,
Aidé par vous, j'en réponds.
Sautez à bonds plus rapides
Dans les airs que nous frappons !
Voilà les bourgeois stupides
Qui se hâtent sur les ponts !

Çà qu'on sonne,
Qu'on bourdonne

Jour et nuit !
Toute fête
Se complète
Par le bruit !

Il se retourne vers la façade de l'église.

J'ai vu dans la chapelle une tenture noire !
Hélas ! va-t-on traîner quelque misère ici ?
Dieu ! quel pressentiment... Non, je n'y veux pas croire !

Entrent Claude Frollo et Clopin, sans voir Quasimodo.

C'est mon maître. — Observons. — Il est bien sombre aussi.

Il se cache dans un angle obscur du portail.

O ma maîtresse ! ô Notre-Dame !
Prenez mes jours ! sauvez son âme !

SCÈNE III.

QUASIMODO, caché ; CLAUDE, CLOPIN.

CLAUDE FROLLO.
Donc Phœbus est à Montfort ?
CLOPIN.
Monseigneur, il n'est pas mort !
CLAUDE FROLLO.
Pourvu qu'ici rien ne l'amène !
CLOPIN.
Ne vous en mettez pas en peine,
Il est trop faible encor pour un si long chemin.
S'il venait, sa mort serait sûre.
Monseigneur, soyez-en certain,
Chaque pas qu'il ferait rouvrirait sa blessure.
Ne craignez rien pour ce matin.
CLAUDE FROLLO.
Ah ! qu'aujourd'hui du moins seul je la tienne,

Pour vivre ou mourir, dans ma main !
Enfer ! pour aujourd'hui je te donne demain !
   A Clopin.
Bientôt on va mener ici l'égyptienne.
  Toi, que de tout il te souvienne !

DUO.

Sur la place avec les tiens...
CLOPIN.
Bien.
CLAUDE FROLLO.
    Tiens-toi dans l'ombre.
Si je crie : A moi ! tu viens.
CLOPIN.
Oui.
CLAUDE FROLLO.
  Soyez en nombre.
CLOPIN.
Donc si vous criez : A moi !...
CLAUDE FROLLO.
Oui.
CLOPIN.
   J'accours près d'elle,
Je l'arrache aux gens du roi...
CLAUDE FROLLO.
Bien.
CLOPIN.
   A vous la belle !
CLAUDE FROLLO.
A la foule mêlez-vous,
   Et peut-être
Ce cœur deviendra plus doux
   Pour le prêtre.
Alors vous accourez tous...

CLOPIN.

Oui, mon maître.

CLAUDE FROLLO.

Tenez-vous partout serrés.

CLOPIN.

Oui.

CLAUDE FROLLO.

Cachez vos armes
Pour ne pas donner d'alarmes.

CLOPIN.

Maître, vous verrez.

CLAUDE FROLLO.

Mais que l'enfer la remporte,
 Compagnon,
Si la folle à cette porte
 Me dit non!

CLAUDE FROLLO.

Destinée! ô jeu funeste!
Ami, je compte sur toi.
Sur la chance qui me reste
Je me penche avec effroi.

CLOPIN.

Ne craignez rien de funeste,
Monseigneur, comptez sur moi.
A la chance qui vous reste
Confiez-vous sans effroi.

} ENSEMBLE.

Ils sortent avec précaution. Le peuple commence à arriver sur la place.

SCÈNE IV.

Le Peuple, QUASIMODO, puis LA ESMERALDA et son cortége, puis CLAUDE FROLLO, PHŒBUS, CLOPIN TROUILLEFOU, Prêtres, Archers, Gens de justice.

CHOEUR.

A Notre-Dame
Venez tous voir
La jeune femme
Qui meurt ce soir !
Cette bohémienne
A poignardé, je croi,
Un archer capitaine,
Le plus beau qu'ait le roi !
Eh quoi ! si belle
Et si cruelle !
Entendez-vous ?
Comment y croire ?
L'âme si noire
Et l'œil si doux !
C'est une chose affreuse !
Ce que c'est que de nous !
La pauvre malheureuse !
Venez, accourez tous !
A Notre-Dame
Venez tous voir
La jeune femme
Qui meurt ce soir !

La foule grossit. Rumeur. Un cortége sinistre commence à déboucher sur la place du Parvis. File de pénitents noirs. Bannières de la Miséricorde. Flambeaux. Archers. Gens de justice et du guet. Les soldats écartent la foule. Paraît la Esmeralda, en chemise, la corde au cou, pieds nus, couverte d'un grand crêpe noir. Près d'elle, un moine avec un crucifix. Derrière elle, les bourreaux et les gens du roi. Quasimodo, appuyé aux contreforts du portail, observe avec attention. Au moment où la condamnée arrive devant la façade, on entend un chant grave et lointain venir de l'intérieur de l'église, dont les portes sont fermées.

CHOEUR, *dans l'église.*

Omnes fluctus fluminis
Transierunt super me
In imo voraginis
Ubi plorant animæ.

Le chant s'approche lentement. Il éclate enfin près des portes, qui s'ouvrent tout à coup et laissent voir l'intérieur de l'église occupé par une longue procession de prêtres en habits de cérémonie et précédés de bannières. Claude Frollo, en costume sacerdotal, est en tête de la procession. Il s'avance vers la condamnée.

LE PEUPLE.

Vive aujourd'hui, morte demain !
Doux Jésus, tendez-lui la main.

LA ESMERALDA.

C'est mon Phœbus qui m'appelle
Dans la demeure éternelle
Où Dieu nous tient sous son aile !
Béni soit mon sort cruel !
Au fond de tant de misère,
Mon cœur, qui se brise, espère.
Je vais mourir pour la terre !
Je vais naître pour le ciel !

CLAUDE FROLLO.

Mourir si jeune, si belle !
Hélas ! le prêtre infidèle
Est bien plus condamné qu'elle !
Mon supplice est éternel.

} ENSEMBLE.

ACTE IV, SCÈNE IV.

Pauvre fille de misère
Que j'ai prise dans ma serre,
Tu vas mourir pour la terre !
Moi, je suis mort pour le ciel !

LE PEUPLE.

Hélas ! c'est une infidèle !
Le ciel, qui tous nous appelle,
N'a point de portes pour elle.
Son supplice est éternel.
La mort, oh ! quelle misère !
La tient dans sa double serre ;
Elle est morte pour la terre !
Elle est morte pour le ciel !

} ENSEMBLE.

La procession s'approche. Claude aborde la Esmeralda.

LA ESMERALDA, *glacée de terreur.*

C'est le prêtre !

CLAUDE FROLLO, *bas.*

Oui, c'est moi ; je t'aime et je t'implore.
Dis un seul mot, je puis encore,
Je puis encore te sauver.
Dis-moi : Je t'aime !

LA ESMERALDA.

Je t'abhorre.

Va-t'en.

CLAUDE FROLLO.

Alors meurs donc ! j'irai te retrouver.

Il se tourne vers la foule.

Peuple, au bras séculier nous livrons cette femme.
A ce suprême instant, puisse sur sa pauvre âme
Passer le souffle du Seigneur !

Au moment où les hommes de justice mettent la main sur la
Esmeralda, Quasimodo saute dans la place, repousse les ar-

chers, saisit la Esmeralda dans ses bras, et se jette dans l'église avec elle.

QUASIMODO.

Asile! asile! asile!
Noël, gens de la ville!
Noël au bon sonneur!
  O destinée!
  La condamnée
  Est au Seigneur.
  Le gibet tombe,
  Et l'Eternel
  Au lieu de tombe
  Ouvre l'autel.
  Bourreaux, arrière,
  Et gens du roi!
  Cette barrière
  Borne la loi.
  C'est toi qui changes
  Tout en ce lieu.
  Elle est aux anges,
  Elle est à Dieu!

CLAUDE FROLLO, *faisant faire silence d'un geste.*

Elle n'est pas sauvée, elle est égyptienne.
Notre-Dame ne peut sauver qu'une chrétienne.
Même embrassant l'autel, les païens sont proscrits.
  Aux gens du roi.
Au nom de monseigneur l'évêque de Paris,
  Je vous rends cette femme impure.

QUASIMODO, *aux archers.*

Je la défendrai, je le jure!
N'approchez pas.

CLAUDE FROLLO, *aux archers.*
  Vous hésitez!

ACTE IV, SCÈNE IV.

Obéissez à l'instant même.
Arrachez du saint lieu cette fille bohême.

Les archers s'avancent. Quasimodo se place entre eux et la Esmeralda.

QUASIMODO.

Jamais!

On entend un cavalier accourir et crier du dehors :

Arrêtez!

La foule s'écarte.

PHOEBUS, *apparaissant à cheval, pâle, haletant, épuisé, comme un homme qui vient de faire une longue course.*

Arrêtez!

LA ESMERALDA.

Phœbus!

CLAUDE FROLLO, *à part, terrifié.*

La trame se déchire!

PHOEBUS, *se jetant à bas du cheval.*

Dieu soit loué! je respire.
J'arrive à temps. Celle-ci
Est innocente, et voici
Mon assassin!

Il désigne Claude Frollo.

TOUS.

Ciel! le prêtre?

PHOEBUS.

Le prêtre est seul coupable, et je le prouverai.
Qu'on l'arrête.

LE PEUPLE.

O surprise!

Les archers entourent Claude Frollo.

CLAUDE FROLLO.

Ah! Dieu seul est le maître!

LA ESMERALDA.

Phœbus!

PHOEBUS.

Esmeralda!

Ils se jettent dans les bras l'un de l'autre.

LA ESMERALDA.

Mon Phœbus adoré!

Nous vivrons.

PHOEBUS.

Tu vivras.

LA ESMERALDA.

Pour nous le bonheur brille.

LE PEUPLE.

Vivez tous deux!

LA ESMERALDA.

Entends ces joyeuses clameurs!
A tes pieds reçois l'humble fille.
— Ciel! tu pâlis! Qu'as-tu!

PHOEBUS, *chancelant.*

Je meurs!

Elle le reçoit dans ses bras. Attente et anxiété dans la foule.

Chaque pas que j'ai fait vers toi, ma bien-aimée,
A rouvert ma blessure à peine encor fermée.
J'ai pris pour moi la tombe et te laisse le jour.
J'expire. Le sort te venge.
Je vais voir, ô mon pauvre ange,
Si le ciel vaut ton amour!
— Adieu!

Il expire.

LA ESMERALDA.

Phœbus! il meurt! en un instant tout change!

Elle tombe sur son corps.

Je te suis dans l'éternité!

ACTE IV, SCÈNE IV.

CLAUDE FROLLO.

Fatalité!

LE PEUPLE.

Fatalité!

FIN DE LA ESMERALDA.

RUY BLAS

Trois espèces de spectateurs composent ce qu'on est convenu d'appeler le public : premièrement, les femmes; deuxièmement, les penseurs; troisièmement, la foule proprement dite. Ce que la foule demande presque exclusivement à l'œuvre dramatique, c'est de l'action ; ce que les femmes y veulent avant tout, c'est de la passion ; ce qu'y cherchent plus spécialement les penseurs, ce sont des caractères. Si l'on étudie attentivement ces trois classes de spectateurs, voici ce qu'on remarque : la foule est tellement amoureuse de l'action, qu'au besoin elle fait bon marché des caractères et des passions (1). Les femmes, que l'action intéresse d'ailleurs, sont si absorbées par les déve-

---

(1) C'est-à-dire du style. Car si l'action peut, dans beaucoup de cas, s'exprimer par l'action même, les passions et les caractères, à très-peu d'exceptions près, ne s'expriment que par la parole. Or, la parole au théâtre, la parole fixée et non flottante, c'est le style. Que le personnage parle comme il doit parler, *sibi constet*, dit Horace. Tout est là.

loppements de la passion, qu'elles se préoccupent peu du dessin des caractères; quant aux penseurs, ils ont un tel goût de voir des caractères, c'est-à-dire des hommes vivre sur la scène, que, tout en accueillant volontiers la passion comme incident naturel dans l'œuvre dramatique, ils en viennent presque à y être importunés par l'action. Cela tient à ce que la foule demande surtout au théâtre des sensations; la femme, des émotions; le penseur, des méditations : tous veulent un plaisir, mais ceux-ci, le plaisir des yeux; celles-là, le plaisir du cœur; les derniers, le plaisir de l'esprit. De là, sur notre scène, trois espèces d'œuvres bien distinctes, l'une vulgaire et inférieure, les deux autres illustres et supérieures, mais qui toutes les trois satisfont un besoin : le mélodrame pour la foule; pour les femmes, la tragédie, qui analyse la passion; pour les penseurs, la comédie, qui peint l'humanité.

Disons-le en passant, nous ne prétendons rien établir ici de rigoureux, et nous prions le lecteur d'introduire de lui-même dans notre pensée les restrictions qu'elle peut contenir. Les généralités admettent toujours les exceptions; nous savons fort bien que la foule est une grande chose dans laquelle on trouve tout, l'instinct du beau comme le goût du médiocre, l'amour de l'idéal comme l'appétit du commun; nous savons également que tout penseur complet doit être femme par les côtés délicats du cœur; et nous n'ignorons pas que, grâce à cette loi mystérieuse qui lie les sexes l'un à l'autre aussi bien par l'esprit que par le corps, bien souvent dans une femme il y a un penseur. Ceci posé, et après avoir prié de nouveau le lecteur de ne pas attacher un sens trop absolu aux quelques mots qui nous restent à dire, nous reprenons.

Pour tout homme qui fixe un regard sérieux sur les trois sortes de spectateurs dont nous venons de parler, il est évident qu'elles ont toutes les trois raison. Les femmes ont raison de vouloir être émues, les penseurs ont raison de vouloir être enseignés, la foule n'a pas tort de vouloir être amusée. De cette évidence se déduit la loi du drame. En effet, au delà de cette barrière de feu qu'on appelle la rampe du théâtre et qui sépare le monde réel du monde idéal, créer et faire vivre, dans les conditions combinées de l'art et de la nature, des caractères, c'est-à-dire, et nous le répétons, des hommes ; dans ces hommes, dans ces caractères, jeter des passions qui développent ceux-ci et modifient ceux-là ; et enfin, du choc de ces caractères et de ces passions avec les grandes lois providentielles, faire sortir la vie humaine, c'est-à-dire des événements grands, petits, douloureux, comiques, terribles, qui contiennent pour le cœur ce plaisir qu'on appelle l'intérêt, et pour l'esprit cette leçon qu'on appelle la morale : tel est le but du drame.

On le voit, le drame tient de la tragédie par la peinture des passions, et de la comédie par la peinture des caractères. Le drame est la troisième grande forme de l'art, comprenant, enserrant et fécondant les deux premières. Corneille et Molière existeraient indépendamment l'un de l'autre, si Shakspeare n'était entre eux, donnant à Corneille la main gauche, à Molière la main droite. De cette façon, les deux électricités opposées de la comédie et de la tragédie se rencontrent, et l'étincelle qui en jaillit, c'est le drame.

En expliquant, comme il les entend et comme il les a déjà indiqués plusieurs fois, le principe, la loi et le but du drame; l'auteur est loin de se dissimuler l'exiguïté de ses forces et la brièveté de son esprit.

Il définit ici, qu'on ne s'y méprenne pas, non ce qu'il a fait, mais ce qu'il a voulu faire. Il montre ce qui a été pour lui le point de départ. Rien de plus.

Nous n'avons en tête de ce livre que peu de lignes à écrire, et l'espace nous manque pour les développements nécessaires. Qu'on nous permette donc de passer, sans nous appesantir autrement sur la transition, des idées générales que nous venons de poser, et qui, selon nous, toutes les conditions de l'idéal étant maintenues du reste, régissent l'art tout entier, à quelques-unes des idées particulières que ce drame, *Ruy Blas*, peut soulever dans les esprits attentifs.

Et premièrement, pour ne prendre qu'un des côtés de la question, au point de vue de la philosophie de l'histoire, quel est le sens de ce drame ? — Expliquons-nous.

Au moment où une monarchie va s'écrouler, plusieurs phénomènes peuvent être observés. Et d'abord la noblesse tend à se dissoudre. En se dissolvant elle se divise, et voici de quelle façon :

Le royaume chancelle, la dynastie s'éteint, la loi tombe en ruine ; l'unité politique s'émiette aux tiraillements de l'intrigue ; le haut de la société s'abâtardit et dégénère ; un mortel affaiblissement se fait sentir à tous au dehors comme au dedans ; les grandes choses de l'Etat sont tombées, les petites seules sont debout, triste spectacle public ; plus de police, plus d'armée, plus de finances ; chacun devine que la fin arrive. De là, dans tous les esprits, ennui de la veille, crainte du lendemain, défiance de tout homme, découragement de toute chose, dégoût profond.

Comme la maladie de l'Etat est dans la tête, la noblesse, qui y touche, en est la première atteinte. Que devient-elle alors? Une partie des gentilshommes, la moins honnête et la moins généreuse, reste à la cour. Tout va être englouti, le temps presse, il faut se hâter, il faut s'enrichir, s'agrandir et profiter des circonstances. On ne songe plus qu'à soi. Chacun se fait, sans pitié pour le pays, une petite fortune particulière dans un coin de la grande infortune publique. On est courtisan, on est ministre, on se dépêche d'être heureux et puissant. On a de l'esprit, on se déprave et l'on réussit. Les ordres de l'Etat, les dignités, les places, l'argent, on prend tout, on veut tout, on pille tout. On ne vit plus que par l'ambition et la cupidité. On cache les désordres secrets que peut engendrer l'infirmité humaine sous beaucoup de gravité extérieure. Et, comme cette vie, acharnée aux vanités et aux jouissances de l'orgueil, a pour première condition l'oubli de tous les sentiments naturels, on y devient féroce. Quand le jour de la disgrâce arrive, quelque chose de monstrueux se développe dans le courtisan tombé, et l'homme se change en démon.

L'état désespéré du royaume pousse l'autre moitié de la noblesse, la meilleure et la mieux née, dans une autre voie. Elle s'en va chez elle. Elle rentre dans ses palais, dans ses châteaux, dans ses seigneuries. Elle a horreur des affaires, elle n'y peut rien, la fin du monde approche; qu'y faire et à quoi bon se désoler? Il faut s'étourdir, fermer les yeux, vivre, boire, aimer, jouir. Qui sait? a-t-on même un an devant soi? Cela dit, ou même simplement senti, le gentilhomme prend la chose au vif, décuple sa livrée, achète des chevaux, enrichit des femmes, ordonne des fêtes, paye des orgies, jette, donne, vend, achète, hypothèque, compromet, dévore, se livre aux usuriers et met le feu aux quatre coins de son bien. Un beau matin, il lui arrive un malheur. C'est que, quoique la monarchie aille grand train, il s'est ruiné avant elle. Tout est fini, tout est brûlé. De toute cette belle vie flamboyante, il ne reste pas même de la fumée ; elle s'est envolée. De la cendre, rien de plus. Oublié et abandonné de tous, excepté de ses créanciers, le pauvre gentilhomme devient alors ce qu'il peut, un peu aventurier, un peu spadassin, un peu bohémien. Il s'enfonce et disparaît dans la foule, grande masse terne et noire que jusqu'à ce jour il a à peine entrevue de loin sous ses pieds. Il s'y plonge, il s'y réfugie. Il n'a plus d'or, mais il lui reste le soleil, cette richesse de ceux qui n'ont rien. Il a d'abord habité le haut de la société, voici maintenant qu'il vient se loger dans le bas, et qu'il s'en accommode ; il se moque de son parent l'ambitieux, qui est riche et qui est puissant ; il devient philosophe, et il compare les voleurs aux courtisans. Du reste, bonne, brave, loyale et intelligente nature ; mélange du poëte, du gueux et du prince ; riant de tout ; faisant aujourd'hui rosser le guet par ses camarades comme autrefois par ses gens, mais n'y touchant pas ; alliant dans sa manière avec quelque grâce l'impudence du marquis à l'effronterie du zingaro ; souillé au dehors, sain au dedans ; et n'ayant plus du gentilhomme que son honneur qu'il garde, son nom qu'il cache et son épée qu'il montre.

Si le double tableau que nous venons de tracer s'offre dans l'histoire de toutes les monarchies à un moment donné, il se présente particulièrement en Espagne d'une façon frappante à la fin du dix-septième siècle. Ainsi, si l'auteur avait réussi à exécuter cette partie de sa pensée, ce qu'il est loin de supposer, dans le drame qu'on va lire, la première moitié de la noblesse espagnole à cette époque se résumerait en don Salluste, et la seconde moitié en don César. Tous deux cousins, comme il convient.

Ici, comme partout, en esquissant ce croquis de la noblesse castillane vers 1695, nous réservons, bien entendu, les rares et vénérables exceptions. — Poursuivons.

En examinant toujours cette monarchie et cette époque, au-dessous de la noblesse ainsi partagée, et qui pourrait, jusqu'à un certain point, être personnifiée dans les deux hommes que nous venons de nommer, on voit remuer dans l'ombre quelque chose de grand, de sombre et d'inconnu. C'est le peuple. Le peuple, qui a l'avenir et qui n'a pas le présent; le peuple, orphelin, pauvre, intelligent et fort; placé très-bas, et aspirant très-haut; ayant sur le dos les marques de la servitude et dans le cœur les préméditations du génie; le peuple, valet des grands seigneurs, et amoureux, dans sa misère et dans son abjection, de la seule figure, qui, au milieu de cette société écroulée, représente pour lui, dans un divin rayonnement, l'autorité, la charité et la fécondité. Le peuple, ce serait Ruy Blas.

Maintenant, au-dessus de ces trois hommes, qui, ainsi considérés, feraient vivre et marcher, aux yeux du spectateur, trois faits, et dans ces trois faits toute la monarchie espagnole au dix-septième siècle; au-dessus de ces trois hommes, disons-nous, il y a une pure et lumineuse créature, une femme, une reine. Malheureuse comme femme, car elle est comme si elle n'avait pas de mari; malheureuse comme reine, car elle est comme si elle n'avait pas de roi; penchée vers ceux qui sont au-dessous d'elle par pitié royale et par instinct de femme aussi peut-être, et regardant en bas pendant que Ruy Blas, le peuple, regarde en haut.

Aux yeux de l'auteur, et sans préjudice de ce que les personnages accessoires peuvent apporter à la vérité de l'ensemble, ces quatre têtes ainsi groupées résumeraient les principales saillies qu'offrait au regard du philosophe historien la monarchie espagnole il y a cent quarante ans. A ces quatre têtes, il semble qu'on pourrait en ajouter une cinquième, celle du roi Charles II. Mais, dans l'histoire comme dans le drame, Charles II d'Espagne n'est pas une figure, c'est une ombre.

A présent, hâtons-nous de le dire, ce qu'on vient de lire n'est point l'explication de *Ruy Blas*. C'en est simplement un des aspects. C'est l'impression particulière que pourrait laisser ce drame, s'il valait la peine d'être étudié, à l'esprit grave et consciencieux qui l'examinerait, par exemple, du point de vue de la philosophie de l'histoire.

Mais, si peu qu'il soit, ce drame, comme toutes les choses de ce monde, a beaucoup d'autres aspects et peut être envisagé de beaucoup d'autres manières. On peut prendre plusieurs vues d'une idée comme d'une montagne. Cela dépend du lieu où l'on se place. Qu'on nous passe, seulement pour rendre claire notre idée, une comparaison infiniment trop ambitieuse : le Mont-Blanc, vu de la Croix-de-Fléchères, ne ressemble pas au Mont-Blanc vu de Sallenches. Pourtant, c'est toujours le Mont-Blanc.

De même, pour tomber d'une très-grande chose à une très-petite, ce drame, dont nous venons d'indiquer le sens historique, offrirait une tout autre figure si on le considérait d'un point de vue beaucoup plus élevé encore, du point de vue purement humain. Alors don Salluste serait l'égoïsme absolu, le souci sans repos; don César, son contraire, serait le désintéressement et l'insouciance; on verrait dans Ruy Blas le génie et la passion comprimés par la société, et s'élançant d'autant plus haut que la compressoin est plus violente; la reine, enfin, ce serait la vertu minée par l'ennui.

Au point de vue uniquement littéraire, l'aspect de cette pensée telle quelle, intitulée *Ruy Blas*, changerait encore. Les trois formes souveraines de l'art pourraient y paraître personnifiées et résumées. Don Salluste serait le drame, don César la comédie, Ruy Blas la tragédie. Le drame noue l'action, la comédie l'embrouille, la tragédie la tranche.

Tous ces aspects sont justes et vrais, mais aucun d'eux n'est complet. La vérité absolue n'est que dans l'ensemble de l'œuvre. Que chacun y trouve ce qu'il y cherche, et le poëte, qui ne s'en flatte pas du reste, aura atteint son but. Le sujet philosophique de *Ruy Blas*, c'est le peuple aspirant aux régions élevées; le sujet humain, c'est un homme qui aime une femme; le sujet dramatique, c'est un laquais qui aime une reine. La foule qui se presse chaque soir devant cette œuvre, parce qu'en France jamais l'attention publique n'a fait défaut aux tentatives de l'esprit, quelles qu'elles soient d'ailleurs, la foule, disons-nous, ne voit dans *Ruy Blas* que ce dernier sujet, le sujet dramatique, le laquais; et elle a raison.

Et ce que nous venons de dire de *Ruy Blas* nous semble évident de tout autre ouvrage. Les œuvres vénérables des maîtres ont même cela de remarquable, qu'elles offrent plus de faces à étudier que les autres. Tartufe fait rire ceux-ci et trembler ceux-là. Tartufe, c'est le serpent domestique; ou bien c'est l'hypocrite; ou bien c'est l'hypocrisie. C'est tantôt un homme, tantôt une idée. Othello, pour les uns, c'est un noir qui aime une blanche; pour les autres, c'est un parvenu qui a épousé une patricienne; pour ceux-là, c'est un jaloux; pour ceux-ci, c'est la jalousie. Et cette diversité d'aspects n'ôte rien à l'unité fondamentale de la composition. Nous l'avons déjà dit ailleurs : mille rameaux et un tronc unique.

Si l'auteur de ce livre a particulièrement insisté sur la signification historique de *Ruy Blas*, c'est que dans sa pensée, par le sens historique, et, il est vrai, par le sens historique uniquement, *Ruy Blas* se rattache à *Hernani*. Le grand fait de la noblesse se montre, dans *Hernani* comme dans *Ruy Blas*, à côté du grand fait de la royauté. Seulement dans *Hernani*, comme la royauté absolue n'est pas faite, la noblesse lutte encore contre le roi, ici avec l'orgueil, là avec l'épée; à demi féodale, à demi rebelle. En 1519, le seigneur vit loin de la cour dans la montagne, en bandit comme Hernani, ou en patriarche comme Ruy Gomez. Deux cents ans plus tard, la question est retournée. Les vassaux sont devenus des courtisans. Et, si le seigneur sent encore d'aventure le besoin de cacher son nom, ce n'est pas pour échapper au roi, c'est pour échapper à ses créanciers. Il ne se fait pas bandit, il se fait bohémien. — On sent que la royauté absolue a passé pendant longues années sur ces nobles têtes, courbant l'une, brisant l'autre.

Et puis, qu'on nous permette ce dernier mot, entre *Hernani* et *Ruy Blas* deux siècles de l'Espagne sont encadrés; deux grands siècles, pendant lesquels il a été donné à la descendance de Charles-Quint de dominer le monde; deux siècles que la Providence, chose remarquable, n'a pas voulu allonger d'une heure, car Charles-Quint naît en 1500 et Charles II meurt en 1700. En 1700, Louis XIV héritait de Charles-Quint, comme en 1800 Napoléon héritait de Louis XIV. Ces grandes apparitions de dynasties qui illuminent par moments l'histoire sont pour l'auteur un beau et mélancolique spectacle sur lequel ses yeux se fixent souvent. Il essaye parfois d'en transporter quelque chose dans ses œuvres. Ainsi il a voulu remplir *Hernani* du rayonnement d'une aurore et couvrir *Ruy Blas* des ténèbres d'un crépuscule. Dans *Hernani*, le soleil de la maison d'Autriche se lève ; dans *Ruy Blas*, il se couche.

Paris, 25 novembre 1838.

PERSONNAGES.

RUY BLAS.
DON SALLUSTE DE BAZAN.
DON CÉSAR DE BAZAN.
DON GURITAN.
LE COMTE DE CAMPORÉAL.
LE MARQUIS DE SANTA CRUZ.
LE MARQUIS DEL BASTO.
LE COMTE D'ALBE.
LE MARQUIS DE PRIEGO.
DON MANUEL ARIAS.
MONTAZGO.
DON ANTONIO UBILLA.
COVADENGA.
GUDIEL.
UN LAQUAIS.
UN ALCADE.
UN HUISSIER.
UN ALGUAZIL.
DONA MARIA DE NEUBOURG, reine d'Espagne.
LA DUCHESSE D'ALBUQUERQUE.
CASILDA.
UNE DUÈGNE.
UN PAGE.
Dames, Seigneurs, Conseillers privés.
Pages, Duègnes.
Alguazils, Gardes, Huissiers de chambre et de cour.

Madrid. — 169..

ACTE PREMIER

DON SALLUSTE

Le salon de Danaé dans le palais du roi, à Madrid. Ameublement magnifique dans le goût demi-flamand du temps de Philippe IV. A gauche, une grande fenêtre à châssis dorés et à petits carreaux. Des deux côtés, sur un pan coupé, une porte basse donnant dans quelque appartement intérieur. Au fond, une grande cloison vitrée à châssis dorés s'ouvrant par une large porte également vitrée sur une longue galerie. Cette galerie, qui traverse tout le théâtre, est masquée par d'immenses rideaux qui tombent du haut en bas de la cloison vitrée. Une table, un fauteuil, et ce qu'il faut pour écrire.

Don Salluste entre par la petite porte de gauche, suivi de Ruy Blas et de Gudiel, qui porte une cassette et divers paquets, qu'on dirait disposés pour un voyage. Don Salluste est vêtu de velours noir, costume de cour du temps de Charles II. La Toison d'or au cou. Par-dessus l'habillement noir, un riche manteau de velours vert clair, brodé d'or et doublé de satin noir. Epée à grande coquille. Chapeau à plumes blanches. Gudiel est en noir, épée au côté. Ruy Blas est en livrée. Haut-de-chausses et justaucorps bruns. Surtout galonné, rouge et or. Tête nue. Sans épée

SCÈNE PREMIÈRE.

DON SALLUSTE DE BAZAN, GUDIEL, par instants
RUY BLAS.

DON SALLUSTE.

Ruy Blas, fermez la porte, — ouvrez cette fenêtre.
Ruy Blas obéit, puis, sur un signe de don Salluste, il sort par la porte du fond. Don Salluste va à la fenêtre.

Ils dorment encor tous ici, — le jour va naître.
Il se tourne brusquement vers Gudiel.
Ah! c'est un coup de foudre!...—oui, mon règne est passé,
Gudiel! — renvoyé, disgracié, chassé!
Ah! tout perdre en un jour! — L'aventure est secrète
Encor, n'en parle pas. — Oui, pour une amourette,
— Chose, à mon âge, sotte et folle, j'en convien!—
Avec une suivante, une fille de rien!
Séduite, beau malheur! parce que la donzelle
Est à la reine, et vient de Neubourg avec elle,
Que cette créature a pleuré contre moi,
Et traîné son enfant dans les chambres du roi;
Ordre de l'épouser. Je refuse. On m'exile!
On m'exile! Et vingt ans d'un labeur difficile,
Vingt ans d'ambition, de travaux nuit et jour;
Le président haï des alcades de cour,
Dont nul ne prononçait le nom sans épouvante;
Le chef de la maison de Bazan, qui s'en vante;
Mon crédit, mon pouvoir, tout ce que je rêvais,
Tout ce que je faisais et tout ce que j'avais,
Charge, emplois, honneurs, tout en un instant s'écroule
Au milieu des éclats de rire de la foule!

GUDIEL.
Nul ne le sait encor, monseigneur.

DON SALLUSTE.
Mais demain!
Demain on le saura! — Nous serons en chemin!
Je ne veux pas tomber, non, je veux disparaître!
Il déboutonne violemment son pourpoint.
— Tu m'agrafes toujours comme on agrafe un prêtre,
Tu serres mon pourpoint, et j'étouffe, mon cher!—
Il s'assied.
Oh! mais je vais construire, et sans en avoir l'air,
Une sape profonde, obscure et souterraine!

ACTE I, SCÈNE I.

— Chassé ! —

Il se lève.

GUDIEL.

D'où vient le coup, monseigneur ?

DON SALLUSTE.

De la reine.

Oh ! je me vengerai, Gudiel ! tu m'entends.
Toi, dont je suis l'élève, et qui depuis vingt ans
M'as aidé, m'as servi dans les choses passées,
Tu sais bien jusqu'où vont dans l'ombre mes pensées,
Comme un bon architecte au coup d'œil exercé
Connaît la profondeur du puits qu'il a creusé.
Je pars. Je vais aller à Finlas, en Castille,
Dans mes Etats, — et là songer ! — Pour une fille !
— Toi, règle le départ, car nous sommes pressés.
Moi, je vais dire un mot au drôle que tu sais.
A tout hasard. Peut-il me servir ? Je l'ignore.
Ici jusqu'à ce soir je suis le maître encore.
Je me vengerai, va ! Comment ? je ne sais pas ;
Mais je veux que ce soit effrayant ! — De ce pas,
Va faire nos apprêts, et hâte-toi. — Silence !
Tu pars avec moi. Va.

Gudiel salue et sort. Don Salluste appelant.

— Ruy Blas !

RUY BLAS, *se présentant à la porte du fond.*

Votre Excellence ?

DON SALLUSTE.

Comme je ne dois plus coucher dans le palais,
Il faut laisser les clefs et clore les volets.

RUY BLAS, *s'inclinant.*

Monseigneur, il suffit.

DON SALLUSTE.

Ecoutez, je vous prie.
La reine va passer, là, dans la galerie,

En allant de la messe à sa chambre d'honneur,
Dans deux heures. Ruy Blas, soyez là.

RUY BLAS.

Monseigneur,
J'y serai.

DON SALLUSTE, *à la fenêtre.*

Voyez-vous cet homme dans la place
Qui montre aux gens de garde un papier, et qui passe?
Faites-lui, sans parler, signe qu'il peut monter.
Par l'escalier étroit.

Ruy Blas obéit. Don Salluste continue en lui montrant la petite porte à droite.

— Avant de nous quitter,
Dans cette chambre où sont les hommes de police,
Voyez donc si les trois alguazils de service
Sont éveillés.

RUY BLAS.

Il va à la porte, l'entr'ouvre, et revient.
Seigneur, ils dorment.

DON SALLUSTE.

Parlez bas.
J'aurai besoin de vous, ne vous éloignez pas.
Faites le guet afin que les fâcheux nous laissent.

Entre don César de Bazan. Chapeau défoncé. Grande cape déguenillée, qui ne laisse voir de sa toilette que des bas mal tirés et des souliers crevés. Épée de spadassin.

Au moment où il entre, lui et Ruy Blas se regardent et font en même temps, chacun de leur côté, un geste de surprise. Don Salluste, les observant, à part.

Ils se sont regardés! Est-ce qu'ils se connaissent?

Ruy Blas sort

SCÈNE II.

DON SALLUSTE, DON CÉSAR.

DON SALLUSTE.
Ah! vous voilà, bandit!
DON CÉSAR.
Oui, cousin, me voilà.
DON SALLUSTE.
C'est grand plaisir de voir un gueux comme cela!
DON CÉSAR, *saluant*.
Je suis charmé...
DON SALLUSTE.
Monsieur, on sait de vos histoires.
DON CÉSAR, *gracieusement*.
Qui sont de votre goût?
DON SALLUSTE.
Oui, des plus méritoires.
Don Charles de Mira l'autre nuit fut volé.
On lui prit son épée à fourreau ciselé
Et son buffle. C'était la surveille de Pâques.
Seulement, comme il est chevalier de Saint-Jacques,
La bande lui laissa son manteau.
DON CÉSAR.
Doux Jésus!
Pourquoi?
DON SALLUSTE.
Parce que l'ordre était brodé dessus.
Eh bien! que dites-vous de l'algarade?
DON CÉSAR.
Ah! diable!
Je dis que nous vivons dans un siècle effroyable!
Qu'allons-nous devenir, bon Dieu! si les voleurs

Vont courtiser saint Jacque et le mettre des leurs!
DON SALLUSTE.
Vous en étiez!
DON CÉSAR.
Eh bien! — oui! s'il faut que je parle,
J'étais là. Je n'ai pas touché votre don Charle.
J'ai donné seulement des conseils.
DON SALLUSTE.
Mieux encor :
La lune étant couchée, hier, Plaza-Mayor,
Toutes sortes de gens, sans coiffe et sans semelle,
Qui hors d'un bouge affreux se ruaient pêle-mêle,
Ont attaqué le guet. — Vous en étiez!
DON CÉSAR.
Cousin,
J'ai toujours dédaigné de battre un argousin.
J'étais là. Rien de plus. Pendant les estocades,
Je marchais en faisant des vers sous les arcades.
On s'est fort assommé.
DON SALLUSTE.
Ce n'est pas tout.
DON CÉSAR.
Voyons.
DON SALLUSTE.
En France, on vous accuse, entre autres actions,
Avec vos compagnons à toute loi rebelles,
D'avoir ouvert sans clef la caisse des gabelles.
DON CÉSAR.
Je ne dis pas. — La France est pays ennemi.
DON SALLUSTE.
En Flandre, rencontrant dom Paul Barthélemy,
Lequel portait à Mons le produit d'un vignoble,
Qu'il venait de toucher pour le chapitre noble,
Vous avez mis la main sur l'argent du clergé.

DON CÉSAR.

En Flandre? — il se peut bien. J'ai beaucoup voyagé.
— Est-ce tout ?

DON SALLUSTE.

Don César, la sueur de la honte,
Lorsque je pense à vous, à la face me monte.

DON CÉSAR.

Bon. Laissez-la monter.

DON SALLUSTE.

Notre famille...

DON CÉSAR.

Non.
Car vous seul à Madrid connaissez mon vrai nom.
Ainsi ne parlons pas famille !

DON SALLUSTE.

Une marquise
Me disait l'autre jour en sortant de l'église :
— Quel est donc ce brigand qui, là-bas, nez au vent,
Se carre, l'œil au guet et la hanche en avant,
Plus délabré que Job et plus fier que Bragance,
Drapant sa gueuserie avec son arrogance,
Et qui, froissant du poing, sous sa manche en haillons,
L'épée à lourd pommeau qui lui bat les talons,
Promène, d'une mine altière et magistrale,
Sa cape en dents de scie et ses bas en spirale?

DON CÉSAR, *jetant un coup d'œil sur sa toilette.*

Vous avez répondu : C'est ce cher Zafari !

DON SALLUSTE.

Non; j'ai rougi, monsieur !

DON CÉSAR.

Eh bien ! la dame a ri.
Voilà. J'aime beaucoup faire rire les femmes.

DON SALLUSTE.

Vous n'allez fréquentant que spadassins infâmes !

DON CÉSAR.
Des clercs, des écoliers doux comme des moutons!
DON SALLUSTE.
Partout on vous rencontre avec des Jeannetons!
DON CÉSAR.
O Lucindes d'amour! ô douces Isabelles!
Eh bien! sur votre compte on en entend de belles!
Quoi! l'on vous traite ainsi, beautés à l'œil mutin,
A qui je dis le soir mes sonnets du matin!
DON SALLUSTE.
Enfin, Matalobos, ce voleur de Galice
Qui désole Madrid malgré notre police,
Il est de vos amis!
DON CÉSAR.
   Raisonnons, s'il vous plaît:
Sans lui j'irais tout nu, ce qui serait fort laid.
Me voyant sans habits, dans la rue, en décembre,
La chose le toucha. — Ce fat parfumé d'ambre,
Le comte d'Albe, à qui l'autre mois fut volé
Son beau pourpoint de soie...
DON SALLUSTE.
   Eh bien?
DON CÉSAR.
     C'est moi qui l'ai.
Matalobos me l'a donné.
DON SALLUSTE.
   L'habit du comte!
Vous n'êtes pas honteux?...
DON CÉSAR.
   Je n'aurai jamais honte
De mettre un beau pourpoint, brodé, passementé,
Qui me tient chaud l'hiver et me fait beau l'été.
— Voyez, il est tout neuf. —

Il entr'ouvre son manteau, qui laisse voir un superbe pourpoint de satin rose brodé d'or.

                        Les poches en sont pleines
De billets doux au comte adressés par centaines.
Souvent, pauvre, amoureux, n'ayant rien sous la dent,
J'avise une cuisine au soupirail ardent,
D'où la vapeur des mets aux narines me monte;
Je m'assieds là, j'y lis les billets doux du comte,
Et, trompant l'estomac et le cœur tour à tour,
J'ai l'odeur du festin et l'ombre de l'amour!

DON SALLUSTE.

Don César...

DON CÉSAR.

            Mon cousin, tenez, trêve aux reproches.
Je suis un grand seigneur, c'est vrai, l'un de vos proches;
Je m'appelle César, comte de Garofa;
Mais le sort de folie en naissant me coiffa.
J'étais riche, j'avais des palais, des domaines,
Je pouvais largement renter les Célimènes,
Bah! mes vingt ans n'étaient pas encor révolus
Que j'avais mangé tout! il ne me restait plus
De mes prospérités, ou réelles, ou fausses,
Qu'un tas de créanciers hurlant après mes chausses.
Ma foi, j'ai pris la fuite et j'ai changé de nom.
A présent je ne suis qu'un joyeux compagnon,
Zafari, que hors vous nul ne peut reconnaître.
Vous ne me donnez pas du tout d'argent, mon maître;
Je m'en passe. Le soir, le front sur un pavé,
Devant l'ancien palais des comtes de Tevé,
— C'est là, depuis neuf ans, que la nuit je m'arrête. —
Je vais dormir avec le ciel bleu sur ma tête.
Je suis heureux ainsi. Pardieu, c'est un beau sort!
Tout le monde me croit dans l'Inde, au diable, — mort.
La fontaine voisine a de l'eau, j'y vais boire,
Et puis je me promène avec un air de gloire.
Mon palais, d'où jadis mon argent s'envola,

Appartient à cette heure au nonce Espinola,
C'est bien. Quand par hasard jusque-là je m'enfonce,
Je donne des avis aux ouvriers du nonce
Occupés à sculpter sur la porte un Bacchus. —
Maintenant pouvez-vous me prêter dix écus?

DON SALLUSTE.

Ecoutez-moi...

DON CÉSAR, *croisant les bras*.

Voyons à présent votre style.

DON SALLUSTE.

Je vous ai fait venir, c'est pour vous être utile.
César, sans enfants, riche, et de plus votre aîné,
Je vous vois à regret vers l'abime entraîné.
Je veux vous en tirer. Bravache que vous êtes,
Vous êtes malheureux. Je veux payer vos dettes,
Vous rendre vos palais, vous remettre à la cour,
Et refaire de vous un beau seigneur d'amour.
Que Zafari s'éteigne et que César renaisse.
Je veux qu'à votre gré vous puisiez dans ma caisse,
Sans crainte, à pleines mains, sans soin de l'avenir.
Quand on a des parents, il faut les soutenir,
César, et pour les siens se montrer pitoyable...

Pendant que don Salluste parle, le visage de don César prend une expression de plus en plus étonnée, joyeuse et confiante; enfin il éclate.

DON CÉSAR.

Vous avez toujours eu de l'esprit comme un diable,
Et c'est fort éloquent ce que vous dites là.
— Continuez!

DON SALLUSTE.

César, je ne mets à cela
Qu'une condition. — Dans l'instant je m'explique,
Prenez d'abord ma bourse.

ACTE I, SCÈNE II.

DON CÉSAR, *empoignant la bourse qui est pleine d'or.*
　　　　　　Ah çà! c'est magnifique!

DON SALLUSTE.
Et je vais vous donner cinq cents ducats..

DON CÉSAR, *ébloui.*
　　　　　　　　　　Marquis!

DON SALLUSTE, *continuant.*
Dès aujourd'hui!

DON CÉSAR.
　　　　　Pardieu, je vous suis tout acquis
Quant aux conditions, ordonnez. Foi de brave!
Mon épée est à vous. Je deviens votre esclave,
Et, si cela vous plaît, j'irai croiser le fer
Avec don Spavento, capitan de l'enfer.

DON SALLUSTE.
Non, je n'accepte pas, don César, et pour cause,
Votre épée.

DON CÉSAR.
　　　Alors quoi? je n'ai guère autre chose.

DON SALLUSTE, *se rapprochant de lui et baissant la voix.*
Vous connaissez, — et c'est en ce cas un bonheur,—
Tous les gueux de Madrid?

DON CÉSAR.
　　　　　　Vous me faites honneur.

DON SALLUSTE.
Vous en traînez toujours après vous une meute;
Vous pourriez, au besoin, soulever une émeute,
Je le sais. Tout cela peut-être servira.

DON CÉSAR, *éclatant de rire.*
D'honneur! vous avez l'air de faire un opéra.
Quelle part donnez-vous dans l'œuvre à mon génie?
Sera-ce le poëme ou bien la symphonie?
Commandez. Je suis fort pour le charivari.

DON SALLUSTE, *gravement.*

Je parle à don César et non à Zafari.

Baissant la voix de plus en plus.

Ecoute. J'ai besoin, pour un résultat sombre,
De quelqu'un qui travaille à mon côté dans l'ombre
Et qui m'aide à bâtir un grand événement.
Je ne suis pas méchant, mais il est tel moment
Où le plus délicat, quittant toute vergogne,
Doit retrousser sa manche et faire la besogne.
Tu seras riche, mais il faut m'aider sans bruit
A dresser, comme font les oiseleurs la nuit,
Un bon filet caché sous un miroir qui brille,
Un piége d'alouette ou bien de jeune fille.
Il faut, par quelque plan terrible et merveilleux,
— Tu n'es pas, que je pense, un homme scrupuleux, —
Me venger !

DON CÉSAR.

Vous venger ?

DON SALLUSTE.

Oui.

DON CÉSAR.

De qui ?

DON SALLUSTE.

D'une femme.

DON CÉSAR.

Il se redresse et regarde fièrement don Salluste.

Ne m'en dites pas plus. Halte là ! — sur mon âme,
Mon cousin, en ceci voilà mon sentiment :
Celui qui, bassement et tortueusement,
Se venge, ayant le droit de porter une lame,
Noble, par une intrigue, homme, sur une femme,
Et qui, né gentilhomme, agit en alguazil,
Celui-là, — fût-il grand de Castille, fût-il
Suivi de cent clairons sonnant des tintamarres,

Fût-il tout harnaché d'ordres et de chamarres,
Et marquis, et vicomte, et fils des anciens preux, —
N'est pour moi qu'un maraud sinistre et ténébreux
Que je voudrais, pour prix de sa lâcheté vile,
Voir pendre à quatre clous au gibet de la ville!

DON SALLUSTE.

César!...

DON CÉSAR.

N'ajoutez pas un mot, c'est outrageant.

Il jette la bourse aux pieds de don Salluste.

Gardez votre secret, et gardez votre argent.
Oh! je comprends qu'on vole, et qu'on tue et qu'on pille;
Que par une nuit noire on force une bastille
D'assaut, la hache au poing, avec cent flibustiers;
Qu'on égorge estafiers, geôliers et guichetiers,
Tous, taillant et hurlant, en bandits que nous sommes,
OEil pour œil, dent pour dent, c'est bien! hommes contre hom-
Mais doucement détruire une femme! et creuser   [mes!
Sous ses pieds une trappe! et contre elle abuser,
Qui sait? de son humeur peut-être hasardeuse!
Prendre ce pauvre oiseau dans quelque glu hideuse!
Oh! plutôt qu'arriver jusqu'à ce déshonneur,
Plutôt qu'être à ce prix un riche et haut seigneur,
— Et je le dis ici pour Dieu qui voit mon âme, —
J'aimerais mieux, plutôt qu'être à ce point infâme,
Vil, odieux, pervers, misérable et flétri,
Qu'un chien rongeât mon crâne au pied du pilori!

DON SALLUSTE.

Cousin!...

DON CÉSAR.

De vos bienfaits je n'aurai nulle envie,
Tant que je trouverai, vivant ma libre vie,
Aux fontaines de l'eau, dans les champs le grand air,
A la ville un voleur qui m'habille l'hiver,

Dans mon âme l'oubli des prospérités mortes,
Et devant vos palais, monsieur, de larges portes
Où je puis à midi, sans souci du réveil,
Dormir, la tête à l'ombre et les pieds au soleil!
— Adieu donc. — De nous deux Dieu sait quel est le juste.
Avec les gens de cour, vos pareils, don Salluste,
Je vous laisse, et je reste avec mes chenapans.
Je vis avec les loups, non avec les serpents.

DON SALLUSTE.

Un instant...

DON CÉSAR.

Tenez, maître, abrégeons la visite.
Si c'est pour m'envoyer en prison, faites vite.

DON SALLUSTE.

Allons, je vous croyais, César, plus endurci.
L'épreuve vous est bonne et vous a réussi ;
Je suis content de vous. Votre main, je vous prie.

DON CÉSAR.

Comment !

DON SALLUSTE.

Je n'ai parlé que par plaisanterie.
Tout ce que j'ai dit là, c'est pour vous éprouver.
Rien de plus.

DON CÉSAR.

Ça, debout vous me faites rêver.
La femme, le complot, cette vengeance..

DON SALLUSTE.

Leurre!

Imagination ! chimère !

DON CÉSAR.

A la bonne heure !
Et l'offre de payer mes dettes ! vision?
Et les cinq cents ducats ! imagination ?

######## DON SALLUSTE.

Je vais vous les chercher.

Il se dirige vers la porte du fond et fait signe à Ruy Blas de rentrer.

DON CÉSAR, *à part, sur le devant du théâtre et regardant don Salluste de travers.*

Hum ! visage de traître !
Quand la bouche dit : Oui, le regard dit : Peut-être.

######## DON SALLUSTE, *à Ruy Blas.*

Ruy Blas, restez ici.

######### A don César.

Je reviens.

Il sort par la petite porte de gauche. Sitôt qu'il est sorti, don César et Ruy Blas vont vivement l'un à l'autre.

SCÈNE III.

DON CÉSAR, RUY BLAS.

######## DON CÉSAR.

Sur ma foi,
Je ne me trompais pas. C'est toi, Ruy Blas ?

######## RUY BLAS.

C'est toi,
Zafari ! que fais-tu dans ce palais ?

######## DON CÉSAR.

J'y passe.
Mais je m'en vais. Je suis oiseau, j'aime l'espace.
Mais toi ! cette livrée ! est-ce un déguisement ?

######## RUY BLAS, *avec amertume.*

Non, je suis déguisé quand je suis autrement.

######## DON CÉSAR.

Que dis-tu ?

######## RUY BLAS.

Donne-moi ta main que je la serre,

Comme en cet heureux temps de joie et de misère
Où je vivais sans gîte, où le jour j'avais faim,
Où j'avais froid la nuit, où j'étais libre enfin !
— Quand tu me connaissais, j'étais un homme encore.
Tous deux nés dans le peuple, — hélas ! c'était l'aurore ! —
Nous nous ressemblions au point qu'on nous prenait
Pour frères ; nous chantions dès l'heure où l'aube naît,
Et le soir, devant Dieu, notre père et notre hôte,
Sous le ciel étoilé nous dormions côte à côte !
Oui, nous partagions tout. Puis enfin arriva
L'heure triste où chacun de son côté s'en va.
Je te retrouve, après quatre ans, toujours le même,
Joyeux comme un enfant, libre comme un bohème,
Toujours ce Zafari, riche en sa pauvreté,
Qui n'a rien eu jamais, et n'a rien souhaité !
Mais moi, quel changement ! Frère, que te dirai-je ?
Orphelin, par pitié nourri dans un collége
De science et d'orgueil, de moi, triste faveur !
Au lieu d'un ouvrier on a fait un rêveur.
Tu sais, tu m'as connu. Je jetais mes pensées
Et mes vœux vers le ciel en strophes insensées.
J'opposais cent raisons à ton rire moqueur.
J'avais je ne sais quelle ambition au cœur.
A quoi bon travailler ? Vers un but invisible
Je marchais, je croyais tout réel, tout possible,
J'espérais tout du sort ! — Et puis je suis de ceux
Qui passent tout un jour, pensifs et paresseux,
Devant quelque palais regorgeant de richesses,
A regarder entrer et sortir des duchesses. —
Si bien qu'un jour, mourant de faim sur le pavé,
J'ai ramassé du pain, frère, où j'en ai trouvé :
Dans la fainéantise et dans l'ignominie.
Oh ! quand j'avais vingt ans, crédule à mon génie,
Je me perdais, marchant pieds nus dans les chemins,

En méditations sur le sort des humains ;
J'avais bâti des plans sur tout, — une montagne
De projets ; — je plaignais le malheur de l'Espagne ;
Je croyais, pauvre esprit, qu'au monde je manquais... —
Ami, le résultat, tu le vois : un laquais !

DON CÉSAR.

Oui, je le sais, la faim est une porte basse ;
Et, par nécessité lorsqu'il faut qu'il y passe,
Le plus grand est celui qui se courbe le plus.
Mais le sort a toujours son flux et son reflux.
Espère.

RUY BLAS, *secouant la tête*.
Le marquis de Finlas est mon maître.

DON CÉSAR.

Je le connais. — Tu vis dans ce palais peut-être ?

RUY BLAS.

Non, avant ce matin et jusqu'à ce moment
Je n'en avais jamais passé le seuil.

DON CÉSAR.

Vraiment?
Ton maître cependant pour sa charge y demeure ?

RUY BLAS.

Oui, car la cour le fait demander à toute heure.
Mais il a quelque part un logis inconnu,
Où jamais en plein jour peut-être il n'est venu.
A cent pas du palais. Une maison discrète.
Frère, j'habite là. Par la porte secrète
Dont il a seul la clef, quelquefois, à la nuit,
Le marquis vient, suivi d'hommes qu'il introduit.
Ces hommes sont masqués et parlent à voix basse.
Ils s'enferment, et nul ne sait ce qui se passe.
Là, de deux noirs muets je suis le compagnon.
Je suis pour eux le maître. Ils ignorent mon nom.

DON CÉSAR.

Oui, c'est là qu'il reçoit, comme chef des alcades,
Ses espions; c'est là qu'il tend ses embuscades.
C'est un homme profond qui tient tout dans sa main.

RUY BLAS.

Hier il m'a dit : — Il faut être au palais demain,
Avant l'aurore. Entrez par la grille dorée.
En arrivant il m'a fait mettre la livrée,
Car l'habit odieux sous lequel tu me vois,
Je le porte aujourd'hui pour la première fois.

DON CÉSAR, *lui serrant la main.*

Espère !

RUY BLAS.

Espérer ! Mais tu ne sais rien encore.
Vivre sous cet habit qui souille et déshonore,
Avoir perdu la joie et l'orgueil, ce n'est rien.
Etre esclave, être vil, qu'importe ? — Ecoute bien :
Frère, je ne sens pas cette livrée infâme,
Car j'ai dans ma poitrine une hydre aux dents de flamme
Qui me serre le cœur dans ses replis ardents.
Le dehors te fait peur ; si tu voyais dedans !

DON CÉSAR.

Que veux-tu dire ?

RUY BLAS.

Invente, imagine, suppose.
Fouille dans ton esprit. Cherches-y quelque chose
D'étrange, d'insensé, d'horrible et d'inouï,
Une fatalité dont on soit ébloui !
Oui, compose un poison affreux, creuse un abîme
Plus sourd que la folie et plus noir que le crime,
Tu n'approcheras pas encor de mon secret.
— Tu ne devines pas ? — Eh ! qui devinerait ?
Zafari ! dans le gouffre où mon destin m'entraîne
Plonge les yeux ! — Je suis amoureux de la reine !

ACTE I, SCÈNE III.

DON CÉSAR.

Ciel!

RUY BLAS.

Sous un dais orné du globe impérial,
Il est, dans Aranjuez ou dans l'Escurial,
— Dans ce palais, parfois, — mon frère, il est un homme
Qu'à peine on voit d'en bas, qu'avec terreur on nomme,
Pour qui, comme pour Dieu, nous sommes égaux tous;
Qu'on regarde en tremblant, et qu'on sert à genoux;
Devant qui se couvrir est un honneur insigne;
Qui peut faire tomber nos deux têtes d'un signe;
Dont chaque fantaisie est un événement;
Qui vit, seul et superbe, enfermé gravement
Dans une majesté redoutable et profonde;
Et dont on sent le poids dans la moitié du monde.
Eh bien!—moi, le laquais,—tu m'entends,—eh bien! oui,
Cet homme-là, le roi, je suis jaloux de lui!

DON CÉSAR.

Jaloux du roi!

RUY BLAS.

Hé oui! jaloux du roi! sans doute,
Puisque j'aime sa femme!

DON CÉSAR.

Oh! malheureux!

RUY BLAS.

Ecoute.

Je l'attends tous les jours au passage. Je suis
Comme un fou. Oh! sa vie est un tissu d'ennuis,
A cette pauvre femme! — Oui, chaque nuit j'y songe! —
Vivre dans cette cour de haine et de mensonge,
Mariée à ce roi qui passe tout son temps
A chasser! Imbécile! — un sot! vieux à trente ans!
Moins qu'un homme! à régner comme à vivre inhabile.
— Famille qui s'en va! — Le père était débile

Au point qu'il ne pouvait tenir un parchemin.
— Oh! si belle et si jeune, avoir donné sa main
A ce roi Charles deux! Elle! quelle misère!
— Elle va tous les soirs chez les sœurs du Rosaire.
Tu sais? en remontant la rue Ortaleza.
Comment cette démence en mon cœur s'amassa,
Je l'ignore. Mais juge! Elle aime une fleur bleue
— D'Allemagne... — Je fais chaque jour une lieue,
Jusqu'à Caramanchel, pour avoir de ces fleurs.
J'en ai cherché partout sans en trouver ailleurs.
J'en compose un bouquet; je prends les plus jolies...
— Oh! mais je te dis là des choses, des folies! —
Puis à minuit, au parc royal, comme un voleur,
Je me glisse et je vais déposer cette fleur
Sur son banc favori. Même, hier j'osai mettre
Dans le bouquet, — vraiment, plains-moi, frère! — une lettre!
La nuit, pour parvenir jusqu'à ce banc, il faut
Franchir les murs du parc, et je rencontre en haut
Ces broussailles de fer qu'on met sur les murailles.
Un jour j'y laisserai ma chair et mes entrailles.
Trouve-t-elle mes fleurs, ma lettre? Je ne sai.
Frère, tu le vois bien, je suis un insensé.

DON CÉSAR.

Diable! ton algarade a son danger. Prends garde.
Le comte d'Onate, qui l'aime aussi, la garde
Et comme un majordome et comme un amoureux.
Quelque reître, une nuit, gardien peu langoureux,
Pourrait bien, frère, avant que ton bouquet se fane,
Te le clouer au cœur d'un coup de pertuisane. —
Mais quelle idée! aimer la reine! ah çà, pourquoi?
Comment diable as-tu fait?

RUY BLAS, *avec emportement.*

Est-ce que je sais, moi?
— Oh! mon âme au démon! je la vendrais pour être

Un des jeunes seigneurs que de cette fenêtre
Je vois en ce moment, comme un vivant affront,
Entrer, la plume au feutre et l'orgueil sur le front!
Oui, je me damnerais pour dépouiller ma chaîne,
Et pour pouvoir comme eux m'approcher de la reine
Avec un vêtement qui ne soit pas honteux!
Mais, ô rage! être ainsi, près d'elle! devant eux!
En livrée! un laquais! être un laquais pour elle!
Ayez pitié de moi, mon Dieu!

Se rapprochant de don César.

Je me rappelle.

Ne demandais-tu pas pourquoi je l'aime ainsi,
Et depuis quand?... — Un jour... — Mais à quoi bon ceci?
C'est vrai, je t'ai toujours connu cette manie!
Par mille questions vous mettre à l'agonie!
Demander où? comment? quand?, pourquoi? Mon sang bout!
Je l'aime follement! je l'aime, voilà tout!

DON CÉSAR.

Là, ne te fâche pas.

RUY BLAS, *tombant épuisé et pâle sur le fauteuil.*

Non. Je souffre. Pardonne,
Ou plutôt, va, fuis-moi. Va-t'en, frère. Abandonne
Ce misérable fou qui porte avec effroi
Sous l'habit d'un valet les passions d'un roi!

DON CÉSAR, *lui posant la main sur l'épaule.*

Te fuir! — moi qui n'ai pas souffert, n'aimant personne,
Moi, pauvre grelot vide où manque ce qui sonne,
Gueux, qui vais mendiant l'amour je ne sais où;
A qui de temps en temps le destin jette un sou;
Moi, cœur éteint dont l'âme, hélas! s'est retirée,
Du spectacle d'hier affiche déchirée,
Vois-tu, pour cet amour dont tes regards sont pleins,
Mon frère, je t'envie autant que je te plains!

— Ruy Blas! —

Moment de silence. Ils se tiennent les mains serrées en se regardant tous les deux avec une expression de tristesse et d'amitié confiante.

Entre don Salluste. Il s'avance à pas lents, fixant un regard d'attention profonde sur don César et Ruy Blas, qui ne le voient pas. Il tient d'une main un chapeau et une épée, qu'il dépose en entrant sur un fauteuil, et de l'autre une bourse, qu'il apporte sur la table.

>DON SALLUSTE, *à don César*.
>Voici l'argent.

A la voix de don Salluste, Ruy Blas se lève comme réveillé en sursaut, et se tient debout, les yeux baissés, dans l'attitude du respect.

>DON CÉSAR, *à part, regardant don Salluste de travers.*
>Hum! le diable m'emporte!

Cette sombre figure écoutait à la porte.
Bah! qu'importe, après tout!

>Haut à don Salluste.
>Don Salluste, merci.

Il ouvre la bourse, la répand sur la table et remue avec joie les ducats, qu'il range en piles sur le tapis de velours. Pendant qu'il les compte, don Salluste va au fond du théâtre en regardant derrière lui s'il n'éveille pas l'attention de don César. Il ouvre la petite porte de droite. A un signe qu'il fait, trois alguazils armés d'épées et vêtus de noir en sortent. Don Salluste leur montre mystérieusement don César. Ruy Blas se tient immobile et debout près de la table comme une statue, sans rien voir ni rien entendre.

>DON SALLUSTE, *bas aux alguazils*.

Vous allez suivre, alors qu'il sortira d'ici,
L'homme qui compte là de l'argent. — En silence,
Vous vous emparerez de lui. — Sans violence. —
Vous l'irez embarquer, par le plus court chemin,
A Denia. —

>Il leur remet un parchemin scellé.
>Voici l'ordre écrit de ma main. —

Enfin, sans écouter sa plainte chimérique,
Vous le vendrez en mer aux corsaires d'Afrique.
Mille piastres pour vous. Faites vite à présent.

Les trois alguazils s'inclinent et sortent.

DON CÉSAR, *achevant de ranger ses ducats.*

Rien n'est plus gracieux et plus divertissant
Que des écus à soi qu'on met en équilibre.

Il fait deux parts égales et se tourne vers Ruy Blas.

Frère, voici ta part.

RUY BLAS.

Comment!

DON CÉSAR, *lui montrant une des deux piles d'or.*

Prends! viens! sois libre!

DON SALLUSTE, *qui les observe au fond du théâtre, à part.*

Diable!

RUY BLAS, *secouant la tête en signe de refus.*

Non. C'est le cœur qu'il faudrait délivrer.
Non. Mon sort est ici. Je dois y demeurer.

DON CÉSAR.

Bien. Suis ta fantaisie. Es-tu fou? suis-je sage?
Dieu le sait.

Il ramasse l'argent, et le jette dans le sac, qu'il empoche.

DON SALLUSTE, *au fond du théâtre, à part, et les observant toujours.*

A peu près même air, même visage.

DON CÉSAR, *à Ruy Blas.*

Adieu.

RUY BLAS.

Ta main!

Ils se serrent la main. Don César sort sans voir don Salluste, qui se tient à l'écart.

SCÈNE IV.

RUY BLAS, DON SALLUSTE.

DON SALLUSTE.
Ruy Blas !
RUY BLAS, *se retournant vivement.*
Monseigneur ?
DON SALLUSTE.
Ce matin,
Quand vous êtes venu, je ne suis pas certain
S'il faisait jour déjà.
RUY BLAS.
Pas encore, Excellence.
J'ai remis au portier votre passe en silence,
Et puis je suis monté.
DON SALLUSTE.
Vous étiez en manteau ?
RUY BLAS.
Oui, monseigneur.
DON SALLUSTE.
Personne en ce cas au château
Ne vous a vu porter cette livrée encore ?
RUY BLAS.
Ni personne à Madrid.
DON SALLUSTE, *désignant du doigt la porte par où est sorti don César.*
C'est fort bien. Allez clore
Cette porte. Quittez cet habit.

Ruy Blas dépouille son surtout de livrée et le jette sur un fauteuil.

Vous avez

ACTE I, SCÈNE IV.

Une belle écriture, il me semble. — Ecrivez.

Il fait signe à Ruy Blas de s'asseoir à la table où sont les plumes et les écritoires. Ruy Blas obéit.

Vous m'allez aujourd'hui servir de secrétaire.
D'abord un billet doux, — je ne veux rien vous taire. —
Pour ma reine d'amour, pour dona Praxedis,
Ce démon que je crois venu du paradis.
— Là, je dicte : « Un danger terrible est sur ma tête.
« Ma reine seule — peut conjurer la tempête,
« En venant me trouver ce soir dans ma maison.
« Sinon, je suis perdu. Ma vie et ma raison
« Et mon cœur, je mets tout à ses pieds, que je baise. »

Il rit et s'interrompt.

Un danger ! la tournure, au fait, n'est pas mauvaise
Pour l'attirer chez moi. C'est que j'y suis expert.
Les femmes aiment fort à sauver qui les perd.
— Ajoutez : — « Par la porte au bas de l'avenue
« Vous entrerez la nuit sans être reconnue.
« Quelqu'un de dévoué vous ouvrira. » — D'honneur,
C'est parfait. — Ah ! signez.

RUY BLAS.
           Votre nom, monseigneur?

DON SALLUSTE.

Non pas. Signez César. C'est mon nom d'aventure.

RUY BLAS, *après avoir obéi.*

La dame ne pourra connaître l'écriture.

DON SALLUSTE.

Bah ! le cachet suffit. J'écris souvent ainsi.
Ruy Blas, je pars ce soir, et je vous laisse ici.
J'ai sur vous les projets d'un ami très-sincère.
Votre état va changer, mais il est nécessaire
De m'obéir en tout. Comme en vous j'ai trouvé
Un serviteur discret, fidèle et réservé...

RUY BLAS, *s'inclinant*.

Monseigneur!

DON SALLUSTE, *continuant*.

Je vous veux faire un destin plus large.

RUY BLAS, *montrant le billet qu'il vient d'écrire.*

Où faut-il adresser la lettre?

DON SALLUSTE.

Je m'en charge.

S'approchant de Ruy Blas d'un air significatif.

Je veux votre bonheur.

Un silence. Il fait signe à Ruy Blas de se rasseoir à table.

Ecrivez : — « Moi, Ruy Blas,
« Laquais de monseigneur le marquis de Finlas,
« En toute occasion, ou secrète ou publique,
« M'engage à le servir comme un bon domestique. »

Ruy Blas obéit.

— Signez. De votre nom. La date. Bien. Donnez.

Il ploie et serre dans son portefeuille la lettre et le papier que Ruy Blas vient d'écrire.

On vient de m'apporter une épée. Ah! tenez,
Elle est sur ce fauteuil.

Il désigne le fauteuil sur lequel il a posé l'épée et le chapeau. Il y va et prend l'épée.

L'écharpe est d'une soie
Peinte et brodée au goût le plus nouveau qu'on voie.

Il lui fait admirer la souplesse du tissu.

Touchez. — Que dites-vous, Ruy Blas, de cette fleur?
La poignée est de Gil, le fameux ciseleur,
Celui qui le mieux creuse, au gré des belles filles,
Dans un pommeau d'épée une boîte à pastilles.

Il passe au cou de Ruy Blas l'écharpe à laquelle est attachée l'épée.

Mettez-la donc. — Je veux en voir sur vous l'effet.
— Mais vous avez ainsi l'air d'un seigneur parfait!

ACTE I, SCÈNE IV.

Ecoutant.

On vient... oui. C'est bientôt l'heure où la reine passe.
— Le marquis del Basto! —

La porte du fond sur la galerie s'ouvre. Don Salluste détache son manteau et le jette vivement sur les épaules de Ruy Blas, au moment où le marquis del Basto paraît ; puis il va droit au marquis en entraînant avec lui Ruy Blas stupéfait.

SCÈNE V.

DON SALLUSTE, RUY BLAS, DON PAMFILO D'AVALOS (MARQUIS DEL BASTO). — Puis LE MARQUIS DE SANTA-CRUZ. — Puis LE COMTE D'ALBE. — Puis toute la cour.

DON SALLUSTE, *au marquis del Basto.*

Souffrez qu'à Votre Grâce
Je présente, marquis, mon cousin don César,
Comte de Garofa près de Velalcazar.

RUY BLAS, *à part.*

Ciel!

DON SALLUSTE, *bas à Ruy Blas.*

Taisez-vous!

LE MARQUIS DEL BASTO, *saluant Ruy Blas.*

Monsieur... charmé...

Il lui prend la main, que Ruy Blas lui livre avec embarras.

DON SALLUSTE, *bas à Ruy Blas.*

Laissez-vous faire.
Saluez!

Ruy Blas salue le marquis.

LE MARQUIS DEL BASTO, *à Ruy Blas.*

J'aimais fort madame votre mère.

Bas à don Salluste, en lui montrant Ruy Blas.

Bien changé! Je l'aurais à peine reconnu.

DON SALLUSTE, *bas au marquis.*

Dix ans d'absence!

LE MARQUIS DEL BASTO, *de même.*
Au fait !
DON SALLUSTE, *frappant sur l'épaule de Ruy Blas.*
Le voilà revenu !
Vous souvient-il, marquis ? oh ! quel enfant prodigue !
Comme il vous répandait les pistoles sans digue !
Tous les soirs danse et fête au vivier d'Apollo,
Et cent musiciens faisant rage sur l'eau !
A tous moments galas, masques, concerts, fredaines,
Eblouissant Madrid de visions soudaines !
— En trois ans, ruiné ! — C'était un vrai lion.
— Il arrive de l'Inde avec le galion.

RUY BLAS, *avec embarras.*
Seigneur...

DON SALLUSTE, *gaîment.*
Appelez-moi cousin, car nous le sommes.
Les Bazan sont, je crois, d'assez francs gentilshommes.
Nous avons pour ancêtre Iniguez d'Iviza.
Son petit-fils, Pedro de Bazan, épousa
Marianne de Gor. Il eut de Marianne
Jean, qui fut général de la mer Océane
Sous le roi don Philippe, et Jean eut deux garçons
Qui sur notre arbre antique ont greffé deux blasons.
Moi, je suis le marquis de Finlas ; vous, le comte
De Garofa. Tous deux se valent si l'on compte.
Par les femmes, César, notre rang est égal.
Vous êtes Aragon, moi je suis Portugal.
Votre branche n'est pas moins haute que la nôtre :
Je suis le fruit de l'une, et vous la fleur de l'autre.

RUY BLAS, *à part.*
Où donc m'entraîne-t-il ?

Pendant que don Salluste a parlé, le marquis de Santa-Cruz, don
 Alvar de Bazan y Benavides, vieillard à moustaches blanches et
 à grande perruque, s'est approché d'eux.

ACTE I, SCÈNE V.

LE MARQUIS DE SANTA-CRUZ, *à don Salluste.*
      Vous l'expliquez fort bien.
S'il est votre cousin, il est aussi le mien.

DON SALLUSTE.
C'est vrai, car nous avons une même origine,
Monsieur de Santa-Cruz.

Il lui présente Ruy Blas.
   Don César.

LE MARQUIS DE SANTA-CRUZ.
        J'imagine
Que ce n'est pas celui qu'on croyait mort.

DON SALLUSTE.
         Si fait.

LE MARQUIS DE SANTA-CRUZ.
Il est donc revenu?

DON SALLUSTE.
   Des Indes.

LE MARQUIS DE SANTA-CRUZ, *examinant Ruy Blas.*
     En effet !

DON SALLUSTE.
Vous le reconnaissez?

LE MARQUIS DE SANTA-CRUZ.
    Pardieu ! je l'ai vu naître !

DON SALLUSTE, *bas à Ruy Blas.*
Le bon homme est aveugle et se défend de l'être.
Il vous a reconnu pour prouver ses bons yeux.

LE MARQUIS DE SANTA-CRUZ, *tendant la main à Ruy Blas.*
Touchez là, mon cousin.

RUY BLAS, *s'inclinant.*
   Seigneur...

LE MARQUIS DE SANTA-CRUZ, *bas à don Salluste et lui
montrant Ruy Blas.*
        On n'est pas mieux !

A Ruy Blas.

Charmé de vous revoir !

DON SALLUSTE, *bas au marquis et le prenant à part.*

Je vais payer ses dettes.
Vous le pouvez servir dans le poste où vous êtes.
Si quelque emploi de cour vaquait en ce moment,
Chez le roi, — chez la reine...—

LE MARQUIS DE SANTA-CRUZ, *bas.*

Un jeune homme charmant !
J'y vais songer. — Et puis il est de la famille.

DON SALLUSTE, *bas.*

Vous avez tout crédit au conseil de Castille.
Je vous le recommande.

Il quitte le marquis de Santa-Cruz et va à d'autres seigneurs, auxquels il présente Ruy Blas. Parmi eux le comte d'Albe, très-superbement paré. — Leur présentant Ruy Blas.

Un mien cousin, César,
Comte de Garofa, près de Velalcazar.

Les seigneurs échangent gravement des révérences avec Ruy Blas interdit. — Au comte de Ribagorza.

Vous n'étiez pas hier au ballet d'Atalante ?
Lindamire a dansé d'une façon galante.

Il s'extasie sur le pourpoint du comte d'Albe.

C'est très-beau, comte d'Albe !

LE COMTE D'ALBE.

Ah ! j'en avais encor
Un plus beau. Satin rose avec des rubans d'or.
Matalobos me l'a volé.

UN HUISSIER DE COUR, *au fond du théâtre.*

La reine approche !
Prenez vos rangs, messieurs.

Les grands rideaux de la galerie vitrée s'ouvrent. Les seigneurs s'échelonnent près de la porte, des gardes font la haie. Ruy Blas, haletant, hors de lui, vient sur le devant du théâtre comme pour s'y réfugier. Don Salluste l'y suit.

ACTE I, SCÈNE V.

DON SALLUSTE, *bas à Ruy Blas.*

                         Est-ce que, sans reproche,
Quand votre sort grandit, votre esprit s'amoindrit?
Réveillez-vous, Ruy Blas. Je vais quitter Madrid.
Ma petite maison, près du pont, où vous êtes,
— Je n'en veux rien garder, hormis les clefs secrètes, —
Ruy Blas, je vous la donne, et les muets aussi.
Vous recevrez bientôt d'autres ordres. Ainsi
Faites ma volonté, je fais votre fortune.
Montez, ne craignez rien, car l'heure est opportune.
La cour est un pays où l'on va sans voir clair.
Marchez les yeux bandés; j'y vois pour vous, mon cher!

    De nouveaux gardes paraissent au fond du théâtre.

L'HUISSIER, *à haute voix.*

La reine!

RUY BLAS, *à part.*

    La reine! ah!

La reine, vêtue magnifiquement, paraît, entourée de dames et de pages, sous un dais de velours écarlate porté par quatre gentilshommes de chambre, tête nue. Ruy Blas, effaré, la regarde comme absorbé par cette resplendissante vision. Tous les grands d'Espagne se couvrent, le marquis del Basto, le comte d'Albe, le marquis de Santa-Cruz, don Salluste. Don Salluste va rapidement au fauteuil et y prend le chapeau, qu'il apporte à Ruy Blas.

DON SALLUSTE, *à Ruy Blas, en lui mettant le chapeau sur la tête.*

                      Quel vertige vous gagne?
Couvrez-vous donc, César, vous êtes grand d'Espagne!

RUY BLAS, *éperdu, bas à don Salluste.*

Et que m'ordonnez-vous, seigneur, présentement?

DON SALLUSTE, *lui montrant la reine, qui traverse lentement la galerie.*

De plaire à cette femme et d'être son amant.

ACTE DEUXIÈME

LA REINE D'ESPAGNE

Un salon contigu à la chambre à coucher de la reine. A gauche, une petite porte donnant dans cette chambre. A droite, sur un pan coupé, une autre porte donnant dans les appartements extérieurs. Au fond, de grandes fenêtres ouvertes. C'est l'après-midi d'une belle journée d'été. Grande table. Fauteuils. Une figure de sainte, richement enchâssée, est adossée au mur; au bas, on lit : *Santa Maria Esclava*. Au côté opposé est une madone devant laquelle brûle une lampe d'or. Près de la madone, un portrait en pied du roi Charles II.

Au lever du rideau, la reine doña Maria de Neubourg est dans un coin, assise à côté d'une de ses femmes, jeune et jolie fille. La reine est vêtue de blanc, robe de drap d'argent. Elle brode, et s'interrompt par moments pour causer. Dans le coin opposé est assise, sur une chaise à dossier, doña Juana de la Cueva, duchesse d'Albuquerque, camerera mayor, une tapisserie à la main ; vieille femme en noir. Près de la duchesse, à une table, plusieurs duègnes travaillant à des ouvrages de femme. Au fond, se tient don Guritan, comte d'Oñate, majordome, grand, sec, moustaches grises, cinquante-cinq ans environ, mine de vieux militaire, quoique vêtu avec une élégance exagérée et qu'il ait des rubans jusque sur ses souliers.

SCÈNE PREMIÈRE.

LA REINE, LA DUCHESSE D'ALBUQUERQUE, DON GURITAN, CASILDA, Duègnes.

LA REINE.
Il est parti pourtant ! je devrais être à l'aise.
Eh bien ! non, ce marquis de Finlas ! il me pèse !

Cet homme-là me hait.

CASILDA.
Selon votre souhait
N'est-il pas exilé ?

LA REINE.
Cet homme-là me hait.

CASILDA.
Votre Majesté...

LA REINE.
Vrai ! Casilda ! c'est étrange,
Ce marquis est pour moi comme le mauvais ange.
L'autre jour, il devait partir le lendemain,
Et, comme à l'ordinaire, il vint au baise-main.
Tous les grands s'avançaient vers le trône à la file ;
Je leur livrais ma main, j'étais triste et tranquille,
Regardant vaguement, dans le salon obscur,
Une bataille au fond, peinte sur un grand mur,
Quand tout à coup, mon œil se baissant vers la table,
Je vis venir à moi cet homme redoutable !
Sitôt que je le vis, je ne vis plus que lui.
Il venait à pas lents, jouant avec l'étui
D'un poignard dont parfois j'entrevoyais la lame,
Grave, et m'éblouissant de son regard de flamme.
Soudain il se courba, souple et comme rampant... —
Je sentis sur ma main sa bouche de serpent !

CASILDA.
Il rendait ses devoirs. — Rendons-nous pas les nôtres?

LA REINE.
Sa lèvre n'était pas comme celle des autres.
C'est la dernière fois que je l'ai vu. Depuis
J'y pense très-souvent. J'ai bien d'autres ennuis,
C'est égal, je me dis : L'enfer est dans cette âme.
Devant cet homme-là je ne suis qu'une femme. —
Dans mes rêves, la nuit, je rencontre en chemin

Cet effrayant démon qui me baise la main ;
Je vois luire son œil d'où rayonne la haine ;
Et, comme un noir poison qui va de veine en veine,
Souvent, jusqu'à mon cœur qui semble se glacer,
Je sens en longs frissons courir son froid baiser !
Que dis-tu de cela ?

CASILDA.

Purs fantômes, madame !

LA REINE.

Au fait, j'ai des soucis bien plus réels dans l'âme.
    A part.
Oh ! ce qui me tourmente, il faut le leur cacher !
    A Casilda.
Dis-moi ! ces mendiants qui n'osaient approcher...

CASILDA, *allant à la fenêtre.*

Je sais, madame, ils sont encor là, dans la place.

LA REINE.

Tiens, jette-leur ma bourse...

    Casilda prend la bourse et va la jeter par la fenêtre.

CASILDA.

                  Oh ! madame, par grâce,
Vous qui faites l'aumône avec tant de bonté,

    Montrant à la reine don Guritan, qui, debout et silencieux au fond de la chambre, fixe sur la reine un œil plein d'adoration muette.

Ne jetterez-vous rien au comte d'Oñate ?
Rien qu'un mot ! — un vieux brave amoureux sous l'armure,
D'autant plus tendre au cœur que l'écorce est plus dure !

LA REINE.

Il est bien ennuyeux !

CASILDA.

              J'en conviens ! — Parlez-lui !

LA REINE, *se tournant vers don Guritan.*

Bonjour, comte !

Don Guritan s'approche avec trois révérences, et vient baiser en soupirant la main de la reine, qui le laisse faire d'un air indifférent et distrait. Puis il retourne à sa place, à côté du siége de la camerera mayor.

DON GURITAN, *en se retirant, bas à Casilda.*
La reine est charmante aujourd'hui !

CASILDA, *le regardant s'éloigner.*
Oh ! le pauvre héron ! près de l'eau qui le tente
Il se tient. Il attrape, après un jour d'attente,
Un bonjour, un bonsoir, souvent un mot bien sec,
Et s'en va tout joyeux, cette pâture au bec.

LA REINE, *avec un sourire triste.*
Tais-toi !

CASILDA.
Pour être heureux, il suffit qu'il vous voie !
Voir la reine, pour lui cela veut dire : — joie !

S'extasiant sur une boîte posée sur un guéridon.
Oh ! la divine boîte !

LA REINE.
Ah ! j'en ai la clef là.

CASILDA.
Ce bois de calambour est exquis !

LA REINE, *lui présentant la clef.*
Ouvre-la.
Vois : — je l'ai fait emplir de reliques, ma chère ;
Puis je vais l'envoyer à Neubourg, à mon père ;
Il sera très-content. —

Elle rêve un instant, puis s'arrache vivement à sa rêverie.
A part.
Je ne veux pas penser !
Ce que j'ai dans l'esprit, je voudrais le chasser.

A Casilda.
Va chercher dans ma chambre un livre… — je suis folle !
Pas un livre allemand ! tout en langue espagnole.

Le roi chasse. Toujours absent. Ah! quel ennui!
En six mois, j'ai passé douze jours près de lui.

CASILDA.

Epousez donc un roi pour vivre de la sorte!

La reine retombe dans sa rêverie, puis en sort de nouveau violemment et comme avec effort.

LA REINE.

Je veux sortir!

A ce mot, prononcé impérieusement par la reine, la duchesse d'Albuquerque, qui est jusqu'à ce moment restée immobile sur son siége, lève la tête, puis se dresse debout et fait une profonde révérence à la reine.

LA DUCHESSE D'ALBUQUERQUE, *d'une voix brève et dure.*
   Il faut, pour que la reine sorte,
Que chaque porte soit ouverte, — c'est réglé, —
Par un des grands d'Espagne ayant droit à la clé.
Or nul d'eux ne peut être au palais à cette heure.

LA REINE.

Mais on m'enferme donc! mais on veut que je meure!
Duchesse, enfin!...

LA DUCHESSE, *avec une nouvelle révérence.*

   Je suis camerera mayor,
Et je remplis ma charge.

   Elle se rassied.

LA REINE, *prenant sa tête à deux mains avec désespoir, à part.*

   Allons! rêver encore!
Non!
 Haut.
 — Vite! un lansquenet! à moi, toutes mes femmes!
Une table, et jouons!

LA DUCHESSE, *aux duègnes.*

   Ne bougez pas, mesdames.
 Se levant et faisant la révérence à la reine.
Sa Majesté ne peut, suivant l'ancienne loi,

Jouer qu'avec des rois ou des parents du roi.
LA REINE, *avec emportement.*
Eh bien ! faites venir ces parents.
CASILDA, *à part, regardant la duchesse.*
Oh ! la duègne !
LA DUCHESSE, *avec un signe de croix.*
Dieu n'en a pas donné, madame, au roi qui règne.
La reine mère est morte. Il est seul à présent.
LA REINE.
Qu'on me serve à goûter !
CASILDA.
Oui, c'est très-amusant.
LA REINE.
Casilda, je t'invite.
CASILDA, *à part, regardant la camerera.*
Oh ! respectable aïeule !
LA DUCHESSE, *avec une révérence.*
Quand le roi n'est pas là, la reine mange seule.
Elle se rassied.
LA REINE, *poussée à bout.*
Ne pouvoir — ô mon Dieu ! qu'est-ce que je ferai ! —
Ni sortir, ni jouer, ni manger à mon gré !
Vraiment, je meurs depuis un an que je suis reine.
CASILDA, *à part, la regardant avec compassion.*
Pauvre femme ! passer tous ses jours dans la gêne,
Au fond de cette cour insipide, et n'avoir
D'autre distraction que le plaisir de voir,
Au bord de ce marais, à l'eau dormante et plate,
Regardant don Guritan, toujours immobile et debout au fond de la chambre.
Un vieux comte amoureux rêvant sur une patte !
LA REINE, *à Casilda.*
Que faire ? voyons ! cherche une idée !

CASILDA.

Ah ! tenez !
En l'absence du roi c'est vous qui gouvernez.
Faites pour vous distraire appeler les ministres.

LA REINE, *haussant les épaules.*

Ce plaisir ! — avoir là huit visages sinistres
Me parlant de la France et de son roi caduc,
De Rome, et du portrait de monsieur l'archiduc
Qu'on promène à Burgos, parmi des cavalcades,
Sous un dais de drap d'or porté par quatre alcades !
— Cherche autre chose.

CASILDA.

Eh bien ! pour vous désennuyer,
Si je faisais monter quelque jeune écuyer ?

LA REINE.

Casilda !

CASILDA.

Je voudrais regarder un jeune homme,
Madame ! cette cour vénérable m'assomme.
Je crois que la vieillesse arrive par les yeux,
Et qu'on vieillit plus vite à voir toujours des vieux !

LA REINE.

Ris, folle ! — Il vient un jour où le cœur se reploie.
Comme on perd le sommeil, enfant, on perd la joie.

Pensive.

Mon bonheur, c'est ce coin du parc où j'ai le droit
D'aller seule.

CASILDA.

Oh ! le beau bonheur ! l'aimable endroit !
Des pièges sont creusés derrière tous les marbres.
On ne voit rien. Les murs sont plus hauts que les arbres.

LA REINE.

Oh ! je voudrais sortir parfois.

ACTE II, SCÈNE I.

CASILDA, *bas.*

Sortir ! Eh bien !
Madame, écoutez-moi. Parlons bas. Il n'est rien
De tel qu'une prison bien austère et bien sombre
Pour vous faire chercher et trouver dans son ombre
Ce bijou rayonnant nommé la clef des champs.
Je l'ai ! Quand vous voudrez, en dépit des méchants,
Je vous ferai sortir, la nuit, et par la ville
Nous irons.

LA REINE.

Ciel ! jamais. Tais-toi !

CASILDA.

C'est très-facile !

LA REINE.

Paix !

Elle s'éloigne un peu de Casilda et retombe dans sa rêverie.

Que ne suis-je encor, moi qui crains tous ces grands,
Dans ma bonne Allemagne avec mes bons parents !
Comme, ma sœur et moi, nous courions dans les herbes !
Et puis des paysans passaient traînant des gerbes ;
Nous leur parlions. C'était charmant. Hélas ! un soir,
Un homme vint qui dit — il était tout en noir ;
Je tenais par la main ma sœur, douce compagne : —
« Madame, vous allez être reine d'Espagne. »
Mon père était joyeux et ma mère pleurait.
Ils pleurent tous les deux à présent. — En secret
Je vais faire envoyer cette boîte à mon père,
Il sera bien content. — Vois, tout me désespère.
Mes oiseaux d'Allemagne, ils sont tous morts ;

Casilda fait le signe de tordre le cou à des oiseaux, en regardant de travers la camerera.

et puis
On m'empêche d'avoir des fleurs de mon pays.
Jamais à mon oreille un mot d'amour ne vibre.

Aujourd'hui je suis reine. Autrefois j'étais libre!
Comme tu dis, ce parc est bien triste le soir,
Et les murs sont si hauts, qu'ils empêchent de voir.
— Oh! l'ennui! —

On entend au dehors un chant éloigné.

Qu'est ce bruit?

CASILDA.

Ce sont les lavandières
Qui passent en chantant là-bas, dans les bruyères.

Le chant se rapproche. On distingue les paroles. La reine écoute avidement.

VOIX DU DEHORS.

A quoi bon entendre
Les oiseaux des bois?
L'oiseau le plus tendre
Chante dans ta voix.

Que Dieu montre ou voile
Les astres des cieux!
La plus pure étoile
Brille dans tes yeux.

Qu'Avril renouvelle
Le jardin en fleur!
La fleur la plus belle
Fleurit dans ton cœur.

Cet oiseau de flamme,
Cet astre du jour,
Cette fleur de l'âme
S'appelle l'Amour.

Les voix décroissent et s'éloignent.

LA REINE, *rêveuse.*

L'amour! — oui, celles-là sont heureuses. — Leur voix,
Leur chant me fait du mal et du bien à la fois.

LA DUCHESSE, *aux duègnes.*

Ces femmes dont le chant importune la reine,
Qu'on les chasse !

LA REINE, *vivement.*

Comment ! on les entend à peine.
Pauvres femmes ! je veux qu'elles passent en paix,
Madame.

A Casilda en lui montrant une croisée au fond.

Par ici le bois est moins épais ;
Cette fenêtre-là donne sur la campagne ;
Viens, tâchons de les voir.

Elle se dirige vers la fenêtre avec Casilda.

LA DUCHESSE, *se levant, avec une révérence.*

Une reine d'Espagne
Ne doit pas regarder à la fenêtre.

LA REINE, *s'arrêtant et revenant sur ses pas.*

Allons !
Le beau soleil couchant qui remplit les vallons,
La poudre d'or du soir qui monte sur la route,
Les lointaines chansons que toute oreille écoute,
N'existent plus pour moi ! J'ai dit au monde adieu.
Je ne puis même voir la nature de Dieu !
Je ne puis même voir la liberté des autres !

LA DUCHESSE, *faisant signe aux assistants de sortir.*

Sortez, c'est aujourd'hui le jour des saints Apôtres.

Casilda fait quelques pas vers la porte ; la reine l'arrête.

LA REINE.

Tu me quittes ?

CASILDA, *montrant la duchesse.*

Madame, on veut que nous sortions.

LA DUCHESSE, *saluant la reine jusqu'à terre.*

Il faut laisser la reine à ses dévotions.

Tous sortent avec de profondes révérences.

SCÈNE II.

LA REINE, seule.

A ses dévotions! dis donc à sa pensée!
Où la fuir maintenant? seule! ils m'ont tous laissée.
Pauvre esprit sans flambeau, dans un chemin obscur!
Rêvant.
Oh! cette main sanglante empreinte sur le mur!
Il s'est donc blessé? Dieu! mais aussi c'est sa faute.
Pourquoi vouloir franchir la muraille si haute?
Pour m'apporter les fleurs qu'on me refuse ici,
Pour cela, pour si peu, s'aventurer ainsi!
C'est aux pointes de fer qu'il s'est blessé sans doute.
Un morceau de dentelle y pendait. Une goutte
De ce sang répandu pour moi vaut tous mes pleurs.
S'enfonçant dans sa rêverie.
Chaque fois qu'à ce banc je vais chercher des fleurs,
Je promets à mon Dieu, dont l'appui me délaisse,
De n'y plus retourner. J'y retourne sans cesse.
— Mais lui, voilà trois jours qu'il n'est pas revenu.
— Blessé! — qui que tu sois, ô jeune homme inconnu!
Toi qui, me voyant seule et loin de ce qui m'aime,
Sans me rien demander, sans rien espérer même,
Viens à moi, sans compter les périls où tu cours;
Toi qui verses ton sang, toi qui risques tes jours
Pour donner une fleur à la reine d'Espagne;
Qui que tu sois, ami dont l'ombre m'accompagne,
Puisque mon cœur subit une inflexible loi,
Sois aimé par ta mère et sois béni par moi!
Vivement et portant la main à son cœur.
— Oh! sa lettre me brûle! —

Retombant dans sa rêverie.

      Et l'autre ! l'implacable
Don Salluste ! le sort me protége et m'accable.
En même temps qu'un ange, un spectre affreux me suit ;
Et, sans les voir, je sens s'agiter dans ma nuit,
Pour m'amener peut-être à quelque instant suprême,
Un homme qui me hait près d'un homme qui m'aime.
L'un me sauvera-t-il de l'autre ? Je ne sais.
Hélas ! mon destin flotte à deux vents opposés.
Que c'est faible une reine et que c'est peu de chose !
Prions.

Elle s'agenouille devant la madone.

— Secourez-moi, madame, car je n'ose
Elever mon regard jusqu'à vous !

Elle s'interrompt.

       — O mon Dieu !
La dentelle, la fleur, la lettre, c'est du feu !

Elle met la main dans sa poitrine et en arrache une lettre froissée, un bouquet desséché de petites fleurs bleues et un morceau de dentelle taché de sang qu'elle jette sur la table, puis elle retombe à genoux.

Vierge ! astre de la mer ! Vierge ! espoir du martyre !
Aidez-moi ! —

S'interrompant.

  Cette lettre !

Se tournant à demi vers la table.

      Elle est là qui m'attire.

S'agenouillant de nouveau.

Je ne veux plus la lire ! — O reine de douceur !
Vous qu'à tout affligé Jésus donne pour sœur,
Venez, je vous appelle ! —

Elle se lève et fait quelques pas vers la table, puis s'arrête, puis enfin se précipite sur la lettre, comme cédant à une attraction irrésistible.

     Oui, je vais la relire

Une dernière fois! Après, je la déchire!
Avec un sourire triste.
Hélas! depuis un mois je dis toujours cela.
Elle déplie la lettre résolûment et lit.

« Madame, sous vos pieds, dans l'ombre, un homme est là
« Qui vous aime, perdu dans la nuit qui le voile,
« Qui souffre, ver de terre amoureux d'une étoile;
« Qui pour vous donnera son âme, s'il le faut;
« Et qui se meurt en bas quand vous brillez en haut. »
Elle pose la lettre sur la table.
Quand l'âme a soif, il faut qu'elle se désaltère,
Fût-ce dans du poison!
Elle remet la lettre et la dentelle dans sa poitrine.
Je n'ai rien sur la terre.
Mais enfin il faut bien que j'aime quelqu'un, moi!
Oh! s'il avait voulu, j'aurais aimé le roi.
Mais il me laisse ainsi, — seule, — d'amour privée.

*La grande porte s'ouvre à deux battants. Entre un huissier de
de chambre en grand costume.*

L'HUISSIER, *à haute voix.*
Une lettre du roi!
LA REINE, *comme réveillée en sursaut, avec un cri de joie.*
Du roi! je suis sauvée!

SCÈNE III.

LA REINE, LA DUCHESSE D'ALBUQUERQUE, CASILDA, DON GURITAN, Femmes de la reine, Pages, RUY BLAS.

Tous entrent gravement. La duchesse en tête, puis les femmes. Ruy Blas reste au fond du théâtre. Il est magnifiquement vêtu. Son manteau tombe sur son bras gauche et le cache. Deux pages, portant sur un coussin de drap d'or la lettre du roi, viennent s'agenouiller devant la reine, à quelques pas de distance.

RUY BLAS, *au fond du théâtre, à part.*
Où suis-je? — Qu'elle est belle! — Oh! pour qui suis-je ici?
LA REINE, *à part.*
C'est un secours du ciel!
Haut.
Donnez vite!...
Se tournant vers le portrait du roi.
Merci,
Monseigneur!
A la duchesse.
D'où me vient cette lettre?
LA DUCHESSE.
Madame,
D'Aranjuez, où le roi chasse.
LA REINE.
Du fond de l'âme
Je lui rends grâce. Il a compris qu'en mon ennui
J'avais besoin d'un mot d'amour qui vînt de lui!
Mais donnez donc.
LA DUCHESSE, *avec une révérence, montrant la lettre.*
L'usage, il faut que je le dise,
Veut que ce soit d'abord moi qui l'ouvre et la lise.

LA REINE.

Encore! — Eh bien, lisez!

La duchesse prend la lettre et la déploie lentement.

CASILDA, *à part.*

Voyons le billet doux.

LA DUCHESSE, *lisant.*

« Madame, il fait grand vent et j'ai tué six loups.
« Signé, CARLOS. »

LA REINE, *à part.*

Hélas!

DON GURITAN, *à la duchesse.*

C'est tout?

LA DUCHESSE.

Oui, seigneur comte.

CASILDA, *à part.*

Il a tué six loups! comme cela vous monte
L'imagination! Votre cœur est jaloux,
Tendre, ennuyé, malade? — Il a tué six loups!

LA DUCHESSE, *à la reine, en lui présentant la lettre.*

Si Sa Majesté veut?...

LA REINE, *la repoussant.*

Non.

CASILDA, *à la duchesse.*

C'est bien tout?

LA DUCHESSE.

Sans doute.
Que faut-il donc de plus? notre roi chasse; en route,
Il écrit ce qu'il tue avec le temps qu'il fait.
C'est fort bien.

Examinant de nouveau la lettre.

Il écrit? non, il dicte.

LA REINE, *lui arrachant la lettre et l'examinant à son tour.*

En effet,

Ce n'est pas de sa main. Rien que sa signature !
Elle l'examine avec plus d'attention et paraît frappée de stupeur.
A part.
Est-ce une illusion ? c'est la même écriture
Que celle de la lettre !
Elle désigne de la main la lettre qu'elle vient de cacher sur son cœur.
Oh ! qu'est-ce que cela ?
A la duchesse.
Où donc est le porteur du message ?
LA DUCHESSE, *montrant Ruy Blas.*
Il est là.
LA REINE, *se tournant à demi vers Ruy Blas.*
Ce jeune homme !
LA DUCHESSE.
C'est lui qui l'apporte en personne.
— Un nouvel écuyer que Sa Majesté donne
A la reine. Un seigneur que de la part du roi
Monsieur de Santa-Cruz me recommande, à moi.
LA REINE.
Son nom ?
LA DUCHESSE
C'est le seigneur César de Bazan, comte
De Garofa. S'il faut croire ce qu'on raconte,
C'est le plus accompli gentilhomme qui soit.
LA REINE.
Bien. Je veux lui parler.
A Ruy Blas.
Monsieur...
RUY BLAS, *à part, tressaillant.*
Elle me voit !
Elle me parle ! Dieu ! je tremble.
LA DUCHESSE, *à Ruy Blas.*
Approchez, comte.

DON GURITAN, *regardant Ruy Blas de travers, à part.*
Ce jeune homme écuyer! ce n'est pas là mon compte.

Ruy Blas, pâle et troublé, approche à pas lents.

LA REINE, *à Ruy Blas.*

Vous venez d'Aranjuez?

RUY BLAS, *s'inclinant.*

Oui, madame.

LA REINE.

Le roi
Se porte bien?

Ruy Blas s'incline, elle montre la lettre royale.

Il a dicté ceci pour moi?

RUY BLAS.

Il était à cheval, il a dicté la lettre...

Il hésite un moment.

A l'un des assistants.

LA REINE, *à part, regardant Ruy Blas.*

Son regard me pénètre.
Je n'ose demander à qui.

Haut.

C'est bien, allez.

— Ah! —

Ruy Blas, qui avait fait quelques pas pour sortir, revient vers la reine.

Beaucoup de seigneurs étaient là rassemblés?

A part.

Pourquoi donc suis-je émue en voyant ce jeune homme?

Ruy Blas s'incline; elle reprend.

Lesquels?

RUY BLAS.

Je ne sais pas les noms dont on les nomme,
Je n'ai passé là-bas que des instants fort courts.
Voilà trois jours que j'ai quitté Madrid.

LA REINE, *à part*.

         Trois jours !

Elle fixe un regard plein de trouble sur Ruy Blas.

RUY BLAS, *à part*.

C'est la femme d'un autre ! ô jalousie affreuse !
— Et de qui ! — Dans mon cœur un abîme se creuse.

DON GURITAN, *s'approchant de Ruy Blas*.

Vous êtes écuyer de la reine ? Un seul mot.
Vous connaissez quel est votre service ? Il faut
Vous tenir cette nuit dans la chambre prochaine,
Afin d'ouvrir au roi s'il venait chez la reine.

RUY BLAS, *tressaillant, à part*.

Ouvrir au roi ! moi !

     Haut.

    Mais.. il est absent.

DON GURITAN.

        Le roi
Peut-il pas arriver à l'improviste ?

RUY BLAS, *à part*.

        Quoi !

DON GURITAN, *à part, observant Ruy Blas*.

Qu'a-t-il ?

LA REINE, *qui a tout entendu, et dont le regard est resté fixé sur Ruy Blas*.

  Comme il pâlit !

Ruy Blas, chancelant, s'appuie sur le bras d'un fauteuil.

CASILDA, *à la reine*.

     Madame, ce jeune homme
Se trouve mal !...

RUY BLAS, *se soutenant à peine*.

      Moi ? non, mais c'est singulier comme
Le grand air.. le soleil... la longueur du chemin...

A part.

— Ouvrir au roi !

Il tombe, épuisé, sur un fauteuil ; son manteau se dérange et laisse voir sa main gauche enveloppée de linges ensanglantés.

CASILDA.

Grand Dieu ! madame, à cette main
Il est blessé.

LA REINE.

Blessé !

CASILDA.

Mais il perd connaissance.
Mais vite, faisons-lui respirer quelque essence !

LA REINE, *fouillant dans sa gorgerette.*

Un flacon que j'ai là contient une liqueur...

En ce moment son regard tombe sur la manchette que Ruy Blas porte au bras droit. A part.

C'est la même dentelle !

Au même instant elle a tiré le flacon de sa poitrine, et, dans son trouble, elle a pris en même temps le morceau de dentelle qui y était caché. Ruy Blas, qui ne la quitte pas des yeux, voit cette dentelle sortir du sein de la reine.

RUY BLAS, *éperdu.*

Oh !

Le regard de la reine et celui de Ruy Blas se rencontrent. Un silence.

LA REINE, *à part.*

C'est lui !

RUY BLAS, *à part.*

Sur son cœur !

LA REINE, *à part.*

C'est lui !

RUY BLAS, *à part.*

Faites, mon Dieu, qu'en ce moment je meure !

Dans le désordre de toutes les femmes s'empressant autour de Ruy Blas, ce qui se passe entre la reine et lui n'est remarqué de personne.

CASILDA, *faisant respirer le flacon à **Ruy Blas**.*
Comment vous êtes-vous blessé ? c'est tout à l'heure ?
Non ? cela s'est rouvert en route ? Aussi pourquoi
Vous charger d'apporter le message du roi ?
LA REINE, *à Casilda.*
Vous finirez bientôt vos questions, j'espère !
LA DUCHESSE, *à Casilda.*
Qu'est-ce que cela fait à la reine, ma chère ?
LA REINE.
Puisqu'il avait écrit la lettre, il pouvait bien
L'apporter, n'est-ce pas ?
CASILDA.
Mais il n'a dit en rien
Qu'il ait écrit la lettre.
LA REINE, *à part.*
Oh !
A Casilda.
Tais-toi !
CASILDA, *à Ruy Blas.*
Votre Grâce
Se trouve-t-elle mieux ?
RUY BLAS.
Je renais !
LA REINE, *à ses femmes.*
L'heure passe,
Rentrons. — Qu'en son logis le comte soit conduit.
Aux pages au fond du théâtre.
Vous savez que le roi ne vient pas cette nuit ?
Il passe la saison tout entière à la chasse.
Elle rentre avec sa suite dans ses appartements.
CASILDA, *la regardant sortir.*
La reine a dans l'esprit quelque chose.
Elle sort par la même porte que la reine en emportant la petite cassette aux reliques.

RUY BLAS, *resté seul.*

Il semble écouter encore quelque temps avec une joie profonde les dernières paroles de la reine. Il paraît comme en proie à un rêve. Le morceau de dentelle, que la reine a laissé tomber dans son trouble, est resté à terre sur le tapis. Il le ramasse, le regarde avec amour, et le couvre de baisers. Puis il lève les yeux au ciel.

O Dieu! grâce!
Ne me rendez pas fou!

Regardant le morceau de dentelle.

C'était bien sur son cœur!

Il le cache dans sa poitrine. — Entre don Guritan. Il revient par la porte de la chambre où il a suivi la reine. Il marche à pas lents vers Ruy Blas. Arrivé près de lui sans dire un mot, il tire à demi son épée et la mesure du regard avec celle de Ruy Blas. Elles sont inégales. Il remet son épée dans le fourreau. Ruy Blas le regarde faire avec étonnement.

SCÈNE IV.

RUY BLAS, DON GURITAN.

DON GURITAN, *repoussant son épée dans le fourreau.*
J'en apporterai deux de pareille longueur.

RUY BLAS.

Monsieur, que signifie?...

DON GURITAN, *avec gravité.*

En mil six cent cinquante,
J'étais très-amoureux. J'habitais Alicante.
Un jeune homme, bien fait, beau comme les amours,
Regardait de fort près ma maîtresse, et toujours
Passait sous son balcon, devant la cathédrale,
Plus fier qu'un capitan sur la barque amirale.
Il avait nom Vasquez, seigneur, quoique bâtard.
Je le tuai. —

Ruy Blas veut l'interrompre, don Guritan l'arrête du geste et continue.

Vers l'an soixante-six, plus tard,
Gil, comte d'Iscola, cavalier magnifique,
Envoya chez ma belle, appelée Angélique,
Avec un billet doux qu'elle me présenta,
Un esclave nommé Grifel de Viserta.
Je fis tuer l'esclave et je tuai le maître.

RUY BLAS.

Monsieur!...

DON GURITAN, *poursuivant.*

Plus tard, vers l'an quatre-vingts, je crus être
Trompé par ma beauté, fille aux tendres façons,
Pour Tirso Gamonal, un de ces beaux garçons
Dont le visage altier et charmant s'accommode
D'un panache éclatant. C'est l'époque où la mode
Etait qu'on fit ferrer ses mules en or fin.
Je tuai don Tirso Gamonal.

RUY BLAS.

Mais enfin
Que veut dire cela, monsieur?

DON GURITAN.

Cela veut dire,
Comte, qu'il sort de l'eau du puits quand on en tire,
Que le soleil se lève à quatre heures demain;
Qu'il est un lieu désert et loin de tout chemin,
Commode aux gens de cœur, derrière la chapelle;
Qu'on vous nomme, je crois, César, et qu'on m'appelle
Don Gaspard Guritan Tassis y Guevarra,
Comte d'Oñate.

RUY BLAS, *froidement.*

Bien, monsieur, on y sera.

Depuis quelques instants, Casilda, curieuse, est entrée à pas de loup par la petite porte du fond et a écouté les dernières paroles des deux interlocuteurs sans être vue d'eux.

CASILDA, *à part*.

Un duel ! avertissons la reine.

Elle rentre et disparaît par la petite porte.

DON GURITAN, *toujours imperturbable*.

En vos études,
S'il vous plaît de connaître un peu mes habitudes,
Pour votre instruction, monsieur, je vous dirai
Que je n'ai jamais eu qu'un goût fort modéré
Pour ces godelureaux, grands friseurs de moustache,
Beaux damerets sur qui l'œil des femmes s'attache,
Qui sont tantôt plaintifs et tantôt radieux,
Et qui, dans les maisons, faisant force clins d'yeux,
Prenant sur les fauteuils d'adorables tournures,
Viennent s'évanouir pour des égratignures.

RUY BLAS.

Mais — je ne comprends pas.

DON GURITAN.

Vous comprenez fort bien.
Nous sommes tous les deux épris du même bien.
L'un de nous est de trop dans ce palais. En somme,
Vous êtes écuyer, moi je suis majordome.
Droits pareils. Au surplus, je suis mal partagé,
La partie entre nous n'est pas égale : j'ai
Le droit du plus ancien, vous le droit du plus jeune.
Donc vous me faites peur. A la table où je jeûne
Voir un jeune affamé s'asseoir avec des dents
Effrayantes, un air vainqueur, des yeux ardents,
Cela me trouble fort. Quant à lutter ensemble
Sur le terrain d'amour, beau champ qui toujours tremble,
De fadaises, mon cher, je sais mal faire assaut ;
J'ai la goutte, et d'ailleurs ne suis point assez sot
Pour disputer le cœur d'aucune Pénélope

Contre un jeune gaillard si prompt à la syncope.
C'est pourquoi, vous trouvant fort beau, fort caressant,
Fort gracieux, fort tendre et fort intéressant,
Il faut que je vous tue.

RUY BLAS.

Eh bien ! essayez.

DON GURITAN.

Comte

De Garofa, demain, à l'heure où le jour monte,
A l'endroit indiqué, sans témoin ni valet,
Nous nous égorgerons galamment, s'il vous plaît,
Avec épée et dague, en dignes gentilshommes,
Comme il sied quand on est des maisons dont nous sommes.

Il tend la main à Ruy Blas, qui la lui prend.

RUY BLAS.

Pas un mot de ceci, n'est-ce pas ?

Le comte fait un signe d'adhésion.

A demain.

Ruy Blas sort.

DON GURITAN, *resté seul*.

Non, je n'ai pas du tout senti trembler sa main.
Etre sûr de mourir et faire de la sorte,
C'est d'un brave jeune homme !

Bruit d'une clef à la petite porte de la chambre de la reine. Don Guritan se retourne.

On ouvre cette porte ?

La reine paraît et marche vivement vers don Guritan, surpris et charmé de la voir. Elle tient entre ses mains la petite cassette.

SCÈNE V.

DON GURITAN, LA REINE.

LA REINE, *avec un sourire.*
C'est vous que je cherchais !
DON GURITAN, *ravi.*
Qui me vaut ce bonheur ?
LA REINE, *posant la cassette sur le guéridon.*
Oh ! Dieu ! rien, ou du moins peu de chose, seigneur.
Elle rit.
Tout à l'heure on disait, parmi d'autres paroles, —
Casilda, — vous savez que les femmes sont folles, —
Casilda soutenait que vous feriez pour moi
Tout ce que je voudrais.
DON GURITAN.
Elle a raison !
LA REINE, *riant.*
Ma foi,
J'ai soutenu que non.
DON GURITAN.
Vous avez tort, madame.
LA REINE.
Elle a dit que pour moi vous donneriez votre ame,
Votre sang...
DON GURITAN.
Casilda parlait fort bien ainsi.
LA REINE.
Et moi, j'ai dit que non.
DON GURITAN.
Et moi, je dis que si !
Pour Votre Majesté je suis prêt à tout faire.

LA REINE.

Tout?

DON GURITAN.

Tout!

LA REINE.

Eh bien! voyons, jurez que pour me plaire
Vous ferez à l'instant ce que je vous dirai.

DON GURITAN.

Par le saint roi Gaspard, mon patron vénéré,
Je le jure! ordonnez. J'obéis ou je meure!

LA REINE, *prenant la cassette.*

Bien. Vous allez partir de Madrid tout à l'heure
Pour porter cette boîte en bois de calambour
A mon père, monsieur l'électeur de Neubourg.

DON GURITAN, *à part.*

Je suis pris!

Haut.

A Neubourg?

LA REINE.

A Neubourg!

DON GURITAN.

Six cents lieues!

LA REINE.

Cinq cent cinquante. —

Elle montre la housse de soie qui enveloppe la cassette.

Ayez grand soin des franges bleues!
Cela peut se faner en route.

DON GURITAN.

Et quand partir?

LA REINE.

Sur-le-champ.

DON GURITAN.

Ah! demain!

LA REINE.

Je n'y puis consentir.

DON GURITAN, *à part.*

Je suis pris!

Haut.

Mais...

LA REINE.

Partez!

DON GURITAN.

Quoi?...

LA REINE.

J'ai votre parole.

DON GURITAN.

Une affaire...

LA REINE.

Impossible.

DON GURITAN.

Un objet si frivole...

LA REINE.

Vite!

DON GURITAN.

Un seul jour!

LA REINE.

Néant.

DON GURITAN.

Car...

LA REINE.

Faites à mon gré.

DON GURITAN.

Je...

LA REINE.

Non.

DON GURITAN.

Mais...

LA REINE.
Partez !
DON GURITAN.
Si...
LA REINE.
Je vous embrasserai !

Elle lui saute au cou et l'embrasse.

DON GURITAN, *fâché et charmé. Haut.*
Je ne résiste plus. J'obéirai, madame.
A part.
Dieu s'est fait homme ; soit. Le diable s'est fait femme !

LA REINE, *montrant la fenêtre.*
Une voiture en bas est là qui vous attend.
DON GURITAN.
Elle avait tout prévu !

Il écrit sur un papier quelques mots à la hâte et agite une sonnette. Un page paraît.

Page, porte à l'instant
Au seigneur don César de Bazan cette lettre.
A part.
Ce duel ! à mon retour il faut bien le remettre.
Je reviendrai !
Haut.
Je vais contenter de ce pas
Votre Majesté.
LA REINE.
Bien.

Il prend la cassette, baise la main de la reine, salue profondément, et sort. Un moment après on entend le roulement d'une voiture qui s'éloigne.

LA REINE, *tombant sur un fauteuil.*
Il ne le tûra pas.

ACTE TROISIÈME

RUY BLAS

La salle dite *Salle de gouvernement*, dans le palais du roi, à Madrid.

Au fond, une grande porte élevée au-dessus de quelques marches. Dans l'angle, à gauche, un pan coupé formé par une tapisserie de haute lisse. Dans l'angle opposé, une fenêtre. A droite, une table carrée, revêtue d'un tapis de velours vert, autour de laquelle sont rangés des tabourets pour huit ou dix personnes correspondant à autant de pupitres placés sur la table. Le côté de la table qui fait face au spectateur est occupé par un grand fauteuil recouvert de drap d'or et surmonté d'un dais en drap d'or, aux armes d'Espagne, timbrées de la couronne royale. A côté de ce fauteuil, une chaise.

Au moment où le rideau se lève, la junte du *Despacho universal* (conseil privé du roi) est au moment de prendre séance.

SCÈNE PREMIÈRE.

DON MANUEL ARIAS, président de Castille. DON PEDRO VELEZ DE GUEVARRA (COMTE DE CAMPOREAL) conseiller de cape et d'épée de la contaduria-mayor. DON FERNANDO DE CORDOVA Y AGUILAR (MARQUIS DE PRIEGO), même qualité. ANTONIO UBILLA, écrivain-mayor des rentes. MONTAZGO, conseiller de robe de la chambre des Indes. COVADENGA, secrétaire suprême des îles. Plusieurs autres

ACTE III, SCÈNE I.

conseillers. Les conseillers de robe vêtus de noir. Les autres en habit de cour. Camporeal a la croix de Calatrava au manteau; Priego, la Toison d'or au cou.

Don Manuel Arias, président de Castille, et le comte de Camporeal causent à voix basse, et entre eux, sur le devant du théâtre. Les autres conseillers font des groupes çà et là dans la salle.

DON MANUEL ARIAS.
Cette fortune-là cache quelque mystère.
LE COMTE DE CAMPOREAL.
Il a la Toison d'or. Le voilà secrétaire
Universel, ministre, et puis duc d'Olmedo.
DON MANUEL ARIAS.
En six mois!
LE COMTE DE CAMPOREAL.
On le sert derrière le rideau.
DON MANUEL ARIAS, *mystérieusement.*
La reine!
LE COMTE DE CAMPOREAL.
Au fait, le roi, malade et fou dans l'âme,
Vit avec le tombeau de sa première femme.
Il abdique enfermé dans son Escurial,
Et la reine fait tout!
DON MANUEL ARIAS.
Mon cher Camporeal,
Elle règne sur nous, et don César sur elle.
LE COMTE DE CAMPOREAL.
Il vit d'une façon qui n'est pas naturelle.
D'abord, quant à la reine, il ne la voit jamais.
Ils paraissent se fuir. Vous me direz non, mais
Comme depuis six mois je les guette, et pour cause,
J'en suis sûr. Puis il a le caprice morose
D'habiter, assez près de l'hôtel de Tormez,
Un logis aveuglé par des volets fermés,

Avec deux laquais noirs, gardeurs de portes closes,
Qui, s'ils n'étaient muets, diraient beaucoup de choses.

DON MANUEL ARIAS.

Des muets?

LE COMTE DE CAMPOREAL.

   Des muets. — Tous ses autres valets
Restent au logement qu'il a dans le palais.

DON MANUEL ARIAS.

C'est singulier.

DON ANTONIO UBILLA, *qui s'est approché depuis quelques instants.*

   Il est de grande race, en somme.

LE COMTE DE CAMPOREAL.

L'étrange, c'est qu'il veut faire son honnête homme!

A don Manuel Arias.

— Il est cousin, — aussi Santa-Cruz l'a poussé! —
De ce marquis Salluste, écroulé l'an passé. —
Jadis, ce don César, aujourd'hui notre maître,
Etait le plus grand fou que la lune eût vu naître.
C'était un drôle, — on sait des gens qui l'ont connu, —
Qui prit un beau matin son fonds pour revenu,
Qui changeait tous les jours de femmes, de carrosses,
Et dont la fantaisie avait des dents féroces.
Capables de manger en un an le Pérou.
Un jour il s'en alla, sans qu'on ait su par où.

DON MANUEL ARIAS.

L'âge a du fou joyeux fait un sage fort rude.

LE COMTE DE CAMPOREAL.

Toute fille de joie en séchant devient prude.

UBILLA.

Je le crois homme probe.

LE COMTE DE CAMPOREAL, *riant.*

      Oh! candide Ubilla!
Qui se laisse éblouir à ces probités-là!

ACTE III, SCÈNE I.

D'un ton significatif.
La maison de la reine, ordinaire et civile,
Appuyant sur les chiffres.
Coûte, par an six cent soixante-quatre mille
Soixante-six ducats ! — c'est un Pactole obscur
Où, certe, on doit jeter le filet à coup sûr.
Eau trouble, pêche claire.

LE MARQUIS DE PRIEGO, *survenant*
                      Ah çà ! ne vous déplaise,
Je vous trouve imprudents et parlant fort à l'aise.
Feu mon grand-père, auprès du comte-duc nourri,
Disait : Mordez le roi, baisez le favori. —
Messieurs, occupons-nous des affaires publiques.

Tous s'asseyent autour de la table ; les uns prennent des plumes, les autres feuillettent des papiers. Du reste, oisiveté générale. Moment de silence.

MONTAZGO, *bas à Ubilla.*
Je vous ai demandé sur la caisse aux reliques
De quoi payer l'emploi d'alcade à mon neveu.

UBILLA, *bas.*
Vous, vous m'aviez promis de nommer avant peu
Mon cousin Melchior d'Elva bailli de l'Ebre.

MONTAZGO, *se récriant.*
Nous venons de doter votre fille. On célèbre
Encor sa noce. — On est sans relâche assailli...

UBILLA, *bas.*
Vous aurez votre alcade.

MONTAZGO, *bas.*
            Et vous votre bailli.
Ils se serrent la main.

COVADENGA, *se levant.*
Messieurs les conseillers de Castille, il importe,
Afin qu'aucun de nous de sa sphère ne sorte,
De bien régler nos droits et de faire nos parts.

42

Le revenu d'Espagne en cent mains est épars.
C'est un malheur public, il y faut mettre un terme.
Les uns n'ont pas assez, les autres trop. La ferme
Du tabac est à vous, Ubilla. L'indigo
Et le musc sont à vous, marquis de Priego.
Camporeal perçoit l'impôt des huit mille hommes,
L'almojarifazgo, le sel, mille autres sommes,
Le quint du cent de l'or, de l'ambre et du jayet.

A Montazgo.

Vous qui me regardez de cet œil inquiet,
Vous avez à vous seul, grâce à votre manége,
L'impôt sur l'arsenic et le droit sur la neige;
Vous avez les ports secs, les cartes, le laiton,
L'amende des bourgeois qu'on punit du bâton,
La dîme de la mer, le plomb, le bois de rose!... —
Moi, je n'ai rien, messieurs. Rendez-moi quelque chose!

LE COMTE DE CAMPOREAL, *éclatant de rire*.

Oh! le vieux diable! il prend les profits les plus clairs.
Excepté l'Inde, il a les îles des deux mers.
Quelle envergure! Il tient Mayorque d'une griffe
Et de l'autre il s'accroche au pic de Ténériffe!

COVADENGA, *s'échauffant*.

Moi, je n'ai rien!

LE MARQUIS DE PRIEGO, *riant*.

Il a les nègres!

Tous se lèvent et parlent à la fois, se querellant.

MONTAZGO.

Je devrais

Me plaindre bien plutôt. Il me faut les forêts!

COVADENGA, *au marquis de Priego*.

Donnez-moi l'arsenic, je vous cède les nègres!

Depuis quelques instants, Ruy Blas est entré par la porte du
fond et assiste à la scène sans être vu des interlocuteurs. Il
est vêtu de velours noir, avec un manteau de velours écarlate;

il a la plume blanche au chapeau et la Toison d'or au cou. Il
les écoute d'abord en silence, puis, tout à coup, il s'avance à
pas lents et paraît au milieu d'eux au plus fort de la querelle.

SCÈNE II.

Les Mêmes, RUY BLAS.

RUY BLAS, *survenant.*

Bon appétit! messieurs! —

Tous se retournent. Silence de surprise et d'inquiétude. Ruy
Blas se couvre, croise les bras, et poursuit en les regardant en
face.

      O ministres intègres!
Conseillers vertueux! voilà votre façon
De servir, serviteurs qui pillez la maison!
Donc vous n'avez pas honte et vous choisissez l'heure,
L'heure sombre où l'Espagne agonisante pleure!
Donc vous n'avez ici pas d'autres intérêts
Que d'emplir votre poche et vous enfuir après!
Soyez flétris, devant votre pays qui tombe,
Fossoyeurs qui venez le voler dans sa tombe!
— Mais voyez, regardez, ayez quelque pudeur.
L'Espagne et sa vertu, l'Espagne et sa grandeur,
Tout s'en va. — Nous avons, depuis Philippe Quatre,
Perdu le Portugal, le Brésil, sans combattre;
En Alsace Brisach, Steinfort en Luxembourg,
Et toute la Comté jusqu'au dernier faubourg;
Le Roussillon, Ormuz, Goa, cinq mille lieues
De côte, et Fernambouc, et les Montagnes-Bleues!
Mais voyez. — Du ponant jusques à l'orient,
L'Europe, qui vous hait, vous regarde en riant.
Comme si votre roi n'était plus qu'un fantôme,
La Hollande et l'Anglais partagent ce royaume;

Rome vous trompe; il faut ne risquer qu'à demi
Une armée en Piémont, quoique pays ami;
La Savoie et son duc sont pleins de précipices;
La France, pour vous prendre, attend des jours propices;
L'Autriche aussi vous guette. — Et l'infant bavarois
Se meurt, vous le savez. — Quant à vos vice-rois,
Médina, fou d'amour, emplit Naples d'esclandres,
Vaudémont vend Milan, Legañez perd les Flandres.
Quel remède à cela? — L'Etat est indigent;
L'Etat est épuisé de troupes et d'argent;
Nous avons sur la mer, où Dieu met ses colères,
Perdu trois cents vaisseaux, sans compter les galères!
Et vous osez!... — Messieurs, en vingt ans, songez-y,
Le peuple, — j'en ai fait le compte, et c'est ainsi! —
Portant sa charge énorme et sous laquelle il ploie,
Pour vous, pour vos plaisirs, pour vos filles de joie,
Le peuple misérable, et qu'on pressure encor,
A sué quatre cent trente millions d'or!
Et ce n'est pas assez! et vous voulez, mes maîtres!...
Ah! j'ai honte pour vous! — Au dedans, routiers, reîtres
Vont battant le pays et brûlant la moisson.
L'escopette est braquée au coin de tout buisson.
Comme si c'était peu de la guerre des princes,
Guerre entre les couvents, guerre entre les provinces,
Tous voulant dévorer leur voisin éperdu,
Morsures d'affamés sur un vaisseau perdu!
Notre église en ruine est pleine de couleuvres;
L'herbe y croît. Quant aux grands, des aïeux, mais pas d'œu-
Tout se fait par intrigue et rien par loyauté. [vres.
L'Espagne est un égout où vient l'impureté
De toute nation. — Tout seigneur à ses gages
A cent coupe-jarrets qui parlent cent langages.
Génois, Sardes, Flamands. Babel est dans Madrid.
L'alguazil, dur au pauvre, au riche s'attendrit.

La nuit, on assassine et chacun crie : A l'aide !
— Hier on m'a volé, moi, près du pont de Tolède ! —
La moitié de Madrid pille l'autre moitié.
Tous les juges vendus ; pas un soldat payé.
Anciens vainqueurs du monde, Espagnols que nous sommes,
Quelle armée avons-nous ? A peine six mille hommes,
Qui vont pieds nus. Des gueux, des juifs, des montagnards,
S'habillant d'une loque et s'armant de poignards.
Aussi d'un régiment toute bande se double.
Sitôt que la nuit tombe, il est une heure trouble
Où le soldat douteux se transforme en larron.
Matalobos a plus de troupes qu'un baron ;
Un voleur fait chez lui la guerre au roi d'Espagne.
Hélas ! les paysans qui sont dans la campagne
Insultent en passant la voiture du roi ;
Et lui, votre seigneur, plein de deuil et d'effroi,
Seul, dans l'Escurial, avec les morts qu'il foule,
Courbe son front pensif sur qui l'empire croule !
— Voilà ! — L'Europe, hélas ! écrase du talon
Ce pays qui fut pourpre et n'est plus que haillon !
L'Etat s'est ruiné dans ce siècle funeste,
Et vous vous disputez à qui prendra le reste !
Ce grand peuple espagnol aux membres énervés,
Qui s'est couché dans l'ombre et sur qui vous vivez,
Expire dans cet antre où son sort se termine,
Triste comme un lion mangé par la vermine !
— Charles-Quint ! dans ces temps d'opprobre et de terreur,
Que fais-tu dans ta tombe, ô puissant empereur !
Oh ! lève-toi ! viens voir ! — Les bons font place aux pires.
Ce royaume effrayant, fait d'un amas d'empires,
Penche... Il nous faut ton bras ! au secours, Charles-Quint !
Car l'Espagne se meurt ! car l'Espagne s'éteint !
Ton globe, qui brillait dans ta droite profonde,
Soleil éblouissant, qui faisait croire au monde

Que le jour désormais se levait à Madrid,
Maintenant, astre mort, dans l'ombre s'amoindrit,
Lune aux trois quarts rongée et qui décroît encore,
Et que d'un autre peuple effacera l'aurore !
Hélas ! ton héritage est en proie aux vendeurs.
Tes rayons, ils en font des piastres ! Tes splendeurs,
On les souille ! — O géant ! se peut-il que tu dormes ? —
On vend ton sceptre au poids ! un tas de nains difformes
Se taillent des pourpoints dans ton manteau de roi ;
Et l'aigle impérial qui, jadis, sous ta loi,
Couvrait le monde entier de tonnerre et de flamme,
Cuit, pauvre oiseau plumé, dans leur marmite infâme !

Les conseillers se taisent, consternés. Seuls, le marquis de Priego et le comte de Camporeal redressent la tête et regardent Ruy Blas avec colère. Puis Camporeal, après avoir parlé à Priego, va à la table, écrit quelques mots sur un papier, les signe et les fait signer au marquis.

LE COMTE DE CAMPOREAL, *désignant le marquis de Priego et remettant le papier à Ruy Blas.*

Monsieur le duc, — au nom de tous les deux, — voici
Notre démission de notre emploi.

RUY BLAS, *prenant le papier, froidement.*
     Merci.
Vous vous retirerez, avec votre famille,
 A Priego.
Vous, en Andalousie,
  A Camporeal.
    Et vous, comte, en Castille.
Chacun dans vos Etats. Soyez partis demain.

Les deux seigneurs s'inclinent et sortent fièrement, le chapeau sur la tête. Ruy Blas se tourne vers les autres conseillers.

Quiconque ne veut pas marcher dans mon chemin
Peut suivre ces messieurs.

Silence dans les assistants. Ruy Blas s'assied à la table sur une chaise à dossier placée à droite du fauteuil royal, et s'occupe à décacheter une correspondance. Pendant qu'il parcourt les lettres l'une après l'autre, Covadenga, Arias et Ubilla échangent quelques paroles à voix basse.

UBILLA, *à Covadenga, montrant Ruy Blas.*

Fils, nous avons un maitre.
Cet homme sera grand.

DON MANUEL ARIAS.

Oui, s'il a le temps d'être.

COVADENGA.

Et s'il ne se perd pas à tout voir de trop près.

UBILLA.

Il sera Richelieu !

DON MANUEL ARIAS.

S'il n'est Olivarez !

RUY BLAS, *après avoir parcouru vivement une lettre qu'il vient d'ouvrir.*

Un complot ! qu'est ceci ? messieurs, que vous disais-je ?
Lisant.
—... « Duc d'Olmedo, veillez. Il se prépare un piège
« Pour enlever quelqu'un de très-grand de Madrid. »

Examinant la lettre.

— On ne nomme pas qui. Je veillerai. — L'écrit
Est anonyme. —

Entre un huissier de cour qui s'approche de Ruy Blas avec une profonde révérence.

Allons ! qu'est-ce ?

L'HUISSIER.

A Votre Excellence
J'annonce monseigneur l'ambassadeur de France.

RUY BLAS.

Ah ! d'Harcourt ! Je ne puis à présent.

L'HUISSIER, *s'inclinant.*

Monseigneur,

Le nonce impérial dans la chambre d'honneur
Attend Votre Excellence.

RUY BLAS.

A cette heure ? Impossible.

L'huissier s'incline et sort. Depuis quelques instants, un page est entré, vêtu d'une livrée couleur de feu, à galons d'argent, et s'est approché de Ruy Blas.

RUY BLAS, *l'apercevant.*

Mon page ! je ne suis pour personne visible.

LE PAGE, *bas.*

Le comte Guritan, qui revient de Neubourg...

RUY BLAS, *avec un geste de surprise.*

Ah ! — Page, enseigne-lui ma maison du faubourg.
Qu'il m'y vienne trouver demain, si bon lui semble.
Va.

Le page sort. Aux conseillers.

Nous aurons tantôt à travailler ensemble,
Dans deux heures. Messieurs, revenez.

Tous sortent en saluant profondément Ruy Blas.

Ruy Blas, resté seul, fait quelques pas, en proie à une rêverie profonde. Tout à coup, à l'angle du salon, la tapisserie s'écarte et la reine apparaît. Elle est vêtue de blanc avec la couronne en tête ; elle paraît rayonnante de joie et fixe sur Ruy Blas un regard d'admiration et de respect. Elle soutient d'un bras la tapisserie, derrière laquelle on entrevoit une sorte de cabinet obscur où l'on distingue une petite porte. Ruy Blas, en se retournant, aperçoit la reine et reste comme pétrifié devant cette apparition.

SCÈNE III.

RUY BLAS, LA REINE.

LA REINE, *au fond du théâtre.*

Oh ! merci !

ACTE III, SCÈNE III.

RUY BLAS.

Ciel !

LA REINE.

Vous avez bien fait de leur parler ainsi.
Je n'y puis résister, duc, il faut que je serre
Cette loyale main, si ferme et si sincère !

Elle marche vivement à lui et lui prend la main, qu'elle presse avant qu'il ait pu s'en défendre.

RUY BLAS, *à part.*

La fuir depuis six mois et la voir tout à coup !

Haut.

Vous étiez là, madame ?

LA REINE.

Oui, duc, j'entendais tout.
J'étais là. J'écoutais avec toute mon âme !

RUY BLAS, *montrant la cachette.*

Je ne soupçonnais pas... — Ce cabinet, madame...

LA REINE.

Personne ne le sait. C'est un réduit obscur
Que don Philippe Trois fit creuser dans ce mur,
D'où le maître invisible entend tout comme une ombre.
Là j'ai vu bien souvent Charles Deux, morne et sombre,
Assister aux conseils où l'on pillait son bien,
Où l'on vendait l'Etat.

RUY BLAS.

Et que disait-il ?

LA REINE.

Rien.

RUY BLAS.

Rien ? — Et que faisait-il ?

LA REINE.

Il allait à la chasse.
Mais vous ! j'entends encor votre accent qui menace.
Comme vous les traitiez d'une haute façon,

Et comme vous aviez superbement raison !
Je soulevais le bord de la tapisserie,
Je vous voyais. Votre œil, irrité sans furie,
Les foudroyait d'éclairs, et vous leur disiez tout.
Vous me sembliez seul être resté debout !
Mais où donc avez-vous appris toutes ces choses ?
D'où vient que vous savez les effets et les causes ?
Vous n'ignorez donc rien ? D'où vient que votre voix
Parlait comme devrait parler celle des rois ?
Pourquoi donc étiez-vous, comme eût été Dieu même,
Si terrible et si grand ?

RUY BLAS.

Parce que je vous aime !
Parce que je sens bien, moi qu'ils haïssent tous,
Que ce qu'ils font crouler, s'écroulera sur vous !
Parce que rien n'effraye une ardeur si profonde,
Et que pour vous sauver je sauverais le monde !
Je suis un malheureux qui vous aime d'amour.
Hélas ! je pense à vous comme l'aveugle au jour.
Madame, écoutez-moi. J'ai des rêves sans nombre.
Je vous aime de loin, d'en bas, du fond de l'ombre ;
Je n'oserais toucher le bout de votre doigt,
Et vous m'éblouissez comme un ange qu'on voit !
— Vraiment, j'ai bien souffert. Si vous saviez, madame !
Je vous parle à présent. Six mois, cachant ma flamme,
J'ai fui. Je vous fuyais et je souffrais beaucoup.
Je ne m'occupe pas de ces hommes du tout,
Je vous aime. — O mon Dieu ! j'ose le dire en face
A Votre Majesté. Que faut-il que je fasse ?
Si vous me disiez : Meurs ! je mourrais. J'ai l'effroi
Dans le cœur. Pardonnez !

LA REINE.

Oh ! parle ! ravis-moi !
Jamais on ne m'a dit ces choses-là. J'écoute !

Ton âme en me parlant me bouleverse toute.
J'ai besoin de tes yeux, j'ai besoin de ta voix.
Oh! c'est moi qui souffrais! Si tu savais! cent fois,
Cent fois, depuis six mois que ton regard m'évite...
— Mais non, je ne dois pas dire cela si vite.
Je suis bien malheureuse. Oh! je me tais, j'ai peur!

RUY BLAS, *qui l'écoute avec ravissement.*

O madame! achevez! vous m'emplissez le cœur!

LA REINE.

Eh bien! écoute donc!

Levant les yeux au ciel.

— Oui, je vais tout lui dire.
Est-ce un crime? Tant pis. Quand le cœur se déchire,
Il faut bien laisser voir tout ce qu'on y cachait. —
Tu fuis la reine? Eh bien! la reine te cherchait!
Tous les jours je viens là, — là, dans cette retraite, —
T'écoutant, recueillant ce que tu dis, muette,
Contemplant ton esprit qui veut, juge et résout,
Et prise par ta voix qui m'intéresse à tout.
Va, tu me sembles bien le vrai roi, le vrai maître.
C'est moi, depuis six mois, tu t'en doutes peut-être,
Qui t'ai fait, par degrés, monter jusqu'au sommet.
Où Dieu t'aurait dû mettre une femme te met.
Oui, tout ce qui me touche a tes soins. Je t'admire.
Autrefois une fleur, à présent un empire!
D'abord je t'ai vu bon, et puis je te vois grand.
Mon Dieu! c'est à cela qu'une femme se prend!
Mon Dieu! si je fais mal, pourquoi, dans cette tombe,
M'enfermer, comme on met en cage une colombe,
Sans espoir, sans amour, sans un rayon doré?
— Un jour que nous aurons le temps, je te dirai
Tout ce que j'ai souffert. — Toujours seule, oubliée,
Et puis, à chaque instant, je suis humiliée.
Tiens, juge : hier encor... — Ma chambre me déplaît.

— Tu dois savoir cela, toi qui sais tout, il est
Des chambres où l'on est plus triste que dans d'autres.
J'en ai voulu changer. Vois quels fers sont les nôtres!
On ne l'a pas voulu. Je suis esclave ainsi! —
Duc, il faut, — dans ce but le ciel t'envoie ici, —
Sauver l'Etat qui tremble, et retirer du gouffre
Le peuple qui travaille, et m'aimer, moi qui souffre.
Je te dis tout cela sans suite, à ma façon,
Mais tu dois cependant voir que j'ai bien raison.

RUY BLAS, tombant à genoux.

Madame...

LA REINE, gravement.

Don César, je vous donne mon âme.
Reine pour tous, pour vous je ne suis qu'une femme.
Par l'amour, par le cœur, duc, je vous appartien.
J'ai foi dans votre honneur pour respecter le mien.
Quand vous m'appellerez, je viendrai. Je suis prête.
— O César! un esprit sublime est dans ta tête.
Sois fier, car le génie est ta couronne à toi!

Elle baise Ruy Blas au front.

Adieu.

Elle soulève la tapisserie et disparaît.

SCÈNE IV.

RUY BLAS, seul.

Il est comme absorbé dans une contemplation angélique.

Devant mes yeux c'est le ciel que je vois!
De ma vie, ô mon Dieu! cette heure est la première.
Devant moi tout un monde, un monde de lumière,
Comme ces paradis qu'en songe nous voyons,
S'entr'ouvre en m'inondant de vie et de rayons!

Partout, en moi, hors moi, joie, extase et mystère,
Et l'ivresse, et l'orgueil, et ce qui sur la terre
Se rapproche le plus de la divinité,
L'amour dans la puissance et dans la majesté !
La reine m'aime ! ô Dieu ! c'est bien vrai, c'est moi-même.
Je suis plus que le roi, puisque la reine m'aime !
Oh ! cela m'éblouit. Heureux, aimé, vainqueur !
Duc d'Olmedo, — l'Espagne à mes pieds, — j'ai son cœur !
Cet ange qu'à genoux je contemple et je nomme,
D'un mot me transfigure et me fait plus qu'un homme.
Donc je marche vivant dans mon rêve étoilé !
Oh ! oui, j'en suis bien sûr, elle m'a bien parlé.
C'est bien elle. Elle avait un petit diadème
En dentelle d'argent. Et je regardais même,
Pendant qu'elle parlait, — je crois la voir encor, —
Un aigle ciselé sur son bracelet d'or.
Elle se fie à moi, m'a-t-elle dit. — Pauvre ange !
Oh ! s'il est vrai que Dieu, par un prodige étrange,
En nous donnant l'amour, voulut mêler en nous
Ce qui fait l'homme grand à ce qui le fait doux,
Moi, qui ne crains plus rien maintenant qu'elle m'aime,
Moi, qui suis tout-puissant, grâce à son choix suprême,
Moi, dont le cœur gonflé ferait envie aux rois,
Devant Dieu qui m'entend, sans peur, à haute voix,
Je le dis, vous pouvez vous confier, madame,
A mon bras comme reine, à mon cœur comme femme !
Le dévouement se cache au fond de mon amour
Pur et loyal ! — Allez, ne craignez rien !

Depuis quelques instants, un homme est entré par la porte de fond, enveloppé d'un grand manteau, coiffé d'un chapeau galonné d'argent. Il s'est avancé lentement vers Ruy Blas sans être vu, et, au moment où Ruy Blas, ivre d'extase et de bonheur, lève les yeux au ciel, cet homme lui pose brusquement la main sur l'épaule. Ruy Blas se retourne comme éveillé subitement ; l'homme laisse tomber son manteau, et Ruy Bl reconnaît don Salluste. Don Salluste est vêtu d'une livrée couleur de feu à galons d'argent, pareille à celle du page de Ruy Blas.

SCÈNE V.

RUY BLAS, DON SALLUSTE.

DON SALLUSTE, *posant sa main sur l'épaule de Ruy Blas.*
                                                   Bonjour.
   RUY BLAS, *effaré.* — *A part.*
Grand Dieu! je suis perdu! le marquis!
    DON SALLUSTE, *souriant.*
                                                   Je parie
Que vous ne pensiez pas à moi.
    RUY BLAS.
                              Sa Seigneurie
En effet me surprend.
    A part.
                    Oh! mon malheur renaît.
J'étais tourné vers l'ange, et le démon venait.

Il court à la tapisserie qui cache le cabinet secret et en ferme la petite porte au verrou; puis il revient tout tremblant vers don Salluste.

    DON SALLUSTE.
Eh bien! comment cela va-t-il?
RUY BLAS, *l'œil fixé sur don Salluste impassible, pouvant à peine rassembler ses idées.*
                                         Cette livrée?...
    DON SALLUSTE, *souriant toujours.*
Il fallait du palais me procurer l'entrée.
Avec cet habit-là l'on arrive partout.
J'ai pris votre livrée et la trouve à mon goût.

Il se couvre. Ruy Blas reste tête nue.

ACTE III, SCÈNE V.

RUY BLAS.

Mais j'ai peur pour vous...

DON SALLUSTE.

Peur! quel est ce mot risible?

RUY BLAS.

Vous êtes exilé.

DON SALLUSTE.

Croyez-vous? c'est possible.

RUY BLAS.

Si l'on vous reconnaît, au palais, en plein jour?

DON SALLUSTE.

Ah bah! des gens heureux, qui sont des gens de cour,
Iraient perdre leur temps, ce temps qui sitôt passe,
A se ressouvenir d'un visage en disgrâce!
D'ailleurs regarde-t-on le profil d'un valet?

Il s'assied dans un fauteuil et Ruy Blas reste debout.

A propos, que dit-on à Madrid, s'il vous plaît?
Est-il vrai que, brûlant d'un zèle hyperbolique,
Ici, pour les beaux yeux de la caisse publique,
Vous exilez ce cher Priego, l'un des grands?
Vous avez oublié que vous êtes parents.
Sa mère est Sandoval, la vôtre aussi. Que diable!
Sandoval porte d'or à la bande de sable.
Regardez vos blasons, don César. C'est fort clair.
Cela ne se fait pas entre parents, mon cher.
Les loups pour nuire aux loups font-ils les bons apôtres?
Ouvrez les yeux pour vous, fermez-les pour les autres.
Chacun pour soi.

RUY BLAS, *se rassurant un peu.*

Pourtant, monsieur, permettez-moi.
Monsieur de Priego, comme noble du roi,
A grand tort d'aggraver les charges de l'Espagne.
Or, il va falloir mettre une armée en campagne;
Nous n'avons pas d'argent, et pourtant il le faut.

L'héritier bavarois penche à mourir bientôt.
Hier, le comte d'Harrach, que vous devez connaître,
Me le disait au nom de l'empereur son maître.
Si monsieur l'archiduc veut soutenir son droit,
La guerre éclatera...

DON SALLUSTE.

    L'air me semble un peu froid.
Faites-moi le plaisir de fermer la croisée.

> Ruy Blas, pâle de honte et de désespoir, hésite un moment, puis il fait un effort et se dirige lentement vers la fenêtre, la ferme et revient vers don Salluste, qui, assis dans le fauteuil, le suit des yeux d'un air indifférent.

RUY BLAS, reprenant et essayant de convaincre don Salluste.

Daignez voir à quel point la guerre est malaisée.
Que faire sans argent? Excellence, écoutez.
Le salut de l'Espagne est dans nos probités.
Pour moi, j'ai, comme si notre armée était prête,
Fait dire à l'empereur que je lui tiendrais tête...

DON SALLUSTE, interrompant Ruy Blas et lui montrant son mouchoir qu'il a laissé tomber en entrant.

Pardon! ramassez-moi mon mouchoir.

> Ruy Blas, comme à la torture, hésite encore, puis se baisse, ramasse le mouchoir, et le présente à don Salluste.
>
> Don Salluste, mettant le mouchoir dans sa poche.

         — Vous disiez?

RUY BLAS, avec un effort.

Le salut de l'Espagne! — oui, l'Espagne à nos pieds,
Et l'intérêt public demandent qu'on s'oublie.
Ah! toute nation bénit qui la délie.
Sauvons ce peuple! Osons être grands, et frappons!
Otons l'ombre à l'intrigue et le masque aux fripons!

DON SALLUSTE, nonchalamment.

Et d'abord ce n'est pas de bonne compagnie. —

Cela sent son pédant et son petit génie
Que de faire sur tout un bruit démesuré.
Un méchant million, plus ou moins dévoré,
Voilà-t-il pas de quoi pousser des cris sinistres!
Mon cher, les grands seigneurs ne sont pas de vos cuistres.
Ils vivent largement. Je parle sans phébus.
Le bel air que celui d'un redresseur d'abus
Toujours bouffi d'orgueil et rouge de colère!
Mais bah! vous voulez être un gaillard populaire,
Adoré des bourgeois et des marchands d'esteufs.
C'est fort drôle. Ayez donc des caprices plus neufs.
Les intérêts publics? Songez d'abord aux vôtres.
Le salut de l'Espagne est un mot creux que d'autres
Feront sonner, mon cher, tout aussi bien que vous.
La popularité? c'est la gloire en gros sous.
Rôder, dogue aboyant, tout autour des gabelles?
Charmant métier! je sais des postures plus belles.
Vertu? foi? probité? c'est du clinquant déteint.
C'était usé déjà du temps de Charles-Quint.
Vous n'êtes pas un sot; faut-il qu'on vous guérisse
Du pathos? Vous tetiez encor votre nourrice,
Que nous autres déjà nous avions, sans pitié,
Gaiement, à coups d'épingle ou bien à coups de pié,
Crevant votre ballon au milieu des risées,
Fait sortir tout le vent de ces billevesées!

RUY BLAS.

Mais pourtant, monseigneur...

DON SALLUSTE, *avec un sourire glacé.*

Vous êtes étonnant.

Occupons-nous d'objets sérieux maintenant.

D'un ton bref et impérieux

— Vous m'attendrez demain toute la matinée,
Chez vous, dans la maison que je vous ai donnée.
La chose que je fais touche à l'événement.

Gardez pour nous servir les muets seulement.
Ayez dans le jardin, caché sous le feuillage,
Un carrosse attelé, tout prêt pour un voyage.
J'aurai soin des relais. Faites tout à mon gré.
— Il vous faut de l'argent. Je vous en enverrai.

RUY BLAS.

Monsieur, j'obéirai. Je consens à tout faire.
Mais jurez-moi d'abord qu'en toute cette affaire
La reine n'est pour rien.

DON SALLUSTE, *qui jouait avec un couteau d'ivoire sur la table, se retourne à demi.*

De quoi vous mêlez-vous?

RUY BLAS, *chancelant et le regardant avec épouvante.*

Oh! vous êtes un homme effrayant. Mes genoux
Tremblent... Vous m'entraînez vers un gouffre invisible.
Oh! je sens que je suis dans une main terrible!
Vous avez des projets monstrueux. J'entrevoi
Quelque chose d'horrible... — Ayez pitié de moi.
Il faut que je vous dise, — hélas! jugez vous-même! —
Vous ne le saviez pas! cette femme, je l'aime!

DON SALLUSTE, *froidement.*

Mais si. Je le savais.

RUY BLAS.

Vous le saviez?

DON SALLUSTE.

Pardieu!

Qu'est-ce que cela fait?

RUY BLAS, *s'appuyant au mur pour ne pas tomber, et comme se parlant à lui-même.*

Donc il s'est fait un jeu,
Le lâche! d'essayer sur moi cette torture!
Mais c'est que ce serait une affreuse aventure!

Il lève les yeux au ciel.

Seigneur Dieu tout-puissant, mon Dieu qui m'éprouvez,

Epargnez-moi, seigneur!
DON SALLUSTE.
Ah çà! mais — vous rêvez!
Vraiment, vous vous prenez au sérieux, mon maître.
C'est bouffon. Vers un but que seul je dois connaître,
But plus heureux pour vous que vous ne le pensez,
J'avance. Tenez-vous tranquille. Obéissez.
Je vous l'ai déjà dit et je vous le répète,
Je veux votre bonheur. Marchez, la chose est faite.
Puis, grand'chose après tout que des chagrins d'amour!
Nous passons tous par là. C'est l'affaire d'un jour.
Savez-vous qu'il s'agit du destin d'un empire?
Qu'est le vôtre à côté? Je veux bien tout vous dire,
Mais ayez le bon sens de comprendre aussi, vous,
Soyez de votre état. Je suis très-bon, très-doux,
Mais, que diable! un laquais, d'argile humble ou choisie,
N'est qu'un vase où je veux verser ma fantaisie.
De vous autres, mon cher, on fait tout ce qu'on veut.
Votre maître, selon le dessein qui l'émeut,
A son gré vous déguise, à son gré vous démasque.
Je vous ai fait seigneur. C'est un rôle fantasque,
— Pour l'instant. — Vous avez l'habillement complet.
Mais, ne l'oubliez pas, vous êtes mon valet.
Vous courtisez la reine ici par aventure,
Comme vous monteriez derrière ma voiture.
Soyez donc raisonnable.
RUY BLAS, *qui l'a écouté avec égarement, et comme ne pouvant en croire ses oreilles.*
O mon Dieu! — Dieu clément!
Dieu juste! de quel crime est-ce le châtiment?
Qu'est-ce donc que j'ai fait? Vous êtes notre père,
Et vous ne voulez pas qu'un homme désespère!
Voilà donc où j'en suis! — et volontairement,
Et sans tort de ma part, — pour voir, — uniquement

Pour voir agoniser une pauvre victime,
Monseigneur, vous m'avez plongé dans cet abîme!
Tordre un malheureux cœur plein d'amour et de foi,
Afin d'en exprimer la vengeance pour soi!

Se parlant à lui-même.

Car c'est une vengeance! oui, la chose est certaine!
Et je devine bien que c'est contre la reine!
Qu'est-ce que je vais faire? Aller lui dire tout!
Ciel! devenir pour elle un objet de dégoût
Et d'horreur! un crispin! un fourbe à double face!
Un effronté coquin qu'on bâtonne et qu'on chasse!
Jamais! — Je deviens fou, ma raison se confond!

Une pause. Il rêve.

O mon Dieu! voilà donc les choses qui se font!
Bâtir une machine effroyable dans l'ombre,
L'armer hideusement de rouages sans nombre,
Puis, sous la meule, afin de voir comment elle est,
Jeter une livrée, une chose, un valet;
Puis la faire mouvoir, et soudain sous la roue
Voir sortir des lambeaux teints de sang et de boue,
Une tête brisée, un cœur tiède et fumant,
Et ne pas frissonner alors qu'en ce moment
On reconnaît, malgré le mot dont on le nomme,
Que ce laquais était l'enveloppe d'un homme!

Se tournant vers don Salluste.

Mais il est temps encore! oh! monseigneur, vraiment!
L'horrible roue encor n'est pas en mouvement!

Il se jette à ses pieds.

Ayez pitié de moi! grâce! ayez pitié d'elle!
Vous savez que je suis un serviteur fidèle!
Vous l'avez dit souvent! voyez je me soumets!
Grâce!

DON SALLUSTE.

Cet homme-là ne comprendra jamais.

C'est impatientant.
RUY BLAS, *se traînant à ses pieds.*
Grâce !
DON SALLUSTE.
Abrégeons, mon maître.
Il se tourne vers la fenêtre.
Gageons que vous avez mal fermé la fenêtre.
Il vient un froid par là !
Il va à la croisée et la ferme.
RUY BLAS, *se relevant.*
Oh ! c'est trop ! à présent !
Je suis duc d'Olmedo, ministre tout-puissant !
Je relève le front sous le pied qui m'écrase.
DON SALLUSTE.
Comment dit-il cela ? Répétez donc la phrase.
Ruy Blas, duc d'Olmedo ? Vos yeux ont un bandeau.
Ce n'est que sur Bazan qu'on a mis Olmedo.
RUY BLAS.
Je vous fais arrêter !
DON SALLUSTE.
Je dirai qui vous êtes.
RUY BLAS, *exaspéré.*
Mais...
DON SALLUSTE.
Vous m'accuserez ? J'ai risqué nos deux têtes.
C'est prévu. Vous prenez trop tôt l'air triomphant.
RUY BLAS.
Je nierai tout !
DON SALLUSTE.
Allons ! vous êtes un enfant.
RUY BLAS.
Vous n'avez pas de preuve !
DON SALLUSTE.
Et vous pas de mémoire.

Je fais ce que je dis, et vous pouvez m'en croire.
Vous n'êtes que le gant, et moi je suis la main.

Bas et se rapprochant de Ruy Blas.

Si tu n'obéis pas, si tu n'es pas demain
Chez toi pour préparer ce qu'il faut que je fasse;
Si tu dis un seul mot de tout ce qui se passe;
Si tes yeux, si ton geste en laissent rien percer,
Celle pour qui tu crains, d'abord, pour commencer,
Par ta folle aventure, en cent lieux répandue,
Sera publiquement diffamée et perdue.
Puis elle recevra, ceci n'a rien d'obscur,
Sous cachet, un papier, que je garde en lieu sûr,
Ecrit, te souvient-il avec quelle écriture?
Signé, tu dois savoir de quelle signature?
Voici ce que ses yeux y liront : — « Moi, Ruy Blas,
« Laquais de monseigneur le marquis de Finlas,
« En toute occasion, ou secrète ou publique,
« M'engage à le servir comme un bon domestique. »

RUY BLAS, *brisé et d'une voix éteinte.*

Il suffit. — Je ferai, monsieur, ce qu'il vous plaît.

La porte du fond s'ouvre, on voit rentrer les conseillers du conseil privé.

Don Salluste s'enveloppe vivement de son manteau.

DON SALLUSTE, *bas.*

On vient.

Il salue profondément Ruy Blas. Haut,

Monsieur le duc, je suis votre valet.

Il sort.

ACTE QUATRIÈME

DON CÉSAR

Une petite chambre somptueuse et sombre. Lambris et meubles de vieille forme et de vieille dorure. Murs couverts d'anciennes tentures de velours cramoisi, écrasé et miroitant par places et derrière le dos des fauteuils, avec de larges galons d'or qui le divisent en bandes verticales. Au fond, une porte à deux battants. A gauche, sur un pan coupé, une grande cheminée sculptée du temps de Philippe II, avec écusson de fer battu dans l'intérieur. Du côté opposé, sur un pan coupé, une petite porte basse donnant dans un cabinet obscur. Une seule fenêtre à gauche, placée très-haut et garnie de barreaux et d'un auvent inférieur comme les croisées des prisons. Sur le mur, quelques vieux portraits enfumés et à demi effacés. Coffre de garde-robe avec miroir de Venise. Grands fauteuils du temps de Philippe III. Une armoire très-ornée adossée au mur. Une table carrée avec ce qu'il faut pour écrire. Un petit guéridon de forme ronde à pieds dorés dans un coin. C'est le matin.

Au lever du rideau, Ruy Blas, vêtu de noir, sans manteau et sans la Toison, vivement agité, se promène à grands pas dans la chambre. Au fond, se tient son page, immobile et comme attendant ses ordres.

SCÈNE PREMIÈRE.

RUY BLAS, LE PAGE.

RUY BLAS, *à part et se parlant à lui-même.*
Que faire ? — Elle d'abord ! elle avant tout ! — rien qu'elle !
Dût-on voir sur un mur rejaillir ma cervelle,

Dût le gibet me prendre ou l'enfer me saisir!
Il faut que je la sauve! — Oui! mais y réussir?
Comment faire? donner mon sang, mon cœur, mon âme,
Ce n'est rien, c'est aisé. Mais rompre cette trame!
Deviner... — deviner! car il faut deviner!
Ce que cet homme a pu construire et combiner!
Il sort soudain de l'ombre et puis il s'y replonge,
Et là, seul dans sa nuit, que fait-il? — Quand j'y songe,
Dans le premier moment je l'ai prié pour moi;
Je suis un lâche, et puis c'est stupide! — Eh bien, quoi!
C'est un homme méchant. — Mais que je m'imagine
— La chose a sans nul doute une ancienne origine, —
Que, lorsqu'il tient sa proie et la mâche à moitié,
Ce démon va lâcher la reine, par pitié
Pour son valet! Peut-on fléchir les bêtes fauves?
— Mais, misérable, il faut pourtant que tu la sauves!
C'est toi qui l'as perdue! à tout prix! il le faut!
— C'est fini. Me voilà retombé! De si haut!
Si bas! j'ai donc rêvé! — Oh! je veux qu'elle échappe!
Mais lui, par quelle porte, ô Dieu! par quelle trappe,
Par où va-t-il venir, l'homme de trahison?
Dans ma vie et dans moi, comme en cette maison,
Il est maître. Il en peut arracher les dorures.
Il a toutes les clefs de toutes les serrures.
Il peut entrer, sortir, dans l'ombre s'approcher,
Et marcher sur mon cœur comme sur ce plancher.
— Oui, c'est que je rêvais! le sort trouble nos têtes
Dans la rapidité des choses sitôt faites. —
Je suis fou. Je n'ai plus une idée en son lieu.
Ma raison, dont j'étais si vain, mon Dieu! mon Dieu!
Prise en un tourbillon d'épouvante et de rage,
N'est plus qu'un pauvre jonc tordu par un orage!
Que faire? Pensons bien. D'abord empêchons-la
De sortir du palais. — Oh! oui, le piége est là.

ACTE IV, SCÈNE I.

Sans doute. Autour de moi tout est nuit, tout est gouff[re]
Je sens le piége, mais je ne vois pas. — Je souffre!
C'est dit. Empêchons-la de sortir du palais.
Faisons-la prévenir sûrement, sans délais. —
Par qui ? — je n'ai personne!

Il rêve avec accablement. Puis tout à coup, comme frappé d'[une]
idée subite et d'une lueur d'espoir, il relève la tête.

Oui, don Guritan l'aime[,]
C'est un homme loyal! oui!

Faisant signe au page de s'approcher. Bas.

Page, à l'instant même,
Va chez don Guritan, et fais-lui de ma part
Mes excuses, et puis dis-lui que sans retard
Il aille chez la reine et qu'il la prie en grâce,
En mon nom comme au sien, quoi qu'on dise et qu'on fa[sse,]
De ne point s'absenter du palais de trois jours.
Quoi qu'il puisse arriver. De ne point sortir. Cours!

Rappelant le page.

Ah!

Il tire de son garde-notes une feuille et un crayon.

Qu'il donne ce mot à la reine, et qu'il veille!

Il écrit rapidement sur son genou.

— « Croyez don Guritan, faites ce qu'il conseille! »

Il ploie le papier et le remet au page.

Quant à ce duel, dis-lui que j'ai tort, que je suis
A ses pieds, qu'il me plaigne et que j'ai des ennuis,
Qu'il porte chez la reine à l'instant mes supplique,
Et que je lui ferai des excuses publiques.
Qu'elle est en grand péril. Qu'elle ne sorte point.
Quoi qu'il arrive. Au moins trois jours! — De point en p[oint]
Fais tout. Va, sois discret, ne laisse rien paraître.

LE PAGE.

Je vous suis dévoué. Vous êtes un bon maître.

RUY BLAS.

Cours, mon bon petit page. As-tu bien tout compris?
LE PAGE.

Oui, monseigneur, soyez tranquille.
Il sort.

RUY BLAS, *resté seul, tombant sur un fauteuil.*
Mes esprits
Se calment. Cependant, comme dans la folie,
Je sens confusément des choses que j'oublie.
Oui, le moyen est sûr. Don Guritan!... — mais moi?
Faut-il attendre ici don Salluste? Pourquoi?
Non. Ne l'attendons pas. Cela le paralyse
Tout un grand jour. Allons prier dans quelque église.
Sortons. J'ai besoin d'aide, et Dieu m'inspirera!

Il prend son chapeau sur une crédence, et secoue une sonnette posée sur la table. Deux nègres, vêtus de velours vert clair et de brocart d'or, jaquettes plissées à grandes basques, paraissent à la porte du fond.

Je sors. Dans un instant un homme ici viendra.
— Par une entrée à lui. — Dans la maison, peut-être,
Vous le verrez agir comme s'il était maître.
Laissez-le faire. Et si d'autres viennent...
Après avoir hésité un moment.
Ma foi,
Vous laisserez entrer! —
Il congédie du geste les noirs, qui s'inclinent en signe d'obéissance, et qui sortent.
Allons!
Il sort.
Au moment où la porte se referme sur Ruy Blas, on entend un grand bruit dans la cheminée, par laquelle on voit tomber tout à coup un homme, enveloppé d'un manteau déguenillé, qui se précipite dans la chambre. C'est don César.

SCÈNE II.

DON CÉSAR.

Effaré, essoufflé, décoiffé, étourdi, avec une expression joyeuse et inquiète en même temps.

Tant pis ! c'est moi !

Il se relève en se frottant la jambe sur laquelle il est tombé, et s'avance dans la chambre avec force révérences et chapeau bas.

Pardon ! ne faites pas attention, je passe.
Vous parliez entre vous. Continuez, de grâce.
J'entre un peu brusquement, messieurs, j'en suis fâché !
Il s'arrête au milieu de la chambre et s'aperçoit qu'il est seul.
— Personne ! — Sur le toit tout à l'heure perché,
J'ai cru pourtant ouïr un bruit de voix.— Personne !
S'asseyant dans un fauteuil.
Fort bien. Recueillons-nous. La solitude est bonne.
— Ouf ! que d'événements ! — J'en suis émerveillé
Comme l'eau qu'il secoue aveugle un chien mouillé.
Primo, ces alguazils qui m'ont pris dans leurs serres ;
Puis cet embarquement absurde ; ces corsaires ;
Et cette grosse ville où l'on m'a tant battu ;
Et les tentations faites sur ma vertu
Par cette femme jaune ; et mon départ du bagne ;
Mes voyages ; enfin, mon retour en Espagne !
Puis, quel roman ! le jour où j'arrive, c'est fort :
Ces mêmes alguazils rencontrés tout d'abord !
Leur poursuite enragée et ma fuite éperdue !
Je saute un mur ; j'avise une maison perdue
Dans les arbres, j'y cours ; personne ne me voit ;

Je grimpe allégrement du hangar sur le toit ;
Enfin, je m'introduis dans le sein des familles
Par une cheminée où je mets en guenilles
Mon manteau le plus neuf qui sur mes chausses pend !...
— Pardieu ! monsieur Salluste est un grand sacripant !

Se regardant dans une petite glace de Venise posée sur le grand coffre à tiroirs sculptés.

— Mon pourpoint m'a suivi dans mes malheurs. Il lutte !

Il ôte son manteau et mire dans la glace son pourpoint de satin rose usé, déchiré et rapiécé ; puis il porte vivement la main à sa jambe avec un coup d'œil vers la cheminée.

Mais ma jambe a souffert diablement dans ma chute !

Il ouvre les tiroirs du coffre. Dans l'un d'entre eux, il trouve un manteau de velours vert clair brodé d'or, le manteau donné par don Salluste à Ruy Blas. Il examine le manteau et le compare au sien.

— Ce manteau me paraît plus décent que le mien.

Il jette le manteau vert sur ses épaules, et met le sien à la place dans le coffre après l'avoir soigneusement plié ; il y ajoute son chapeau, qu'il enfonce sous le manteau d'un coup de poing, puis il referme le tiroir. Il se promène fièrement dans le beau manteau brodé d'or.

C'est égal, me voilà revenu. Tout va bien.
Ah ! mon très-cher cousin, vous voulez que j'émigre
Dans cette Afrique où l'homme est la souris du tigre !
Mais je vais me venger de vous, cousin damné,
Epouvantablement, quand j'aurai déjeuné.
J'irai, sous mon vrai nom, chez vous, traînant ma queue
D'affreux vauriens sentant le gibet d'une lieue,
Et je vous livrerai vivant aux appétits
De tous mes créanciers — suivis de leurs petits.

Il aperçoit dans un coin une magnifique paire de bottines à canons de dentelles. Il jette lestement ses vieux souliers, et chausse sans façon les bottines neuves.

ACTE IV, SCÈNE II.

Voyons d'abord où m'ont jeté ses perfidies.
> Après avoir examiné la chambre de tous les côtés.

Maison mystérieuse et propre aux tragédies.
Portes closes, volets barrés, un vrai cachot.
Dans ce charmant logis on entre par en haut,
Juste comme le vin entre dans les bouteilles.
> Avec un soupir.

—C'est bien bon du bon vin!—
> Il aperçoit la petite porte à droite, l'ouvre, s'introduit vivem[ent]
> dans le cabinet avec lequel elle communique; puis rentre a[vec]
> des gestes d'étonnement.

Merveille des merveille[s!]
Cabinet sans issue où tout est clos aussi !
> Il va à la porte du fond, l'entr'ouvre, et regarde au dehors; [puis]
> il la laisse retomber et revient sur le devant du théâtre.

Personne !—Où diable suis-je ?—Au fait, j'ai réussi
A fuir les alguazils. Que m'importe le reste ?
Vais-je pas m'effarer et prendre un air funeste
Pour n'avoir jamais vu de maison faite ainsi ?
> Il se rassied sur le fauteuil, bâille, puis se relève presque a[us]-
> sitôt.

Ah çà ! mais — je m'ennuie horriblement ici.
> Avisant une petite armoire dans le mur, à gauche, qui fai[t le]
> coin du pan coupé.

Voyons, ceci m'a l'air d'une bibliothèque.
> Il y va et l'ouvre. C'est un garde-manger bien garni.

Justement. — un pâté, du vin, une pastèque.
C'est un en-cas complet. Six flacons bien rangés !
Diable ! sur ce logis j'avais des préjugés.
> Examinant les flacons l'un après l'autre.

C'est d'un bon choix.—Allons ! l'armoire est honorable[.]
> Il va chercher dans un coin la petite table ronde, l'apporte [sur]
> le devant du théâtre et la charge joyeusement de tout ce [qu'il]

contient le garde-manger, bouteilles, plats, etc.; il ajoute un
verre, une assiette, une fourchette, etc. Puis il prend une des
bouteilles.

Lisons d'abord ceci.

Il emplit le verre et boit d'un trait.

C'est une œuvre admirable

De ce fameux poëte appelé le soleil !
Xerès-des-Chevaliers n'a rien de plus vermeil.

Il s'assied, se verse un second verre et boit.

Quel livre vaut cela ? Trouvez-moi quelque chose
De plus spiritueux !

Il boit.

Ah ! Dieu ! cela repose !

Mangeons.

Il entame le pâté.

Chiens d'alguazils ! je les ai déroutés.

Ils ont perdu ma trace.

Il mange.

Oh ! le roi des pâtés !

Quant au maître du lieu, s'il survient...—

Il va au buffet et en rapporte un verre et un couvert, qu'il pose
sur la table.

Je l'invite.

—Pourvu qu'il n'aille pas me chasser ! Mangeons vite.

Il met les morceaux doubles.

Mon dîner fait, j'irai visiter la maison.
Mais qui peut l'habiter ? peut-être un bon garçon.
Ceci ne peut cacher qu'une intrigue de femme.
Bah ! quel mal fais-je ici ? qu'est-ce que je réclame ?
Rien, — l'hospitalité de ce digne mortel,
A la manière antique,

Il s'agenouille à demi et entoure la table de ses bras.

en embrassant l'autel.

Il boit.

D'abord, ceci n'est point le vin d'un méchant homme;
Et puis, c'est convenu, si l'on vient, je me nomme.
Ah! vous endiablerez, mon vieux cousin maudit!
Quoi, ce bohémien? ce galeux? ce bandit?
Ce Zafari? ce gueux? ce va-nu-pieds?... — Tout juste!
Don César de Bazan, cousin de don Salluste!
Oh! la bonne surprise! et dans Madrid quel bruit!
Quand est-il revenu? ce matin? cette nuit?
Quel tumulte partout en voyant cette bombe,
Ce grand nom oublié qui tout à coup retombe!
Don César de Bazan! Oui, messieurs, s'il vous plaît.
Personne n'y pensait, personne n'en parlait.
Il n'était donc pas mort? Il vit, messieurs, mesdames!
Les hommes diront: Diable! — Oui-da! diront les femmes.
Doux bruit qui vous reçoit rentrant dans vos foyers,
Mêlé de l'aboiement de trois cents créanciers!
Quel beau rôle à jouer! — Hélas! l'argent me manque.

Bruit à la porte.

On vient! — Sans doute on va comme un vil saltimbanque
M'expulser. — C'est égal, ne fais rien à demi,
César!

Il s'enveloppe de son manteau jusqu'aux yeux. La porte du fond s'ouvre. Entre un laquais en livrée portant sur son dos une grosse sacoche.

SCÈNE III.

DON CÉSAR, UN LAQUAIS.

DON CÉSAR, *toisant le laquais de la tête aux pieds.*
Qui venez-vous chercher céans, l'ami?
A part.
Il faut beaucoup d'aplomb, le péril est extrême.

LE LAQUAIS.

Don César de Bazan.

DON CÉSAR, *dégageant son visage du manteau.*

Don César! c'est moi-même!

A part.

Voilà du merveilleux!

LE LAQUAIS.

Vous êtes le seigneur
Don César de Bazan?

DON CÉSAR.

Pardieu! j'ai cet honneur.
César! le vrai César! le seul César! le comte
De Garo...

LE LAQUAIS, *posant sur le fauteuil la sacoche.*

Daignez voir si c'est là votre compte.

DON CÉSAR, *comme ébloui. A part.*

De l'argent? c'est trop fort!

Haut.

Mon cher...

LE LAQUAIS.

Daignez compter.
C'est la somme que j'ai l'ordre de vous porter.

DON CÉSAR, *gravement.*

Ah! fort bien! je comprends.

A part.

Je veux bien que le diable!...
Çà, ne dérangeons pas cette histoire admirable.
Ceci vient fort à point.

Haut.

Vous faut-il des reçus?

LE LAQUAIS.

Non, monseigneur.

ACTE IV, SCÈNE III.

DON CÉSAR, *lui montrant la table.*
Mettez cet argent là-dessus.
Le laquais obéit.
De quelle part?

LE LAQUAIS.
Monsieur le sait bien.

DON CÉSAR.
Sans nul doute ;
Mais...

LE LAQUAIS.
Cet argent, — voilà ce qu'il faut que j'ajoute, —
Vient de qui vous savez pour ce que vous savez.

DON CÉSAR, *satisfait de l'explication.*
Ah!

LE LAQUAIS.
Nous devons, tous deux, être fort réservés.
Chut!

DON CÉSAR.
Chut!!! Cet argent vient...—la phrase est magnifique!
Redites-la-moi donc!

LE LAQUAIS.
Cet argent...

DON CÉSAR.
Tout s'explique!
Me vient de qui je sais...

LE LAQUAIS.
Pour ce que vous savez.
Nous devons....

DON CÉSAR.
Tous les deux!!!

LE LAQUAIS.
Etre fort réservés.

DON CÉSAR.
C'est parfaitement clair.

45

LE LAQUAIS.
Moi j'obéis. Du reste
Je ne comprends pas..

DON CÉSAR.
Bah !

LE LAQUAIS.
Mais vous comprenez !

DON CÉSAR.
Peste !

LE LAQUAIS.
Il suffit.

DON CÉSAR.
Je comprends et je prends, mon très-cher.
De l'argent qu'on reçoit, d'abord, c'est toujours clair.

LE LAQUAIS.
Chut !

DON CÉSAR.
Chut !!! ne faisons pas d'indiscrétion. Diantre !

LE LAQUAIS.
Comptez, seigneur.

DON CÉSAR.
Pour qui me prends-tu ?

Admirant la rondeur du sac posé sur la table.

Le beau ventre !

LE LAQUAIS, *insistant.*
Mais...

DON CÉSAR.
Je me fie à toi.

LE LAQUAIS.
L'or est en souverains.
Bons quadruples pesant sept gros trente-six grains,
Ou bons doublons au marc. L'argent, en croix-maries.

Don César ouvre la sacoche et en tire plusieurs sacs pleins d'or et d'argent, qu'il ouvre et vide sur la table avec admiration.

puis il se met à puiser à pleines poignées dans les sacs d'or,
et remplit ses poches de quadruples et de doublons.

DON CÉSAR, *s'interrompant avec majesté. A part.*
Voici que mon roman, couronnant ses féeries,
Meurt amoureusement sur un gros million.

Il se remet à remplir ses poches.
O délices! je mords à même un galion!

*Une poche pleine, il passe à l'autre. Il se cherche des poches
partout, et semble avoir oublié le laquais.*

LE LAQUAIS, *qui le regarde avec impassibilité.*
Et maintenant j'attends vos ordres.

DON CÉSAR, *se retournant.*
Pourquoi faire?

LE LAQUAIS.
Afin d'exécuter, vite et sans qu'on diffère,
Ce que je ne sais pas et ce que vous savez.
De très-grands intérêts...

DON CÉSAR, *l'interrompant d'un air d'intelligence.*
Oui, publics et privés!!!

LE LAQUAIS.
Veulent que tout cela se fasse à l'instant même.
Je dis ce qu'on m'a dit de dire.

DON CÉSAR, *lui frappant sur l'épaule.*
Et je t'en aime,
Fidèle serviteur!

LE LAQUAIS.
Pour ne rien retarder,
Mon maître à vous me donne afin de vous aider.

DON CÉSAR.
C'est agir congrument. Faisons ce qu'il désire.

A part.
Je veux être pendu si je sais que lui dire.

Haut.
Approche, galion, et d'abord —

Il remplit de vin l'autre verre.

bois-moi ça !

LE LAQUAIS.

Quoi, seigneur !

DON CÉSAR.

Bois-moi ça !

Le laquais boit, don César lui remplit son verre

Du vin d'Oropesa !

Il fait asseoir le laquais, le fait boire, et lui verse de nouveau vin.

Causons.

A part.

Il a déjà la prunelle allumée.

Haut et s'étendant sur sa chaise.

L'homme, mon cher ami, n'est que de la fumée
Noire, et qui sort du feu des passions. Voilà.

Il lui verse à boire.

C'est bête comme tout, ce que je te dis là.
Et d'abord la fumée, au ciel bleu ramenée,
Se comporte autrement dans une cheminée.
Elle monte gaiement, et nous dégringolons.

Il se frotte la jambe.

L'homme n'est qu'un plomb vil.

Il remplit les deux verres.

Buvons. Tous tes doublons
Ne valent pas le chant d'un ivrogne qui passe.

Se rapprochant d'un air mystérieux.

Vois-tu, soyons prudents. Trop chargé, l'essieu casse.
Le mur sans fondement s'écroule subito.
Mon cher, raccroche-moi le col de mon manteau.

LE LAQUAIS, *fièrement.*

Seigneur, je ne suis pas valet de chambre.

Avant que don César ait pu l'en empêcher, il secoue la sonnette posée sur la table.

ACTE IV, SCÈNE III.

DON CÉSAR, *à part, effrayé.*

Il sonne!
Le maître va peut-être arriver en personne.
Je suis pris.

Entre un des noirs. Don César, en proie à la plus vive anxiété, se retourne du côté opposé comme ne sachant que devenir.

LE LAQUAIS, *au nègre.*
Remettez l'agrafe à monseigneur.

Le nègre s'approche gravement de don César, qui le regarde faire d'un air stupéfait; puis il rattache l'agrafe du manteau, salue et sort, laissant don César pétrifié.

DON CÉSAR, *se levant de table. — A part.*
Je suis chez Belzébuth, ma parole d'honneur!
Il vient sur le devant du théâtre et s'y promène à grands pas.
Ma foi, laissons-nous faire et prenons ce qui s'offre.
Donc je vais remuer les écus à plein coffre.
J'ai de l'argent! que vais-je en faire?

Se retournant vers le laquais attablé, qui continue à boire et qui commence à chanceler sur sa chaise.

Attends, pardon!
Rêvant, à part.
Voyons, — si je payais mes créanciers? — fi donc!
— Du moins, pour les calmer, âmes à s'aigrir promptes,
Si je les arrosais avec quelques à-comptes?
— A quoi bon arroser ces vilaines fleurs-là?
Où diable mon esprit va-t-il chercher cela?
Rien n'est tel que l'argent pour vous corrompre un homme,
Et, fût-il descendant d'Annibal qui prit Rome,
L'emplir jusqu'au goulot de sentiments bourgeois!
Que dirait-on? me voir payer ce que je dois!
Ah!

LE LAQUAIS, *vidant son verre.*
Que m'ordonnez-vous?

DON CÉSAR.

Laisse-moi, je médite.

Bois en m'attendant.

Le laquais se remet à boire. Lui continue de rêver et tout à coup se frappe le front comme ayant trouvé une idée.

Oui!

Au laquais.

Lève-toi tout de suite.

Voici ce qu'il faut faire! Emplis tes poches d'or.

Le laquais se lève en trébuchant et emplit d'or les poches de son justaucorps. Don César l'y aide tout en continuant.

Dans la ruelle, au bout de la Place-Mayor,
Entre au numéro neuf. Une maison étroite.
Beau logis, si ce n'est que la fenêtre à droite
A sur le cristallin une taie en papier.

LE LAQUAIS.

Maison borgne?

DON CÉSAR.

Non, louche. On peut s'estropier
En montant l'escalier. Prends-y garde.

LE LAQUAIS.

Une échelle?

DON CÉSAR.

A peu près. C'est plus roide. — En haut loge une belle
Facile à reconnaître : un bonnet de six sous
Avec de gros cheveux ébouriffés dessous,
Un peu courte, un peu rousse... — une femme charmante!
Sois très-respectueux, mon cher, c'est mon amante!
Lucinda, qui jadis, blonde à l'œil indigo,
Chez le pape, le soir, dansait le fandango.
Compte-lui cent ducats en mon nom. — Dans un bouge,
A côté, tu verras un gros diable au nez rouge,
Coiffé jusqu'aux sourcils d'un vieux feutre fané
Où pend tragiquement un plumeau consterné,

La rapière à l'échine et la loque à l'épaule.
— Donne de notre part six piastres à ce drôle. —
Plus loin, tu trouveras un trou noir comme un four,
Un cabaret qui chante au coin d'un carrefour.
Sur le seuil boit et fume un vivant qui le hante.
C'est un homme fort doux et de vie élégante,
Un seigneur dont jamais un juron ne tomba,
Et mon ami de cœur, nommé Goulatromba.
— Trente écus ! et dis-lui, pour toutes patenôtres,
Qu'il les boive bien vite et qu'il en aura d'autres.
Donne à tous ces faquins ton argent le plus rond,
Et ne t'ébahis pas des yeux qu'ils ouvriront.

LE LAQUAIS.

Après ?

DON CÉSAR.

Garde le reste. Et pour dernier chapitre.

LE LAQUAIS.

Qu'ordonne monseigneur ?

DON CÉSAR.

Va te soûler, bélître !
Casse beaucoup de pots et fais beaucoup de bruit,
Et ne rentre chez toi que demain — dans la nuit.

LE LAQUAIS.

Suffit, mon prince.

Il se dirige vers la porte en faisant des zigzags.

DON CÉSAR, *le regardant marcher.* — *A part.*

Il est effroyablement ivre !

Le rappelant. L'autre se rapproche.

Ah !... — Quand tu sortiras, les oisifs vont te suivre.
Fais par ta contenance honneur à la boisson.
Sache te comporter d'une noble façon.
S'il tombe par hasard des écus de tes chausses,
Laisse tomber ; — et si des essayeurs de sauces,
Des clercs, des écoliers, des gueux qu'on voit passer,

Les ramassent, — mon cher, laisse-les ramasser.
Ne sois pas un mortel de trop farouche approche.
Si même ils en prenaient quelques-uns dans ta poche,
Sois indulgent. Ce sont des hommes comme nous.
Et puis il faut, vois-tu, c'est une loi pour tous,
Dans ce monde, rempli de sombres aventures,
Donner parfois un peu de joie aux créatures.
Avec mélancolie.
Tous ces gens-là seront peut-être un jour pendus!
Ayons donc les égards pour eux qui leur sont dus!
— Va-t'en.

Le laquais sort. Resté seul, don César se rassied, s'accoude sur la table et paraît plongé dans de profondes réflexions.

C'est le devoir du chrétien et du sage,
Quand il a de l'argent d'en faire un bon usage.
J'ai de quoi vivre au moins huit jours! je les vivrai.
Et, s'il me reste un peu d'argent, je l'emploîrai
A des fondations pieuses. Mais je n'ose
M'y fier, car on va me reprendre la chose,
C'est méprise sans doute, et ce mal adressé
Aura mal entendu, j'aurai mal prononcé...

La porte du fond se rouvre. Entre une duègne, vieille, cheveux gris, basquine et mantille noires, éventail.

SCÈNE IV.

DON CÉSAR, UNE DUÈGNE.

LA DUÈGNE, *sur le seuil de la porte.*

Don César de Bazan!

Don César, absorbé dans ses méditations, relève brusquement la tête.

DON CÉSAR.
Pour le coup!

ACTE IV, SCÈNE IV.

A part.
Oh! femelle!

*Pendant que la duègne accomplit une profonde révérence au fond
du théâtre, il vient, stupéfait, sur le devant de la scène.*

Mais il faut que le diable ou Salluste s'en mêle!
Gageons que je vais voir arriver mon cousin.
Une duègne!

Haut.
C'est moi don César. — Quel dessein?

A part.
D'ordinaire une vieille en annonce une jeune.

LA DUÈGNE (*révérence avec un signe de croix*).
Seigneur, je vous salue, aujourd'hui jour de jeûne,
En Jésus Dieu le fils sur qui rien ne prévaut.

DON CÉSAR, *à part.*
A galant dénoûment commencement dévot.

Haut.
Ainsi soit-il! Bonjour.

LA DUÈGNE.
Dieu vous maintienne en joie!

Mystérieusement.
Avez-vous à quelqu'un qui jusqu'à vous m'envoie
Donné pour cette nuit un rendez-vous secret?

DON CÉSAR.
Mais j'en suis fort capable.

LA DUÈGNE.
*Elle tire de son garde-infante un billet plié et le lui présente,
mais sans le lui laisser prendre.*
Ainsi, mon beau discret,
C'est bien vous qui venez, et pour cette nuit même,
D'adresser ce message à quelqu'un qui vous aime,
Et que vous savez bien?

DON CÉSAR.
Ce doit être moi.

LA DUÈGNE.

                                                  Bon.
La dame, mariée à quelque vieux barbon,
A des ménagements sans doute est obligée,
Et de me renseigner céans on m'a chargée.
Je ne la connais pas, mais vous la connaissez.
La soubrette m'a dit les choses. C'est assez.
Sans les noms.

DON CÉSAR.

     Hors le mien.

LA DUÈGNE.

                C'est tout simple. Une dame
Reçoit un rendez-vous de l'ami de son âme,
Mais on craint de tomber dans quelque piége; mais
Trop de précautions ne gâtent rien jamais.
Bref, ici l'on m'envoie avoir de votre bouche
La confirmation...

DON CÉSAR.

                Oh! la vieille farouche!
Vrai Dieu! quelle broussaille autour d'un billet doux!
Oui, c'est moi, moi, te dis-je!

LA DUÈGNE.

Elle pose sur la table le billet plié, que don César examine avec curiosité.

                        En ce cas, si c'est vous,
Vous écrirez : *Venez,* au dos de cette lettre.
Mais pas de votre main, pour ne rien compromettre.

DON CÉSAR.

Peste! au fait! de ma main!

A part.

                Message bien rempli!

Il tend la main pour prendre la lettre; mais elle est recachetée, et la duègne ne la lui laisse pas toucher.

ACTE IV, SCÈNE IV.

LA DUÈGNE.

N'ouvrez pas. Vous devez reconnaître le pli.

DON CÉSAR.

Pardieu !

A part.

Moi qui brûlais de voir ! Jouons mon rôle !

Il agite la sonnette. Entre un des noirs.

Tu sais écrire ?

Le noir fait un signe de tête affirmatif. Etonnement de don César. A part.

Un signe !

Haut.

Es-tu muet, mon drôle ?

Le noir fait un nouveau signe d'affirmation. Nouvelle stupéfaction de don César. A part.

Fort bien ! continuez ! des muets à présent !

Au muet, en lui montrant la lettre que la vieille tient appliquée sur la table.

— Ecris-moi là : Venez :

Le muet écrit. Don César fait signe à la duègne de reprendre la lettre, et au muet de sortir. Le muet sort. A part

Il est obéissant !

LA DUÈGNE, *remettant le billet dans son garde-infante et se rapprochant de don César.*

Vous la verrez ce soir. Est-elle bien jolie ?

DON CÉSAR.

Charmante !

LA DUÈGNE.

La suivante est d'abord accomplie.
Elle m'a pris à part au milieu du sermon.
Mais belle ! un profil d'ange avec l'œil d'un démon.
Puis aux choses d'amour elle paraît savante.

DON CÉSAR, *à part.*

Je me contenterais fort bien de la servante !

LA DUÈGNE.

Nous jugeons, car toujours le beau fait peur au laid,
La sultane à l'esclave, et le maître au valet.
La vôtre est, à coup sûr, fort belle.

DON CÉSAR.

Je m'en flatte.

LA DUÈGNE, *faisant une révérence pour se retirer.*

Je vous baise la main.

DON CÉSAR, *lui donnant une poignée de doublons.*

Je te graisse la patte.
Tiens, vieille!

LA DUÈGNE, *empochant.*

La jeunesse est gaie aujourd'hui!

DON CÉSAR, *la congédiant.*

Va.

LA DUÈGNE (*révérences*).

Si vous aviez besoin... J'ai nom dame Oliva.
Couvent San-Isidro. —

Elle sort; puis la porte se rouvre et l'on voit sa tête reparaître.

Toujours à droite assise
Au troisième pilier en entrant dans l'église.

Don César se retourne avec impatience. La porte retombe; puis elle se rouvre encore, et la vieille reparaît.

Vous la verrez ce soir! monsieur, pensez à moi
Dans vos prières.

DON CÉSAR, *la chassant avec colère.*

Ah!

La duègne disparaît; la porte se referme.

DON CÉSAR, *seul.*

Je me résous, ma foi,
A ne plus m'étonner. J'habite dans la lune.
Me voici maintenant une bonne fortune;
Et je vais contenter mon cœur après ma faim.

ACTE IV, SCÈNE IV.

Rêvant.

Tout cela me paraît bien beau. — Gare la fin!

La porte du fond se rouvre. Paraît don Guritan avec deux longues épées sous le bras.

SCÈNE V.

DON CÉSAR, DON GURITAN.

DON GURITAN, *au fond du théâtre.*

Don César de Bazan!

DON CÉSAR.

Il se retourne et aperçoit don Guritan et les deux épées.

Enfin! à la bonne heure!
L'aventure était bonne, elle devient meilleure.
Bon dîner, de l'argent, un rendez-vous, — un duel!
Je redeviens César à l'état naturel!

Il aborde gaiement, avec force salutations empressées, don Guritan, qui fixe sur lui un œil inquiétant, et s'avance d'un pas roide sur le devant du théâtre.

C'est ici, cher seigneur. Veuillez prendre la peine

Il lui présente un fauteuil. Don Guritan reste debout.

D'entrer, de vous asseoir. — Comme chez vous sans gêne.
Enchanté de vous voir. — Çà, causons un moment.
Que fait-on à Madrid? Ah! quel séjour charmant!
Moi, je ne sais plus rien, je pense qu'on admire
Toujours Matalobos et toujours Lindamire.
Pour moi je craindrais plus, comme péril urgent,
La voleuse de cœurs que le voleur d'argent.
Oh! les femmes, monsieur! Cette engeance endiablée
Me tient, et j'ai la tête à leur endroit fêlée.
Parlez, remettez-moi l'esprit en bon chemin.
Je ne suis plus vivant, je n'ai plus rien d'humain,

Je suis un être absurde, un mort qui se réveille,
Un bœuf, un hidalgo de la Castille-Vieille.
On m'a volé ma plume et j'ai perdu mes gants.
J'arrive des pays les plus extravagants.

DON GURITAN.

Vous arrivez, mon cher monsieur? Eh bien! j'arrive
Encor bien plus que vous!

DON CÉSAR, *épanoui*.

De quelle illustre rive?

DON GURITAN.

De là-bas, dans le Nord.

DON CÉSAR.

Et moi de tout là-bas,
Dans le Midi.

DON GURITAN.

Je suis furieux!

DON CÉSAR.

N'est-ce pas?
Moi, je suis enragé!

DON GURITAN.

J'ai fait douze cents lieues!

DON CÉSAR.

Moi, deux mille! j'ai vu des femmes jaunes, bleues,
Noires, vertes. J'ai vu des lieux du ciel bénis,
Alger, la ville heureuse, et l'aimable Tunis,
Où l'on voit, tant ces Turcs ont des façons accortes,
Force gens empaillés accrochés sur les portes.

DON GURITAN.

On m'a joué, monsieur!

DON CÉSAR.

Et moi l'on m'a vendu!

DON GURITAN.

L'on m'a presque exilé!

ACTE IV, SCÈNE V.

DON CÉSAR.
L'on m'a presque pendu!

DON GURITAN.
On m'envoie à Neubourg, d'une manière adroite,
Porter ces quatre mots écrits dans une boîte :
« Gardez le plus longtemps possible ce vieux fou! »

DON CÉSAR, *éclatant de rire.*
Parfait! qui donc cela?

DON GURITAN.
Mais je tordrai le cou
A César de Bazan!

DON CÉSAR, *gravement.*
Ah!

DON GURITAN.
Pour comble d'audace,
Tout à l'heure il m'envoie un laquais à sa place.
Pour l'excuser, dit-il! Un dresseur de buffet!
Je n'ai point voulu voir le valet. Je l'ai fait
Chez moi mettre en prison, et je viens chez le maître.
Ce César de Bazan! cet impudent! ce traître!
Voyons, que je le tue! Où donc est-il?

DON CÉSAR, *toujours avec gravité.*
C'est moi.

DON GURITAN.
Vous! — raillez-vous, monsieur?

DON CÉSAR.
Je suis don César.

DON GURITAN.
Quoi!
Encor?

DON CÉSAR.
Sans doute, encor!

DON GURITAN.
Mon cher, quittez ce rôle,

Vous m'ennuyez beaucoup si vous vous croyez drôle.

DON CÉSAR.

Vous, vous m'amusez fort. Et vous m'avez tout l'air
D'un jaloux. Je vous plains énormément, mon cher,
Car le mal qui nous vient des vices qui sont nôtres
Est pire que le mal que nous font ceux des autres.
J'aimerais mieux encore, et je le dis à vous,
Etre pauvre qu'avare et cocu que jaloux.
Vous êtes l'un et l'autre au reste. Sur mon âme,
J'attends encor ce soir madame votre femme.

DON GURITAN.

Ma femme!

DON CÉSAR.

Oui, votre femme!

DON GURITAN.

Allons! je ne suis pas
Marié.

DON CÉSAR.

Vous venez faire cet embarras!
Point marié! Monsieur prend depuis un quart d'heure
L'air d'un mari qui hurle ou d'un tigre qui pleure,
Si bien que je lui donne, avec simplicité,
Un tas de bons conseils en cette qualité!
Mais si vous n'êtes pas marié, par Hercule,
De quel droit êtes-vous à ce point ridicule?

DON GURITAN.

Savez-vous bien, monsieur, que vous m'exaspérez?

DON CÉSAR.

Bah!

DON GURITAN.

Que c'est trop fort!

DON CÉSAR.

Vrai?

ACTE IV, SCÈNE V.

DON GURITAN.

Que vous me le paire

DON CÉSAR.

Il examine d'un air goguenard les souliers de don Guri
disparaissent sous des flots de rubans selon la nouvelle

Jadis on se mettait des rubans sur la tête.
Aujourd'hui, je le vois, c'est une mode honnête,
On en met sur sa botte. On se coiffe les pieds.
C'est charmant !

DON GURITAN.

Nous allons nous battre !

DON CÉSAR, *impassible.*

Vous croy

DON GURITAN.

Vous n'êtes pas César, la chose me regarde,
Mais je vais commencer par vous.

DON CÉSAR.

Bon. Prenez garde
De finir par moi.

DON GURITAN, *présentant une des deux épées.*

Fat ! sur-le-champ !

DON CÉSAR, *prenant l'épée.*

De ce pas.
Quand je tiens un bon duel, je ne le lâche pas !

DON GURITAN.

Où ?

DON CÉSAR.

Derrière le mur. Cette rue est déserte.

DON GURITAN, *essayant la pointe de son épée sur*
parquet.

Pour César, je le tue ensuite !

DON CÉSAR.

Vraiment !

DON GURITAN.

       Certe!

 DON CÉSAR, *faisant aussi ployer son épée.*
Bah! l'un de nous deux mort, je vous défie après
De tuer don César.

DON GURITAN.

    Sortons!

Ils sortent. On entend le bruit de leurs pas, qui s'éloignent. Une petite porte masquée s'ouvre à droite dans le mur, et donne passage à don Salluste.

SCÈNE VI.

DON SALLUSTE, vêtu d'un habit vert sombre, presque noir.

Il paraît soucieux et préoccupé. Il regarde et écoute avec inquiétude.

      Aucuns apprêts!
   Apercevant la table chargée de mets.
Que veut dire ceci?
  Ecoutant le bruit des pas de César et de Guritan.
     Quel est donc ce tapage?
   Il se promène, rêveur, sur l'avant-scène.
Gudiel ce matin a vu sortir le page
Et l'a suivi.—Le page allait chez Guritan.—
Je ne vois pas Ruy Blas.—Et ce page...—Satan!
C'est quelque contre-mine! oui, quelque avis fidèle
Dont il aura chargé don Guritan pour elle!
— On ne peut rien savoir des muets! — C'est cela!
Je n'avais pas prévu ce don Guritan-là!

Rentre don César. Il tient à la main l'épée nue, qu'il jette en entrant sur un fauteuil.

SCÈNE VII.

DON SALLUSTE, DON CÉSAR.

DON CÉSAR, *du seuil de la porte.*
Ah ! j'en étais bien sûr ! vous voilà donc, vieux diable !
DON SALLUSTE, *se retournant, pétrifié.*
Don César !
DON CÉSAR, *croisant les bras avec un grand éclat de rire.*
Vous tramez quelque histoire effroyable !
Mais je dérange tout, pas vrai, dans ce moment ?
Je viens au beau milieu m'épater lourdement !
DON SALLUSTE, *à part.*
Tout est perdu !
DON CÉSAR, *riant.*
Depuis toute la matinée,
Je patauge à travers vos toiles d'araignée.
Aucun de vos projets ne doit être debout.
Je m'y vautre au hasard. Je vous démolis tout.
C'est très-réjouissant.
DON SALLUSTE, *à part.*
Démon ! qu'a-t-il pu faire ?
DON CÉSAR, *riant de plus fort en plus fort.*
Votre homme au sac d'argent, — qui venait pour l'affaire !
— Pour ce que vous savez ! — qui vous savez ! —
Il rit.
Parfait !
DON SALLUSTE.
Eh bien ?
DON CÉSAR.
Je l'ai soûlé.

DON SALLUSTE.
Mais l'argent qu'il avait?
DON CÉSAR, *majestueusement.*
J'en ai fait des cadeaux à diverses personnes.
Dame! on a des amis.
DON SALLUSTE.
A tort tu me soupçonnes...
Je...
DON CÉSAR, *faisant sonner ses grègues.*
J'ai d'abord rempli mes poches, vous pensez.
Il se remet à rire.
Vous savez bien? la dame!...
DON SALLUSTE.
Oh!
DON CÉSAR, *qui remarque son anxiété.*
Que vous connaissez.—
Don Salluste écoute avec un redoublement d'angoisse. Don César poursuit en riant.
Qui m'envoie une duègne, affreuse compagnonne,
Dont la barbe fleurit et dont le nez trognonne...
DON SALLUSTE.
Pourquoi?
DON CÉSAR.
Pour demander, par prudence et sans bruit,
Si c'est bien don César qui l'attend cette nuit...
DON SALLUSTE, *à part.*
Ciel!
Haut.
Qu'as-tu répondu?
DON CÉSAR.
J'ai dit que oui, mon maître!
Que je l'attendais!
DON SALLUSTE, *à part.*
Tout n'est pas perdu peut-être!

DON CÉSAR.
Enfin, votre tueur, votre grand capitan,
Qui m'a dit sur le pré s'appeler — Guritan,
Mouvement de don Salluste.
Qui ce matin n'a pas voulu voir, l'homme sage,
Un laquais de César lui portant un message,
Et qui venait céans m'en demander raison.

DON SALLUSTE.
Eh bien! qu'en as-tu fait?

DON CÉSAR.
J'ai tué cet oison.

DON SALLUSTE.
Vrai?

DON CÉSAR.
Vrai. Là, sous le mur, à cette heure il expire.

DON SALLUSTE.
Es-tu sûr qu'il soit mort?

DON CÉSAR.
J'en ai peur.

DON SALLUSTE, *à part.*
Je respire!
Allons! bonté du ciel! il n'a rien dérangé!
Au contraire. Pourtant donnons-lui son congé.
Débarrassons-nous-en! quel rude auxiliaire!
Pour l'argent, ce n'est rien,

Haut.
L'histoire est singulière.
Et vous n'avez pas vu d'autres personnes?

DON CÉSAR.
Non.
Mais j'en verrai. Je veux continuer. Mon nom,
Je compte en faire éclat tout à travers la ville.
Je vais faire un scandale affreux. Soyez tranquille.

DON SALLUSTE, *à part.*

Diable!

        Vivement et se rapprochant de don César.
Garde l'argent, mais quitte la maison!

DON CÉSAR.

Oui? Vous me feriez suivre! on sait votre façon.
Puis je retournerais, aimable destinée,
Contempler ton azur, ô Méditerranée!
Point.

DON SALLUSTE.

    Crois-moi.

DON CÉSAR.

        Non. D'ailleurs, dans ce palais-prison
Je sens quelqu'un en proie à votre trahison.
Toute intrigue de cour est une échelle double.
D'un côté, bras lié, morne et le regard trouble,
Monte le patient; de l'autre, le bourreau.
— Or, vous êtes bourreau — nécessairement.

DON SALLUSTE.

                  Oh!

DON CÉSAR.

Moi, je tire l'échelle, et patatras!

DON SALLUSTE.

              Je jure.....

DON CÉSAR.

Je veux, pour tout gâter, rester dans l'aventure.
Je vous sais assez fort, cousin, assez subtil
Pour pendre deux ou trois pantins au même fil.
Tiens! j'en suis un! Je reste!

DON SALLUSTE.

        Ecoute...

DON CÉSAR.

                Rhétorique!
Ah! vous me faites vendre aux pirates d'Afrique!

Ah! vous me fabriquez ici des faux César!
Ah! vous compromettez mon nom!

DON SALLUSTE.
Hasard!

DON CÉSAR.
Hasard?
Mets que font les fripons pour les sots qui le mangent.
Point de hasard! Tant pis si vos plans se dérangent!
Mais je prétends sauver ceux qu'ici vous perdez.
Je vais crier mon nom sur les toits.

Il monte sur l'appui de la fenêtre et regarde au dehors.

Attendez!
Juste! des alguazils passent sous la fenêtre.

Il passe son bras à travers les barreaux et l'agite en criant :

Holà!

DON SALLUSTE, *effaré sur le devant du théâtre. — A part.*
Tout est perdu s'il se fait reconnaître!

Entrent des alguazils précédés d'un alcade. Don Salluste paraît en proie à une vive perplexité. Don César va vers l'alcade d'un air de triomphe.

SCÈNE VIII.

LES MÊMES, UN ALCADE, DES ALGUAZILS.

DON CÉSAR, *à l'alcade.*
Vous allez consigner dans vos procès-verbaux.....

DON SALLUSTE, *montrant don César à l'alcade.*
Que voici le fameux voleur Matalobos!

DON CÉSAR, *stupéfait.*
Comment!

DON SALLUSTE, *à part.*
Je gagne tout en gagnant vingt-quatre heures.

A l'alcade.

Cet homme ose en plein jour entrer dans les demeures.
Saisissez ce voleur.

Les alguazils saisissent don César au collet.

DON CÉSAR, *furieux, à don Salluste.*

Je suis votre valet,
Vous mentez hardiment!

L'ALCADE.

Qui donc nous appelait?

DON SALLUSTE.

C'est moi.

DON CÉSAR.

Pardieu! c'est fort!

L'ALCADE.

Paix! je crois qu'il raisonne.

DON CÉSAR.

Mais je suis don César de Bazan en personne!

DON SALLUSTE.

Don César? — Regardez son manteau, s'il vous plaît.
Vous trouverez SALLUSTE écrit sous le collet.
C'est un manteau qu'il vient de me voler... —

Les alguazils arrachent le manteau; l'alcade l'examine.

L'ALCADE.

C'est juste.

DON SALLUSTE.

Et le pourpoint qu'il porte...

DON CÉSAR, *à part.*

Oh! le damné Salluste!

DON SALLUSTE, *continuant.*

Il est au comte d'Albe, auquel il fut volé... —

Montrant un écusson brodé sur le parement de la manche gauche.

Dont voici le blason!

ACTE IV, SCÈNE VIII.

DON CÉSAR, *à part.*

Il est ensorcelé!

L'ALCADE, *examinant le blason.*

Oui, les deux châteaux d'or...

DON SALLUSTE.

Et puis les deux chaudières.

Enriquez et Gusman.

En se débattant, don César fait tomber quelques doublons de ses poches. Don Salluste montre à l'alcade la façon dont elles sont remplies.

Sont-ce là les manières
Dont les honnêtes gens portent l'argent qu'ils ont?

L'ALCADE, *hochant la tête.*

Hum!

DON CÉSAR, *à part.*

Je suis pris!

Les alguazils le fouillent et lui prennent son argent.

UN ALGUAZIL, *fouillant.*

Voilà des papiers.

DON CÉSAR, *à part.*

Ils y sont!
Oh! pauvres billets doux sauvés dans mes traverses!

L'ALCADE, *examinant les papiers.*

Des lettres?... qu'est cela? — d'écritures diverses?...

DON SALLUSTE, *lui faisant remarquer les suscriptions.*

Toutes au comte d'Albe!

L'ALCADE.

Oui.

DON CÉSAR.

Mais...

LES ALGUAZILS, *lui liant les mains.*

Pris! quel bonheur!

UN ALGUAZIL, *entrant, à l'alcade.*

Un homme est là qu'on vient d'assassiner, seigneur.

L'ALCADE.

Quel est l'assassin ?

DON SALLUSTE, *montrant don César.*

Lui !

DON CÉSAR, *à part.*

Ce duel ! quelle équipée !

DON SALLUSTE.

En entrant, il tenait à la main une épée,
La voilà.

L'ALCADE, *examinant l'épée.*

Du sang. — Bien.

A don César.

Allons, marche avec eux !

DON SALLUSTE, *à don César que les alguazils emmènent.*
Bonsoir, Matalobos.

DON CÉSAR, *faisant un pas vers lui et le regardant fixement.*

Vous êtes un fier gueux !

ACTE CINQUIÈME

LE TIGRE ET LE LION

Même chambre. C'est la nuit. Une lampe est posée sur la table.

Au lever du rideau, Ruy Blas est seul. Une sorte de longue robe noire cache ses vêtements.

SCÈNE PREMIÈRE.

RUY BLAS, seul.

C'est fini. Rêve éteint! Visions disparues!
Jusqu'au soir au hasard j'ai marché dans les rues.
J'espère en ce moment. Je suis calme. La nuit
On pense mieux. La tête est moins pleine de bruit.
Rien de trop effrayant sur ces murailles noires;
Les meubles sont rangés, les clefs sont aux armoires;
Les muets sont là-haut qui dorment. La maison
Est vraiment bien tranquille. Oh! oui, pas de raison
D'alarme. Tout va bien. Mon page est très-fidèle.
Don Guritan est sûr alors qu'il s'agit d'elle.
O mon Dieu! n'est-ce pas que je puis vous bénir,
Que vous avez laissé l'avis lui parvenir,
Que vous m'avez aidé, vous Dieu bon, vous Dieu juste,
A protéger cet ange, à déjouer Salluste,

Qu'elle n'a rien à craindre, hélas! rien à souffrir,
Et qu'elle est bien sauvée, — et que je puis mourir?

Il tire de sa poitrine une petite fiole, qu'il pose sur la table.

Oui, meurs maintenant, lâche! et tombe dans l'abime!
Meurs comme on doit mourir quand on expie un crime!
Meurs dans cette maison, vil, misérable et seul!

Il écarte sa robe noire, sous laquelle on entrevoit la livrée qu'il portait au premier acte.

— Meurs avec ta livrée, enfin, sous ton linceul!
— Dieu! si ce démon vient voir sa victime morte,

Il pousse un meuble de façon à barricader la porte secrète.

Qu'il n'entre pas du moins par cette horrible porte!

Il revient vers la table.

— Oh! le page a trouvé Guritan, c'est certain;
Il n'était pas encor huit heures du matin.

Il fixe son regard sur la fiole.

— Pour moi, j'ai prononcé mon arrêt, et j'apprête
Mon supplice, et je vais moi-même sur ma tête
Faire choir du tombeau le couvercle pesant.
J'ai du moins le plaisir de penser qu'à présent
Personne n'y peut rien. Ma chute est sans remède!

S'asseyant sur le fauteuil.

Elle m'aimait pourtant! — Que Dieu me soit en aide!
Je n'ai pas de courage!

Il pleure.

Oh! l'on aurait bien dû
Nous laisser en paix!

Il cache sa tête dans ses mains et pleure à sanglots.

Dieu!

Relevant la tête, et, comme égaré, regardant la fiole.

L'homme qui m'a vendu
Ceci me demandait quel jour du mois nous sommes.
Je ne sais pas. J'ai mal dans la tête. Les hommes

ACTE V, SCÈNE I.

Sont méchants. Vous mourez, personne ne s'émeut.
Je souffre! — Elle m'aimait! — Et dire qu'on ne peut
Jamais rien ressaisir d'une chose passée! —
Je ne la verrai plus! Sa main que j'ai pressée,
Sa bouche qui toucha mon front... — Ange adoré!
Pauvre ange! — Il faut mourir, mourir désespéré!
Sa robe où tous les plis contenaient de la grâce,
Son pied qui fait trembler mon âme quand il passe,
Son œil où s'enivraient mes yeux irrésolus,
Son sourire, sa voix... Je ne la verrai plus!
Je ne l'entendrai plus! — Enfin, c'est donc possible?
Jamais!

Il avance avec angoisse sa main vers la fiole; au moment où il la saisit convulsivement, la porte du fond s'ouvre. La reine paraît, vêtue de blanc, avec une mante de couleur sombre, dont le capuchon, rejeté sur ses épaules, laisse voir sa tête pâle. Elle tient une lanterne sourde à la main; elle la pose à terre et marche rapidement vers Ruy Blas.

SCÈNE II.

RUY BLAS, LA REINE.

LA REINE, *entrant.*

Don César!

RUY BLAS, *se retournant avec un mouvement d'épouvante, et fermant précipitamment la robe qui cache sa livrée.*

Dieu! c'est elle! — Au piége horrible
Elle est prise!

Haut.

Madame!...

LA REINE.

Eh bien! quel cri d'effroi!
César...

47.

RUY BLAS.
Qui vous a dit de venir ici?

LA REINE.
Toi.

RUY BLAS.
Moi! — Comment?

LA REINE.
J'ai reçu de vous...

RUY BLAS, *halétant*.
Parlez donc vite!

LA REINE.
Une lettre.

RUY BLAS.
De moi?

LA REINE.
De votre main écrite.

RUY BLAS.
Mais c'est à se briser le front contre le mur!
Mais je n'ai pas écrit, pardieu! j'en suis bien sûr!

LA REINE, *tirant de sa poitrine un billet qu'elle lui présente*.

Lisez donc.

Ruy Blas prend la lettre avec emportement, se penche vers la lampe et lit.

RUY BLAS, *lisant*.
« Un danger terrible est sur ma tête.
« Ma reine seule peut conjurer la tempête... »

Il regarde la lettre avec stupeur, comme ne pouvant aller plus loin.

LA REINE, *continuant et lui montrant du doigt la ligne qu'elle lit*.

« En venant me trouver ce soir dans ma maison.
« Sinon, je suis perdu. »

ACTE V, SCÈNE II.

RUY BLAS, *d'une voix éteinte.*
                    Oh ! quelle trahison !
Ce billet !

LA REINE, *continuant de lire.*
        « Par la porte au bas de l'avenue,
« Vous entrerez la nuit sans être reconnue.
« Quelqu'un de dévoué vous ouvrira. »

RUY BLAS, *à part.*
                                J'avais
Oublié ce billet.
        A la reine, d'une voix terrible.
        Allez-vous-en !

LA REINE.
                        Je vais
M'en aller, don César. O mon Dieu ! que vous êtes
Méchant ! qu'ai-je donc fait ?

RUY BLAS.
                O ciel ! ce que vous faites !
Vous vous perdez !

LA REINE.
        Comment ?

RUY BLAS.
                    Je ne puis l'expliquer.
Fuyez vite.

LA REINE.
        J'ai même, et pour ne rien manquer,
Eu le soin d'envoyer ce matin une duègne...

RUY BLAS.
Dieu ! mais à chaque instant, comme d'un cœur qui saigne
Je sens que votre vie à flots coule et s'en va.
Partez !

LA REINE, *comme frappée d'une idée subite.*
        Le dévouement que mon amour rêva
M'inspire. Vous touchez à quelque instant funeste.

Vous voulez m'écarter de vos dangers. Je reste.
RUY BLAS.
Ah ! voilà, par exemple, une idée ! ô mon Dieu !
Rester à pareille heure et dans un pareil lieu !
LA REINE.
La lettre est bien de vous. Ainsi...
RUY BLAS, *levant les bras au ciel avec désespoir.*
Bonté divine !
LA REINE.
Vous voulez m'éloigner.
RUY BLAS, *lui prenant la main.*
Comprenez !
LA REINE.
Je devine.
Dans le premier moment vous m'écrivez, et puis...
RUY BLAS.
Je ne t'ai pas écrit. Je suis un démon. Fuis !
Mais c'est toi, pauvre enfant, qui te prends dans un piège !
Mais c'est vrai ! mais l'enfer de tous côtés t'assiége !
Pour te persuader je ne trouve donc rien ?
Ecoute, comprends donc : je t'aime, tu sais bien.,
Pour sauver ton esprit de ce qu'il imagine,
Je voudrais arracher mon cœur de ma poitrine !
Oh ! je t'aime. Va-t'en !
LA REINE.
Don César...
RUY BLAS.
Oh ! va-t'en !
— Mais j'y songe, on a dû t'ouvrir ?
LA REINE.
Mais oui.
RUY BLAS.
Satan !
Qui ?

LA REINE.

Quelqu'un de masqué, caché par la muraille.

RUY BLAS.

Masqué! Qu'a dit cet homme? est-il de haute taille?
Cet homme, quel est-il? Mais parle donc! j'attends!

Un homme en noir et masqué paraît à la porte du fond.

L'HOMME MASQUÉ.

C'est moi!

Il ôte son masque. C'est don Salluste. La reine et Ruy Blas le reconnaissent avec terreur.

SCÈNE III.

LES MÊMES, DON SALLUSTE.

RUY BLAS.

Grand Dieu!—Fuyez, madame!

DON SALLUSTE.

Il n'est plus temps.
Madame de Neubourg n'est plus reine d'Espagne.

LA REINE, *avec horreur.*

Don Salluste!

DON SALLUSTE, *montrant Ruy Blas.*

A jamais vous êtes la compagne
De cet homme.

LA REINE.

Grand Dieu! c'est un piége en effet!
Et don César...

RUY BLAS, *désespéré.*

Madame, hélas! qu'avez-vous fait?

DON SALLUSTE, *s'avançant à pas lents vers la reine.*

Je vous tiens.—Mais je vais parler sans lui déplaire,
A Votre Majesté, car je suis sans colère.
Je vous trouve,—écoutez, ne faisons pas de bruit,—

Seule avec don César, dans sa chambre, à minuit.
Ce fait, — pour une reine, — étant public, — en somme,
Suffit pour annuler le mariage à Rome.
Le saint-père en serait informé promptement.
Mais on supplée au fait par le consentement,
Tout peut rester secret.

Il tire de sa poche un parchemin, qu'il déroule et qu'il présente à la reine.

Signez-moi cette lettre
Au seigneur notre roi. Je la ferai remettre
Par le grand écuyer au notaire mayor.
Ensuite, — une voiture où j'ai mis beaucoup d'or,

Désignant le dehors.

Est là. — Partez tous deux sur-le-champ. Je vous aide.
Sans être inquiétés, vous pourrez par Tolède
Et par Alcantara gagner le Portugal.
Allez où vous voudrez, cela nous est égal.
Nous fermerons les yeux. — Obéissez. Je jure
Que seul en ce moment je connais l'aventure;
Mais si vous refusez, Madrid sait tout demain.
Ne nous emportons pas. Vous êtes dans ma main.

Montrant la table, sur laquelle il y a une écritoire.

Voilà tout ce qu'il faut pour écrire, madame.

LA REINE, *atterrée, tombant sur le fauteuil.*
Je suis en son pouvoir!

DON SALLUSTE.
De vous je ne réclame
Que ce consentement pour le porter au roi.

Bas à Ruy Blas, qui écoute tout, immobile, et comme frappé de la foudre.

Laisse-moi faire, ami, je travaille pour toi!

A la reine.
Signez.

ACTE V, SCÈNE III.

LA REINE, *tremblante, à part.*

Que faire?

DON SALLUSTE, *se penchant à son oreille et lui présentant une plume.*

Allons! qu'est-ce qu'une couronne?
Vous gagnez le bonheur si vous perdez le trône.
Tous mes gens sont restés dehors. On ne sait rien
De ceci. Tout se passe entre nous trois.

Essayant de lui mettre la plume entre les doigts, sans qu'elle la repousse ni la prenne.

Eh bien?

La reine, indécise et égarée, le regarde avec angoisse.

Si vous ne signez point, vous vous frappez vous-même.
Le scandale et le cloître!

LA REINE, *accablée.*

O Dieu!

DON SALLUSTE, *montrant Ruy Blas.*

César vous aime.
Il est digne de vous. Il est, sur mon honneur,
De fort grande maison. Presque prince. Un seigneur
Ayant donjon sur roche et fief dans la campagne.
Il est duc d'Olmedo, Bazan, et grand d'Espagne,..

Il pousse sur le parchemin la main de la reine, éperdue et tremblante, et qui semble prête à signer.

RUY BLAS, *comme se réveillant tout à coup.*

Je m'appelle Ruy Blas, et je suis un laquais!

Arrachant des mains de la reine la plume et le parchemin, qu'il déchire.

Ne signez pas, madame! — Enfin! — Je suffoquais!

LA REINE.

Que dit-il? don César!

RUY BLAS, *laissant tomber sa robe et se montrant vêtu de la livrée, sans épée.*

Je dis que je me nomme

Ruy Blas, et que je suis le valet de cet homme!
Se tournant vers don Salluste.
Je dis que c'est assez de trahison ainsi,
Et que je ne veux pas de mon bonheur! — Merci!
— Ah! vous avez eu beau me parler à l'oreille! —
Je dis qu'il est bien temps qu'enfin je me réveille,
Quoique tout garrotté dans vos complots hideux,
Et que je n'irai pas plus loin, et qu'à nous deux,
Monseigneur, nous faisons un assemblage infâme.
J'ai l'habit d'un laquais, et vous en avez l'âme!
DON SALLUSTE, *à la reine, froidement.*
Cet homme est en effet mon valet.
A Ruy Blas avec autorité.
Plus un mot.
LA REINE, *laissant enfin échapper un cri de désespoir et se tordant les mains.*

Juste ciel!
DON SALLUSTE, *poursuivant.*
Seulement il a parlé trop tôt.
Il croise les bras et se redresse, avec une voix tonnante.
Eh bien! oui, maintenant disons tout. Il n'importe!
Ma vengeance est assez complète de la sorte.
A la reine.
Qu'en pensez-vous? Madrid va rire, sur ma foi!
Ah! vous m'avez cassé! je vous détrône, moi.
Ah! vous m'avez banni! je vous chasse, et m'en vante!
Ah! vous m'avez pour femme offert votre suivante!
Il éclate de rire.
Moi, je vous ai donné mon laquais pour amant.
Vous pourrez l'épouser aussi! certainement.
Le roi s'en va! — Son cœur sera votre richesse!
Il rit.
Et vous l'aurez fait duc afin d'être duchesse.

ACTE V, SCÈNE III.

Grinçant des dents.

Ah! vous m'avez brisé, flétri, mis sous vos pieds,
Et vous dormiez en paix, folle que vous étiez!

Pendant qu'il a parlé, Ruy Blas est allé à la porte du fond et en a poussé le verrou, puis il s'est approché de lui sans qu'il s'en soit aperçu, par derrière et à pas lents. Au moment où don Salluste achève, fixant des yeux pleins de haine et de triomphe sur la reine, anéantie, Ruy Blas saisit l'épée du marquis par la poignée et la tire vivement.

RUY BLAS, *terrible, l'épée de don Salluste à la main.*

Je crois que vous venez d'insulter votre reine!

Don Salluste se précipite vers la porte. Ruy Blas la lui barre.

— Oh! n'allez point par là, ce n'en est pas la peine,
J'ai poussé le verrou depuis longtemps déjà. —
Marquis, jusqu'à ce jour Satan te protégea,
Mais, s'il veut t'arracher de mes mains, qu'il se montre!
— A mon tour! — on écrase un serpent qu'on rencontre.
— Personne n'entrera, ni tes gens, ni l'enfer!
Je te tiens écumant sous mon talon de fer!
— Cet homme vous parlait insolemment, madame!
Je vais vous expliquer. Cet homme n'a point d'âme,
C'est un monstre. En riant, hier, il m'étouffait.
Il m'a broyé le cœur à plaisir. Il m'a fait
Fermer une fenêtre, et j'étais au martyre!
Je priais! je pleurais! je ne peux pas vous dire

Au marquis.

Vous contiez vos griefs dans ces derniers moments.
Je ne répondrai pas à vos raisonnements,
Et d'ailleurs — je n'ai pas compris. — Ah! misérable!
Vous osez! — votre reine! une femme adorable!
Vous osez l'outrager quand je suis là! — Tenez,
Pour un homme d'esprit, vraiment, vous m'étonnez!
Et vous vous figurez que je vous verrai faire
Sans rien dire! — Ecoutez, quelle que soit sa sphère,

Monseigneur, lorsqu'un traître, un fourbe tortueux,
Commet de certains faits rares et monstrueux,
Noble ou manant, tout homme a droit, sur son passage,
De venir lui cracher sa sentence au visage,
Et de prendre une épée, une hache, un couteau!...—
Pardieu! j'étais laquais! quand je serais bourreau?

LA REINE.

Vous n'allez pas frapper cet homme!

RUY BLAS.

      Je me blâme
D'accomplir devant vous ma fonction, madame.
Mais il faut étouffer cette affaire en ce lieu.

Il pousse don Salluste vers le cabinet.

— C'est dit, monsieur! allez là-dedans prier Dieu!

DON SALLUSTE.

C'est un assassinat!

RUY BLAS.

  Crois-tu?

DON SALLUSTE, *désarmé, et jetant un regard plein de rage autour de lui.*

     Sur ces murailles
Rien! pas d'arme!

A Ruy Blas.

  Une épée au moins!

RUY BLAS.

      Marquis! tu railles!
Maître! est-ce que je suis un gentilhomme, moi?
Un duel! fi donc! je suis un de tes gens, à toi,
Valetaille de rouge et de galons vêtue,
Un maraud qu'on châtie et qu'on fouette, —et qui tue!
Oui, je vais te tuer, monseigneur, vois-tu bien?
Comme un infâme! comme un lâche! comme un chien!

LA REINE.

Grâce pour lui!

ACTE V, SCÈNE III.

RUY BLAS, *à la reine, saisissant le marquis.*
Madame, ici chacun se venge.
Le démon ne peut plus être sauvé par l'ange!
LA REINE, *à genoux.*
Grâce!
DON SALLUSTE, *appelant.*
Au meurtre! au secours!
RUY BLAS, *levant l'épée.*
As-tu bientôt fini?
DON SALLUSTE, *se jetant sur lui en criant.*
Je meurs assassiné! Démon!
RUY BLAS, *le poussant dans le cabinet.*
Tu meurs puni!

Ils disparaissent dans le cabinet, dont la porte se referme sur eux.

LA REINE, *restée seule, tombant demi-morte sur le fauteuil.*
Ciel!

Un moment de silence. Rentre Ruy Blas, pâle, sans épée.

SCÈNE IV.

LA REINE, RUY BLAS.

Ruy Blas fait quelques pas en chancelant, vers la reine, immobile et glacée; puis il tombe à deux genoux, l'œil fixé à terre, comme s'il n'osait lever les yeux jusqu'à elle.

RUY BLAS, *d'une voix grave et basse.*
Maintenant, madame, il faut que je vous dise.
— Je n'approcherai pas. — Je parle avec franchise.
Je ne suis point coupable autant que vous croyez.
Je sens, ma trahison, comme vous la voyez,
Doit vous paraître horrible... Oh! ce n'est pas facile
A raconter. Pourtant je n'ai pas l'âme vile.

Je suis honnête au fond. — Cet amour m'a perdu.
Je ne me défends pas, je sais bien, j'aurais dû
Trouver quelque moyen. La faute est consommée.
— C'est égal, voyez-vous, je vous ai bien aimée.

LA REINE.

Monsieur...

RUY BLAS, *toujours à genoux.*

N'ayez pas peur, je n'approcherai point.
A Votre Majesté je vais de point en point
Tout dire. Oh! croyez-moi, je n'ai pas l'âme vile! —
Aujourd'hui, tout le jour, j'ai couru par la ville
Comme un fou. Bien souvent même on m'a regardé.
Auprès de l'hôpital que vous avez fondé,
J'ai senti vaguement, à travers mon délire,
Une femme du peuple essuyer sans rien dire
Les gouttes de sueur qui tombaient de mon front.
Ayez pitié de moi, mon Dieu! mon cœur se rompt!

LA REINE.

Que voulez-vous?

RUY BLAS, *joignant les mains.*

Que vous me pardonniez, madame.

LA REINE

Jamais.

RUY BLAS.

Jamais!

Il se lève et marche lentement vers la table.

Bien sûr?

LA REINE.

Non, jamais!

RUY BLAS.

Il prend la fiole posée sur la table, la porte à ses lèvres et la vide d'un trait.

Triste flamme,
Eteins-toi!

ACTE V, SCÈNE IV.

LA REINE, *se levant et courant à lui.*
Que fait-il?

RUY BLAS, *posant la fiole.*
Rien. Mes maux sont finis.
Rien. Vous me maudissez, et moi je vous bénis.
Voilà tout.

LA REINE, *éperdue.*
Don César!

RUY BLAS.
Quand je pense, pauvre ange,
Que vous m'avez aimé!

LA REINE.
Quel est ce philtre étrange?
Qu'avez-vous fait? Dis-moi! réponds-moi! parle-moi!
César! je te pardonne et t'aime et je te croi!

RUY BLAS.
Je m'appelle Ruy Blas.

LA REINE, *l'entourant de ses bras.*
Ruy Blas, je vous pardonne!
Mais, qu'avez-vous donc fait? Parle, je te l'ordonne!
Ce n'est pas du poison, cette affreuse liqueur?
Dis!

RUY BLAS.
Si! c'est du poison. Mais j'ai la joie au cœur.

Tenant la reine embrassée et levant les yeux au ciel.
Permettez, ô mon Dieu! justice souveraine!
Que ce pauvre laquais bénisse cette reine,
Car elle a consolé mon cœur crucifié,
Vivant, par son amour; mourant, par sa pitié!

LA REINE.
Du poison! Dieu! c'est moi qui l'ai tué! Je t'aime!
Si j'avais pardonné?...

RUY BLAS, *défaillant.*
J'aurais agi de même.

48.

Sa voix s'éteint. La reine le soutient dans ses bras.
Je ne pouvais plus vivre. Adieu!
Montrant la porte.
Fuyez d'ici!
— Tout restera secret. — Je meurs!
Il tombe.
LA REINE, *se jetant sur son corps*
Ruy Blas!
RUY BLAS, *qui allait mourir, se réveille à son nom prononcé par la reine.*
Merci!

FIN DE RUY BLAS.

NOTE

Il est arrivé à l'auteur de voir représenter en province *Angelo, tyran de Padoue*, par des acteurs qui prononçaient *Tisbe, Dafne*, fort satisfaisants, du reste, sous d'autres rapports. Il lui paraît donc utile d'indiquer ici, pour ceux qui pourraient l'ignorer, que, dans les noms espagnols et italiens, les *e* doivent se prononcer *é*. Quand on lit *Teve, Camporeal, Oñate*, il faut dire *Tévé, Camporéal, Ognâté*. Après cette observation, qui s'adresse particuliérement aux régisseurs des théâtres de province où l'on pourrait monter *Ruy Blas*, l'auteur croit à propos d'expliquer, pour le lecteur, deux ou trois mots spéciaux employés dans ce drame. Ainsi, *almojarifazgo* est le mot arabe par lequel on désignait, dans l'ancienne monarchie espagnole, le tribut de cinq pour cent que payaient au roi toutes les marchandises qui allaient d'Espagne aux Indes; ainsi l'impôt des *ports-secs* signifie le droit de douane des villes frontières. Du reste, et cela va sans dire, il n'y a pas dans *Ruy Blas* un détail de vie privée ou publique, d'intérieur, d'ameublement, de blason, d'étiquette, de biographie, de chiffre ou de topographie, qui ne soit scrupuleusement exact. Ainsi, quand le comte de Camporeal dit : *La maison de la reine, ordinaire et civile, coûte par an six cent soixante-quatre mille soixante-six ducats*, on peut consulter *Solo Madrid es corte*, on y trouvera cette somme pour le règne de Charles II, sans un maravédis de plus ou de moins. Quand don Salluste dit : *Sandoval porte d'or à la bande de sable*, on n'a qu'à recourir au registre de la grandesse pour s'assurer que don Salluste ne change rien au blason de Sandoval. Quand le laquais du quatrième acte dit : *L'or est en souverains, bons quadruples pesant sept gros trente-six grains, ou bons doublons au marc,* on peut ouvrir le livre des monnaies publié sous Philippe IV, *en la imprenta real.* De même pour le reste. L'auteur pourrait multiplier à l'infini ce genre d'observations, mais on comprendra qu'il s'arrête ici. Toutes ses pièces pourraient être escortées d'un volume de notes dont il se dispense et dont il dispense le lecteur. Il l'a déjà dit ailleurs, et il espère qu'on s'en souvient peut-être, *à défaut de talent il a la conscience.* Et cette conscience, il veut la porter en tout, dans les petites choses comme dans les grandes, dans la citation d'un chiffre comme dans la peinture des cœurs et des âmes, dans le dessin d'un blason comme dans l'analyse des caractères et des passions. Seulement, il croit devoir maintenir rigoureusement chaque chose dans sa proportion, et ne jamais souffrir que le petit détail sorte de sa place. Les petits détails d'histoire et de vie domestique doivent être scrupuleusement étudiés et reproduits par le poëte, mais uniquement comme des moyens d'accroître la réalité de l'ensemble, et de faire pénétrer jusque dans les coins les plus obscurs de l'œuvre cette vie générale et puissante au milieu de laquelle les personnages sont plus vrais, et les catastrophes, par conséquent, plus poignantes. Tout doit être subordonné à ce but. L'homme sur le premier plan, le reste au fond.

Pour en finir avec les observations minutieuses, notons encore en passant que Ruy Blas, au théâtre, dit (troisième acte) : Monsieur de Priego, *comme sujet du roi,* etc., et que dans le livre il dit : *comme noble du roi.* Le livre donne l'expression juste. En Espagne, il y avait deux espèces de nobles, les *nobles du royaume*, c'est-à-dire tous les gentilshommes, et les *nobles du roi*, c'est-à-dire les grands d'Espagne. Or, M. de Priego est grand d'Espagne, et, par conséquent, noble du roi. Mais l'expression aurait pu paraître obscure à quelques spectateurs peu lettrés; et comme au théâtre deux ou trois personnes qui ne comprennent pas se croient parfois le droit de troubler deux mille personnes qui comprennent, l'auteur a fait dire à Ruy Blas *sujet du roi* pour *noble du roi*, comme il avait déjà fait dire à Angelo Malipieri la *croix rouge* au lieu de la *croix de gueules*. Il en offre ici toutes ses excuses aux spectateurs intelligents.

Maintenant qu'on lui permette d'accomplir un devoir qui est pour lui un plaisir, c'est-à-dire d'adresser un remercîment public à cette troupe excellente qui vient de se révéler tout à coup par *Ruy Blas* au public parisien dans la belle salle Ventadour, et qui a tout à la fois l'éclat des troupes neuves et l'ensemble des troupes anciennes. Il n'est pas un personnage de cette pièce, si petit qu'il soit, qui ne soit remarquablement bien représenté, et plusieurs des rôles secondaires laissent entrevoir aux connaisseurs, par des ouvertures trop étroites à la vérité, des talents fort distingués. Grâce, en grande partie, à cette troupe si intelligente et si bien faite, de hautes destinées attendent, nous n'en doutons pas, ce magnifique théâtre, déjà aussi royal qu'aucun des théâtres royaux, et plus utile aux lettres qu'aucun des théâtres subventionnés.

Quant à nous, pour nous borner aux rôles principaux, félicitons M. Féréol de cette science d'excellent comédien avec laquelle il a reproduit la figure chevaleresque et gravement bouffonne de don Guritan. Au dix-septième siècle, il restait encore en Espagne quelques Don Quichottes malgré Cervantes. M. Féréol s'en est spirituellement souvenu.

M. Alexandre Mauzin a supérieurement compris et composé don Salluste. Don Salluste, c'est Satan, mais Satan grand d'Espagne de première classe ; c'est l'orgueil du démon sous la fierté du marquis ; du bronze sous de l'or ; un personnage poli, sérieux, contenu, sobrement railleur, froid, lettré, homme du monde, avec des éclairs infernaux. Il faut à l'acteur qui aborde ce rôle, et c'est ce que tous les connaisseurs ont trouvé dans M. Alexandre, une manière tranquille, sinistre et grande, avec deux explosions terribles, l'une au commencement, l'autre à la fin.

Le rôle de don César a naturellement eu beaucoup d'aventures dont les journaux et les tribunaux ont entretenu le public. En somme, le résultat a été le plus heureux du monde. Don César a fort cavalièrement pris au boulevard, et fort légitimement donné à la comédie un bien qui lui appartenait, c'est-à-dire le talent vrai, fin, souple, charmant, irrésistiblement gai et singulièrement littéraire de M. Saint-Firmin.

La reine est un ange, et la reine est une femme. Le double aspect de cette chaste figure a été reproduit par mademoiselle Louise Baudoin avec une intelligence rare et exquise. Au cinquième acte, Marie de Neubourg repousse le laquais et s'attendrit sur le mourant ; reine devant la faute, elle redevient femme devant l'expiation. Aucune de ces nuances n'a échappé à mademoiselle Baudoin, qui s'est élevée très-haut dans ce rôle. Elle a eu la pureté, la dignité et le pathétique.

Quant à M. Frédérick Lemaître, qu'en dire? Les acclamations enthousiastes de la foule le saisissent à son entrée en scène et le suivent jusqu'après le dénoûment. Rêveur et profond au premier acte, mélancolique au deuxième, grand, passionné et sublime au troisième, il s'élève au cinquième acte à l'un de ces prodigieux effets tragiques du haut desquels l'acteur rayonnant domine tous les souvenirs de son art. Pour les vieillards, c'est Lekain et Garrick mêlés dans un seul homme; pour nous, contemporains, c'est l'action de Kean combinée avec l'émotion de Talma. Et puis, partout, à travers les éclairs éblouissants de son jeu, M. Frédérick a des larmes, de ces vraies larmes, qui font pleurer les autres, de ces larmes dont parle Horace : *Si vis me flere, dolendum est primum ipsi tibi.* Dans *Ruy Blas*, M. Frédérick réalise pour nous l'idéal du grand acteur. Il est certain que toute sa vie de théâtre, le passé comme l'avenir, sera illuminée par cette création radieuse. Pour M. Frédérick, la soirée du 8 novembre 1838 n'a pas été une représentation, mais une transfiguration.

FIN DE LA NOTE DE RUY BLAS.

TABLE

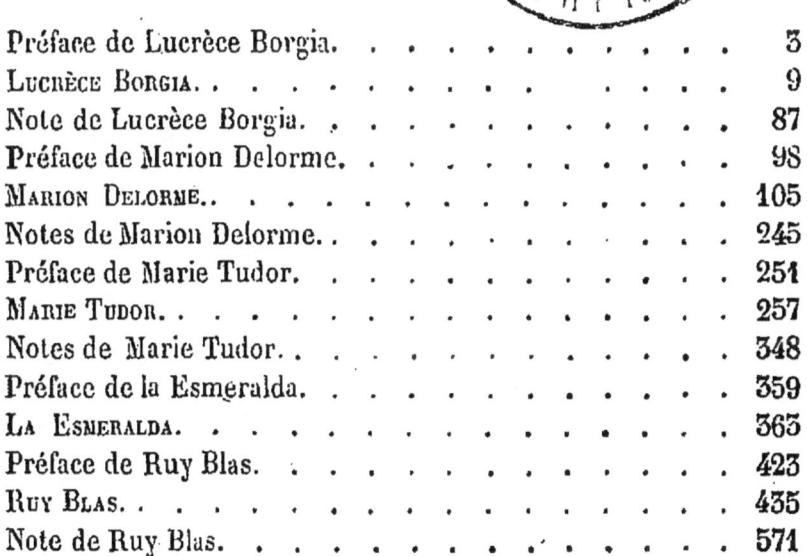

Préface de Lucrèce Borgia.	3
Lucrèce Borgia.	9
Note de Lucrèce Borgia.	87
Préface de Marion Delorme.	98
Marion Delorme..	105
Notes de Marion Delorme..	245
Préface de Marie Tudor.	251
Marie Tudor.	257
Notes de Marie Tudor..	348
Préface de la Esmeralda.	359
La Esmeralda.	363
Préface de Ruy Blas.	423
Ruy Blas.	435
Note de Ruy Blas.	571

Paris. — Imp. Simon Raçon & C¹ᵉ, rue d'Erfurth, 1.

www.ingramcontent.com/pod-product-compliance
Lightning Source LLC
Chambersburg PA
CBHW070410230426
43665CB00012B/1312